惨 胜

抗战正面战场大写意

马振犊 著

九 州 出 版 社
JIUZHOUPRESS
全国百佳图书出版单位

图书在版编目（CIP）数据

惨胜：抗战正面战场大写意 / 马振犊著.
—北京:九州出版社，2011.9
ISBN 978-7-5108-1183-8

Ⅰ．①惨… Ⅱ．①马… Ⅲ．①国民党军－抗日战争时期战役战斗－史料 Ⅳ．① K265.210.6

中国版本图书馆CIP数据核字(2011)第202123号

惨胜——抗战正面战场大写意

作　　者　马振犊 著
出版发行　九州出版社
出 版 人　徐尚定
地　　址　北京市西城区阜外大街甲35号（100037）
发行电话　(010) 68992190/2/3/5/6
网　　址　www.jiuzhoupress.com
电子信箱　jiuzhou@jiuzhoupress.com
印　　刷　三河市东方印刷有限公司
开　　本　720毫米×1020毫米　16开
印　　张　22
字　　数　357千字
版　　次　2012年9月第1版
印　　次　2012年9月第1次印刷
书　　号　ISBN 978-7-5108-1183-8
定　　价　48.00元

出版说明

本书是抗战正面战场研究方面一部重要著作，作者依据档案史料著成，见解独到，至今在国内外学界仍有重大影响。1993 年初版时名为《惨胜——抗战正面战场大写意》，南京大学教授、著名民国史专家茅家琦作序，日本中央大学教授姬田光义撰写出版寄语郑重推介。1994 年再版时，采纳著名民国史专家李新、刘大年建议，改名为《血染辉煌——抗战正面战场写实》。

现经作者再次校订，我社重排体例，仍以《惨胜——抗战正面战场大写意》之名出版，以飨读者。

九州出版社

2012 年 5 月 12 日

序

马振犊同志的新作《惨胜——抗战正面战场大写意》与广大读者见面了。

在抗日战争史研究方面，我是个小学生。阅读了这部书稿，我得到很多知识；能够有机会和读者谈一点体会，我是很高兴的。

近几年来，抗日战争正面战场研究方面的佳作不断出现。马振犊同志的这部著作，几乎在每一章里都提出了自己的看法，体现了作者“人无我有，人详我略”的写作原则。

在日本帝国主义加紧侵华、步步紧逼的形势下，发动抗日战争的关键人物是蒋介石。学者们已经从各个方面分析了迫使蒋介石走上抗日道路的客观原因。本书作者着重从蒋介石个人的主观因素、思想观念方面进行了探讨，认为民族主义思想是蒋介石转向抗日的内因。作者说：他是一位民族主义者，最终不能容忍日本的侵略，也不会做“儿皇帝”，因此走上抗日的道路是必然的。作者同时也指出蒋介石的民族主义思想的局限性，他错误地选择了“安内攘外”的战略，“误国”的后果是严重的。

对抗战正面战场历次战役，本书在前人研究的基础上提出了一些颇有新意的论点。

在早期华北战场论述方面，作者从华北地方实力派宋哲元集团的崛起及其与蒋、日双方的微妙关系，说明华北战场迅速崩溃的根本原因在于宋哲元集团的对日妥协与幻想。本书对宋哲元、张自忠的对日态度进行了具体的深入的研究。

关于“八一三”上海战场，本书作者对国民政府采取“引敌南下，以我之长，克敌之短”的战略，给予充分的肯定。

对鲁南战场，作者认为，中国共产党人对台儿庄一役是有启发和辅助作用的，但主要战功应归于李宗仁。作者明确表示不同意“日军战略撤退说”，同时还肯定了我军徐州撤退的正确性。

本书分析了以“湘北大捷”为代表的进入相持阶段后的正面战场的作战特征。当时蒋介石认为，中国牺牲已达顶点，不能再继续牺牲下去了，在敌人进攻时只能进行有限作战，即日军进攻，我避其锋芒，保存主力，并消耗、疲惫敌人，待其后撤，再恢复原来的战线。太平洋战争爆发后，在国际战略上，国民政府欲以英、美为主力抵抗日本，“等待”胜利。在这个问题上，中英美之间一直存在着分歧与矛盾。本书作者认为，这些战略构想形成了这一阶段正面战场的发展特点。

对缅甸战场我远征军的作战功绩，本书作者给予肯定，认为远征军对盟国反法西斯正义事业作出了重大贡献。作者还充分论述了中美英三国从各自利益出发，在印缅战场上的合作和矛盾，正确评述了美国远东政策在“二战”中的利弊得失，明确地指出英国政府与军队在印缅战场的自私与失误，力图从盟国战略关系的高度来评论中国远征军两次缅甸战役的胜败原因及其影响。

本书作者还认为，正面战场不存在一个“反攻”过程。本书叙述了胜利前夕的正面战场情况，说明国民政府并未制定具体可行的反攻计划。日军发动“一号作战”，造成正面战场一次空前的大溃败，这正是“等待”战略造成的恶果。在败局已定的形势下，出于全局战略的考虑，日军开始从云桂前线撤退，收缩兵力，以稳定后方，国民党军队只是“跟进”而已。收复广州的计划虽然出了台，但未及实行，日军即宣告投降。

作者在资料利用方面力求做到充分、真实，大量利用了中国第二历史档案馆馆藏档案，包括已公开出版的和尚未公开出版的，这是本书的一大特色。若干年来，台湾出版了大量的有关抗日战争的档案和其他各种资料，本书作者也充分利用了。对海内外出版的专著，本书作者注意吸取其成果并在书中加以介绍。广泛运用有关资料，认真吸取各家的研究成果，是本书取得成功的基础。

此外，值得一提的是本书作者坚持“人无我有，人详我略”的写作原则，除必要者外，一般不叙述各战役的具体作战过程，而采用“跳出圈外”的方法，即从战役之外写战役，从全盘战略的高度写战役，从政治、外交及当权者的思想观念角度写战役，力求写出新内容，做到“老调新弹”。我认为这是很有意义的尝试。

总之，本书成功之处在于“写出新意”四个字。

在本书出版之际，我写了上面的一点体会，供广大读者参考。马振犊同志是一位青年学者，希望他百尺竿头，更进一步，在中华民国史研究方面取得更大的成就！

茅家琦

1992年9月于南京

出版寄语

我和马振犊先生再次晤面是在 1993 年 1 月。当时，我们都参加了在北京召开的“第二次中日近百年关系史国际讨论会”。在会议期间，马振犊先生热情地向我介绍了他自己的研究课题，我对他的研究课题十分关注，并一直期待着他的成果能早日问世。会议至今，刚刚半年多时间，便闻他的专著已经出版，吃惊之余，又为他感到由衷的高兴。

这部专著预期在日本也会很受欢迎的。因为我国有关日中战争的研究著作虽然非常之多，然而，像以马先生这样的观念和方法写出来的专著则极为少见。在日本，批判日本军国主义，对本国的侵华战争进行反省的人们往往忽视军事史的研究，这不能不说是一个缺陷。相反，那些重视军事史并详细地撰写战记或军人传记的作者们，往往在观念上又缺乏对于日本军国主义及其侵略的深刻反省。

马先生在本书中尖锐地批判了日本的军国主义及其侵略行径，并表示了不让这种侵略战争再次重演的立场，与此同时，他仍然始终以实事求是的精神，客观而公平地探讨各种立场并加以评价，详尽地分析战争的整体的演变。以这样的态度和方法得出的学术上的见解和主张确实具有说服力，不仅在中国大陆，而且在台湾、日本以及世界上的大多数的专家以及普通读者中也将赢得同感和赞许。在此意义上，在衷心祝贺该书出版之际，我坚信它将会对中国抗日战争史研究的发展作出较大的贡献。而且，像这样出色的专著，日本的读者也衷心期望能尽快地读到。

日本中央大学教授 姬田光义

李继锋 译

作者手记（一）

抗日战争是中国近现代史上一场具有深远历史意义的民族解放战争，也是中华民国历史上一段非凡的历程。近十年来国内史学界对抗日战争正面战场的研究，从整理编纂史料到撰写论文专著，可谓硕果累累。但是在对这场战争的研究中，仍有许多重要问题有待进一步的探索与讨论。我自1983年从事民国档案史料编研工作以来，因工作关系及个人兴趣，对抗日战争正面战场着意进行了考察，做了一些积累。感谢《抗日战争史》丛书编委会给了我这次机会对抗日正面战场之研究阐述自己的一些拙见。在当前商品经济滚滚红尘之中，广西师范大学出版社以非凡的勇气卓识，出版此套丛书，为祖国文化事业与史学研究贡献良多，可敬可佩。在此谨表示衷心的感谢。

本书在写作过程中参考了国内外民国史学界诸位师长及同仁的诸多研究成果，得到了中国第二历史档案馆万仁元副馆长、《民国档案》杂志社陈兴唐主编的支持与鼓励，得到了同窗学友李继锋、张益民以及方世凤诸君的直接帮助，夏军小姐为本书誊稿，王跃年君为本书复制附照，在此一并表示衷心感谢。

尤其令我感激的是我的老师、南京大学历史系茅家琦教授对本书之写作热心鼓励并为之书序，台湾中研院院士、著名史学家张玉法先生为本书题词，日本中央大学姬田光义教授为本书的出版撰写了热情洋溢的出版寄语，给我莫大鼓励，谨此致以至诚谢意！因个人学识水平所限，拙著不免存在许多缺陷与不足；敬祈读者批评指正。如果说本书中尚有一些可取之处的话，那是因为立于先者之肩的缘故。

最后，衷心感谢给我以莫大支持的我慈爱的父母与爱妻。

（本文为1993年作者所写“后记”）

作者手记（二）

《惨胜——抗战正面战场大写意》一书出版后，不足一年时间，在海内外民国史研究学者中引起了较大反响，许多史学界前辈及专家学者纷纷给作者来函或撰写书评，对拙著进行了实事求是的中肯评价，其衷心爱护热情提携之挚意令人十分感动。在这里，我要借本书更名重印之机，对予我关怀鼓励并为拙著提供宝贵意见的各位先生表示衷心谢意！他们是：

中国社会科学院近代史所研究员李新先生及韩信夫、刘敬坤老师；

中国抗日战争史学会刘大年会长；

南京大学历史系主任、中华民国史研究中心主任张宪文教授；

上海同济大学文法学院唐培吉院长；张劲副教授；

中国近现代史史料学学会秘书长李永璞教授；

河南民国史研究专家王德中先生；

台湾中研院图书馆主任张瑞德研究员；

香港科技大学社会科学部齐锡生主任；

香港慕光英文书院校长、纪念抗日受难同胞联合会主席杜学魁先生；

美国南伊利诺大学教授、日本侵华研究会负责人吴天威先生等等。

尤其令本人感激的是本书的出版单位广西师范大学出版社为本书之重印完善付出了艰辛劳动，他们的敬业精神，对工作认真负责的态度以及不计经济得失为本丛书之出版锦上添花的远见卓识之举，足以赢得史学界同仁及广大读者的敬佩，作为本书的作者，谨此向他们表示我个人的衷心感激与敬意！

遵照李新、刘大年等先生的意见，本书重印时更名为《血染辉煌——抗战正面战场写实》，以使之更严谨贴切，并对国民政府八年抗战之光荣与胜利成绩作出高度而科学的评价，相信广大读者对此亦会持有同感。

本人希望继续就本书内容以及抗战正面战场之研究诸问题与史学界同仁与广

大读者进行研讨磋商，欢迎各位继续提供宝贵意见，以使本书更臻完善。

（本文为 1994 年 9 月 28 日作者所写“重印后记”）

目　录

导言

第一章　国民政府奋起抗日

第一节　国难当头……3
第二节　被迫走上抗日之路……5
第三节　国民政府的对日备战……19
第四节　战前国防计划之剖析……34

第二章　妥协与抵抗

第一节　谈谈“七七事变”……53
第二节　宋哲元的心态……62
第三节　平津惨溃……68
第四节　张自忠的苦恼……73
第五节　阎锡山的抵抗……80

第三章　进攻与溃败

第一节　“八一三”的前后……95
第二节　打算“赶敌下海”……100

第三节　功亏一篑 103
第四节　首都保卫战 109
第五节　“调停”风波 120

第四章　弃守与大捷

第一节　韩复榘在想什么 133
第二节　弃守山东的前因后果 140
第三节　一次危险的阴谋 147
第四节　不轻松的鲁南大捷 151

第五章　激战与内耗

第一节　花园口被炸 171
第二节　大战在武汉外围展开 174
第三节　营私争权的内耗 181
第四节　相持阶段的到来 187

第六章　偏安与等待

第一节　“湘北大捷” 197
第二节　国民政府调整内外战略 204
第三节　相持而不寂寞的战场 209
第四节　日军越斗越困 223

第七章　合作与矛盾

第一节　中国为什么要出兵缅甸 235
第二节　初战中的一致与不一致 241

第三节 再战计划中的矛盾 253
第四节 远征军顶有面子 262

第八章 溃退与“跟进”

第一节 也曾想过要反攻 275
第二节 趁溃退而跟进 280
第三节 最后的光荣 290
第四节 并非多余的话 294

附 录

大事记 305
主要参考文献 321

导 言

抗日战争正面战场研究是抗日战争史研究的两大主要内容之一。近十年来，国内史学界关于抗战正面战场研究从无到有、从略到详，除整理出版了大批有关历史资料外，还出版了一些专著和大量的研究论文。但是，从总体研究上看，大陆史学界关于正面战场研究目前尚处在初创与起步阶段，不少研究成果仍局限于介绍发生在正面战场上的几次主要和较大规模的战役的范围内，也就是说此项研究仍处于一种"就战役论战役"的状况，在宏观上缺少对整个正面战场我方整体战略的考察，在微观上缺乏对各主要战役战略背景性因果关系的总体分析。台湾史学界过去虽然在这一方面做过不少探索，也取得不少成果，但受政治等因素的局限与束缚，整个研究仍存在一些弊端，如在一些具体问题上不尽客观而有失偏颇，或着意拔高或故意隐讳等。

八年抗战是中华民国史上异乎寻常的重要阶段，在南京国民政府统治中国大陆的 22 年中（1927 年开府，到 1949 年离开大陆），抗战就占去了其 1/3 强的时间（如果从 1937 年开始计算的话）。抗日战争促进了中华民族的觉醒，使中国更紧密地与外部世界联系了起来，抗日战争是第二次世界大战的重要组成部分，在战争中中国成了世界上特别是亚太地区的政治军事舞台上的重要一员，有力地提高了中国的国际地位。所以就中华民族而言，抗日战争是一场全民族的解放战争，但就国民政府而言，它又是一场足以改变其命运的对外反侵略战争。遗憾的是国民政府出于其自身的原因而不能很好地把握利用这一机会，最后迅速地从"胜利"的巅峰落入崩溃的深渊。所以，抗日战争对国民党统治集团来说亦是一件极具深刻历史意义的大事。八年抗战中，国民政府所领导的军队在正面战场上与日本侵略军进行了一场生死搏斗，因而研究正面战场是研究国民政府抗战历史的最主要、最基本的内容。

实际上，发生在抗战正面战场的各主要战役，其起因、发展经过与结局，不仅出自敌我双方的军事性战术性因素，而且具有更广泛深刻的战略原因，甚至具有超越军事因素以外的政治、经济、外交、国际战略关系等因素。搞清其来龙去脉是一项很有意义的工作，对推动抗战正面战场的研究会大有裨益。

要系统地深入地研究正面战场，首先应注意的即是抗日战争的历史分期问题。

早在抗战时期，中共领袖毛泽东就曾根据战争实际与敌我双方力量的消长等情形，将这场战争划分为三大阶段。毛泽东在其著名的《论持久战》一文中认为，抗日战争应经历“战略防御”、“战略相持”、“战略反攻”三阶段。毛泽东的观点符合抗战实际，得到了普遍的认可，甚至亦得到了国民党一些上层人物的赞同，例如何应钦就曾在其所著《八年抗战之经过》一书中认同了抗战三阶段理论，不同的是他将抗战三阶段称为“守势时期”、“持久战时期”与“反攻时期”。在政治家们的观点影响下，海峡两岸的史学家在很长一段时期内都曾不约而同地将抗战三阶段论作为抗战研究之基本理论，不同的是在具体划分时间上有所相左。其区分比较情形如下：

	第一阶段	第二阶段	第三阶段
大陆	战略防御阶段 1937.7.7–1938.10	战略相持阶段 1938.11–1945.7	战略反攻阶段 1945.8–日本投降
台湾	抗战初期 1937.7.7–1938.10	抗战中期 1938.11–1941.12	抗战后期 1942.1–1945.8

近年来，随着抗战史研究的不断深入，两岸史学界对“三阶段”学说都提出了异议。议论的焦点集中在：第一，真正名义上的相持阶段是随武汉会战的结束而到来，还是延续到1941年底太平洋战争爆发之后才开始？第二，抗日正面战场究竟是否存在一个实际的“战略反攻”阶段？有关这两个问题的具体讨论，本书将在正文第六章和第八章中分别展开。在这里，第二点也就是说有无战略反攻阶段是将抗战划分为两阶段还是三阶段的重要区分标志。台湾学者张玉法先生是两段说的代表，他在《中国现代史》（台北东华书局1977年版）一书中以1938年10月武汉陷落为界将抗战分为前后两期，并称之为“以空间换取时间时期”与“对峙迂回时期”，表示了对“否认反攻阶段存在”观点的认同。

抗日战争的起点问题也是学术界研究得较多、分歧也比较大的问题。一些日本学者和部分中国学者对流行多年的抗日战争上限为“七七事变”的观点提出了异议，即是说对“八年抗战论”提出了异议。他们认为抗日战争的起点应是“九一八”

事变。不仅如此，"九一八"事变还是第二次世界大战的起点。持此论者的根据有四：（一）"九一八"事变后中日间的民族矛盾已经上升为中国国内的主要矛盾，中国国内的政治格局和阶级关系也由此发生了极大变化。（二）"九一八"事变后中国虽未形成全民族抗战的局面，但中国人民的局部抗战和各种形式的抗日活动从未间断。（三）"九一八"事变后国共两党虽然出于不同的原因都曾忽视了中日民族矛盾上升的客观事实，对民族斗争采取了性质不同的错误政策，但在中日民族矛盾已上升为国内基本矛盾这一历史主流的影响下，两党最终还是实现了由阶级斗争向民族斗争的转变并最终实现了合作。（四）从日本方面来看，从"九一八"至"七七"的几年里，虽然其侵略手法与"七七"之后的大规模军事进攻有所不同，但其战略目的是完全一样的，即都是为了灭亡中国。[1] 显然，这种观点及分析方法是有其一定道理的。应该说明的是，本书研究的是抗战正面战场，是从纯军事角度来研究抗战，即就"战争"而论战争，而不是从政治、政略及外交关系等角度来研究抗战，因而为了方便起见，还是从全面抗战爆发的标志"七七"事变开始为好。也正因为这样，在此我们暂不介入"十五年战争"和"八年战争"的讨论。

基于此，我认为对我国八年抗战的阶段及其期限的划分，应该更加细致一些。台湾《抗日战史》总编辑魏汝霖先生在详细考察了中日双方的历史资料之后，提出了以日本对华作战经过及战略转变为标准来划分中日战争为八个阶段的主张。他的"八阶段"论内容是：（一）日本陆军发动全面侵华战争（1937 年 7 月—1937 年 12 月）；（二）日本海军发动上海作战（1937 年 8 月中旬—1937 年 12 月）；（三）徐州会战（1938 年 1 月—1938 年 11 月）；（四）武汉会战后，日本侵华政略战略重新部署（1938 年 12 月—1941 年 12 月）；（五）太平洋战争爆发后，日军在中国战场之战斗（1942 年 1 月—1943 年 12 月）；（六）日军"一号作战"时期（1944 年 1 月—1944 年 8 月）；（七）日军在中国战场准备对美苏作战时期（1944 年 12 月—1945 年 7 月）；（八）日军战败投降（1945 年 8 月）。

魏氏的"八阶段"说较之以往的"二阶段"论、"三阶段"说虽更细致，但其依据的是日方所提供的资料、立于日方的角度来确立划分标准的，而且其中又有重复（第一、二阶段之间）和空缺（第六、七阶段之间）现象。划分中国抗日战争阶段应当是立足于我方。只有这样才能更切合我国抗日战争的历史，从而更具有科学性。当然，魏氏的"八阶段"说为我们细分抗战阶段奠定了良好的基础。在这一设想的基础上，我认为国民政府抗战正面战场应划分为六阶段：

第一阶段:从“七七事变”到徐州失守。此为我国抗日战争之初战阶段（1937年7月7日—1938年5月）。

第二阶段：从花园口决堤到武汉保卫战结束（1938年6月至1938年10月），武汉保卫战阶段，抗日战线深入我国华中地区。

第三阶段：从武汉失守到第一次长沙会战结束（1938年10月至1939年10月），进入战略相持阶段，国民政府调整内外战略时期。

第四阶段：从第一次长沙会战结束到太平洋战争爆发（1939年10月—1941年12月），国民政府抗战进入消极阶段。

第五阶段：从中国战场汇入世界反法西斯战争全球战局到“豫湘桂战役”结束（1942年1月—1944年底），国民政府抗日战事进入“外紧内松”状况，中国正面战场战事遭受重大挫折。

第六阶段：国民政府军队从局部“跟进反攻”到迎来最后胜利1945年1月—1945年8月）。

本书在内容安排上即是遵循这一“六阶段”原则的。

抗战第一阶段虽分别在华北战场（冀察晋绥）、华东战场（沪苏）、山东战场等地区展开，但我们不难发现，抗战爆发之前，华北地区冀察晋绥各省与山东之政局具有相同的特征，即它们都处于地方实力派控制之下。当时主持河北的是宋哲元，统治山西的是阎锡山，主政山东的则是韩复榘。在战前他们都因与蒋介石南京国民政府有隙而与日本方面保持着多多少少的合作关系。他们与日本合作的目的决非是要卖国做汉奸，无非是想利用日本的政治经济力量来与南京国民政府抗衡，以发展壮大自己的势力。但日本军阀为了吞并中国，竭力拉拢各地方实力派，给予他们援助与支持，企图一步步迫使其上钩，走上卖国投日的汉奸之途。对日方的这种阴谋，宋哲元、阎锡山、韩复榘都有不同程度的洞察，都曾明确表示决不上当，决不卖国。但宋、阎、韩三方对日本灭华野心之认识是存在着差异的，对日本发动侵略战争的时间早晚亦有不同的估计。而这些决定了他们在抗战爆发前夕的抗日准备工作和开战后的抗日决心都存在着极大的差异，其直接后果就是造成了战争爆发后正面战场上河北、山西、山东战局之不同结果。而这些正是在抗战第一阶段北方正面战场战事发展演化的重要战略原因。

与之形成鲜明对比的是由南京国民政府组织和发动的“八一三”淞沪抗战。对这一战役南京国民政府是早有准备的，其直接目的是利用我方在华东的既设国防工事，在淞沪引发战事，迫使在此地区拥有巨大利益的英美列强出面干涉，从而有效地阻止日本扩大侵华战争。同时还有吸引日军主力从北方南下，改变其侵华路线由自北而南变为由东向西的战略意图。淞沪抗战的结果虽然没有达成迫使英美出面干涉的目的，但却实现了后一种战略意图，即改变了日军的侵华路线。这一成功之举无疑对日后我方的抗日正面战场具有至关重要的意义。在这里，需要说明的是，国民政府"引敌南下"战略的实现，并不仅仅是通过"八一三"一役来完成的，"八一三"只是一个成功的开端。随后的徐州会战乃至花园口决堤直至武汉会战等一系列战斗都是用以实施并完成这一战略意图的不可缺少的手段。甚至可以说在抗战第一、二阶段我军的行动都是围绕这一战略意图进行的。虽然其中也出现过反复曲折，但通过这一行动我军成功地达成了"以空间换时间"的持久战目的，日军由此一步步陷入了我国全民抗战的汪洋大海，走上了必然灭亡之途。

以武汉会战为标志，日军的战略进攻力量已达极限，这从第一次长沙会战即可得到说明，此战日军在未达到作战目的的情况下因力竭而被迫退回原防线。此时，国民政府的内外战略也作了相应的调整，我抗战正面战场第三阶段作战已告结束。

随着正面战场日军战略进攻的结束和国民政府内外战略的调整，敌我两军在总体上呈现了一种相对平稳的状态，此后直至太平洋战争爆发，为我国抗战第四阶段。这一时期正面战场的形势是敌我各有进退，虽然战斗次数并未骤减，但以前那种空前激烈的大进大退式的战争已不存在。鉴于此，中日双方统帅机关都将单纯的军事较量升级为政治、外交、经济等各方面多层次的斗争，这一阶段正面战场上发生的各大军事行动无论日方还是中方都往往是为达成其他目的服务的。例如，为打击中国人民的抗日意志，日军展开了对我大后方各大城市的狂轰滥炸；为了策应香港之役，日军发动了第二次长沙会战。而中方最典型的例证就是远征军入缅作战，虽然这是为了保卫我方重要补给输血线"滇缅公路"，但这一战略目的从一开始即已不存在，就在当时，即我军在国内战场处处吃紧的形势下，却仍然派出装备精良的生力军出国作战，与英美盟军并肩打击日军，甚至在滇缅路被截断之后依然为掩护英军撤退而与日军浴血奋战，其国际政治战略因素是不言自明的。

太平洋战争爆发后，中国抗战直接汇入世界反法西斯的全球战局，正面战场的抗日进入第五阶段。此一时期国民政府的抗战方针变得"外紧内松"，其主要注意力转向努力以各种手段争取外援，让英美替自己打日本，在国内战场则消极等待胜利。这一方面是出于国民政府最高当局“保存实力以备内战”的政治决策，另一方面也是英美方面企图“牺牲中国保护自己”自私利己行为使然。在这一因素影响下，国民政府从上到下，抗日意志逐渐衰退，内部腐化日趋严重，最后导致在日军发动的“一号作战”中的大惨败。在这一阶段，中国抗战正面战场遭到了重大挫折。

1945年后，随着欧洲反法西斯战争的胜利结束，国际形势大为好转，日军最终失败已成定局。我国抗战正面战场亦进入了最后阶段。在美国的装备下，国民政府开始整训武装新式军队，并在湘西芷江击败了日军的最后进攻，赢得了八年抗战最后一次战役的胜利。中国陆军总司令部仓促制定了局部地区的反攻计划，但因日军战略总撤退已经开始，这一计划并未付诸实施，中国军队在桂柳等地未经激战，“跟进”反攻，收复了一些失地。随后，日本便在盟国联合打击下宣告投降，八年抗战就此结束。

总结我国抗战正面战场，我们发现，虽然国民政府最高当局曾在抗战各阶段一再制定过抗敌战略方针，并努力贯彻之，但是由于敌我力量对比太悬殊，战局的主动权大多为日军所掌握，因而这些战略设计多数不能得到完全实施。正因为这样，整个正面战场的各阶段战局的发展往往在很大程度上具有自然进程的因素。就我方而言，所谓有准备有计划而又达成目的的军事行动，为数不多，越是到抗战后期，这种情况愈发明显。但就抗战正面战场总体战局来看，我方制定的“持久消耗战略”、“以空间换取时间”、“引敌南下退守西南”的战略方针最后基本得到了实施。历史证明，一个积贫积弱的中国依靠其正确的战略思想与指导方针，终于战胜了一个国力强盛装备精良的对手。

由此我们认识到，一方面抗战各阶段各具特色，但又有着密切的内在联系，而联系各阶段的那根主线即是“持久抗战”战略。在此应该说明的是，我们不应因抗战中后期当局抗战意志的衰退等因素而导致许多战局的失误，来否定这一总体战略构想。

抗战正面战场是相对于抗战的敌后战场而言的，因此为了深入了解正面战场，我们不能不对其与敌后战场的关系作一说明。这里所说的敌后战场是泛指我国军队在沦陷区开辟的抗日战场，不仅包括共产党领导的八路军、新四军，而且还包括国民党领导的敌后武装。

过去大陆史学界存在一种片面认识，认为“敌后战场”只是指共产党领导的抗日武装的活动区域。实际上国民党方面也曾在敌后留驻了大量武装力量，并开展了许多抗日活动。有关这一专题的研究，目前在大陆史学界已逐步展开并取得了一定的成果。[2] 关于抗战正面战场与敌后战场的关系，学术界比较一致的观点是这两个战场是“互相需要、互相配合、互相协助”的。[3] 毛泽东在论述八路军敌后游击战成功经验时指出：“其中友军的协助是明显的，没有正面主力的英勇抗战便无从顺利地开展敌后方的游击战争，没有同处于敌后的友军的配合也不能得到这样大的成绩。”[4]

敌后游击战场的开辟，对于配合正面战场和作战，顺利地实施持久消耗战略，起到了至关重要的作用。其重要性主要体现在这样三个方面：

首先，开辟敌后游击战场是国共两党的共识，这一战略行动有其整套的理论基础及实施步骤。在抗战进入第二阶段以后，国民政府方面已将开展敌后游击战争提高到了一个相当的高度。蒋介石曾明确指示：“政治重于军事，游击战重于正规战，变敌后方为其前方，用三分之一力量于敌后。”[5] 其目的在于“扩大面的占领，争取沦陷区民众，扰袭敌人，使敌局促于点线之占领，同时打击伪组织，由军事战发展为政治战、经济战，再逐渐变为全面战、总体战，以收‘积小胜为大胜，以空间换时间’之效”。[6] 而共产党领导的军队则自抗战一开始就深入敌后，发动民众开展全民抗战，并取得了巨大的成功。其二，我军在敌后战场的活动，有力地牵制了大量的日伪军，严重威胁了日伪在沦陷区的统治，使其始终不能集中力量用于正面战场，这对我军在正面战场上的作战是有力的支援，在战略上扩大了对敌作战空间，延长了作战时间。在抗战初期的忻口、台儿庄和中后期的武汉、长沙、中条山、浙赣、豫湘桂等历次重大战役中，敌后战场都直接配合了正面战场的作战，他们以游击战与正规战相结合的方式参与对日作战，有力地打击和消耗了日军，并先后击毙了三名日军中将以上的高级将领，为正面战场抗战作出了直接的贡献。其三，我军的敌后战场作战对于恢复和发展国民政府在沦陷区的政权组织，建立扩大共产党领导的抗日民主政权起到了关键性的作用，这使沦陷区的民心得以维系，中国政府的政令得以贯彻，它与正面战场大后方中央政府上下沟通，共同支撑中国持久抗战之大局。

总之，敌后战场的开辟是我国“持久抗战”战略方针的基本内容之一。它与正面战场的关系是共存互依、相辅相成的。应该指出的是，我们在这里所说的敌后战场虽然是泛指国共双方在敌后共同开辟的抗日战线，但是到了抗战后期，整个敌后战场渐渐地以中国共产党开辟的敌后根据地为主了，因为国民政府在敌后的军队，因自身队伍不纯脱离民众，并频繁制造摩擦，甚至勾结日伪，最后趋于消亡。而中国共产党领导的武装在敌后却愈战愈强，抗击了大部分日伪军，直至战争结束。正是因为他们的斗争才使得抗战敌后战场一直持续到抗战结束。

正面战场是中国抗日的主战场，中国抗日战场是反法西斯第二次世界大战的重要组成部分，那么抗战正面战场与第二次世界大战的关系又怎样呢？众所周知，在世界人民抗击日本法西斯侵略的斗争中，中国人民担负了最主要、最重大的责任，并付出了最惨重的牺牲。有关资料表明，中国八年抗战击毙击伤日军总数是其他全部参与抗日国家毙伤日军数总和的 1.2 倍。而在中国战场上，对日作战的主要战线就是抗战正面战场。如果没有中国正面战场对日军主力的牵制、打击、歼灭作用，那么第二次世界大战的结局将是遥遥无期的。特别值得一提的是在印缅战区，中国远征军对世界反法西斯战争的直接的重大贡献。也正因为这样，国民政府才有可能被抬举为“世界四强”之一。所以，我们认为抗战正面战场是第二次世界大战主要战场之一，其在世界反法西斯战争中的地位是极其重要的。关于这一点，本书第八章将有专题论述。过去，由于我们自己的原因，对中国抗战历史及其对第二次世界大战的作用研究不够，加之国外某些抱有偏见的史学家的着意贬抑，中国战场的历史地位与作用一直没有得到应有的重视与合适的评价，这是不公正的，也是令人十分遗憾的。我想今天我们已到还历史以本来面貌的时候了。

【注】

[1] 王维礼等：《论抗日战争的开端》，载《东北师大学报》（哲社版）1986 年第 3 期。

[2] 参见韩信夫：《试论国民党抗日游击战场》，载《民国档案》1990 年第 3 期，戚厚杰：《国民党敌后游击战争初探》，载《军事历史研究》1990 年第 1 期，等等。

[3] 毛泽东：《战争和战略问题》，载《毛泽东选集》第三卷，人民出版社 1992 年版。

[4] 毛泽东：《八路军军政杂志发刊词》，载《毛泽东军事文选》，军事科学院（内部印行）。

[5] 何应钦：《日军侵华八年抗战史》，台湾黎明文化事业公司 1982 年版，第 265 页。

[6] 《白崇禧先生访问纪录》（上册），台湾“中央研究院”近代史所编印，1985 年 5 月再版，第 352 页。

国民政府奋起抗日 | 第一章

第一节　国难当头

近百年来，中国与日本一直是一对实力悬殊的交战对手。积贫积弱的中国，由于统治者的无能与腐朽，国力民力的脆弱与散漫，面对强邻的欺辱与挑衅，无力自卫，只好一次次以妥协退让忍气吞声来求得苟安。但是，抱定灭亡中国充当亚太地区霸主野心的日本，依仗其逐渐发达的国力与军力及其顽强坚毅的民族精神，始终贯彻其侵略方针，以为一盘散沙的中国终将成为日本的美味。

在中日百年关系史上，日本始终把持着政治、经济、外交、军事的主动权，一面积蓄力量等待时机，一面不断地骚扰中国，扩大其在华势力范围，进行掠夺与奴役，以求增加其侵略实力。

1894年爆发的第一次中日战争，是迂腐的清王朝统治者为了对付日本的侵略而进行的一场不得已而又不自量力的战争，其结果当然不免是战败后的割地赔款。这场战争不仅大大地助长了日本的侵略实力，而且也大大地刺激了日本的侵略野心。在此后的几十年里，日本更视中国为禁脔，必欲独吞之而后快。他们一边软硬兼施，压迫中国的统治者向其出卖更多的主权与利益，一边庇护支持中国的一切在野派、反对派及分裂势力，不论其是资产阶级民主派或是封建王朝余孽，还是地方军阀势力，只要是反抗中国中央政府，并且被他们认为是对于分裂中国有作用的政团、派别或个人，他们都给予不同程度的庇护、资助、支援，藉以助长中国的分裂动乱，进一步削弱其国力，以便寻找侵略时机，达成自己的目的。这是已被历史发展所验证的事实。

然而，中国并没有像日本所希望的那样趋于沦落与瓦解。中国人民在内忧外患之中一步步坚强起来，经过孙中山先生领导的辛亥革命，推翻了腐朽的清王朝，成立了中华民国，接着又经历了北伐战争，打垮了北洋军阀的统治。南京国民政府的成立，使中国又开始了在国民党统治下的统一进程。

以蒋介石为首的南京国民政府从其一成立起就处于与日本相对立的位置上，这并非是蒋氏及其政府自觉要与日本作对，而是中日间不可调和的矛盾造成客观局势之必然。因为蒋介石建立统一的中国政府计划本身就与日本的侵华灭华目标相对立。作为一个深受中国传统文化熏陶的民族主义者，和一个具有极强领袖欲及专制独裁作风的蒋介石，他最终将不能容忍日本人对他的政权的蔑视与破坏和对中国的毁灭而走上抗日之途，这就是他后来领导中国抗日并取得最后胜利的内因。

但是，在南京政府刚刚成立的特殊情况下，蒋氏为了争取日本对其统一事业的支持或默许，也曾极力想与日方“亲善”与“睦邻”，为此，他曾不惜在“定都”伊始就专赴日本访问，会晤日方政要及财阀，但这次访问未能得到日方满意的回答。不仅如此，1928年5月，当南京政府北伐军打到济南之时，日本驻军还进行了公开的干涉与阻挠，结果演成“济南惨案”日军杀死杀伤中国军民4000余人，其中包括了南京国民政府的外交特派员，而蒋氏本人也被迫仓惶出走才幸免遭难。面对日军的暴行，愤怒的蒋氏也曾想拔刀相拼，但最终被张静江等人所劝阻，北伐军亦只得绕道北上。对此，蒋氏曾在当时日记中写到：“如有一毫人心，其能忘此耻辱乎？”[1]

不久，在东北军少帅张学良的合作下，国民政府终于一举挫败日本军阀分裂东北的阴谋，成功地将东三省收归于中国国民政府版图之内，达成了名义上的统一。这一回合的胜利却从反面刺激了日本，恼羞成怒的日本军阀终于按捺不住而于1931年发动了“九一八”事变，武装侵略东三省，对中国实行赤裸裸的吞并。

面对日本的武力侵略，南京政府抱定不抵抗主义，严令东北军不准抵抗，欲听任“国际裁决”来制裁日本，结果使东三省迅速沦陷。日本军阀一招得手便认定依仗其武力可在三个月内灭亡全中国，于是又进一步强占热河、攻击绥远、威胁平津，把进攻矛头直指华北五省。这样，第二次中日大战的危机实已不可避免。

蒋介石及其南京政府究竟怎样来应付这场危机呢？

蒋介石在这一时期的国策基准是“攘外必先安内”，即先集中力量镇压国内共产党领导的人民革命与国民党内各种异己势力，而后再去抗日。虽然我们可以根据蒋氏的民族立场、权力地位及其个人性格诸因素来设定他最终将对日作战，历史发展的事实也证明了这点，但是他的“攘外必先安内”的指导方针在当时情况下无论是对国家还是对民族都是有百害而无一益的。为了“安内”，他不得不一次又一次地对日本人的侵略挑衅妥协、退让，因而受到全国人民的抨击与唾骂，而日本人却利用这些时机不断地加深对华侵略与扩张。

日本步步加剧的威胁，使得深陷于内外交困之中的蒋介石在严酷的现实面前逐步意识到日本就是他面临的心腹大患，因而在中国共产党的一致对外团结抗日的建议面前他开始一步步向抗日的立场转变。我们暂且不论他和他的政府是如何要在公开的言论中保持反共政策的“一贯性”，但就其1935年以后国防方针由剿共向抗日的发展变化及其逐步实施情形来看，这种转变是显而易见的。尤其在“西安事变”后，南京政府的内政方针已由反共向“溶共”转变，并进一步发展到停止内战，与共产党合作抗日。

据此，我们可以认为，蒋介石及其政府的抗日战略方针是在特定环境下形成的，而且其形成过程及其对日政治、外交、军事战略的特点对于后来国民党抗日正面战场的战略制定与其发展变化产生了至关重要的甚至是决定性的影响。

为了完整叙述与全面探讨国民党抗日正面战场对日作战的因果得失及其抗敌战略思想，在这里，我们有必要对战前南京政府及其决策者对日基本方针的发展变化过程作一简单之回顾。

第二节　被迫走上抗日之路

“九一八”事变发生后，南京国民政府的对日关系实已完全成为一种公开的敌对关系。

当时的南京国民政府虽然在名义上是中国的中央政府，但实际上正处在空前的内外交困之中。它所能控制的地盘仅仅局限于苏、浙、皖、赣、豫、鄂等长江中下游数省地区，华北、山西、西北、川滇黔以及华南等地都被拥兵自重的各种地方军阀势力所把持。在中原大战中，南京政府虽一时挫败了各地方军阀及党内异己联合倒蒋的努力，使之不得不暂时屈从于一种俯首的地位，但国内真正的统一与国民党内部的均衡还远远没有形成。更何况就在南京政府统治的核心地区江西等地，还存在着中国共产党领导的工农苏维埃政权，这一政权及其领导的红军武装公开号召推翻国民党政府，建立人民政权，是国民党统治集团的心腹大患。南京政府虽曾先后组织了三次大规模的“围剿”，欲置之于死地而后快，但都被英勇的红军所击败。而当蒋介石正计划对中央苏区展开第四次大围剿之时，两广又发生了反蒋异变，南京政府又要即刻筹划对两广用兵，正可谓焦头烂额，首尾不能兼顾。“九一八”事变的发生更是雪上加霜。这种复杂环境构成了南京政府制定对日方针的基本背景条件。

面对日本帝国主义、共产党领导的人民革命和国民党内反蒋势力等三种力量的威胁，南京政府必须在可能的情况下选择其中被认作最主要的对手进行对抗，而对其他势力采取妥协手段。究竟应该把力量用在何处呢？国民党内部对此存在三种不同意见。一种意见认为，在民族危机关头应即刻停止内战一致对外。这派势力虽然人少力薄而且倍受限制打击，但一直在断断续续地坚持斗争，其中如冯玉祥将军还曾冒着极大危险率领旧部开赴察哈尔前线抗日，他们的主张正如丁文江所曾阐述的那样：“假如我是蒋介石，我的办法是：（第一）我要立刻完成国民党内的团结。（第二）我要立刻谋军事首领的合作。（第三）我要立刻与共产党商量休战，休战的唯一条件是在抗日期间彼此互不相攻击。”[2]然而，这些符合民族大义的主张当时并未能在国民党统治集团中得到认同。

第二种意见认为“抗日重于剿共”，其代表人物为胡汉民等人。这一派人士虽然在反共问题上持肯定态度，但他们认为目前国难当头，中日民族矛盾已超越了国内诸多矛盾分歧，应该首先抗日，他们猛烈抨击蒋介石集团“攘外必先安内”的政策，认为“值兹外患凭陵、军力单薄之际，何能分此大军以驱共而灭御侮实力”？[3]胡汉民甚至激动地宣称：“与其挂日旗不如挂红旗。”[4]在如何对待中共的问题上，他们并非主张两党合作，而是主张改“剿”为“抚”，认为“且彼共产党亦为国人”，“我政府理应从事指导，恳切招宣或可易于就范，俾收一劳永逸之效”，“彼虽共党或感于我政府赴难之诚，谋国之恳切，毅然携手，共赴国难”。[5]“如共产党能放弃赤化中国之主张，拥护中央抗日，则第二个对象（指剿共）自然消灭”。[6]虽然这种主张的本质仍然是要坚持反共立场，维护国民党的根本利益，但因为在反共的手段方法上与蒋介石集团存在分歧，而且持有这些主张的人又都是十足的国民党内反蒋派，在当时亦不可能占有主导地位。

第三种意见认为“攘外必先安内”，其代表人物是南京政府内当权派，以蒋介石为首的国民党统治集团代表中国大地主大资产阶级的根本利益，以江浙沪财阀为经济依赖，对我国东南经济发达地区实行有效统治并在名义上成为中国的中央政府，这政治集团统治方针的出发点在于维护与壮大本身的势力，为大地主大资产阶级的利益服务，正因为如此，在整个中华民族的利益与国民党统治集团的利益产生对立的时候，蒋介石就会做出违背民族根本利益的错误抉择，这也就是在1935年以前国民党的对日战略不断背离中华民族的根本利益的根源所在。

从南京国民政府成立起，蒋介石就认定活跃在他的统治地盘内、并且公开打出革命大旗宣布要推翻国民党政府的中国共产党苏维埃政权及其武装是他的死敌，必欲剿灭后而甘心。当他结束中原大战，把国民党内反蒋势力最大一次联合行动镇压下去之后，便将下一个目标确定为消灭中国共产党及其红色政权。由于阶级利益的根本对立，蒋介石集团与共产党的矛盾不可能用和平方式解决，亦不可能像蒋介石与地方军阀之间那样可以共存、调和于一时而让南京方面“缓图”，国共矛盾是南京政府面临的首要矛盾，因此，剿共便成为蒋氏的首要目标。

“九一八”事变前两个月，蒋介石曾宣称“不先消灭赤匪，恢复民族元气，则不能御侮；不先削平粤逆，完成国家统一，则不能攘外”，[7]表示了他把围剿江西与广东处于同等重要位置的态度。“九一八”事变发生后翌日，国民党中央执行委员会曾通过决议，决定对“危害民族生存之赤匪必须根本铲除”，而对广东方面则可以采用笼络手段，使广州国民政府合并于南京国民政府，这种变化又一次证明，蒋介石及其政府反共第一的原则在当时是不能更改的。

蒋介石一方面认为必须首先反共，另一方面他因抗日准备的不足与后方基地的缺乏，认定目前一旦对日作战必在很短时期内归于失败，“虽欲不屈服而不可得”。[8]所以，目前的情况是“抗日与剿共不能并行，如抗日势必放弃剿共，是予共产党以扩大赤化之机会，抗日之军必受日军与赤军的夹击，使中国半成为苏俄领导下的无产阶级之中国，半成为日本殖民领导下汉奸之中国”。[9]而国民党除了灭亡将无所得。

在这种认识指导下，其对日方针必然是消极的妥协的，甚至是奴性的。日本出兵东北后，蒋介石于9月20日由南昌剿共前线匆匆返回南京，召集心腹要人“会商大计”，决计成立“特种外交委员会”作为对日决策之机构，他要求国人“避免扩大战争”，“暂取逆来顺受态度，以待国际公理之判断”。11月底，国民政府任命顾维钧为外交部长，希望通过顾氏所主张的对日直接谈判方法来解决中日关系危机。顾维钧曾回忆说：“委员长是个现实主义的政治家，他觉得……必须对日谈判。作为一个精明的政治家，他不愿意公开明言直接谈判的政策，我猜想那就是我被任命为外交部长的缘故，要我首当其冲。”[10]但是，这种直接谈判的对策无疑受到了来自国内各方面的反对，而日本政府也不愿意合作，于是南京政府的对日政策即陷入了一种听之任之的不抵抗、不交涉的放任状态。

1932年1月11日，蒋介石发表了一篇《东北问题与对日方针》之重要演讲，他说：“九一八以来，政府对于外交早有一定之方针，即一方坚持不屈服，不订损失领土国权之约，并尽力抵抗自卫，一方则诉之国联，请其根据国联盟约，为公正道义之处置，以保障“世界之和平”。国人要求对日绝交与宣战，反对与日谈判“群言庞杂，莫所折衷”，而他本人反对对日绝交与宣战，他认为中国没有“国防实力”，“以我国海陆空军备不能咄嗟充实，必至沿海各地及长江流域在三日内悉为敌人所蹂躏，虽欲不屈服而不可得”，日本现在对我国“战而不宣”，若我方对日“宣而无力作战”，则徒予日本“加责任于我之机会”和“恣行无忌之口实”，并同时将“自失其国联盟约非战公约与九国公约之权利”，“与中国以破坏公约破坏和平之责任”。所以今日政府之外交方针除对日绝交及对日宣战二者之外，其他方法“皆可择而行之”。“国民唯有信任今日之政府协助政府而且拥护政府之外交政策，无论其用何种方式与行动，无论解决对日外交问题之迟速，皆应予政府以斟酌情势自由运用之余地，而我国民对政府唯一之要求则在绝对不订丧权割地之条约”。[11]这篇演讲阐明了蒋氏这一阶段对日政策的基本方针，即所谓“不绝交、不宣战、不讲和、不订约”的“四不”方针，蒋氏视之为“今日我国外交唯一之途径”。这一“鸵鸟政策”之制定完全是出于贯彻反共内战第一的方针并使其统治得以继续维持之需要，即一方面不因对日本侵略的退让而动摇其统治，敷衍国内人民的抗日要求，另一方面仍集中全力进行剿共内战，不因外敌入侵而有所改变。当然，其中还有深一层的隐意，即不承认日本的侵略结果及既得利益，以便为今后抗日或与日交涉留下伏笔。总而言之，蒋介石要使中日关系不致进一步恶化，以为其执行剿共政策创造条件。

为了贯彻这一方针，蒋介石被迫启用他过去的政敌国民党亲日派首领汪精卫，组成蒋汪合作的国民政府。他专程飞往杭州与汪氏会晤，达成了权力分赃的协议，由汪负责内政外交，出面对日折俎；蒋负责军事，专主剿共内战。蒋氏此举出于两层目的，一是利用汪氏亲日派贯彻其对日妥协政策，为他“分忧”；另一层隐意还在于“推死尸过界”，拉汪一起“跳火坑”，让汪代其承担卖国责任，因为他明知“四不”政策将会受到国人的反对并且难以推行，自己正好一走了之。后来事态发展恰好证明了蒋氏所虑是颇具眼光的。

但是，日本的对华野心并不因蒋政府的妥协退让而有所收敛，相反地却越发膨胀起来。1932年日军发动“一·二八”之役攻击上海，上海守军十九路军奋起抵抗，得到了全国人民的声援。汪氏打出“一面抵抗、一面交涉”的旗号，宣称政府的对策是“军事上抵抗，外交上交涉”。他解释说：现在不能听其不和不战，而是应该和、应该战，若在最低限度以上而得忍受者，此即应和，若在最低限度以下而不能忍受者，则仅有毅然拒绝，出之一战”。[12] 其用意即要为其进一步与日妥协制造舆论。

汪氏的这种论调虽出于对日妥协的目的，但是却与蒋的对日政策产生了某些分歧。

在上海“一·二八”抗战开始后，蒋介石曾堂而皇之地通电全国将士，表示他“犹愿与诸将士誓同生死，尽我天职，抱宁为玉碎毋为瓦全之决心，以与破坏和平蔑弃信义之暴日相周旋”。他还派遣张治中率第五军前往淞沪协助十九路军作战。同时又令上海作战部队阻止战事扩大，以求继续维持中日间“不战不和”的局面。蒋介石曾解释他这一时期的对日立场说：他的对日“四不”方针完全是“基于策略上的考虑”，“而不应把调子唱得太高”，不能对日绝交宣战，“这种政策并不是彻底的”，“比较是无法之法”，“因为国力兵力绝不相同的国家只可用这个政策和战略与之周旋”。[13]而对汪精卫“所标榜‘一面抵抗’、‘一面交涉’的政策”，蒋介石认为“实在只足以表示当局的无办法”，含蓄地指责汪氏对日工作不得力。蒋汪之间这种合作中的分歧以后随着事态的发展而逐步明显与扩大，特别是在处理华北危机问题上，成为影响中国政府对日关系的重要因素之一，[14]同时这种分歧也说明了蒋汪之间在对日方针根本指导思想上存在着差异。

这一时期蒋汪对日方针的相同处表现为一个“让”字，但是双方“让”的目的却有不同。汪精卫一派认为,从根本上中国不是日本的对手,只有“让”才能求得和平。同时他们还企图利用日本的力量作为与蒋氏权力斗争的砝码，在办理对日交涉中拉拢日本，培养自己的力量，为以后和蒋权力之争打下基础。而蒋介石对日本的妥协“则是为了先“安内”再“攘外”，即用现在的“让”来换取日本“至少也得要二十年、十年的功夫”[15]消化侵略果实，从容地去消灭共产党，在准备充实国防力量后，再与日本作战。简言之，就是以妥协换时间来准备抗日。所以，蒋介石的对日妥协是立足于最后的“打”，而汪精卫的妥协则是立足于一贯的“和”，这是两者的根本区别。

蒋汪之间在对日战略方针上的这些合作与分歧，以及蒋介石有意要推汪氏到前台来办理对日交涉的客观实际，构成了这一时期国民党统治集团对日战略的特点。

“上海停战协定”签字后，国民政府以屈辱的妥协再次换来中日间之“和平”，蒋介石继续集中全力于反共内战，“同时也要消灭一般违抗中央的叛逆军阀”。1933年初，日军再攻山海关侵犯热河，中日战端再启，此时汪氏出国养病，代理行政院院长宋子文赴北平、承德视察前线，发表了慷慨激昂的抗日演讲，违反了蒋汪的妥协方针。3月26日蒋汪再度会晤，汪氏表示决计以“跳火坑”的精神“共赴国难”，复任行政院长。他在《关于中日问题之负责谈话》中说：“国难如此严重，言战则有丧师失地之虞，言和则有丧权辱国之虞，言不和不战两俱可虞”。[16]表示束手无策，悲观失望。而蒋介石则提出了对付日本侵略的新对策。蒋介石在1934年间谈到中国将怎样战胜日本时，曾表达过他对现代战争国力总体战思想的认识，他说：“我们中国没有现代作战的条件，不能够和现代国家的军队作战，如果不待而动贸然作战，那只有败亡而已。”[17]这是因为中国现在尚“不成其为现代的国家、现代的社会。”[18]“日本决不允许我们有一个机会可以准备国防”，所以“不仅是我们现在临时添置武器、整顿国防已来不及”，“就是从现在起大家同心一致，专在这一方面来努力三十年还是不够，到那时候，说我们想靠物质的力量，可以战胜日本，那还是等于做梦”。[19]那么，中国目前怎样来抵抗日本呢？蒋氏进一步阐述说：“在国际战局与民族斗争中，武器和武力是决定胜败之一切因素中最小的一部分，最多不过应占十分之一二，其他如经济、教育、内政、外交、统帅、民族精神的因素，要占其中十分之八九。”[20]而集中使用这些力量的前提便是“统一”，“‘统一意志’、‘集中力量’两句话便是我们现在御侮图强的方法中最要紧的一个原则”，“必要在一个政府、一个统帅之下服从一个命令，在一个计划之下行动”。“就是要指挥统一”。蒋介石尤其强调“统帅”的作用，认为对于抗日战略、战术、政略等等一切之运用，“全靠做将领的人尤其是统帅，能够神明变化”，[21]“只要大家能绝对服从革命军的统帅，在一个最高命令之下……我们相信革命的统帅一定可以有革命的战术策略可以战胜一切，达到我们的最后的目的”。[22]具体地说，他作为中国军队的统帅，他之所在便是政府之所在、抗战中心之所在。这样蒋介石便把增强抗日综合国力的远期目标与他当前的“一个政府、一个政党、一个领袖”的独裁统治巧妙地结合了起来，同时也就自然地把自己封为中国抗日的当然领袖，其最终的结论也就是要求全国民众统一在他的“攘外必先安内”的意志之下，先集中力量去消灭共产党和地方军阀势力，而后再去抗日。在此之前，中国的对日政略战略也只能以忍让妥协屈辱求全为指导。蒋介石所欲急于说明的是，他所指出的路便是中国走向抗日成功的唯一途径，为了安定后方必须“剿共”，为了集中力量必须镇压异己，为了准备抗日必须对日妥协。一边“安内攘外”，一边忍辱求安，一边整顿国防，这就是这一时期蒋介石的对日战略的基本内容。实际上，这种指导方针是国民党最高统治者囿于统治集团私利而无视民族根本利益的表现。

由于日军进一步侵扰长城，中国驻军被迫进行长城抗战。但国民政府急于求和，以免日军继续南下扩大中日冲突。在汪精卫的主持下，终以默认日本占据东北、将冀东变为不设防地区以及让出热河山地的重大代价与日本签订了《塘沽停战协定》。与此同时，在蒋介石亲自指挥下，通过颁布《兵役法》和开办“庐山军官训练团”等措施，全面强化了军事实力，在1934年9月间发动了对江西中央革命根据地第五次大规模的“围剿”，最终蒋介石成功地迫使红军主力离开江西，开始北上长征。此前，他又在1933年底分化瓦解了国民党内反蒋派策划的“福建事变”，使南京政府在其军事“安内”

进程中取得了重要进展。进入1935年以后，南京国民政府的国防战略由于受到外部环境的重大影响因而不得不发生变化，开始修改其内外政策，致力于抗日，以求能够在新的条件下延续其统治。首先，自1935年5月以后，日本人并未满足于《塘沽协定》所获利益，而是继续南下侵略华北。他们利用国民政府的软弱，积极策动华北五省脱离南京政府的统治实行“自治”，力图不战而取华北，进而对中国实现进一步的蚕食。他们先后通过逼签《秦土协定》与《何梅协定》，使南京政府在察哈尔与河北两省的主权大部丧失，国民党党政军势力退出冀察平津，日军大批开入关内；同时又在河北香河等地策动汉奸实行“独立”，成立傀儡政权。此时的南京政府，一方面由于长期的反共内战使得军队战斗力大受影响，其主力军一部分被派往西南、西北去追剿长征中的红军，其余部分又亟待整理；另一方面最高领导阶层内蒋汪之间矛盾冲突有增无减，使其无力应付华北事变，只好继续退让，最后以中日双方都能接受的方式成立了一个不伦不类的“冀察政务委员会”来行使对华北的统治，将地方权力交给了以宋哲元为首的地方实力派，以避开日本的锋芒，再次求得苟安。但华北主权的丧失严重动摇了国民党的国策基准，使南京方面以长城为界对日谋和的幻想破灭，蒋介石本人也意识到日本人不会给他的“安内”创造任何有利的外部环境，对日妥协而能求安的基础已不复存在。

其次，中国共产党及其领导的工农红军在民族危机的关头，于1935年8月1日发表《八一宣言》，呼吁各党派军队“停止内战”，“集中一切国力去为抗日救国的神圣事业而奋斗”，提出了建立抗日民族统一战线的政治主张。这一符合民族利益的战略思想一经提出，就立刻得到了全国人民的热烈支持与拥护。相比较之下，使得南京政府以内战为中心的方针愈发显得荒谬与不合时宜。从政治角度考虑，南京政府如果还不改变内战政策将会彻底丧失民心，影响统治根基。

再者，以“一二·九”运动为发端，全国人民掀起了要求抗日卫国的怒潮，它迫使国民政府不得不考虑民心之所向，特别是包括民族资产阶级在内的国内绝大多数阶层和利益集团对南京政府对日妥协政策感到严重失望与担忧，使国民党统治者感到有成为孤家寡人之可能，所以不能不重新考虑对付日本侵略的新战略。

国民党内部力量的变化，又为其改变对日政略创造了十分重要的条件。蒋介石集团在这两三年内大大地加强了自己的势力，一方面由于红军撤出长江流域，使得国民党在此区域统治趋于稳定；另一方面蒋介石执行面向欧美背对日本的外交政策，在英美帮助下成功地实施了“币制改革”，财政状况有所好转；1935年11月，在国民党四届六中全会上，汪精卫遇刺受伤，不久辞职出国，蒋介石轻易地收回了政治、外交大权，同时对广东胡汉民派等国民党内分离势力采取羁縻手段，在“统一党权”、“统一政治”、“统一财政”方面取得了较大进展。这一切为蒋介石在继续“剿共”的同时开始致力于抗日备战打下了基础。

蒋介石及其南京政府从“攘外必先安内”转向“停止内战一致抗日”的最明显的标志是：第一，蒋氏自己确认，随着日本的步步紧逼，对日妥协的“最后关头”已经来临；第二，在经历了近十年的残酷剿杀之后，蒋介石在内外压力之下改变了对中国共产党的“围剿”策略，企图以“和谈”手段达到“溶共”的目的，这在客观上促成了国内团结统一局面的来临。

当华北事变发生时，蒋介石眼看中央军尾追红军进入西南诸省，消灭红军并乘机图川统一西南之举就要马到成功，实在不甘心让其多年的努力功亏一篑，因而仍然希望继续对日妥协以求苟安。但是他所希望的正是日本所不愿实现的，日本人一方面加紧在华北的阴谋与攻势，另一方面向国民政府直接提出了由陆海军与外交当局共同制定的对华关系“广田三原则”，迫使南京政府做出出卖中国主权的实质性让步，这使蒋介石切实感受到了对日关系的严重性，他除了下令外交当局与日本加紧交涉谈判外，还亲自会见日本驻华大使有吉明，商讨解决办法，结果自然是一无所得。

1935年12月，蒋介石指出：“现在真正到了我们国家存亡的关头，”[23]“我们拒绝他的原则就是战争，我们接受他的要求，就是灭亡。”[24]

面对日本咄咄逼人的威胁，蒋氏提出了他的“抱定最后牺牲之决心而为和平做最大之努力”[25]的应付方针。他在国民党五全大会上就此阐述道：“和平未到完全绝望时期，决不放弃和平，牺牲未到最后关头，亦不轻言牺牲”，只要“不斩绝我国家生存民族复兴之路，吾人应以整个的国家民族之利益为主要对象，一切枝节问题，当为最大之忍耐。”[26]多年来，由于国民政府对日妥协态度引起来自国民党内外的一致反对，为了平息民愤，蒋介石在1936年7月13日召开的国民党五届二中全会上又一次就对日抵抗的“最后关头”作了比较明确的说明：“假如有人真要强迫我们承认伪国等损害领土主权的时候，就是我们最后牺牲的时候，”“从去年十一月全国代表大会以后，我们如遇有领土主权再被人侵害，如果用尽政治外交方法而仍不能排除这个侵害，就是要危害到我们民族国家之根本的生存……到这时候我们一定作最后之牺牲。”[27]这是蒋氏向全国人民公开表示他不会在领土主权方面再对日本作出新的退让。

在具体对策上，南京政府也已不满足于维持现状，而是要求恢复对华北的控制权，在整个对日外交上提出了与日方针锋相对的要求，迫使日本后退。外交部长张群在与日本驻华大使就中日关系展开的一系列会谈中，一反常态采取了比较强硬的立场，不仅不接受日方的无理要求，反而提出了取消“上海”“塘沽”两停战协定、取消冀东伪组织、取缔日本人在华北的走私行为及日机擅自在我领空飞行等条件作为恢复中日间正常关系之前提，企图从日本手中夺回已被攫走的部分权力。同时，南京政府又积极支持绥远驻军对伪蒙军的抵抗，并派陈诚等率中央军前往支援。南京政府这以攻为守的对日战略，其目的是为了利用内部统一之机会有效地遏制日本的侵华步伐，并试图夺回长城以南地区的主权。南京政府作出许诺，如果这些要求能够得到日方的响应，则中方相应地亦可“设法停止排日排货，并置满洲问题不谈，中日两国经济可商量提携”，[28]以期最后达成较长时间的和平，赢得时间，实现蒋介石的避免或延迟中日战争的战略设想。

1936 年 8 月 11 日，蒋介石曾在广州与准备去广西调停内战的刘斐就国内局势进行了次私人谈话，蒋介石在这次谈话中曾坦言了他对于抗日的态度。

他说："我是一定要抗日的，但内里不安，叫我怎么来抗日？国内不统一，不消灭共产党，能够抗日吗？"

刘斐："你说要安内才能抗日，广西说，你先抗日，则内自然安。如果为了要安内，自己打来打去，只有替日本人造机会，这就是自速其亡。"

蒋："如果在军事上、国防上一点准备也没有，也不听中央的命令行事，这样的轻举妄动能够抗日吗？"

刘："安内和准备抗战是两回事，安内是自己打自己，消灭抗战力量，准备抗战就不应该打内战。"

蒋："我之安内，就是为了准备抗战，要从外交、国防、军事、内政等各方面作充分的准备；否则，轻举妄动，只有自取灭亡。"

刘："日本人贪得无厌，永无止境，若茫茫无尽期地准备下去，究竟准备到何时为止呢？"

蒋："只要地方能服从中央命令，不发生内战，我们就可积极进行准备抗日，从现在起，日本人不前进，我们就积极准备；若他再前进一步，几时前进，几时就打；否则准备好了再打。"[29]

在这段对话里，蒋介石虽然表明了他坚持"攘外必先安内"的态度，但同时亦表明了他不准备再对日方作任何让步的决心，也就是说他所认为的对日关系的"最后关头"已经来临。正如蒋介石在这一年11月10日所进一步阐明的那样："须知今日完整华北主权，乃为中国生死存亡之唯一的关键。"[30]这就意味着日本人在华北的进止将成为中日间战和的最后关键，蒋氏这时在思想上已抛弃了"无休止的退让"，并准备与日本一战。

蒋介石之所以敢于准备与日本一战，除了日本的紧逼已威胁到他的统治根基而外，一个不可缺少的因素就是国内和平统一局面的初步形成。

在国民党内部，从1934年起，南京政府及其中央军相继通过平息福建事变，控制了福建地区；通过追击红军，控制了湖南、贵州两省，并派兵进入滇、川、陕、甘等西南、西北诸省；特别是经过南京政府精心策划，把西南腹地四川一步步控制在手中，使得经营抗战西南后方基地的工作能够付诸实施；1936年蒋介石又利用红军东征途经山西，阎锡山独臂抵挡不支之机，派陈诚率中央军入晋，加强了对阎氏的控制与监视；同年7月，又通过软硬兼施，解决两广事变，解散西南政务委员会，控制广东、驯服广西，将两广置于国民政府驾驭之下。直至全面抗战爆发前夕，南京政府在平息国民党内争，控制各地方实力派方面可以说取得了前所未有的成绩，除了直接控制了广东、福建、河南等省外，还间接控制了广西、山西等省。曾经一度举兵反蒋的李宗仁、阎锡山等地方实力派也终于在抗战大旗之下放弃了反蒋之念，归顺南京政府。就连华北的宋哲元、山东的韩复榘、四川的刘湘也不能不在公开场合表明他们拥蒋抗日的立场。历时十余年的军阀混战终于有了暂息的机会。

然而这一切又都是以民心向背为依据的。一方面固然是因为南京政府的军事力量不断增强，并有国民党“正统”和中央政府的资格可恃，而更重要的决定因素还是基于蒋介石及其政府逐步明确其抗日决心，这符合了国人团结一致御侮抗日之要求。离开了抗日卫国之基本，南京政府就不可能顺利地实现国内的统一。正如国民外交协会理事刘舆训等在致蒋介石书中所指出的那样：“此次统一告成，内战消灭，实以外患压迫为背景。故在今日严重形势之下，举国沉毅一致，以听政府之指挥。假使交涉稍为萎弱，内战必致复兴，是迫于外者以屈服而为隶属，发于内者以鱼烂而致覆亡。”[31]

的确，当时国民党内争的平息与地方实力派的受抚是有条件有限度的。广西方面在与南京政府“就这样和了罢”（——李宗仁语）之前，是向蒋介石提出了“确定抗日计划及时期，务求在最短时间实现”、“保留军队控制权，军费由中央协助”等多项政治、经济条件的，并且都是得到南京政府同意的；[32]山西的政治军事仍受阎锡山控制，他们与南京政府表面上虽是上下级关系，确切地说是更接近于联盟性质的关系，而这样联盟的基础则是顺从民心的抗日立场，是日本人的侵略与威胁使国民党内部在复杂的条件下很快达成妥协与和解。

除了国民党内的统一，促成国内和平局面的另一个更重要的因素是国共两党在共同抗日前提下的又一次合作携手。

红军长征北上以后，蒋介石认为远离南京退往陕北的共产党已不会对他造成致命威胁，于是在继续围剿的同时开始辅之以秘密接触，希望以政治谈判的手段，用点象征性的政治地位来换取红军的解除武装，彻底解决来自共产党的威胁，并为其恢复与苏联的友好关系创造有利条件。

1935年秋，蒋介石通过其驻苏联使馆武官邓文仪在苏联，陈立夫、张冲在国内等多条线索同时寻找与中国共产党秘密接触的渠道。在莫斯科，邓文仪与中共驻共产国际代表王明取得了联系，王明建议国共两党和谈应在国内举行，并派潘汉年于次年7月回国，在南京、上海代表中共，负责与国民党方面的谈判。陈立夫等人也于1935年底通过谌小岑与中共中央北方局及上海地下党秘密进行了联系；随后又通过宋庆龄与陕北中共中央直接取得了联系。中共中央得知国民党方面有和谈意图后，立即指示与国民党开展谈判，并在原则上同意了陈立夫代表国民党提出的欢迎共方武装参加对日作战、抗日红军与中央军同等待遇、通过民意机关提出政治意见、可选择一地区试验其政治经济理想”等八项条件。[33]但国民党方面由于很快平息了两广事变，自认为有武力可恃，蒋介石又自食其言，在两党谈判中要陈立夫向潘汉年提出了许多追加的苛刻条件，如取消中共政权及军队等等，其意仍在促使中共全面投降。[34]同时，蒋氏又亲赴陕西督促东北军与西北军加紧剿共，准备一举彻底消灭共产党武装。

蒋介石的一意孤行背离了民族大义，招致东北军和西北军将士的强烈不满与反抗，终于引发了西安事变。在中国共产党的大力促动之下，西安事变最终以和平方式解决。西安事变的和平解决意义十分重大。在事变中，蒋氏被迫与中共主要领袖之一周恩来当面谈判，并允诺以他的人格担保“停止剿共、联红抗日、统一中国、受他指挥”。[35]至此，蒋介石才真正放弃了他的抗日前要武力消灭共产党的企图，中止了“攘外必先安内”的方针。从此以国共合作为核心的国内抗日民族统一战线最后形成，南京政府走上全面抗日之路。

国内和平局面的形成说明在日益严重的民族危机面前，国内各阶级及利益集团已自觉意识到应该将本阶级本集团的利益从属于民族大义。经过十余年的内战后，大家又走到一起来了。这种合作是在联合抗日的前提下，国民政府放弃以武力消灭异己的企图，中国共产党与国民党内各地方实力派承认国民政府在抗战中所担负的组织任务与蒋介石所充任的国家元首的角色，以便协调和集中全国的力量去争取抗战的胜利的目标中形成的。

就这样，蒋介石确立了他在未来抗日战争正面战场上的领导与统帅地位，而维持和保持这一地位的唯一和基本的条件是他必须坚持抗日，忠于民族利益。

第三节　国民政府的对日备战

正如前文所述，1935年以前南京政府对日战略方针的中心是以政治和外交的手段来尽可能地避免对日开战，以赢得时间，而将全力用于内战，故而在这段时间内基本上谈不上什么国防战备设计。尽管蒋介石一再申明他赢得时间是为了进行抗日准备，比较而言，其“剿共”是实，抗战准备是虚。在抵抗日本侵略方面，国民政府虽也进行过“一·二八”战役、长城之役，但这些战役都是短期的局部抗战，而且都在中日“和谈”之中进行的，并都以中方让步求和、日方步步得逞而告结束。如果说1935年以前国民政府在对日国防准备方面也做了工作的话，那充其量只进行了一些零星的工作，而且这些工作仅局限于一些先期的规划与设计。南京政府的对日真正备战是1935年以后的事。

1932年11月29日，国民政府参谋本部奉令设立了“国防设计委员会”。依照条例规定，这个机构主要负有以下职责：（1）在政府处理由于外敌入侵可能发生的所有重要问题方面，事先提出切实可行的方案。（2）为招募和重组国家合成军，刺激更高的生产建设能力，以达到巩固国防的最终目的而制定计划。（3）对于短期的“国防计划”工作提出建议。[36]国民政府行政院各部部长“依据职权”都是该委员会的当然委员。该委员会设立调查局与统计局，对涉及中国国防建设的有关方面情况进行了调查统计，包括陆海军军事实力、军工生产、后勤补给、兵源保障、军用通讯、水陆交通运输、铁道、公路、粮食及农产品生产储备、军用原料生产与矿藏储备等等，即对于制定国防作战计划所不可缺少的三“M”（人力、财力、军备——其英文起首字母都是M）进行广泛调查，对其发展计划进行初步的设计。国防设计委员会后来在其调查报告的最后部分曾对中国国情做出了如下的结论：“中国是一个落后的、基本上仍使用中世纪技术的农业国，其工业发展的水平距离胜任一场现代化防御战争的要求还相差很远，这个问题对研究人员来说似乎十分复杂，怎样才能建立起一个专门用于国防目的的体系，看来仍有待于努力。”[37]

1933年，国民政府参谋本部奉令制定该年度国防作战计划，计划中除了有关内战条文以外，关于对日国防也作了一些军事上“应急之处置”。其具体内容包括八项措施：“第一，开战初期应先行肃清长江内敌舰及各地敌租界之武力；第二，速成江阴—南京陆地防御工事；第三，速成徐海地区之防御工事；第四，对山东潍河两岸防御阵地平时应准备周密之计划并密储充裕之器材；第五，速成平津张防御工事；第六，充实河北北部地方之武力并加紧民众之训练；第七，速成要地及部队防空防毒之准备；第八，作战军平时驻地之确定。”[38]该计划对整个国防准备的其它各项主要内容如武器装备、军需供给、部队训练、编制整理、士兵教育、民众发动等等，均表示“暂时无能为力”。因为此项国防计划仍立足于内战，对于抗日国防是“不能不于安内同时并预为攘外之准备”，“虽赤氛未平，整个国防无暇建设，然亦不得不就现时之状况而谋应急之处置，以为未雨绸缪之计”。[39]

1934年1月20日，国民党四届四中全会在南京召开。会上通过了一项《确立今后物质建设方针案》。在这份文件中，首次提出了南京政府关于国防建设的全盘设想。该案规定："于经济中心区不受外国兵力威胁之区域，确立国防军事中心地"，"全国大工厂、铁道及电线等项之建设，均应以国防军事计划及国民军事计划为纲领，由政府审定其地点及设备方法。"其具体步骤为：①将内地统一于中央政权之下；②国家及私人大工业今后避免集中于海口；③以各种合作社筹划农业金融，并以政府之力推销农作物，使经济中心区之农业复兴；④改订赋税缴纳制度，以保工商业之发达；⑤道路航路之开辟，须首先完成西向之干线，使吾国于海口外，尚有不受海上敌国封锁之出入。[40]在这里，已经明确地提出了经济建设需服从未来国防之需要，在未来国防中沿海不可恃而必须经营内地赖以长久支撑的根据地的设想。这里所指的内地，其含义也就是指目前有待"统一"于南京政权之下的西北、西南等"西向"地带。

"九一八"以后，随着日本侵华步伐的加快，形势逼迫中国军政界有识之士开始关心与研讨应付日本侵略的战略战术，并已形成一定的设想，这些设想对蒋介石不无影响，并使之在"一·二八"之役后提出了对付日军侵略的初步战略方针。

1932年4月12日，蒋介石在南昌举行的"军事整理会议"上阐述了他的对日作战方针，他说："现在对于日本只有一个法子——就是作长期不断的抵抗。""日本把我们第一线部队打败之后，我们再有第二第三条线的部队去补充，把我们第一线阵地突破之后，我们还有第二第三各线阵地来抵抗，这样一步复一步的兵力、一线复一线的阵地，不断地步步抵抗，时时不懈。""这样长期的抗战越能持久越是有利。若是能抵抗得三年、五年，我预料国际上总有新的发展，敌人自己国内也定将有新的变化，这样我们的国家和民族才有死中求生的一线希望。"在日记中他也写道："对倭宜卧薪尝胆，朝夕于斯，亦非可矫强"，"此时以稳定抗日战线加强北方防御为目前之急务。"[41]这是蒋氏提出以"长期抵抗"及"消耗战"为原则来对付日本侵略的肇始，虽然此时"长期抵抗"口号在一定意义上仍然是执行"四不"政策的遁词，而且也并非表示蒋氏立即就要对日开战，但他毕竟表示了自己对于未来抗日军事战略方针之设想，尽管这种想法尚不全面不成熟，并局限于单纯军事战术范围内。

蒋介石主张“强国之国防，重边疆，取攻势，弱国之国防，重核心，取守势”。[42]这是他依据对日国防敌强我弱的战略态势，分析敌我力量对比所得出的结论。为了让国人信服他的“攘外必先安内”方针的正确性，他曾到处宣扬在无准备情况下贸然抗日必将“三日亡国”，其实他并不真正相信中国会轻易亡于日本，对于中日未来的战争，他曾提出自己一种独特见解，他说：“战争开始，在势力相等的国家，以决战为战争总结，但在兵力绝不相等的国家，如中国同日本作战即无所谓决战”，[43]因为即使日本在很短时间内占领了中国沿海地区及主要交通线上各大城市，“其结果不过使中国踵行放弃欧洲退保亚陆时的土耳其的先例，缩短战线，出死力以争生存”。[44]日本“要占领我们一省，至少时间就说是一个月，他们要占领十八省，至少要费十八个月”。[45]

在抗日战争的战术运用指导方面，蒋介石的思想倾向于单纯的防守战略。

在“剿共”内战中，他曾“照以前曾胡剿灭洪杨的办法，‘以守为主，以攻为客’”，[46]即以重兵围困，深沟高垒，堡沟交错，分割围歼，使缺乏重武器的红军作战困难，以取得军事胜利。所以他十分迷信这种“攻势防御”的保守阵地式战术，想原封不动地将其使用在未来的抗日战争中。他说：“现在抵抗日本并没有什么大的新技术，仍旧可以用我们剿匪的办法，”对付日军仍要“步步为营、处处设防，到一个地方先就要挖好极深战壕，修好极固工事”，然后“固守不退、稳打稳扎”。[47]应当说，这种思想在抗战初期对日阵地阻击战中还有一定作用，[48]但如果将它用作整个抗日战争的战术总指导思想，则很容易演变成阵地消耗战，这对缺乏重武器，缺少严格训练的中国军队来说是得不偿失的、不切实际的。后来的事实证明，中国军队使用这种战术去和在空炮火力和机动速度上占据绝对优势的日军作战，结果直接造成了我军兵力的极大损失和正面战场战事的迅速溃败。当时在国民党上层领导人物中，对于抗战总体战略中以“持久战”为原则已初步形成共识。而其中又以蒋介石的军事顾问蒋百里的抗战战略思想最切实际。蒋百里是我国近代著名的军事学家，一生致力于中国国防建设的研究，成就卓著。特别是他在晚年，对中日两国国力、军力及其矛盾冲突进行了大量深入的研究，对中日间发生战争的必然性作出了比较准确的预测，并明确提出了他的关于中国抗日战争战略的见解。

1932 年，蒋百里赴日考察，回国后，他在总结在日见闻时说道，中日之间战事无法避免，拖也拖不得，谈也谈不成。这是因为日本的本意就是“要侵略中国”。[49]1935 年他根据日本在华北的种种侵略行径致书蒋介石，指出中日间爆发战争最长不出三四年，中国必须在二三年内加快完成国防基本设施建设。蒋百里在其《日本人——一个外国人的研究》书中，曾深刻分析了日本的政治军事状况。他指出日本具有可能称雄于世界的陆军与海军，并且在许多方面都比中国强大。但是日本同时也具备弱点与不足，国内政局动荡，内阁更迭频繁，陆海军在内政外交上行动不一致，互相矛盾，经济畸形发展却很脆弱，加上执行军国主义扩张政策，如同在火山上跳舞，“由日本政治上、经济上及历史上看来，他的失败是必然的”。[50] 他经过对敌我力量对比具体分析，提出了一整套克敌制胜的战略思想。他指出这场战争将不仅是一场全面战争，而且是一场十年八年的长期战争，在战争开始初期，中国军队在日军猛攻之下会守不住沿海地区而后退，所以应以湖南一带内陆省份为抗战后方基地。[51] 虽然中国可能会失去上海、南京等大城市，但这并不意味着失败，“一个纽约可抵半个美国，一个大阪可抵半个日本，中国因为是农业国家，国力中心不在都会，敌人封锁了与内地隔绝的上海，只是个死港，点缀着几所新式房子的南京，只是几所房子而已，它们与中国的抵抗力量，完全没有影响”。中国的抗战“不是‘军队打仗’而是‘国民拼命’，不是一定短时间内的彼此冲突，而是长时间永久的彼此竞走”。“以国家为主体，将国内一切的一切镕铸锻炼起来，成功一个的国力”。[52] 他形象地把中日战争比喻成一场马拉松赛，“纵然落到最后也要竭尽能力，用最大的速度前进，这是将来得锦标的唯一条件”。他说中国应充分发挥地大人众的特点，“不战则已，打起来就不能不运用‘拖’的哲学”，“把敌人拖倒了而后已”。[53]他还说：“我们对于敌人制胜的唯一方法就是事事与之相反，就是他利于速成，我却用持久之方针来使他疲弊。他的武力中心放在第一线，我们却放在第二线，而且在腹地内深深地藏着，使他一时有力没用处。”[54]“中国人最大的武器就是坚强不屈的意志，敌人可侵占我城市，可屈服我政府，但决不能屈服一国的文化，更不能屈服一个民族的意志。日本假口防共，想拿二百万兵来屈服中国人的意志，等于梦想，日本一天不停止侵略中国，中国势必抵抗到底，最后胜利必属于中国人”。[55]他曾大声疾呼：“胜也罢，败也罢，就是不要同他讲和。”[56]表现了高昂的爱国主义精神。

在抗战战术上，蒋百里提出了正规战与游击战相结合的方针，利用广大农村为基础，全民动员开展广泛的游击战。在这一点上他的观点比蒋介石的观点要显得略高一筹。当然，他这里所指的游击战还是民众自发的游击战，与毛泽东后来提出的广泛动员、组织和发动民众开展敌后游击战的人民战争思想相比，还显得粗浅与不足。

蒋百里的这一套抗日战略思想在国民党上层得到了响应与认同。加上他在1931至1938年的7年间出任蒋介石的顾问，又曾亲赴上海为“一·二八”抗战部队出谋划策，致力于组织基层民众国防训练，使得他的抗战理论在实践中得以不断充实提高。在蒋介石身边工作时，他曾多次致函、面晤蒋介石，宣传其主张，给蒋介石留下了深刻印象。在他的影响下，蒋介石对持久抗战有了一定的思想准备和认同。“七七”事变前夕，蒋介石主持召开了庐山谈话会，邀集全国各阶层人士商讨抗日救国大计，蒋百里曾应邀上山讲授他的《国防论》。1938年秋，蒋百里被任命为陆军大学校长，致力于战时军事教育工作。蒋百里的持久抗战理论对蒋介石及国民政府最高统治集团确定抗日战略产生了很大的影响。与蒋百里思想相接近的其他观点，如李宗仁所倡导的“焦土抗战论”，也主张“日本利在速决战，而中国则以持久战困之，日本利在攻占沿海重要城市，而我则利用内陆及坚壁清野之方法以苦之，此中国在战略较日本便于运用者”。[57]李宗仁还进一步揭示了持久战略在中国赖以成功的经济因素，“第一，中国生产重心尚未集中都市，即令敌人将沿海重要都市占领或毁坏，于中国经济并无致命打击；第二，中国人民生活简单，且大多数均以务农为生，即令在战争中遭受敌人封锁，但日用生活尚可自给自足；第三，中国士兵欲望单纯，生活刻苦，在民族高潮激励之下，军需给养更能通用最经济之办法”。[58]此外，陈诚、白崇禧、冯玉祥、张学良、蔡廷锴等国民党军事长官也都认为“持久战”思想是正确的，但他们对于蒋介石的“深沟坚守”式攻势防御战术思想却不赞同。相反地，他们都很赞赏中共领袖毛泽东在1936年提出的抗日中心战略“必须是运动战，而着重依靠游击战术，深垒战必须利用，但这在战略上只是辅助和次要的”原则方针。李宗仁就明确地说过“日本利于主力战，而中国则以游击战扰之。”[59]抗战爆发前国内曾出版过许多介绍游击战的书籍，便是在这种思想影响下服务于抗战准备的实际措施。第二次国共合作实现后，国民党还特别邀请中共军事领袖在高级军官训练班上讲授游击战课程，并将之视为抵抗日军的“一个有效的战术辅助手段”。

当然，国民党所谓的游击战的含义，并非完全等同于后来共产党的敌后民众抗日斗争，它仍然是以正规作战军队为基础的战斗，不同的是将抗日军由整化零、由大分小，在敌人后方进行纯军事性质的潜伏、扰乱及破坏行为。正因如此，后来留在敌后从事游击战的国民党军队，由于脱离人民群众，逐渐失去了生存力，在日伪打击与分化之下，最终便瓦解崩溃了。

关于坚持开展对日持久战的地域与路线，是战前国民党领导集团考虑的另一个重要内容。

1935年8月20日，国民政府德籍军事总顾问法肯豪森就中国未来抗日战略准备问题向蒋介石呈送了一份《关于应付时局对策之建议》，在这份建议书中，法肯豪森从纯军事的角度，对中国未来抗日战场地域进行了分析。他说：“对海正面有重大意义者，首推长江。敌苟能控制中国最重要之中心点直至武汉一带，则中国之防力已失一最重要之根据。……于是直至内地，中国截分为二。如果开战后固守南京、南昌”，“此种作战方式足使沿海诸省迅速陷落，国外向腹地之输入完全断绝，最要之城市与工厂俱相继陷落，于是陆军所必需战具迅即告罄，无大宗接济来源。川省若未设法工业化能自造必要用品，处此种情况必无战胜希望，而不啻陷中国于灭亡”。“终至四川为最后防地，富庶而因地理关系特形安全之省份，[60]宜设法筹备使作最后预备队，自有重大意义”。“因南北二大干路更要者为长江……故必华方寸土不肯放弃，仿二十一、二年淞沪及古北口等处成例，方能引起长江流域有利害关系之列强取积极态度。中国苟不于起首时表示为生存而用全力奋斗之决心，列强断不起而干涉”。[61]由此可见，法肯豪森是要蒋介石将长江一线作为未来抗日之主战场，首先在长江流域抵抗，而致使列强不得不出面干涉，不得已时亦不要固守南京、南昌，而是退保四川，作为最后抵抗基地。对于四川，他认为是个“造兵工业最良好地方”，“由重庆经贵阳建筑通昆明之铁路，使能经滇越路得以向外联络，有重要意义”。[62]

国民政府根据在南北两大战场层层设防、节节抵抗的抗战指导思想，和以长江流域为主体，在长江流域又以武汉、南京为中心的防卫原则，部署了未来的抗日战备。前者出自蒋介石的对日作战战术指导思想，后者则因为当时中国的客观地理局势之必然。为了保卫自身的生存发展基地，相对而言南京政府对长江一线的国防给予了较高的重视。

“一·二八”战役以后不久，南京政府就开始秘密修筑宁沪间国防工事，以后又对长江沿线的江阴、镇江、南京、马当、田家镇等江防要塞进行了整修与建设。由于长江中下游地区是南京政府直接统治区域，在此区域整军备战相对于北方来说更要得心应手些，而此刻的华北正是中日矛盾冲突之前线，山西、山东都在地方军阀控制之下，这就使得长江中下游区域成为国民政府经营国防基础的重点区域。正因如此，在后来的抗日战争中，为了最大限度地发挥优势，以己之长克敌之短，我方主动发起淞沪战事，将日军主力由北方南引，使长江一线成为对日作战之主战场。

当“一·二八”淞沪抗战之时，由于首都南京距离战区过近，为安全起见，国民政府曾一度迁往洛阳。3月6日，国民党四届二中全会在洛阳召开，会议通过决议以洛阳为“行都”，以西安为“西京”，表示了一旦战事扩大，国民政府将退守西北的意图。4月9日，汪精卫在“国难会议”上致词说：“要根据着西北，作长期的抵抗。……用西北作最后的抵抗根据。”[63]这是南京政府在日本的突然袭击之下匆忙做出的战略选择。然而西北地区地瘠民贫，经济落后，地方势力强大，加上紧邻晋绥，在国防地理上并不具备优势，虽然国民政府亦曾准备“开发西北”，但经济建设并非一日之功，所以当形势有所缓和后，国民政府决定迁回南京。

1935年，蒋介石亲自督率中央军追剿红军进入西南诸省，他赞叹川、滇、黔等省地域广大，山川险峻，人口繁庶，经济文化潜力深厚。他声称：“有我们川滇黔三省作基础，一定可以完成御侮复兴的大业。”[64]“即使我们丢失了中国关内18个省中的15个省，只要四川、贵州、云南在我们控制下，我们就一定能打败任何敌人，收复全部失土。”[65]蒋介石对具有“天府之国”美誉的四川省给予了特别重视，他称赞“四川因为其有如此伟大的自然环境与悠久深厚的文化基础，实在是我们首屈一指的省份……天然是复兴民族最好的根据地”。[66]根据他的指示，南京政府立即着手对西南各省加强统制与“统一化”，首先撤销了四川省内由地方大小军阀各霸一方的“防区制”，并在党、政、军各方面进行渗透，迫使川省当局逐步交出权力，以稳定南京政府在四川的统治基础，并着手建设抗日“最后根据地”的工作。1935年2月10日，南京辖下的四川省政府在重庆成立，结束了川境长期分裂的局面。南京方面派遣了以贺国光为首的庞大的“参谋团”和以康泽为首的“军事委员会别动队”2000余人入川，把握了四川政治军事要害。3月，蒋介石亲自飞渝，将参谋团改组为“军事委员会委员长重庆行营”，同时又在庐山组训川军军官，缩编川军队伍，接管金融财政。这样，四川逐步落入其手掌之中，以致1936年“两广事变”和“西安事变”先后发生时四川方面都未发生异动。1937年6月，蒋介石派何应钦入川，以“缩编军队”、“军民分治”为目的召开“川军整军会议”，结果达成了缩编川军1/5，控制“用人”、“发饷”大权的预期目的。四川基本被蒋控制。[67]为加快建设四川国防基地，蒋介石还下令以三年为期，完成修筑川陕、川滇、川湘等重要公路干线的任务，以沟通西南西北各省的交通运输。虽然四川军阀仍然在图谋抗拒“统一”，但终究顶不住蒋介石软硬兼施的分化瓦解。

1935年7月4日，蒋介石阐明了他对未来抗日战略路线的设想：“对倭应以长江以南与平汉线以西地区为主要线，以洛阳、襄樊、荆宜、常德为最后之线，而以川黔陕三省为核心，甘滇为后方。”[68]由此确立了他“向西南求出路”的基本路线。

1936年1月，蒋介石再一次对统一西南诸省对未来抗日战争的意义作了明确阐述。他说：“国军才以最大的努力，把江西的匪巢根本摧毁，赤匪一路溃窜，由湘入黔，最后入川。我亲自督率军队不断追剿，一面剿匪，一面将向来不统一的川、滇、黔三省统一起来，奠定我们国家生命的根基，以为复兴民族最后之根据地。日本看到这种情形非常不安，以为这三省如果统一起来，中国便有了复兴的根据地，从此不但三年亡不了中国，就是三十年也打不了中国，这就是日本将来的致命伤，所以它无论如何，总要想方法来打破我们统一川滇黔三省以奠定整个国家生存之基础的计划。”[69]

南京政府对日持久战略构想的产生与蒋介石对当时国际形势的分析与预测也有十分密切的关系。

1934年3月18日，蒋介石曾在《今后改进的政治路线》一文中写道：“自九一八以后，日本的独霸主义已抬头猛进，中国的情势，事实上就是从列强均势之下的苟存局面而转到日本独霸势力压迫的局面。”[70]他认为，日本的目标不仅是要对付中国而且是要称霸亚洲与太平洋地区，并全部排挤英美各国势力，实现其称霸世界的野心。在达成这一最后目标之前，日本想要彻底征服中国并非易事，“他现在陆军的目标是苏联，海军的目标是英美，他们的敌人不止中国一国，最大的敌人还在旁边。我们中国在他正面，美国在他后面，……苏联在他右侧面，英国在他左侧面——南洋，最大最强的敌人都在他的侧背，他有什么办法可以拿全力来征服我们中国？”[71]蒋介石由此乐观地估计，日本在占领中国东三省以后，“现在的目标已转到苏俄”，[72]而且因英美日三国海军条约在1934年期满，日本很可能以“最焦急而不能等待”的态度，与英美苏公开对抗而导致世界大战。基于这一因素，中国政府目前的国防方针是以能够自保为目的，进而立于不败之地，以便今后寻求反日同盟各国的援助，在未来的世界大战中利用机会最后战胜日本。这也是解决中日间矛盾，争取对日作战最后胜利的唯一战略选择，而等待与拖延则是实现这一目的的手段。为此，在中日间开战以后，就必须实行持久抗战。

在这种思想指导下，国民政府在制订1937年的国防计划时，特别就中日间是否独立开战为区分，拟定了甲、乙两套作战计划，以备分别采用。关于这两套方案本文将在下节具体论述。

国民政府的对日持久抗战从战略提出到确立经历了一个较长的时期，直至“七七”事变爆发以后，国民党最高阶层才取得彻底一致共识。“七七”事变发生后，国民政府统帅部决定以“举全国力量从事持久消耗战以争取最后胜利”[73]为我国抗战的最高军事战略，在8月20日制定的作战计划中决定：“国军部队之运用，以达成持久为作战指导之基本主旨。”[74]这一原则“在当时大本营得到许多人的同意，就成为当时指导抗日战争的基本战略原则”。[75]所谓持久战战略，其具体内容为“针对敌人企图使战争局部化的阴谋，应尽量使战争全面化，针对敌人速战速决的战略方针，应利用我地大物博人口众多的有利条件，实行持久消耗战略”。[76]“为将抗日战争进行到底，在正面上要避开大兵团作战，始终采取消极作战，以期使各部门继续充实准备”。[77]在具体应用上包括七个方面的要领：“（1）利用地形，坚壁清野；（2）利用时间，旷日持久；（3）利用守势及退避战术，以逸待劳；（4）利用离散及退避作战，以弱胜强；（5）利用他国干涉牵制，以夷制夷；（6）以国力战争为主；（7）努力扩大思想、政治、经济的战线。”[78]

证之后来正面战场的实际，我们可以认为，这种对日持久消耗的战略，是中国统帅部在正确分析了敌我形势与战争实力差距之后所制定的符合实际的战略，它也是在敌强我弱的形势下，中国人民不惜牺牲自身任何利益以求得民族生存，反抗法西斯的侵略暴行，为世界和平事业负重竭力的表现。

在酝酿设计未来抗日战略的同时，1935年后，南京政府也比较积极地开始进行实际的抗日准备。

1935年4月，国民政府军事委员会将国防设计委员会与兵工署资源司合并改组，成立资源委员会，开始着手开发有关国防的战略资源以及实施重工业、军工企业生产建设计划。为增强国力，加快重工业之基础建设，1936年内国民政府给资源委员会拨款1000万元用于增加冶金、燃料、机械、电气、化工等重工业生产投资。在农业方面，1935年亦支出3500万元，用于水利基础建设。特别是自1935年11月起实行币制改革，南京政府在英美帮助下成功地统一了全国货币，整理了财政税收，加强了对财政经济的控制，在很大程度上增强了经济实力，有力地保证了国防建设计划的实施。这些措施使得中国的经济建设在抗战爆发前一段时间内达到了空前的复苏，全国工农商业都出现了增长的势头，为中国抗战创造了一定的物质基础，提供了保障条件。

长期以来，中国的国防工业相当落后，军队武器装备多数依赖进口，“根据民国二十四年之统计，我国轻武器所需之弹药半数需自国外输入”。[79]这样落后的军工生产无法适应抗日国防的需要，一旦外援阻断，中国军队百万正规军的战斗力将大为减弱。为了保障军械弹药之供给，国民政府在德国的帮助下，创办了一些军工企业。在南京、汉阳、巩县、太原、天水、四川、福建等地增设扩建了一批兵工厂，开始生产德式或仿德式轻武器，主要是步枪、迫击炮及轻重机关枪等，并生产配套之弹药，修理破损武器。但坦克、飞机、汽车、重炮之类重武器装备尚不能生产。由于这些军工企业基本上初具规模，产量颇足，加上南京政府历年大量从国外进口武器装备，使得国内军火供应尚得以维持，“抗战以来绝无因粮弹不济而致影响军事失利者”。[80]

在与国防军事有密切关系的交通建设方面，1935年后至抗战爆发，国民政府的交通建设结束了困难与萧条阶段而进入了一个发展时期。一方面由于国内政局趋向团结，而外敌入侵迫在眉睫，不能不预为设防；另一方面由于“币制改革”的成功，使国民政府从西方各国获得了大量的贷款，在财力上提供了实施交通建设计划的保证。1937年2月，蒋介石等向国民党五届三中全会送交了《中国经济建设方案》，提出在今后五年中“铁路建设应以国防运输及沟通经济中心为原则”，并计划筹款9.948亿元用于铁路建设，5000万元用于公路建设。4月，南京政府又拟定《公路建设五年计划》，计划改建和新筑公路5万公里。[81]在铁路建设方面，按照国防准备的需要，重点加速完成了粤汉、浙赣、陇海、同蒲铁路等重要干线的建设。1936年7月筑成苏嘉铁路，可以绕过上海而连接京沪国防线与沪杭甬国防阵地。而东西向浙赣道的完工则对于江南国防战备有着极重要的意义。另外还有京赣、黄埔路的建成及陇海线西展至宝鸡完工。据统计，自1936年至1937年7月止的一年半中，共计筑成铁路2030公里，平均每年修路1353公里，是前8年内年筑路纪录的6.5倍。[82]这无疑对于未来抗日作战有直接作用。例如粤汉路通车后，从“七七”至广州失陷前的15个月中，总计运输抗日部队200余万人、物资70余万吨，行车最多时全线列车达140列，成为中国抗战之大动脉。由于它的重要军事价值，使得日军不断派机对其实行狂轰滥炸，每月轰炸145次，平均每天轰炸5次。其他如京沪专线在“八一三”淞沪之役时，3个月中共开军列1346次，运兵50个师、装备供给5万吨；浙赣铁路除军运外还负担了沿海工矿机关等西迁重任，在广州、武汉失陷后仍在运行，在1939年3月前的15个月中计开军车1700列，运送部队150万、军需23万吨。[83]

在公路建设方面，战争爆发前，全国公路总长度已从 1927 年的 1000 多公里增至 10.95 万公里，初步形成了沟通全国的交通网络。国民政府还计划在长江流域各省份加强公路建设，以满足抗战交通之需要，但由于战争很快爆发，正在进行中的成渝、湘黔、京赣、宝成、贵昆、三梧等线路工程被迫中断。

需要指出的是，关于抗战交通建设，早在1934年就有人向蒋介石提出过忠告，当时蒋氏的德国总顾问塞克特（Hans Von Seeckt）在给他的报告中写道：“中国如无相当的工业基础，现代化的军队将无从建起。独自地与有效地产生自己的武器以及发展具有战略性的交通系统，在日本入侵时可以迅速地输送部队至危急之地区，实为当前首要之任务。”[84]但是，忙于剿共的蒋氏并不能顾及这些建设事宜，因而错过了大好时机，直至临战之前，南京政府才真正重视起交通建设来。

南京国民政府国防准备的另一项主要内容是整军备战。

军队是国防的基础。30 年代，在国民政府名义号令下的全国陆军部队共计有 180 个师、94 个旅、40 余个独立团（新疆、西藏、西康省除外）。这支庞大、混杂的军队大都是旧式编制、缺少装备及未经训练的，但每年花费的军费却占全国财政支出的 70%以上。[85] 其状况正如陈诚所描述的 ：“以之内哄则有余，以之御侮则不足。”[86] 要对外抗日，则必须实行整军与练武备战。

1934年12月，在完成了对江西中央苏区的围剿以后，蒋介石立即着手制定了整训陆军60个师的计划，准备用三至四年时间，分六至八期进行整训，每期训练六至十个师，至1937年底全部完成任务。此次整军与以往缩编扩军均有不同，在其整军原则第一条中即规定：“依国防之目的，由中央确定编制。”就是说整军的目标是成立抗日国防军。之所以规定整军数为60个师，是因为考虑到日军现有常备军17个师团，除驻守国内、伪满、朝鲜外，对华用兵最多预计可达10个师团，而我军整编后以两个师抵抗彼一个师团计，60个师尚三倍于日军，这样“可操绝对胜算”。[87]

根据整军原则，每个师一律改为四团建制，在集中训练军官干部后实行混编，“以消灭派别系统之弊”。首先整编集中于长江两岸的中央军以及东北军和“已就国防位置的非剿共部队”。

1935年1月26日，蒋介石在南京召开全国军事整理会议，部署整军工作。3月1日在武昌成立“陆军整理处”，以陈诚为处长，着手开展工作，同时将整编范围扩展到骑、步、炮等特种兵，由于装备武器一时无法全部更新，此次整军仅限于编制上的调整充实。第一二期共整编了20个师，第三期在1937年上半年又完成了10个师，到“七七”事变发生时，共计整编了近30个师，完成全部计划之一半。此时全国陆军已整理及未整理之部队共计步兵182个师又46个独立旅，骑兵9个师并6个独立旅，炮兵4个旅又20个独立团，共约170万人。而其中预定用于第一线的作战部队计步兵80个师、9个独立旅，骑兵9个师，炮兵2个旅又16个团。

这次整编计划虽未全部完成，但通过整军使中国军队战斗力有所提高，美国著名记者斯诺曾评价说，“在1937年，中国的陆军是该国有史以来最大最强的。”[88]

在空军建设方面，1936年6月以前，南京控制的军用飞机只有14个中队，后在“两广事变”中蒋介石用重金收买了广东军阀陈济棠的空军，使其9个中队的飞机“弃陈投蒋”，造成了南京所宣称的“空军统一”。是年10月间，趁蒋介石五十寿辰之机，国民党在全国掀起了“购机祝寿”活动，这一活动因其国防意义重大得到了海内外中国人的热烈响应，得捐款近500万元，购得飞机68架。[89]1937年5月，又划分出全国6个空军区，成立了第一（南京）、第三（南昌）两个空军区司令部，全国空军拥有飞机600余架，其中可用于作战的飞机305架，飞行员3000余人。[90]中国空军初具规模。抗战爆发后在华东、华中战场上中国空军发挥了一定的作用，取得了一些优异的战绩。但是中国空军是建立在购买飞机的基础上，缺乏再生之力，随着战争的延续，很快便消耗殆尽。

在建立全国的防空体系方面，1935年3月，将首都防空处改组成防空委员会，并成立高射炮营，在市内部署7.5厘米高射炮16门，是为中国防空部队之首创。同时在全国划分9个防空区，构成空情监视网。

在海军建设方面，南京政府鉴于敌我力量对比悬殊太大，于是决定把力量投置于购买造价低廉的轻量级军舰与巡逻艇上，以供沿海及长江内河巡逻防守之用。至战前止，国民政府海军共拥有舰艇6艘、鱼雷艇12艘，总吨位5.9034万吨。分为三个舰队。战争爆发后退而用于巩固江防。[91]

为解决兵源补充问题，1936年国民政府又正式下令实施《兵役法》，“先就豫鄂皖赣苏浙六省划定管区，试办征兵事务。其余各省，亦已施行国民兵役，以为征集现役兵之准备”。[92]据统计，1936年7月至12月，征集入营新兵5万人，受过军事训练的壮丁约50余万，正在训练中的壮丁约百万人。[93]这一征兵制度实施不久战争即已爆发，由于前线对兵源需要剧增，为了应急，国民政府采取了征兵与募兵并行的制度。

在培训后备力量方面，主要做了在民众、学生中推行军事训练的工作。1935年国民政府公布了《壮丁训练实施纲要》、《县军训教官遴选办法》等文件，制订了由中央统一训练军训干部，分派各省开展民众训练工作的方案。到1936年底，共训练民众达50余万，正在训练者100余万。同时还开展了集中训练高中以上学生的活动，抗战爆发时全国已训练高中学生22.4万人，专科以上学生64340人，并培养了一批预备役军官干部。这在当时教育落后的中国已经是个可观的数字了。[94]

以上就是南京国民政府在1935年后进行抗战准备的基本内容。此外，南京政府在军事上还做过一些临时性的应战准备，如在日本策动华北五省自治运动最猖獗的时候，1935年10月中旬，国民政府下令沿陇海路西调军队，在平汉线南端集中了10万大军，同时蒋介石亲赴河南视察，命令在黄河上赶制渡河船筏，做好战斗准备。月底，又在南京附近集中11个师的兵力，由蒋亲任总指挥，以中央军校教育长张治中及南京警备司令谷正伦为东、西两军司令，进行对抗演习。[95]这是南京政府向日本进行的前所未有的武力炫耀，它说明蒋介石已经开始准备以武力来抗击日本的入侵。

到“七七”事变前夕，南京政府国防准备已初步完成了一些基础性的工作。正如1937年4月间军政部常务次长陈诚所报告的那样：“1936年一年国防建设的成效，超过了1932年至1935年四年的总和；而1932年至1935年四年国防建设的成效，又相当于民国二十年以来的总和。”[96]

第四节　战前国防计划之剖析

随着南京政府政治策略的逐渐变化，自1935年起，其国防军事战略亦发生了明显改变。具体来说就是逐步地把国防设计与国防战略的立足点由反共内战转向御侮抗日。从这两年的“国防计划”中我们可以看出国民党领导集团对于敌情、国力及未来抗战战略、战术计划的具体构想。

1936年初，国民政府制定了《民国廿五年度国防计划大纲草案》、《国防设施纲要草案》、《1936年度作战计划》等几份文件。在这些文件中，国民党当局一方面承认“现时整个的国家均陷于非常的状态，环境险恶危急”[97]，另一方面却依然坚持“安内攘外为现时我国之国是”[98]的既定方针，明确在全国范围内划分“抗战区”、“警备区”、“绥靖区”、“预备区”四种区域，以分别执行“剿共”和“抗日准备”的任务。

关于“剿共”，在“国防计划大纲”及《作战计划》中都规定了对陕甘、川黔及浙鄂边区红军的围剿任务，同时强调指出“至小限度在抗日期间务封锁之，不使其外窜”，[99]表明了此时国民党当局的内战重于抗日的观念并未彻底消除。

尽管如此，为日本侵华严峻局势所迫，南京政府也不得不考虑防范与抵抗日本侵略的办法。在抗日准备方面，1936年的国防作战计划中充分显示了南京政府对当时敌情的分析与抗敌战略思想。

其一，对日本侵略严重性的认识及对日本侵略军力量的估计。国防作战计划阐述道：“暴日现正急进，实现其传统的大陆政策，既横占我东北四省以为根据地，更进而蹂躏冀东、察东，控制平津，支配冀察两省军政，近拊齐鲁，远窥绥远，……故其陆军主力便于由东北向西南进展，更仗其海军空军之优势，随时可能于青岛、连云港、长江、杭州湾、福州、厦门等处掩护其陆军之部任意登陆。”[100]因此，可以认定“今日我国之预想敌国应以侵略我国最急，加我危害最甚之日本为预想敌国，故凡国防军事一切建设准备，当以日本为对象而筹划之”。[101]对于日本可能动用的侵华力量，《作战计划》推测：一旦战事发生，日本陆军可调动120万兵力，海军驻华舰队、空军常备飞机3000架即可全部出动。但是由于受到苏美英在远东军力的威胁，日军“所得用于对我侵略者亦不过其一部而已”。[102]基于这种认识，当局认为一旦开战，日军“控制对苏联之兵力必且较侵我者为多”。[103]由此我们可以得出两点结论：（1）南京政府此时已经清楚地认识并充分地估计到了日本侵华的野心与手段；（2）但当局却错误地认为日本目前不会以全力侵华，其陆军大部分兵力将用于对抗苏美等国。事实上，这种过于乐观的估计不久即被战争实际所粉碎。1937年7月中日全面开战后，日本以在“十月底前结束战争”为目标，投入中国战场的陆军兵力多达16个师团，兵力总数量为其部署在我国东北的两倍余，为其部署在本土及朝鲜的四倍。[104]基于这种估计，国民党当局便错误地把扭转局势的希望寄托于苏美等国，这就使其日后发动抗战的立足点产生了偏误。另一方面，由于有了对战争危机的深刻认识，南京政府已下决心准备抗战，在这一点上，1936年国防作战计划也具有积极的意义。

其二，对日抗战总方针的确定与战略计划的设计。基于上述认识，国民党最高当局确定对日作战的总方针是：“为保全国土完整，维持民族生存起见，应拒止敌人于沿海岸及平津以东与张家口以北地区，不得已时逐次占领预定阵地作韧强抗战，随时转移攻势，相机歼灭之。”[105]这一方针之宗旨，即是要拒敌于中原内地之外，依靠阵地阻击战阻止敌军入侵。为此，当局又进一步划出五道自北向南的“抵抗线”，并确定以淮阴、徐州、归德、开封、新乡、沁阳、郑州、洛阳、宁波、惠州、广州诸城市一线为“最后抵抗线”，在此线构筑“永久性工事”。另外为便于指挥起见，在全国抗战区内又划分出冀察、晋绥、山东、江浙、福建、粤桂五个防卫区，并详细确定了各防卫区驻军部署及作战线。

关于后方备战准备，《1936年度作战计划》大纲要求：储备50个师三个月的粮弹；于南京、西安、南昌、成都、许昌、延平等地设立总军需库；训练全国壮丁“以为兵员补充骨干”；“陕甘方面增援部队集结于潼关，主力在郑州；川鄂湘之增援部队集结于武汉，浙赣之增援部队集结于南昌，云贵之增援部队集结于曲江”。

1936年国防计划还就抗战发动的时间作了预计：“国军与预想敌国开战时期最好是预想敌国在西伯利亚酣战时，则国军进出黑山白水之间一举将敌歼灭之，复兴民族握东亚之牛耳不难也。但不得已时，受预想敌国袭击时，则抗战区内之国军尽力抵抗，求时间之余裕，以待国际间之变化。”[106]从其作战总方针及对开战时间的预期来看，国民政府在准备抗战的态度上是消极的。也正因为认识与指导思想的错误，其关于抗战指导总方针与开战时间的预计结果都与以后的战争实际相背离。

在《民国廿五年度国防计划大纲草案》有关“作战指导要领”中，国民政府确定“以四川为作战总根据地，大江以南以南京、南昌、武昌为作战根据地，大江以北以太原、郑州、洛阳、西安、汉口为作战根据地”。对于这一决策的制定，国民党当局付出过许多努力，以此构成了国民政府抗战战略路线的主体。有关具体工作内容包括：

（1）建立四川总根据地。根据当时中国地理情况，为有效地抵抗由东部及北部入侵的敌人，建立大西南基地便是抗战必由之路。自1927年南京国民政府建立后，蒋介石一直在进行着分化、消灭盘踞西南地方军阀势力的努力。经过多方策划，最后南京政府获得成功。这一成功在客观上为在抗战爆发后建立以四川为中心的后方根据地创造了必要的条件。

（2）作为长江南北共同的作战基地，南京政府认为华中重镇武汉是“国防作战中心”。从1935年4月起，当局便在武汉行营内特设“武汉城防整理委员会”，先后由蒋介石的亲信钱大钧、陈诚主持工作，在武汉周围周长100公里范围内建立了环形防御线，并对深入长江内之日本海军舰只及汉口租界内日方潜伏势力作出了“歼灭性的处理”计划。按照蒋介石“选择要点构筑必要之工事”的指示，到1936年8月止，已在武汉周围田家镇、半壁山、阳逻、白浒山、城陵矶等江防要点设立了野炮掩体36处、观测所12个、兵员掩蔽部3个、重机关枪阵地1处及坑道、交通壕等；在葛店至新桥、豹子海、三里界、纸坊、龟山、信阳等陆防要地设立20处重机枪阵地及多处野炮阵地、观测所等作战设施。此外还完成了战时通信系统建设。在市区内则以构筑交通指挥台为掩护，秘密完成了对日租界的作战设施。至此，用于武汉国防工事修筑总费用已达913228元。[107]

（3）对于国民党统治中心宁沪地区，由于地处沿海，且必为日军入侵要道，对其国防设施的建设，当局予以了相当的重视。1931年起，国民政府就开始在这一地区建设国防战备设施，前后花费了一百几十万元的资财，修成了三道国防线：上海至杭州、吴江至福山（苏福线）、无锡至澄江（锡澄线）。到1937年，全部工程已基本完成。关于具体作战部署，当局在制订1935年国防计划时，就已经规定“在江浙方面：驻江南部队应集结于京沪线及首都附近，一面任淞沪方面之增援，并相机扑灭上海之敌势力，一面防止长江内敌舰之侵扰，以维护首都。[108]1936年国民政府还采纳了张治中等人的建议，成立了“京沪警备区”，张治中出任警备司令，开始了以宁沪为核心的抗战准备工作。张治中专门主持制订了“京沪区”防御计划及其实施工作，具体拟定了在紧急情况下采取先发制人的军事进攻手段，消灭驻沪日军后封锁海岸阻敌入侵的作战方案。以后又开展了五个师规模演习，同时宁沪铁路沿线各站也布置了军运准备。中方还以增加保安团的名义向上海市区增派了武装部队，[109]为以后中国方面发起“八一三”淞沪抗日之役作了必要的准备。南京政府几年来在长江中下游地区的战备努力及其在1936年国防计划中的设计都向我们展示了一个事实，即当局试图以长江一线作为未来抗日战争的主战场，这项战略意图已为以后的战争实际所验证。

除上述内容外，国民政府在1936年国防计划中还就重要的工矿企业、学校、机关内迁等提出了积极的设想。计划中规定各重要工厂、学校均应设法迁移于根据地或总根据地。[110]依照这一计划，在次年战争爆发时才演出了中国现代史上宏壮的工矿企业、重要学校机关大规模西迁的一幕。它对于保护国家经济、教育、科研命脉，坚持抗战及维持大后方物质的供给起到了重要作用。

此外，1936年国防计划内容还涉及地方行政机构战时军事化、军用地理测绘等项内容。

综上所述，国民政府1936年初制定的国防计划是一份以“内战”为主的计划，其中对日抗战战略设计从根本上说是被动和主观臆想式的。但是在这份计划中也提出了一些比较正确的战略思想，如建立四川根据地、经营长江流域国防备战设施等等。这些具体的设计与建设的积极作用已为后来的抗战实际所证实。

进入1937年以后，国民政府的内外政策发生了明显转变。由于“西安事变”的影响与促动，蒋介石被迫放弃了他的“剿共”内战，改变了“安内攘外”政策，开始趋向于团结抗日。国民党当局亦逐步接受了中国共产党建立抗日民族统一战线的倡议，在国内达成了第二次国共合作。这一切，促使南京政府在停止内战之后，开始集中精力来考虑抵抗日本侵略的战略与战术。在这样前提下产生的对日国防作战计划即成为未来抗日战争正面战场抗敌战略之主体设计。

1936年底，国民政府参谋本部奉命拟订了《民国廿六年度国防作战计划》，次年1月完成“甲案”与“乙案”两套草稿，3月修订完毕。经参谋总长程潜和参谋次长杨杰、熊斌审定后，送交庐山，由军政部次长陈诚转呈蒋介石审阅。此份作战计划之甲、乙两案，根据对日采取消极与积极两种不同作战态势，分别拟定了抗击日军侵略的具体战略任务与各阶段战斗计划。

关于内战，在1937年国防计划的“消极之甲案”的作战指导要领第十四条中规定：“作战期间如赤匪尚未肃清，则内地未列入战斗序列之国军，继续清剿及绥靖警备之责，并统编总预备军，待命集中。”[111]而在其积极之乙案内则已完全取消了反共作战的内容，更之为“作战期间，负有绥靖地方之国军未列入战斗序列者，则编为预备军，待命集中”。[112]这就说明1937年的国民政府已将其基本精力转向了抗日方面，准备或已经取消了继续内战计划，这是国民党从内战转向抗日的明显标志。

1937年国民政府国防作战计划是一份专门对付日本侵略的计划，我们仅就这份计划甲、乙两案中关于抗战设计的几个要点稍加分析，便可基本了解国民党当局在抗战爆发前夕对于抗日作战的战略战术思想。

《民国二十六年度国防作战计划》（以下简称“计划”）具备以下几方面的主要内容与特点：

其一，对日方军备力量及随时可能对我国发动侵略的时间、地域做了切实的估计。

关于日军可动用之侵华兵力，“计划”中预测，由于苏美等国在远东的军事力量牵制，即使中日两国发生战争，日军除防俄留守本土等等而外，其可动用侵华的陆军兵力“以十二至十四个师团为最高额”。但若在日苏、日美开战同时首先对华用兵，则在中日战场取攻势时使用35至40个师团，守势时或在20个师团以下。但日海军及空军力量则“足以扰乱我海疆而有余”。[113]

至于日军可能的侵略路线，“计划”认为：“敌国之军备及一切物质上均较我优势，并掌握绝对的制海权，且在我华北造成强大之根据地，故其对我之作战方针将采积极之攻势而期速战速决。”[114]“其主战场以华北为中心，并以有力之一部沿平绥路西进及由山东半岛、海州等处登陆，截断我南北联络线，策应其主力军之作战，以囊括我华北全部，同时以一部由扬子江口及杭州湾上陆……威胁我首都，并以台湾部队向闽粤沿海岸登陆，期助援其主力军作战进展容易。”[115]

关于开战时间的预测，“计划”认定，日军如扩大侵略步伐，而对华北、绥远、山东、福建、淞沪等要地再犯一步时，便可能“以局部军事行动而揭开战争之序幕”。[116]

以上这些估计，基本上是切合实际的，特别是有关日军入侵的地域、方式及对双方实力差距的认识基本上都是正确的，对于开战时机的认定则充分表明了国民政府决心抵抗日本侵略不再让步的态度。关于日军侵华兵力的预测，由于受到最高当局错误观念的影响，仍然对敌手估计不足。事实上日军在开始战争时，除了驻东北之关东军（4个师团）外，1937年9月间便在中国战场投入了16个师团兵力。1941年太平洋战争爆发后，日军在中国战场取守势时驻兵仍达35个师团，1945年战争结束时已多达51个师团，占日军外侵总兵力一半以上。[117]这大大超过了“计划”中的估计。

其二，国民政府对日抗战总方针及作战指导、战略部署概要。

关于对日作战方针，“计划”乙案规定：“国军以复兴民族收复失地之目的，于开战初期，以迅雷不及掩耳之手段，于规定同一时间内，将敌在我国以非法所强占领各根据地之实力扑灭之。并在山东半岛经海州及长江下游亘杭州湾迤南沿海岸，应根本扑灭敌军登陆之企图。在华北一带地区应击攘敌人于长城迤北之线，并乘好机，以主力侵入黑山白水之间，采积极之行动而将敌陆军主力歼灭之。”[118]而“计划”甲案则以较为保守的观点，以拒止日军在中国沿海登陆，阻止敌人越过“天津—北平—张家口”一线为主要任务，同时明示：“不得已时应逐次占领预定阵地，作韧强之抗战，随时转移攻势，以求最后之胜利。”

关于作战指导，“计划”甲案以“守势作战”为原则，制定出“于不得已时实行持久战，逐次消耗敌军战斗力，乘机转移攻势”的方针。此案还计划以平汉路为重点集中兵力，在华北与敌开战，而后逐步后撤预定防线。山东方面最后固守潍河；徐海地区固守运河；上海方面固守“乍浦—嘉兴—无锡”为最后抵抗线。海军因力量不足则协助陆军，以消灭敌在长江内舰队并保卫沿岸要塞为主要任务，另计划以主力空军轰炸敌在外海舰只及其本土目标。对于准备放弃之国土，一方面决定组织守备部队死守大都市，另一方面要求在撤退前彻底破坏一切交通、资源，并组织别动军等民众武装，“采用游击战术，以牵制敌军并扰乱其后方”。[119]“计划”乙案基本内容与甲案相同，只是没有关于退却计划的安排。

关于战略布置，“计划”根据作战实际需求将全国划为山东、冀察、河南、晋绥、徐海、江浙、闽粤等7个作战区及陕甘宁青、湘鄂赣皖、川康、滇黔、广西等5个警备区，规定了第一至第五方面军分别在山东、冀察、晋绥、江浙、闽粤各地的具体部署与战斗任务，同时要求第一至第三总预备队分别集中于西安、重庆、南昌，分别为平汉、津浦、江浙、闽粤之援军。“计划”确定“最高统帅部位置南京”，并在郑州、徐州、南昌分设行营，编成行营列车以便机动。[120]

比较之下，“计划”甲案中关于作战指导方针与战略布置的设想比乙案中的有关内容更加切合战争实际。首先，在这一时期中国军队陆军总数计达182个步兵师、46个独立步兵旅，9个骑兵师并6个独立骑兵旅，4个炮兵旅又20个独立炮兵团。但由于治安、训练及装备的原因，其中只有80个师的步兵并9个独立旅、9个骑兵师、2个炮兵旅及16个独立团可以开赴第一线作战。[121]

仅就作战兵力而言，欲达成“计划”乙案所规定的目标显然是不切实际的。其次，关于各大战区国防工事修建情形，“依照首都为中心逐次向国境线推进”，“先完成各阵地之骨干，……以后逐渐加强”的原则，当局积极进行建设，至1937年2月止，除冀察、晋绥两区分别由宋哲元、阎锡山负责外，河南区国防工事工程已近全部完成，而国防腹地江浙区国防线的修建亦正在加快速度进行，具体情况见下表。

江浙区国防工事修建情况统计（1937年2月）[122]

区域	阵地	预订数	已成数	未成数
京沪分区	淞沪阵地	45	17	28
	吴福阵地	226	157	69
	锡澄阵地	297	297	0
首都分区	首都城厢及沿江及东南阵地	423	402	21
	江西北面阵地	45	45	0
	镇江附近阵地	34	0	34
	芜湖阵地	25	22	3
沪杭甬区	乍乎嘉阵地	840	830	10
	海盐–嘉兴阵地	112	82	30
	乍澉甬海岸阵地	150	150	0
江北分区	南海靖间阵地	23	0	23
	淮阴附近阵地	48	0	48
	蚌埠阵地	76	0	76
徐海分区	海州附近阵地	87	87	0
	徐州附近阵地	175	175	0

*徐海分区运河阵地因款项无着尚未标定。

长江、沿海各要塞炮台也进行了改造与增建。其国防工事建设总支出已达717万余元。就抵抗侵略之防御战争而言，按照“计划”甲案部署，这些国防设施将发挥出至为重要的作用。再者，关于中国当时海空军建设，空军方面，据1937年10月的统计，共有9个飞行大队26个中队，包括轰炸、驱逐各三大队，侦察二大队，攻击一大队，另外并5个直属中队、4个运输队的兵力。除广西、新疆外，全国有机场262处，另备5所飞机制造厂、6所飞机修理厂。而海军情形更不如空军，“未能作大量之建设”。[123]根据这些情况分析，中国的抗战只能是以守势防御为方针。国民党当局后来在战争实际中逐步认清了这一点，这才导致了“以空间换时间”、“积小胜为大胜”的持久抗战思想的确立。

其三，关于抗战时期各方面总动员备战应战部署的设计。除军事规划外，“计划”中还就战时交通、通讯、卫生、物资、防空、治安等多项内容进行了计划。在交通方面，拟将全国铁路、水运统归“最高统帅”直辖或授权使用，公路运输分属各集团军兵站专用；建立战时通讯系统，统一国内无线、有线电管辖以供军需；在汉口、南昌、南京、徐州、太原、郑州、西安设立主要兵站，在年底前储存野战军50个师3个月之军粮、一个半月之弹药、6个月之燃料，同时“利用民间积谷仓库之制度储备军用粮秣”，并在争取“弹药务必自给的”同时向外国购买军备，“以为补充”；在战时救护方面，作战初期须准备兵站医院20个，三个月所需的卫生材料，约可收容伤病者2万人，编兵院列车6个以担任伤病者之输送。在武昌、汉口、南昌、西安、南京筹设重伤病院；各地警备军负责治安警备工作，担负“绥靖地方”并“惩治敌民及国贼”任务。组织4支守备军分任津浦至平汉南段、陇海及湘赣诸铁路之警备。[124]此外，有关战时防空、民众动员、江海岸要塞之备战，组建化学兵团等等内容，在“计划”中也都作了相应的安排。

及至卢沟桥事变发生，当局实际上已基本完成了“计划”中所拟作战后备各项主要任务。总计已在全国设立军需总库6所（金陵、蚌埠、信阳、华阴、南昌、武昌），分别负责京浦、京沪、津浦、平汉、陇海、福建、浙江之补给任务，下辖之各分库、独立库达20个，又成立野战仓库15所，以南昌、武昌为全国核心库。[125]其中军用物资之储藏：（一）弹药，长江北岸各地共存储约6000万发，武昌存4000万发，南京存1亿发。步机枪子弹除各部队原拥有2亿发外，库存3亿发，步炮弹50万发、战车炮弹30万发，其他炮弹计20万发，总计可供20个师三个月之用。（二）军用粮秣存储量为50万人、10万匹马一个月之用数。（三）燃料，汽油储备300万加仑，航空汽油250万加仑。[126]在医疗救护方面，已成立后方医院10所，可容1万病员；加旧有医疗机构，总计可收容8万伤病员。另备卫生列车6列，卫生汽车4组，重伤医院4所，共备100师人6个月所需卫生材料；[127]其余如南京、武汉等重要都市防空设施也都着手布置。由于战争于7月初爆发，“计划”所列内容并未能全部完成。

综上所述，1937年国民政府的“国防作战计划”，客观上说是一部具体周密的抗日作战方案，其中“甲案”以长期作战为准备，比单纯拒敌入侵之“乙案”更切实可行。因此，国民政府参谋本部参谋次长杨杰在审阅两案后的批示中明确指出了这点，并建议以中日是否单独开战为区别进一步修正这两套方案，使之更加适用。总体看来，两套方案基本点是相同或相近的，它证明国民政府在1937年的国防战略思想中已经确立了抗日第一的原则。

通过对1936年度和1937年度国民政府国防作战计划及其实施情况的对比研究，我们可以清楚地看出，在这两年中随着国民政府在政治态度上的转变，其国防战略也发生了较大的变化，由于国防作战计划明确体现了最高当局的战略思想，所以从比较研究中我们可以得出以下几点认识：第一，关于国民政府真正确立抗战路线的时间，根据两年中国防作战计划内容的变更，我们认为1936年底至1937年初是当局真正开始全力致力于抗战的时间界限。在此前的1934年至1936年，国民政府在国防作战计划中始终是以反共内战作为主要内容的。在南京政府制定的1936年国防计划中，对于抗日准备的条文往往比较简单空泛，只是在长江一线四川、湖北的有关工业建设与国防建设，以及宁沪区、华北等“热点”上的国防措施具有实际的作用，但就国防总方针而言，仍以“限期消灭共产党”为其重要内容。到了1937年，由于日本侵略迫在眉睫，在经历了艰难的转折后，随着国共二次合作的酝酿与建立，其国防作战计划才以抗日为唯一内容。第二，国民政府在抗战的准备阶段做了一些实际的工作，其中一些国防建设与设计经以后的抗战事实证明是有远见的。如建设抗战区内国防工事；制订对日作战全盘计划；确立四川根据地；部署武汉城防；重要厂矿学校内迁；整军；储备战略物资；实行兵役法及计划训练民众；在抗日战略上立足于打持久战，开展敌后游击战的设计，这些对于争取抗战最后胜利都具有很大的意义。其他又如对日军入侵地域、对敌我实力对比的预测等也都被证明是正确的。至于对抗战初期我国军队应采用“先发制人”的战略以清除驻华日军据点的设想，虽未成功，但就当时的具体情形分析也是值得肯定的积极设计。第三，分析两年的国防作战计划，我们还可以看出，国民政府抗日的立足点是不够稳固的。由于其发动抗战的根本原因是受到日本的侵略，是被迫自卫，因而对抗战前途缺乏正确的认识，故而不论何种对日作战计划均将最后胜利希望寄托于“国际形势的变化”，即苏美等国对日的干涉、牵制甚至宣战。其“不得已”发动抗战是为了“等待国际间之变化”，收复失地则更有待于日苏在“西伯利亚酣战”。当局不相信、不依靠本国人民的力量，甚至不愿发动民众联合国内一切抗日党派共同救国，不仅如此，并且更想通过抗日来削弱异己。这种错误一直或多或少地贯串在战争全过程。另外，在战术上当局主张单纯的阵地战，与强敌拼消耗，片面强调拒敌于国门之外和不求最后胜利的临时性自欺性观点，缺乏对抗战的坚定信念与必胜信心。这些都是由于当局战略指导思想错误所造成的必然结果。第四，从第二第三条分析我们认为，国民政府战前的对日国防战略具有两面性特征，一方面它是一套包含了合理与正确因素的战略思想，另一方面就其基本出发点而言则又是消极、被动甚至自欺性的，其根源在于国民党最高领导集团对日本尚有幻想并且对英美苏对中日冲突进行干涉的力量作用估价过高、寄希望过高。而这恰恰说明当局在对日国防战略上严重缺乏自信心。只是由于后来战争的爆发实际情况有悖于当局原计划的预计，国民党当局匆忙上阵与准备不足又掩盖了其对战争预期的失误，使人们的注意力转向了对国民政府战前备战措施及应战计划成果的分析与评价。而我们今天回顾这一点，正是为了实事求是地对这一问题重新作出全面而公正的评价。

【注】

[1] 《蒋介石日记》(1928 年 5 月 9 日)，载［日］《蒋总统秘录》，第 7 册第 51 页。

[2] 转引自吴相湘 :《第二次中日战争史》(上)，第 114 页，台湾综合月刊社 1973 年版。

[3] “国难会议”秘书处编《国难会议纪录》，第 165 页，《为共计划应改剿为抚藉可以以德服人而节兵力案》，二史馆馆藏。

[4] 《救国时报》第 30 期，转引自陈红民等著《胡汉民评传》，第 258 页。

[5] “国难会议”秘书处编《国难会议纪录》，第 165 页，《为共计划应改剿为抚藉可以以德服人而节兵力案》，第 156 页，二史馆馆藏。

[6] 邹鲁 :《回顾录》，第二编，第 331 页。

[7] （台）国防研究院编印《蒋总统集》，第二册，第 2096 页。

[8] 蒋介石 :《东北问题与对日方针》，载中国国民党党史会编《革命文献》，第三十五辑，第 1291 页。

[9] 阎锡山 :《阎伯川先生言论类编》，卷六（上），第 428–429 页。

[10] 《顾维钧回忆录》，第一分册，第 425 页，中华书局 1985 年版。

[11] 上海《民国日报》1932 年 1 月 1 日，第 1291 页。

[12] 雷鸣 :《汪精卫先生传》，第 229 页，1945 年 2 月再版。

[13] 《外交评论》，第 3 卷，第 5 期，1932 年，二史馆馆藏。

[14] 参见《蒋汪关系与华北危局》，载《民国档案》1990 年第二期。

[15] 蒋介石 :《抵御外侮与复兴民族》，载秦效仪主编《中华民国重要史料初编——对日抗战时期》，绪编（三），第 192 页。

[16] 《生活周刊》，第 8 卷，第 18 期，1933 年。

[17] 蒋介石 :《抵御外侮与复兴民族》，《中华民国重要史料初编——对日抗战时期》，绪编（三），第 112 页。

[18] 同上，第 115 页。

[19] 同上，第 113 页。

[20] 蒋介石:《御侮图存之要诀》,《中华民国重要史料初编——对日抗战时期》,绪编(三),第782页。

[21] 蒋介石:《民族战争取胜之要诀》,《蒋总统集》,第一册,第826—827页。

[22] 蒋介石:《抵御外侮与复兴民族》,《中华民国重要史料初编——对日抗战时期》,绪编(三),第116页。

[23] 蒋介石:《苏俄在中国》,载《蒋总统集》,第一册,第782页。

[24] 《中华民国重要史料初编——对日抗战时期》,绪编(三),第741页。

[25] 中共中央党校党史研究室编:《中国国民党文献汇编》,第221页。

[26] 同上。

[27] 《第五届二中全会会议纪录》,二史馆馆藏档案七一一。

[28] 《中华民国重要史料初编——对日抗战时期》,绪编(三),第641页。

[29] 全国政协文史资料委员会《文史资料选辑》,第三辑,第2324页。

[30] 《中华民国重要史料初编——对日抗战时期》,绪编(三),第680页。

[31] 见《中日外交史料丛编》(四)《卢沟桥事变前后的中日外交关系》,第134页。台北,1965年版。

[32] 程思远:《政坛回忆》,第83页,广西人民出版社1983年版。

[33] 李海文:《西安事变前国共两党秘密接触经过及有关人物》,见《人物》1985年第1期。

[34] 潘合定:《抗日民族统一战线之形成》,见中共中央文献研究室编《文献与研究》1985年第4期。

[35] 《周恩来选集》(上),第73页,人民出版社1984年版。

[36] 马振犊等译:《国防设计委员会工作概况》,载《民国档案》1990年第二期。

[37] 同上。

[38] 《1933年度国防作战计划》,二史馆馆藏档案七八七。

[39] 同上。

[40] 蒋纬国主编:《抗日御侮》,第一卷,第93页。台湾黎明文化事业公司出版。

[41] 《蒋总统秘录》,第9册,第90页。

[42] 张其昀:《党史概要》,第675页,台湾中央文物供应社1979年版。

[43] 蒋介石:《敌乎?友乎?》,载《中华民国重要史料初编——对日抗战时期》,绪编(三)第618页。

[44] 蒋介石:《敌乎?友乎?》,载《中华民国重要史料初编——对日抗战时期》,绪编(三)第618页。

[45] 蒋介石:《抵御外侮与复兴民族》,载《中华民国重要史料初编——对日抗战时期》,绪编(三)第117页。

[46] 蒋介石:《剿匪技能之研究》,《蒋总统集》第一册,第618页。

[47] 蒋介石:《抵御外侮与复兴民族》,载《中华民国重要史料初编——对日抗战时期》,绪编(三)第124页。

[48] 据参加过"八一三"战役的前国民党十八军十四师四十二旅代旅长郭汝瑰回忆:在"八一三"

战役中，许多中国部队因战前准备不足，只能利用地面障碍物做工事，结果在日军的猛烈炮火下牺牲惨重，而部分修筑战壕工事的守军则伤亡较少。

[49] 蒋百里在日本会见其留日时期士官学校同学荒木贞夫时，曾当面对他说：不管你们怎么说，说得怎样漂亮，你们的本意，还是要侵略中国。见曹聚仁《蒋百里评传》，第39页，香港三育图书文具公司1963年版。

[50] 《半年计划与十年计划》，《蒋百里全集》第一辑，第383页，台湾传记文学出版社1971年版。

[51] 《蒋百里评传》，第一辑，第40页。

[52] 《国民皆兵论》，《国防论》，《蒋百里全集》第二、四辑，第284页，第200页。

[53] 陶菊隐：《蒋百里先生传》第184页，中华书局1984年出版。

[54] 《蒋百里全集》，第四辑，第152—153页。

[55] 薛光前：《蒋百里先生的晚年》，《蒋百里全集》，第六辑，第108页。

[56] 《日本人——一个外国人的研究》，《蒋百里全集》，第三辑，第206页。

[57] 李宗仁：《焦土抗战的理论与实践》第1920页，全面抗战周刊社出版。

[58] 李宗仁：《焦土抗战的理论与实践》第1920页，全面抗战周刊社出版。

[59] 李宗仁：《焦土抗战的理论与实践》，第1920页。

[60] 此处档案原件字旁有旁批最后根据地字样。

[61] 见《民国档案》1991年第二期第24页。

[62] 同上。

[63] “国难会议”秘书处编《国难会议纪录》，第26页，二史馆馆藏。

[64] 《峨嵋训练集选辑》，第79页，黄埔出版社编印。

[65] 见张其昀《党史概要》第二卷第913—914页。

[66] 《峨嵋训练集选辑》第79页。

[67] 邓汉祥：《四川省政府及重庆行营成立经过》、《刘湘与蒋介石的勾心斗角》，载《文史资料选辑》第五、卅三辑。

[68] 见《党史概要》，第二册，第1014页。

[69] 转引自［日］石岛纪之《国民党政府的“统一化”政策和抗日战争》，载《民国档案与民国史学术讨论会论文集》，档案出版社1988年版。

[70] 《蒋总统集》，第一册，第747—748页。

[71] 《中华民国重要史料初编对——日抗战时期》，绪编（三），第109—128页。

[72] 同上。

[73] 浙江省中国国民党历史研究组编印《抗日战争时期国民党战场史料选编》。

[74] 见《抗日御侮》，第四卷，第16页。

[75] 唯真：《抗战初期的南京保卫战》，载《文史资料选辑》第 12 辑。

[76] 中国社科院近代史研究所：《中华民国史资料丛稿》，《大事记》1937 年版，第 23 辑。

[77] 同上。

[78] 曾继远：《政略与战略》，载《大陆月刊》1937 年第二卷第十期。

[79] 台湾《近代中国》，第四十五期，第 122 页。

[80] 何应钦：《何上将抗战期间军事报告》（上册），第 123—124 页。

[81] 二史馆馆藏国民党中央党务机构档案七一一。

[82] 张公权：《抗战前后中国铁路建设的奋斗》，第 9394 页，台湾传记文学出版社出版。

[83] 《抗战前后中国铁路建设的奋斗》，第 142-144 页。

[84] 台湾《近代中国》，第四十五期，第 122 页。

[85] 《陈诚私人回忆资料》，载《民国档案》1987 年第一期。

[86] 同上。

[87] 《战前的陆军整编》，见台湾中研院近代史所编《抗战前十年国家建设史研讨会论文集》（下册）。

[88] ［美］斯诺：《为亚洲而战》，载《斯诺文集》，第 3 卷，第 27 页，新华出版社 1984 年版。

[89] 《蒋总统秘录》，第 10 册，第 126 页。

[90] 何应钦：《八年抗战之经过》第 34 页。

[91] 《何上将抗战期间军事报告》（上册），第 34—35 页。

[92] 《何上将抗战期间军事报告》（上册），第 34—35 页。

[93] 何应钦：《日军侵华八年抗战史》，第 24 页，台湾黎明文化事业公司 1982 年版。

[94] 《八年抗战之经过》，第 120 页。

[95] 《团结报》1985 年 8 月 17 日。

[96] 孙宅巍：《蒋介石的宠将陈诚》，第 119 页，河南人民出版社 1990 年版。

[97] 二史馆馆藏国民党国防部史政局及战史编纂委员会档案七八七《民国五年度国防计划大纲草案》。

[98] 二史馆馆藏国民党国防部史政局及战史编纂委员会档案七八七《民国五年度国防计划大纲草案》。

[99] 二史馆馆藏档案七八七《1936 年度作战计划》。

[100] 二史馆馆藏档案七八七《1936 年度作战计划》。

[101] 二史馆馆藏档案七八七《民国廿五年度国防计划大纲草案》。

[102] 二史馆馆藏档案七八七《1936 年度作战计划》。

[103] 二史馆馆藏档案七八七《1936 年度作战计划》。

[104] 耿成宽、韦星文编：《抗日战争时期的侵华日军》，第 4 页，春秋出版社 1987 年版。

[105] 二史馆馆藏档案七八七《1936年度作战计划》。

[106] 二史馆馆藏档案七八七《民国廿五年度国防计划大纲草案》。

[107] 二史馆馆藏《陈诚私人回忆资料》，载《民国档案》1987年第一期。

[108] 二史馆馆藏档案七八七《1935年国防作战计划》。

[109] 见《张治中回忆录》。

[110] 二史馆馆藏档案七八七《1936年度国防设施纲要草案》。

[111] 二史馆馆藏档案七八七《民国廿六年度国防作战计划（甲案）》。

[112] 二史馆馆藏档案七八七《民国廿六年度国防作战计划（乙案）》。

[113] 二史馆馆藏档案七八七《民国廿六年度国防作战计划（甲案）》。

[114] 同上。

[115] 二史馆馆藏档案七八七《民国廿六年度国防作战计划（乙案）》。

[116] 二史馆馆藏档案七八七《民国廿六年度国防作战计划（甲案）》。

[117] 徐德源：《太平洋战争期间日本法西斯陆军兵力编成与部署变更述略》，载《辽宁大学学报》1986年第2期。

[118] 二史馆馆藏档案七八七《民国廿六年度国防作战计划（乙案）》。

[119] 二史馆馆藏档案七八七《民国廿六年度国防作战计划（甲案）》。

[120] 同上。

[121]《卢沟桥事变前之中国军备情况》，何应钦对国民党五届三中全会军事报告，1937年2月，载于《中华民国重要史料初编——对日抗战时期》，绪编（三），第351页。

[122]《卢沟桥事变前之中国军备情况》，何应钦对国民党五届三中全会军事报告，1937年2月，载于《中华民国重要史料初编——对日抗战时期》，绪编（三），第351页。

[123] 二史馆馆藏档案七八七《民国廿六年度国防作战计划（甲案）》。

[124] 同上。

[125]《卢沟桥事变后国民党政府军事机关长官会报记录》（第16—33次），二史馆馆藏档案，载《民国档案》1987年第三期第17页。

[126]《卢沟桥事变后国民党政府军事机关长官会报记录》（第115次），二史馆馆藏档案，载《民国档案》1987年第二期第4页。

[127]《卢沟桥事变后国民党政府军事机关长官会报记录》（第16—33次），二史馆馆藏档案，载《民国档案》1987年第三期第17页。

妥协与抵抗 | 第二章

第一节　谈谈“七七事变”

1937年7月7日发生的卢沟桥事件是中日全面战争的起点，也是中国抗日正面战场的开始，从更广泛意义来看它还是第二次世界大战的启始。有关“七七”事变历史，国内外史学界已经进行了广泛深入的研究并出版了许多专集。但是，有关这场事变以及随之而来的平津之战的研究，依然有一些值得回味与辨析的问题，搞清楚这些史实，对于研究整个国民党抗日正面战场将不无裨益。关于卢沟桥事变的起因问题，即谁先放了第一枪的问题，中日两国史学界早已开展了详细的研讨并有许多论文公诸于世。研究者们试图通过这一问题的讨论，搞清中日双方在事变中的责任。日本学者秦郁彦曾在《中央公论》1987年12号上发表了《驻守卢沟桥营长明确而又重要的证言》一文，阐述了他的观点。文章认为卢沟桥事变是因为驻守在桥边河堤上的中国军队听到附近日军进行“空弹射击训练的枪声，就误认在至近处受到了袭击，出于条件反射，进行了还击，便开了第一枪”从而引发的。其所依据的资料是当时中方驻守卢沟桥的营长金振中在其回忆录[1]中谈到的两点情况：一、当时中国守军在河堤上驻有军队；二、金氏当时曾下令，如果日军接近河堤我军就可开枪射击。秦氏即根据这两点加以逻辑推理而得出上述结论。显然，这种推理十分荒唐，因为他把可能与假设当作事实加以确认。中国社会科学院近代史研究所齐福霖先生对此已经著文驳斥，同时他还提出并论证了日本必然是“中日战争”的启衅者的观点。日本学者江口圭一在其所著《卢沟桥事件》一书中也曾对秦郁彦的观点进行了驳斥，他说：“7月8日晨日中之间发生的战斗——严格说来这才是卢沟桥事件很明显，是日军有意挑起的，而且牟田口联队长和一木大队长应负最大的责任，”“这也是很清楚的。事变是日军单方面而且主动发动的，这是没有异议而且明白的事实”。秦郁彦的观点完全是“严重的片面的议论”。[2]除了以上两种说法外，甚至还有人认为这第一枪是隐藏在二十九军内的共产党人为引发中日战争而故意所为，所以“可以说中共才是唆使这次事端的重要影响力量”。[3]这更是荒谬无稽，不值一驳，其用意在为真正的战争罪犯开脱罪责。

笔者认为，作为一项历史事实之考证，可以就事变之启因进行细致考证，但是这种考证对于确定战争责任这一重大问题并不具备什么意义。卢沟桥事变不论是“预谋”或是“偶发”，都是入侵中国的日本军队开始对中国大规模军事侵略的行为，日本方面无论如何逃脱不了“入侵者”与“战争挑起者”的罪名，对此，历史已经做出了公正的判决。在当时情况下，只要日本帝国主义侵略中国的“大陆政策”不变，那么中日间一场生死大战就不可能避免，即使卢沟桥事变不发生或能够“和平”解决，那么迟早还会有别的引发中日战争的事件发生。“强盗已经闯进了庭院与主人发生搏斗，人们难道还有必要来分析是谁先动手的吗”？[4]曾经有人比喻说：“中日战争的大石头已经被日本政府和华北驻屯军步步推上了山顶，那么它坠落责任似乎已经不在于是谁先触动了它。”从这个意义上说，过分纠缠“谁放了第一枪”已经没有多少必要，因为一边是占据着中国土地并按捺不住侵略野心、暴虐成性的日本军阀，一边是守土抗日决不再退的中国官兵，不论是谁先动了手，侵略者与被侵略者，已经十分清楚。对此即使当时的日本人也承认：“卢沟桥事变爆发，不仅受世界一般舆论的非难，而且勾起了满洲事变的回忆，都暗地里认为这是日本军阀企图重演柳条沟事件的阴谋。这不限于外国人，即使我国国民也认为是驻华陆军的越轨行动，虽不敢作声，但都心照不宣。”[5]当时日本驻北平特务机关辅导官寺平忠辅也说：“如果不发生卢沟桥事件，那年中日之间也还免不掉要干戈相见。”[6]

战后迄今在日本之所以还有人喋喋不休地谈论卢沟桥事变的“偶发性”（如曾制造过“九一八”事件的石原莞尔、参与过侵华的今井武夫，直至秦郁彦等人），并再三强调华北驻屯军当时并无开战计划，其目的无非是企图为自己洗刷历史罪责和否认侵略历史，其用意已经超出历史研究领域，谈不上什么科学性，而完全是别有用心，对此我们应该保持应有的警惕。

“七七”事变发生后，中日双方都进入了十分紧张的备战状态。名义上“冀察政务委员会”是在南京政府辖下统治华北地区的地方政权，而实际上这一机构及其领导人宋哲元和他的二十九军是居于南京政府和日本之间的第三种力量。对卢沟桥事变的处理，蒋、宋、日三方各自有其不同的态度与对策，这些对策及其差异演变直接影响了后来平津战役乃至整个华北战局，也就是说中日双方对于卢沟桥事变的处理是决定后来正面战场华北战局演变的内在因素。因此，为了搞清平津之战及华北战场胜败得失的原因，就不能不探讨双方对事件的不同处理对策。

当时日本华北驻屯军司令部驻扎天津，在北平只有直接受东京陆军参谋总长指挥的驻北平武官室及驻军。7月7日夜间，当驻扎丰台的日军牟田口联队第八中队以遭到中国驻军“非法射击”、一名士兵失踪为借口发动战事之后，“冀察政务委员会”日本军事顾问樱井德太郎少佐随即与中方第三十七师师长冯治安进行了电话联系，双方同意进行“实地调查”。但8日凌晨4时，日军一木大队长又从前线打来电话，向牟田口联队长报告说：“中国军队再次开枪射击，对此，我方是否应予还击？应该怎样处理才好？请指示。”联队长斩钉截铁地命令说：“被敌攻击，当然还击。”并说：“受敌攻击，不知所措，还等指示，天下哪有这样的军人？”在前线的一木大队长似乎也痛感到事态的严重性，所以又叮问一声：“那么，开枪可以吗？”他得到的是肯定的回答。[7]于是战事便剧烈地展开了。

次日，日军因备战时间不足援军未达，便与中方商定暂时停战，协议双方同时自卢沟桥附近战线撤退。10日，东京方面发来“应避免进一步使用兵力，不扩大事态，通过现地交涉迅速解决”[8]的训令，这是事变后日本政府第一次下达训令，这时日本政府的对策是要实现“现地解决”。

所谓“现地解决”就是要在谈判中撇开中国中央政府而由华北地方当局与日本驻军商讨解决事件的办法。这样做的目的有两点，其一是加深华北的独立性与特殊化，从而削弱中国中央政府对华北的控制；第二是从他们对华北地方当局的讹诈中得到更多的好处。日本认为华北地方当权者由于身居中日两方力量夹缝之中，面临日军的直接威胁，故而态度较南京方面软弱，日方稍加压力，或可从宋哲元这里得到从南京方面搞不到的东西，实现其不战而胜的企图。7月1日，日本外务省训令其驻华使馆："日本政府准备迅速在现地解决卢沟桥事件，所以希望南京政府不要妨害对于时局的紧急处理。"[9]这一训令立即被转告给南京政府外交部。当晚，中国外交部以坚决的态度拒绝了日方的非分要求，申明："无论现地已经达成之协定，还是将来成立之任何谅解和协定，须经中央承认后方能生效。"[10]

为了贯彻东京"现地解决"的指示，驻北平武官今井武夫与特务机关长松井太久郎联合拟定了要求冀察军撤出卢沟桥阵地、向日军道歉赔偿、取缔共产党及国民党组织活动等三点要求，但二十九军并未立即接受。

经过双方指挥官的调处折冲，1日下午8时，日中双方代表松井太久郎和张自忠草签了一项解决卢沟桥事变的协议。但对日方而言，这只不过是缓兵之计，正所谓"军刀既拔出，焉能不见血而入鞘"。就在同一日，日本内阁举行五相会议，以"南京政府调兵北上"与"保护侨民"为藉口，决定改变不扩大方针，立即出兵华北，同时秘密下达了动员命令，调遣关东军独立混成第一、第十一旅团和在朝鲜的第二十师团进关，并动员本国的第五、第六、第十三师团。日本陆海军共同制订了对华北作战的指导方针，决定"努力将作战地域限定在平津地区，原则上不在华中华南使用武力，但万不得已时在青岛上海附近保护侨民"。[11]这一决定意味着日方准备利用卢沟桥事变之机，以军事手段谋取对冀察平津地区的完全控制，进一步蚕食中国，这便成为导致中日两国走向全面战争的关键因素。

本来，在驻华日军中下级军官中，有许多人是在日本"二二六"政变后，因思想行为暴虐而被视为"不稳定分子"排斥到中国来的。这部分少壮派军阀分子"对解决日华之间积累多年难以解决的悬案，主张采用实力政策的意见占上风，特别是在满洲事变中的柳条沟问题上所采取的行动得到了肯定，被这股社会潮流所影响，鼓吹强硬论者是不乏其人的"。[12]早在1936年底，他们就开始积极准备对华作战，制定了《对华作战用兵纲领》，进行了图上作战演习。1937年以后更是不断鼓吹“对华一击”，在平津地区频繁进行挑衅性的演习与练兵。卢沟桥事变发生后，华北日军当然志在必打，而驻南京、上海等地的日本军人也蠢蠢欲动，甚至派人跑到北平，鼓动华北驻屯军对中国动武，而华北驻屯军“天津司令部里的所谓强硬分子，借内阁会议之势，便得意忘形地加强了反对不扩大方针的论调”。他们狂妄地宣称：“为了解决问题，只要恫吓一下冀察要人们就成了”。[13]甚至还有人故意拖延有关不扩大事件电文命令的收发，以促成开战。[14]在这种充满日本好战分子的恶劣环境中，和平的希望几乎是不存在的。

日本内阁的战争令无疑极大地刺激了在华日军。天津华北驻屯军司令部立即将对华和平的价码提高了许多，要求中方道歉人由师长级提高到中方华北最高负责人宋哲元；把处分人由团长升格为师长冯治安，不但指名道姓而且规定了处分条件，用这些中方明显不可能接受的苛刻条件，故意刺激中国方面的反日情绪，千方百计将二十九军逼入绝境而使之起而应战。

7月16日，日本陆军省拟定了新的《事变解决方案》，经日本内阁会议通过后下达给天津华北驻屯军司令部，其内容为：

一、以七月十九日为限，履行协定，最低限度做到：

1）宋哲元正式道歉。

2）作为处罚负责人，免除冯治安师长职务。

3）中国军队撤出八宝山附近。

4）在十一日的解决条件上要求改由宋哲元签字。

二、中国方面如不在上述期限内履行日方要求则停止当地谈判，并对二十九军实行武力讨伐。为此，期满后将调动国内部队，派往华北。[15]

就在双方边打边谈之际，天津日军华北驻屯军司令官田代皖一郎病重，于7月16日病死。7月11日东京方面派遣香月清司中将来华继任司令一职。香月在赴任途中顺道前往朝鲜拜会了驻朝日军司令小矶国昭大将。小矶是当时日本有名的“强硬派”人物，他“唆使香月对中国采取强硬态度”。而驻扎伪满的关东军也向香月派来代表，转达了希望“赖此一举解决多年悬案”的意思，并明确表示："关东军支持你们，彻底地扩大下去吧。"[16]这一切促使香月清司下定战争决心。他上任后对事变处理的对策更加"强硬化"，向战争之途急速迈进。7月15日，香月主持制定了对华北作战的计划，规定日军第一期作战行动为"迅速以武力膺惩当面的中国第二十九军，首先将北平郊外之敌扫荡至永定河以西"。"第二期作战依情况而以现有兵力进出保定——任丘之线，以增加的兵力进出石家庄－德州之线，以期与中央军决战"。[17]

以此我们认为，日方自东京政府与军部直至华北驻屯军司令部、前线中下级军官及在华各地日军，好战的"强硬派"势力已明显占了上风，并且都已做好了开战的思想与战争准备，由日方挑起的中日战争实已不可避免。

在中国方面，当时，蒋介石正在庐山准备召集全国各党派人士及社会名流举行谈话会，共商国防大计。他在听取有关"七七"事变的汇报之后，立即下令"通饬一体戒备，准备抗战"。[18]次日，中共中央通电全国，呼吁举国一致投入全民族抗战，全国各界纷纷发出抗战呼声。蒋介石于7月8日电令正在四川办理整军事宜的军政部部长何应钦火速回京，着手进行军事动员，拟定作战计划等项备战事宜。9日又下令调遣两师兵力"向石家庄或保定集中"，准备抗战。[19]13日，他在得悉日本向华北大举增兵情形以后立即致电宋哲元，表示了他对卢沟桥事变的认识与应付方针："卢案必不能和平解决，无论我方允其任何条件，而对方目的则以冀察为不驻兵区域，与区内组织用人皆须得其同意，造成第二冀东，若不做到此步，则彼必得寸进尺，决无已时。"他向宋氏明确表示："中正已决心运用全力抗战，宁为玉碎，不为瓦全，以保持我国家及个人之人格。"[20]他同时十分自信地表示："平津国际关系复杂，如我能抗战到底，只要不允签任何条约，则在华北有权利之各国必不能坐视不理，而且重要数国外交皆已有把握，中央决宣战。"[21]

7月17日，蒋介石在第二次庐山谈话会上发表了著名的讲话，提出了解决"卢案"四项强硬条件：第一，任何解决不得侵害中国主权与领土之完整；第二，冀察行政组织不容任何不合法之改变；第三，中央所派地方官吏，如冀察政务委员会委员长宋哲元等，不能任人要求撤换；第四，第二十九军现在所驻地区，不能受任何约束。这是我国外交最低限度。他认为："如果卢沟桥可以受人压迫强占，那末我们百年故都，北方政治、文化的中心与军事重镇的北平，就要变成沈阳第二！……今日的冀察，亦将成为昔日的东四省。北平若可变成沈阳，南京又何尝不可变成北平！所以卢沟桥事变的推演，是关系中国国家整个的问题，此事能否结束，就是最后关头的境界。"[22]他郑重表示："万一到了最后关头，吾人当然只有牺牲，只有抗战。"但是，"我们的态度只是应战而不是求战，应战是应付最后关头逼不得已的办法。""在和平根本绝望前一秒钟，我们还是希望和平，希望以和平外交方式，求得卢事的解决。""如果战端一开，那就地无分南北，人无分老幼，无论任何人皆有守土抗战之责任。"[23]蒋氏的这一讲话，确定了国民党对日作战的方针，对国民政府初期抗战起到了动员作用，受到了全国人民的拥护。

1937年8月7日，在决定对日开战的最高国防联席会议上，蒋介石就将自己对日绝望情绪表露得一览无遗。他在演词中讲道："有人说，将满洲、冀察明白的划定疆界，使不致再肆侵略。划定疆界可以，如果能以长城为界，长城以内的资源日本不得有丝毫侵占之行为，这我敢做。可以以长城划为疆界。要知道，日本是没有信义的，他就是要中国的国际地位扫地，以达到他为所欲为的野心，所以，我想如果以为局部的解决就可以永久平安无事，是不可能，绝对做不到的。"[24]这是蒋介石及南京政府在对日本不断妥协而付出惨重代价后得出的深刻教训。

自7月11日开始，南京国民政府军事机关各主要长官、幕僚及有关人员在军政部部长何应钦官邸举行连续会议，紧急商讨对付卢事方针及国内军备动员、兵力调遣等应战措施。到8月12日止，会议共举行了33次，这些会议对于制定抗战初期南京政府政治、军事方针具有重要意义，其中会议记录披露了许多重要史实。其所涉及的内容有：

第一，关于派遣参谋本部次长熊斌北上，向宋哲元转达南京政府抗战决心的决定。蒋介石亲自下令派遣熊氏为代表赴保定与宋哲元会晤，其任务为

“宣达中央意旨，即本委座所示不挑战必抗战之旨。如宋主任环境关系，以为需要忍耐以求和时，只可在不丧失领土主权原则之下与彼方谈判，以求缓兵，但仍须作全般之准备，卢沟桥、宛平城不可放弃。如廿九军需要子弹与军实，中央可以源源补充”。[25]熊斌抵达保定后，因宋哲元未达，即派人前往天津见宋，“告以（一）中央军北上乃为增援二十九军。（二）如能和平解决，亦可为二十九军助威，并向宋解释诸种误会”。[26]7月26日，熊斌返回南京，并向军事长官会议汇报了“北行所得实情”。

第二，调遣中央军北上，做好应战准备。7月27日上午，长官会议在蒋介石官邸举行汇报会，决定了四条应战军事措施：“（一）我军应仍照原定计划，在沧保、沧石二线上集中，构成阵地，期在此线上与敌作整齐之战斗。（二）电告宋哲元：中央军以援助平津，期与敌在永定河地区作战之目的，先以主力集结于沧州—保定之线。第二十九军应固守北平、卢沟桥、长辛店、涿县之线，与保定方面保持确切联络。为增援二十九军，令孙连仲部二十六军即向永定河地区线前进，此后该路军归该主任指挥。（三）令万福麟部五十三军即推进于保定、任丘之线，接二十六路军防地，在该线构成阵地。”[27]另，在全军实行全面戒备，炮兵、防空、装甲、海军、空军全面动员，并在各重要江海防要地作好准备。后方粤桂川省驻军迅速完成整编，随时准备北上增援。

第三，商讨目前对日谋略与外交方针。事变后，日方驻南京领事及武官等连连约见中方外交当局，“谓日方对卢沟桥事件不愿扩大，只要中国政府将外交权交与冀察自行交涉，而冀察当局能忠实履行十一日晚所签订之条约，即可和平解决等语，其目的在使冀察特殊化”。“如中央派兵北上及派飞机北上，则日本将有适当处理，以资应付，因此引起之事端应由中国负其责任”。对此，我方最高军事会议主张“现在我准备未周，开战难操胜算”，因此“我们希望缓兵，以完成我方准备。即对长江设备完成，可以确实控制长江之安全而保长江之枢纽，则无论实行持久战或歼灭战，乃有把握”。“故目前中央宜表示强硬，而任宋明轩之妥协运动之进行，如结果不超出中央期望之外，则中央可追认之，否则，中央仍予以否认。至军事准备尤不可忽”。关于对日外交，会议主张“正式冲突后，外交部即发表一正式宣言，叙明日本对我压迫，我不能不自卫之理由。（宣言稿现已准备）”。至于应否对日断交，因考虑到断交后日本可利用交战国身份通告各国并武力封锁我国沿海，断绝军需品输入，又因为我对本国居日侨民无法撤退或提供保护，对在华日侨无法根绝其破坏活动，会议认为“两相比较，绝交后日方可以行使交战国之权利而我方则不能享此交战国之权利，因之交战后不宜绝交，仍以如‘九一八’时之状况为宜”。[28]

第四，关于国内各地方实力派对卢事的反映。除了位于第一线的宋哲元部而外，桂系李宗仁、白崇禧决心参加抗战。白崇禧在8月4日第25次长官会报中回答桂省可调出抗日兵力问询时说：“桂省现有七师，有六团正在开矿，故约有五师兵力可用。俟第二次征兵实行可望增加若干。”[29]山东韩复榘“态度良好”，他致电南京政府“主张抗战到底”。[30]山西阎锡山于8月6日发表谈话，表示其政略为“抵抗日本之侵略”，其战略为“实行持久战”。他“并派张荫梧赴天津，有最恳切函致宋明轩，劝其接受中央军之援助，协同抗战，不可妄听汉奸之挑拨”。[31]四川刘湘通电“请缨抗日，并谓遵令整军待命”。[32]

第五，关于接纳中共领导的红军参加抗日作战。在7月12日下午的第2次会报会上，关于部队准备案第十条中明确规定：“必要时令第三者出绥东侵内蒙，以扰敌之侧背。”[33]8月3日晚在第24次会报中宣布了经蒋介石核定之抗战军事部署计划，其中第三条为：“即令陕北朱、毛所部开绥东出察北，向热河挺进（红军现编为三师，其番号115D、120D、129D）。”[34]这些作战命令标志着国共合作抗日的正式告成。

总括南京国民政府对卢沟桥事变的态度，可集中表述为“应战而不求战”。蒋介石是抱着不惜与日本全面开战之意图而调兵遣将，准备以军事实力为后盾来与日本周旋时，最终迫使日方适可而止，双方各让一步，达成事变的最终和平解决。所以南京北上增援的中央军部队都集中在保定以南地区，并无向平津日本驻军发起进攻的意图。正如7月19日何应钦在致二十九军副军长秦德纯的电报中所指出的那样："国危至此，实惟有举国一致，内外相惟，有牺牲之准备，作折冲之后盾，然后可谋挽救。"[35]

一方面日本政府及华北驻屯军决心开战，另一方面中国政府决心应战，战争已不可避免。那么，置身于两者之间的宋哲元及二十九军是怎样应付这场危机的呢？

第二节　宋哲元的心态

作为华北的实际统治者，宋哲元此时的政治地位与实力地盘都是通过他自己的艰苦努力而得来的，因而他不可能轻易丢弃这一切，他要竭力维持住自己的权力地位，试图在蒋日夹缝中求生存。

宋哲元原是冯玉祥旧部西北军"五虎将"之一。中原大战冯玉祥兵败下野之后，宋哲元担负了收拾西北军残部、重整旗鼓的重任。他率领西北军残部退往晋南，备尝丧师失地的苦痛和寄人篱下的辛酸，决心在千难万险之中寻求一块生存与发展的空间。从中原大战的惨痛教训中，他悟出一个道理，面对强敌入侵、国势濒危，不能再打内战了，他发誓此后"本军之枪口誓不向内"，[36]决心投身于抗日保国反抗侵略的民族解放斗争。

第二十九军是一支以原西北军为基础的军队，士兵以农民为主，过去在冯玉祥先生率领下，都培养成了吃苦耐劳、勇于战斗的品质，并且具有强烈的爱国主义民族主义精神。"九一八"事件的爆发，激发了二十九军官兵的强烈抗日情绪，宋哲元曾代表二十九军官兵发出强烈呼吁，要"向日本侵略暴力打出前途来"。[37]他带领二十九军埋头从事军事训练，以"宁为战死鬼，不作亡国奴"为口号，鼓励将士们随时准备"效命疆场"。

1932年8月，由于张学良的推荐，宋哲元被南京政府任命为察哈尔省主席，这使他的政治生涯出现了一线转机。他在《上张主任汉卿书》中向张学良表达了自己的抗日主张与“暂雪国耻”的计划，要统治北方的张氏先期作好对日防范的准备，在热河、山海关、平津几方面预置足够兵力“从容布置”，“庶敌兵突至，必可拼命抵拒”。[38]他激愤地宣称：“吾侪以四万万人之国家，被六千万民族之岛国如此欺侮凌辱，闻之发指，言之痛心，暂雪国耻，唯力是视。”[39]

1933年初，宋哲元赴察就职，适逢日军攻入山海关，威胁平津。2月，宋氏即率部开赴长城前线接守阵地。3月9日起，二十九军官兵在喜峰口、罗文峪等处与日军展开了死力拼杀。宋哲元下令全军：“国家存亡、本军存亡，在此一举，无论如何要拼命作阵地，战死亦光荣。”为的是让“日本人不能小看我们”。[40]此役二十九军歼敌6000以上，“造成自‘九一八’以来北方战场首次之胜利”。[41]二十九军长城大捷轰动了全国，威慑了日本。宋哲元也因此获得“抗日英雄”的美称。

这时，他已经拥有一块地盘，自成局面，所辖兵数也由1万余人骤增为4万余人，军备之需不断增加。但二十九军声誉和队伍的壮大却招来南京政府的忌恨。蒋介石唯恐西北军在宋哲元领导下“东山再起”，因而在政治、军事、财政各方面对其不断施加压力，尽管二十九军兵员增加了3倍，而南京政府核拨的军费却减少了4/5，从长城抗战时的月津贴30万元，改为12万元，继又减为6万元。[42]宋哲元曾为此大发脾气，公开宣称：“谁再相信蒋介石，谁就是傻瓜混蛋”。[43]他一再要求南京“如数照付”应允的款项，但无结果。不得已他下令截留冀察地区的税收，抵制南京的法币，阻止冀察白银南运，甚至不惜组织武装走私来筹款维持军需。[44]宋哲元“对中央极为不满”，[45]他愈发感到来自南京政府的压力在不断增大。与此同时，日本人利用南京政府的软弱与《塘沽协定》给予的特权，更加有恃无恐地向察哈尔、绥远进迫，企图进一步蚕食中国。

在这种两面受压的环境下，宋哲元不得不采取新的策略。一方面，他被迫结束了武装抗战的使命，转向与自己的对手交涉谈判，通过守土来尽自己卫国之责。另一方面，在防范南京政府吞并之外，他在抗日立场上对中央政府表示尽忠，及时向代表蒋介石驻节北平的何应钦报告日本在察东的阴谋活动及动向。此外，他还率部与入侵察东的日伪军开展过军事斗争，坚持了抗日的民族立场。

正因为宋哲元的抗日历史与目前态度，使得日本关东军对他十分仇恨，必欲驱之而后快。1934年底，日方接连策划“察东事件”与“张北事件”，开始了一场有预谋、有计划的针对宋哲元的行动。日方的挑衅，使得软弱的南京政府又一次屈膝，主持对日交涉的行政院长汪精卫按照日本人“宋哲元应向日方谢罪的要求”，在不与宋氏磋商的情况下下令将其撤职，以秦德纯出面与日本签订了《秦土协定》，将察省主权拱手让敌，使得二十九军在察哈尔的抗日努力化为乌有。这在宋哲元和全国人民心中“又多留一深刻惨痛之纪念”。[46]

宋氏被解职后，南京政府又准备将二十九军南调“剿共”，宋哲元面临生死存亡的关键时刻。如果南调，不仅违背自己不打内战的誓言，而且二十九军将面临灭亡之命运；而今察省之沦丧又不容二十九军留驻。为了生存，宋哲元决定采取断然处置措施。

与《秦土协定》前后达成的《何梅协定》是南京又一次对日出卖主权的行径，依照这一协定，国民党党政机构及中央军丧失了在平津及河北境内的驻扎权。随着国民党势力的撤退，华北地区出现了权力真空。日本侵略者乘机唆使一小撮民族败类在河北各地组织汉奸政权，策划“华北自治”，为进一步夺取华北制造舆论，华北局势已危在旦夕。在天津“养病”的宋哲元看准这时机藉平定汉奸白坚武的叛乱，迅速调集二十九军主力一举控制了平津两市及河北省境，造成了二十九军控制华北地区的既成事实。这是宋哲元出于当时自身困境与忧国责任双重原因所做出的唯一抉择。正如他自己所说：“为国家计，为地方计，我们应当挺身而出。”[47]

二十九军的突然进入，出乎蒋日双方的意料，但很快却得到了双方同时的认可。究其原因，从南京政府方面来看，宋哲元的举动，虽然包含有抗命的成分，但华北出现真空，与其让日伪汉奸占领，不如让宋哲元及其统率的中国军队去占领。何况宋氏具有鲜明的抗日立场，让他占据平津河北，既可抵御日本的侵略，又可限制其进一步发展，收一举两得之效。于是7月间，蒋介石多次电召宋哲元赴京会晤，但宋对蒋存有戒心，只派秦德纯代表他去庐山见蒋。蒋介石顺水推舟，对秦说："中央现已决定以宋明轩将军完全负起北方的责任。"他要秦转告宋"务必忍辱负重，苦撑华北局面"。"三年后方可言战"。[48]8月底，南京国民政府正式任命宋哲元为"平津卫戍司令"，11月任他为"北平绥靖公署主任"，12月又任他为"冀察政务委员会委员长"。宋哲元因此成为华北地方第一号实力人物。从日本方面来看，宋哲元虽然有反日的历史，但他并非蒋介石的嫡系，他过去和现在都与蒋介石有矛盾。且目前手握重兵，刚入平津立足未稳，必然与日本寻求妥协，如果拉拢得法，则宋氏在"华北自治"中的作用将比一般小汉奸要大得多。因此，日本人认为"只有宋哲元处于比较地可以免除南京的直接压力的立场"，只要处理得当，他"将来不得不和日满提携"。[49]

这样，宋哲元便夹在蒋日之间成为中日矛盾漩涡中心的第三种力量。在1935年6月至1937年7月间的两年时间中，他被迫在蒋日之间走钢丝。他不得不修正其正面抗日态度，改变对日策略，以求得日本人对他的容忍。这一"蠲弃前嫌，化敌为友"的转变对宋哲元来说是十分艰难而痛苦的，他自己就曾坦白地承认："对日本前倨而后恭，不但国人不谅解，而且良心也过不去。"[50]但严酷的现实使他清楚地认识到："只要设法使二十九军不参加剿共，能在华北站住脚，以后的事'逆来顺受'便可运用自如了。"[51]这样，宋哲元产生了一种独立自主地与日方直接交涉，主动缓和双方关系，以保全自己的地位与地盘的想法。

宋氏与南京政府保持一种不即不离的关系以求得在处理华北地方事务时的自主权；而对日本方面则遵照"舍小利而保大权"的方针，"只要大权能归我们所有，地方上的小利即或为日方稍为染指，为顾全大局计，亦未尝不可"，[52]以退为守。关于这种方针，宋哲元曾对部下解释说："咱们对中央绝不说脱离中央的话，对蒋介石绝不做他个人玩弄的工具；对日本力求表面亲善，绝不屈服投降，队伍练好了，有机会咱们打到东北，收复失地。”[53]

宋氏的这种方针在主观上虽是出自无奈，且具有一定原则立场，但在外人看来，他的行为却具有投靠日人之倾向，不免有瓜田李下之嫌。当时国内舆论对宋氏及二十九军擅自进入华北、依赖日本势力向南京政府施加压力、索取权力之举多有非议，特别是1935年12月冀察政务委员会成立之后，表面上看宋氏与日本华北驻屯军打得火热，并致电南京要求下放权力，争取“自治”，在经济上允诺与日本合作，还镇压“一二·九”爱国运动，这一切都给人以“宋日合流”、“华北独立”之印象，增加了南京政府对宋的疑心，亦为国内舆论所不谅。但实际上，宋哲元在主政华北期间，没有做过一件出卖主权危害民族利益的事情。我们应该严格地把日本人对宋哲元的希望和宋氏利用日本人抗御南京政府压迫的意图区分开来，以宋哲元的实际行为作为评价他在冀察执政时期历史作用的唯一依据。宋哲元为了自身的存在，利用日蒋矛盾，充其量只能说明他是一个带有狭隘的地方主义思想的地方实力派人物，这和日本欲把宋哲元改造成汉奸傀儡是有相当距离的。但是由于宋蒋矛盾被置于中日民族矛盾的大背景之下，在许多问题的处理上都牵涉到民族利益，于是当时使国人对宋氏产生了许多误解，因此亦大大地增加了宋氏处境之艰难。

由于日伪势力竭力鼓吹宋哲元与华北特殊化的关系，以图造成宋氏参加“华北独立”运动的舆论，使南京政府深感不安。1935 年 12 月，孔祥熙请冯玉祥以西北军老长官之身份电劝宋哲元忠于国家民族。宋哲元收到冯的电报之后，悲屈交加，立即回复冯玉祥一封长电，彻底表明了他的心意：“哲元追随钧座二十余年，久荷陶成，精明大义，平日所兢兢而守者，即以服从正义保国卫民为天职，此为哲元所自信，亦为钧座所深知。”“哲元受任于大势已去风雨飘摇之秋，屈服既有不甘，抗战又力有不逮。坚决苦撑于兹两月，千难百折，委曲求全，既未订有一字丧权辱国之条文，更无一言妥协屈服之表示，固不甘受人利用又焉肯信离间挑拨之言。所以忍痛周旋不辞谤议者，乃欲以缓和彼方压迫之势专待中央示以确定具体方针”。“务乞钧座格外放心，尤请勿信浮言，竟以数十年患难追随生死与共之旧属为不可信也”。[54]

对于宋哲元的敷衍软抗，日本人是十分恼火的。1935 年 10 月，关东军奉天特务机关长土肥原贤二亲自出面找宋，逼他促成“华北五省联合自治”。宋哲元依然以软顶硬磨之术对付，“不说硬话，不做软事”，一方面不与日本撕破脸皮，另一方面明确表示“不脱离中央政府”。土肥原恼羞成怒，亲自拟订一份《华北高度自治方案》，以最后通牒方式逼宋氏在 11 月 20 日中午前签字发布，宋哲元进退两难，只好一走了之，借口探亲避往天津，使土肥原阴谋无法得逞。其后土肥原不得不另砌炉灶，转而扶植汉奸殷汝耕在通县成立“冀东防共自治委员会”。这正好从反面说明日本逼降宋哲元阴谋之破产。

宋哲元在政治上对付日本以“表面亲善，实际敷衍，绝不屈服”的办法，除了立足于华北的目的之外，还有一层用意，这就是希望在经济上借助日方的帮助，壮大自己的力量，创造今后与南京抗衡之资本。为了满足自身政治、军事的需要，宋哲元急于发展自己独立经营支配的经济事业，为此，他希望与日本人合作，争取日方的援助，以打破南京的封锁。这是宋氏出于地方实力派立场做出的选择。

日本为了便利对华经济侵略与掠夺，同时也为了拉拢华北当局，对宋哲元提出的一系列经济合作的要求表现出极大的热情。1936年9月，双方经过协商，谈妥关于合作开发华北的“四原则八要项”的方案。10月，宋氏两次致电蒋介石，将会谈结果做了汇报。次月，国民政府行政院两次下令，对宋氏所请中日经济合作各项内容逐条做了否决，表示涉外经济合作“非经中央核准，依法不能生效”。[55]对宋哲元与华北当局超越地方政府权限对日经济合作的行为进行了阻止。以后宋哲元便采取拖而不办的手法，以“彼此虽曾协商，但实现则非咄嗟间可立致”[56]为借口搪塞日本人，终于没有与日方签下任何协定和条约。

在军事上，宋哲元在主政华北期间基本上亦坚持了抗日的立场。由于宋氏不甘降服，日军自1936年5月起前后8次向华北大举增兵，使其驻屯军总数达1.4万以上。面对日本赤裸裸的威胁，宋哲元坚定表示：“二十九军誓不与日方妥协，誓不由华北撤退。”[57]此后，宋哲元针对日军的不断挑衅进行了坚决的还击，还组织了二十九军大规模的反演习，以对抗日军的“秋操”。特别是在全国人民抗日高潮的推动下，在西安事变后全民族团结抗战局面初步告成的良好形势下，宋氏更加倾向抗日。他改变了过去对华北民众抗日运动的压制政策，下令恢复被日军取缔的华北大中学生暑期军训，使二十九军官兵与中国共产党领导的青年抗日运动连成一气。他还直接委托刘子青先生向中国共产党转达他的抗日爱国之情，对此毛泽东同志曾致书赞扬他“不为强寇与汉奸之环迫而丧所守”，对他寄予“共组北方联合战线”之厚望。[58]实际上宋氏与中国共产党已建立了一定的联系。

总之，到抗战爆发前夕，坚守华北的宋哲元及二十九军，既要千方百计地对付野蛮刁钻的日本侵略者，又要防备南京政府的吞并。为了能在华北立足，他不得不与日本人打交道，取得他们的容忍；为了能继续与日方周旋，他又不得不与南京政府保持一定的关系。然而，当时中日民族矛盾是不可调和的，日本军阀也不能容忍宋哲元继续“拖”与“糊”，特别是日军少壮派强硬分子对宋氏领导下的二十九军日益高涨的抗日情绪十分恼火，他们确信宋“不甘受人利用”，决心制造事端尽快以武力驱逐宋氏，在全中国团结抗日之局势一天天形成的情况下，日本侵略者终于不顾一切公然发动了“七七”事变，从华北开始了对全中国的武力侵略。

在此民族生死存亡的关头，处于对日战争最前线的宋哲元及二十九军，不得不丢弃一切幻想与私利，最终走上了武装抗日之途。

第三节　平津惨溃

“七七”事变爆发时，宋哲元正在老家山东乐陵休养。

面对这一突发性事件，北平前线的二十九军高级将领冯治安、佟麟阁、秦德纯、张维藩以及时任天津市长的张自忠，经过协商，决定一面固守卢沟桥及宛平阵地，一面急派邓哲熙去山东请宋氏回平主持一切。当时宋氏的态度十分明确，他立即致电北平，指示各部属“必须镇定处之，相机应付，以挽危急”。他对邓哲熙说：“目前日本还不至于对中国发动全面的战争，只要我们表示一些让步，局部解决仍有可能。”于是，他一面电令前线部队“扑灭当前之敌”，一面又指示“只许抵抗，不许出击”。[59]意图在教训一下敌人之后停战保和。

7月8日至7月11日，二十九军将士奋起抗击日军，曾给敌军以重创，日军一度伤亡较重。为缓兵之计，日军多次派人与秦德纯、张自忠交涉，双方出于不同的目的一致同意应“努力于不扩大”事态。但二十九军坚决拒绝了日方提出的从卢沟桥撤出中国军队的要求。7月9日，张自忠在与日军驻北平武官今井武夫谈判时，“非但不肯应允惩处肇事的负责人，对于撤退卢沟桥附近的军队问题，也只不过主张调换其他部队前往驻防而已”。[60]11日，秦德纯在给日本特务机关长松井的电话中说：“其他条件都可让步，唯对卢沟桥撤退中国军队的要求绝对不能同意。”[61]

他们的这种坚决态度，得到了南京政府的支持。7月9日，何应钦致电冯治安、张自忠、秦德纯等人，称“兄等应付适宜，至为佩慰”。[62]

7月11日下午，宋哲元回到天津。当他及家人乘车抵达丰台时，日本人在铁轨上埋下定时炸弹，图谋刺杀，重演“皇姑屯”事件，以制造混乱。但因炸弹迟爆，宋氏幸免于难。他此时因摸不透南京方面的真实态度，对中央政府处理卢事方针不甚明了，仍然对和平抱有希望。根据过去与蒋介石打交道的经验，他以为蒋氏不会就此真正走上抗日之路，因此在收到蒋介石派孙连仲北上增援的电报之后，他首先想到的是“恐中央军北上渐次夺其地盘”。[63]加上日方为掩护其增兵而大放和谈烟幕，日人还收买汉奸在二十九军内大肆挑拨，“谓日军此次行动系拥护冀察利益，拒止中央军来占冀察地盘”。[64]于是宋氏便借在天津吊祭田代拜会日军新任司令官香月之机与日方洽商和平。在香月诱骗之下，宋哲元竟认为“和平解决已无问题”，遂“派了张自忠、张允荣与日方议定三条”，作为解决事变之条件。

一、冀察第二十九军代表向日军表示遗憾之意，并将负责人予以处分，更声明负责防止将来再惹起此类事件。

二、中国军为避免与驻丰台日军过于接近而易惹起事端起见，不驻军卢沟桥城郭及龙王庙，以保安队维持治安。

三、本事端认为多半是胚胎于所谓蓝衣社、共产党及其他抗日系统各团体的领导，故此将来采取对策，予以彻底取缔。[65]

在达成协定同时，宋哲元还电告蒋介石，表示“华北部队守土有责，自当努力应付当前情况，职决遵照均座‘不丧权、不失土’之意旨，暂与周旋”。[66]“不卑不亢、折冲一切”，“决不作丧权辱国之事”。[67]

19日，宋哲元回到北平。当他的专车路过平津线北仓7号桥时，又一次遇上日军埋设的地雷。但上苍保佑，再次脱险。为向日方显示和平之意，他下令撤除了北平城内的防御工事，打开了城门，并拒绝国内各方给予的援助，犯下一个无可挽回的错误。而日本却利用此良机向平津地区大举增兵。

7月22日，蒋介石致电宋哲元，对其拆除北平城防工事给予了批评，告诫他要“刻刻严防、步步留神、勿为所算”。[68]“此次胜败，全在兄与中央共同一致，无论和战，万勿单独进行”。[69]同时要他将与日方达成的条件如实上报中央政府，并命令他立即去保定听令，调拨中央军4个师归他指挥。对此，宋哲元曾在会见英国领事及新闻记者时表示：“代表所签字承认之条件系敷衍日方面子。日方兴师动众，非得一点凭据，面子不好看。现在日本全国仅二十师人，用于平津者不过五、六万人，现中央交四个师归我指挥，决不怕日军压迫。”[70]但实际上宋氏仍然没有下定抗日决心，他以二十九军“兵力大部在平津附近，故先到津部署”为由，拒去保定，对北上之中央军则“均令其止于河北南境”，[71]同时密电请他的老上级冯玉祥“探询中央内情”。[72]

南京政府的代表熊斌在保定等不到宋氏，便派特使李炘前往天津联络。23日，熊斌终于在北平见到了宋哲元。熊氏向宋说明中央决心抗日之立场，并解释蒋宋间误会。宋哲元也对他阐明自己“向以国家为前提，以民族利益为依归，本中央意旨办理，丧权辱国之事决不去作”。同时也表达了对南京以往对日妥协的不满，他说：“华北局面难办，责任不在我身上，主要问题是‘何梅协定’、‘塘沽停战协定’，你们给日本人签下卖身契”。“我有决心，决不屈辱，将来即会与日人成立何种协定，必较以往之‘何梅协定’为佳”。[73]熊宋会谈，使宋氏对日幻想逐步减弱，次日起他停止了从北平周围的撤兵行动。

24日，日本驻北平今井武官与松井特务机关长前往宋哲元处催逼他继续撤兵，宋哲元回答一个月以后再办，今井询问他为何要等这么久，他竟回答说：“眼下天气太热，等凉快点再办。”[74]日本人“闻之哭笑不得。今井恼怒地认为“他这种对时局漠不关心的态度，毋宁说是挑逗我们发火”。[75]在这种形势下，宋哲元一心想要以“不屈辱”、“不丧权辱国”的“局部的让步”来使日军中止侵略，“企求对日示诚和平”，保全自己的军队与地盘，显然已经不可能了。

到16日，日军已经赢得增兵时间，其入关部队已达5师团，兵力10万以上，基本控制了北平外围的全部要地。而此时的二十九军未能听从蒋介石的劝告，不仅未进一步动员集结，反而又按日本人的要求将北平冯治安部调离，由赵登禹部换防。正如何应钦所描述的那样：“近日似均陷于政治谈判之圈套而对军事准备颇现疏懈。”[76]

26日，日军按计划完成部署，向北平及廊坊发动全面进攻。宋哲元这才意识到“敌有预定计划，大战势所不免”。[77]他愤怒地拒绝了日本人要求二十九军撤出北平的最后通牒，下令全军“抵抗任何进一步的侵略”。他发出通电：“决心固守北平，誓与城共存亡。”[78]表示服从中央政府安排，电促孙连仲部北上。

南京方面得到日军发动进攻的报告，拟定了二十九军两套作战计划，其一是作象征性抵抗后撤出平津，集中力量于沧州–保定一线；其二是固守待援就地抵抗，中央援军向永定河一带增援。蒋介石批准了第二案，下令宋哲元“此时应先固守北平、保定、宛平各城为基础，切勿使之疏失。中央必以全力增援”。[79]

虽然二十九军士气高涨，但由于准备未周，仓促上阵，因而战斗力大受影响。28日，日军以第二十师团为主力发动总攻击，二十九军南苑守卫部队在日军进攻下指挥失灵，陷入混乱，在撤退入城途中又遭日军伏击，到下午1时战斗结束，第二十九军副军长佟麟阁、一三二师师长赵登禹在指挥作战中光荣殉国。

同时，二十九军三十七师一部曾向丰台之敌发动攻击，但未能奏效。而日军则分别攻占了清河镇、沙河等地，并在北苑、黄寺等处与中国守军展开大战。北平城内的守军独立第二十七旅于开战后被改编为保安队用于维持治安，几天后突出日军包围开往察哈尔省。

驻守天津的二十九军三十八师于29日凌晨主动向天津日军发动攻击，占领了天津总站，并向海光寺日军司令部及飞机场等处继续进攻。后因日本援军到达，战局逆转，于下午3时撤退，天津随即沦陷。

同一日，即“29日凌晨两点，华北各地保安队几乎全部一齐发动，攻打日本方面”。[80]其中通州、大沽、塘沽、军粮城等地战事尤为激烈。特别是通州，它是汉奸殷汝耕的“冀东防共自治政府”所在地，有许多日本人住在这里。通州保安队早在战前即秘密参加了反日运动，全队上下反日情绪高涨。28日夜间，他们在队长张庆余等人的率领下，突然袭击伪自治政府，抓获汉奸殷汝耕。同时又向以细木繁特务机关长为首的日本顾问及宪兵队等发起猛烈攻击，打死了200余名日本人，使日人“鬼哭啾啾，留有余恨”。[81]保安队还将日本兵营内汽油桶点燃，使日军遭受惨重损失，随即控制了全城。直至30日下午，从天津紧急增援的日军抵达通州，进行“市内扫荡”，保安队才冲出城外，寻找二十九军会合。而汉奸殷汝耕7月30日在日本人抢救下乘乱脱逃，得到北平公安局长潘毓桂的庇护，逃入北平。8月1日他被日本天津军部宪兵逮捕，理由是要他对通州保安队的“叛乱”负责。事后才知道这是冀东政府另一汉奸头目池宗墨要和殷氏争权而挑唆日本军所为。后经过今井武夫等人居中解释，殷氏“引咎辞职”，这才得以保释，但从此“失宠”，“隐居”北平。抗战胜利后，他终于被国民政府以汉奸卖国罪逮捕处决，落得个应有的下场。

28日下午2时，宋哲元在北平召开了最后一次军政长官会议，决定委派张自忠代理冀察政务委员会委员长兼北平市长等职，留下来继续与日交涉，而他自己则和秦德纯、冯治安等率部于当晚离开北平赴保定。随着平津两市失守，华北地区很快沦陷。

这样，抗日战争正面战场第一战役平津之战，在很短时间内便以中国军队的全线撤退而告结束。

第四节　张自忠的苦恼

宋哲元为什么要派张自忠与日本交涉“和平”呢？此事还远涉二十九军高级将领内部所谓“抗日”、“亲日”两派的分歧与争执。

早在长城抗战之时，张自忠同二十九军其他将领一样，是“宁为战死鬼不做亡国奴”的抗日英雄。1936年6月，他作为宋系重要将领之一、第三十八师师长，从察哈尔省政府主席调任天津市市长，开始参与宋系集团与蒋日双方的周旋与斗争。当时天津是华北重镇并驻有日本华北驻屯军司令部，敌我关系极其复杂，矛盾丛生。要在这样一块地方生存下来，只靠硬的一手是完全不行的。为了“好应付日本人”，[82]宋哲元施用了中国统治者惯用的“红白脸”方法，即有意识地在二十九军高级将领中培养“硬”、“软”两种人，于是有种种谣言说“张自忠将军是亲日的，冯治安将军是抗日的”。[83]当时日本人希望宋氏在他们指定的人选中选派一人为天津市长，但被宋拒绝了。宋认为“要稳定住局面，暂时维持和平，不要出事”，唯有“叫张自忠将军到天津对付日本人”。[84]

张自忠上任后，因工作关系时常与日本人及汉奸亲日分子打交道，而他自己又深受宋哲元的影响，事事以保护冀察地方利益为重，逐渐地关于他与日本人关系甚深的传闻愈来愈多。

1937年春，日本人为了进一步拉拢、恐吓宋哲元，邀请他访日。宋氏恐怕日本又要趁机胁迫他签订卖国协定，于是避而不往，改派张自忠率团前往。此事在国内引起强烈反响，以为张氏此去又要与日方签下什么秘密协定。对此，他的左右也曾直接询问过："现在舆论对你抨击，国人对你唾骂，连我们都不知道你葫芦里装的什么药。"张氏闻言沉默良久，而后十分严肃地说："目前华北的危机，关系国家民族的存亡至大。我国军究竟准备到什么程度？本军仍散住在各处，尚未集中，在和平尚有一线希望，牺牲未到最后关头之时，只有本着'我不入地狱谁入地狱的精神'，牺牲小我，顾全大局，忍受目前的耻辱，凡不能忍受的，绝难任重致远。周公尚有流言曰：好在是盖棺论定。成功成仁，将来一定有好机会的。和平绝望之日，就是我们牺牲的最后关头，把我张自忠的骨头轧成碎粉，用化学分析分析，看有一点汉奸气味没有？"[85]事实正是如此，访日团成员之一何基沣在回国后说："这次在日本，大部分时间费在交际与游览，就是张自忠市长个人也没有与任何日本人作任何接洽。"[86]

"七七"事变发生后，张自忠等人都是主张固守卢沟桥阵地的，在办理对日交涉时他还拒绝了日方的非分要求。但他同时从自身集团利益出发也反对无限制扩大战事。当下属提议于10日夜主动出击丰台日军时，他曾制止说："你们要大打是愚蠢的，如果要打起有两方面高兴，一方面是共产党，符合了他们的抗日主张，另一方面是国民党，可以借抗战消灭我们。"[87]这些话反映了张氏当时的心态，但并不能代表他在抗日问题上的根本立场，因为张氏所言是以日本尚未发动全面侵华为前提的。况且，当时宋哲元在天津也强烈希望继续"保持和平"，对日以小战而求和。而宋氏的这种观点不能不对张自忠产生影响。当他受命与日方商谈停战协定并代表宋氏在草约上签字后，一个"亲日派"代表人物的臭名便落在了他的身上，加上日本人及汉奸分子为了分化瓦解二十九军，有意散布流言，说日军只打冯治安，不打张自忠，这就更使国内对张之议论抨击盛行一时。

对此张自忠亦非常苦恼。在7月底日本发动全面进攻之后，张氏决心以全力抗战的行动来洗刷自己。不料，27日晚宋哲元却在撤退前开会决定让张自忠留下继续办理对日交涉。宋哲元说："此次日本全面进攻，二十九军有可能被日军打散、打垮，为了保住二十九军，需要与日本周旋，以拖延时间收容部队，稳定时局。"当时张自忠对此未置可否。28日下午，南苑失守，宋哲元在率部撤退时对张说："我今晚就走，明天你就和日本接触，好维持局面，谈得好的话，二十九军兴许还能返回天津，谈不成也不要紧，只要能拖延几天就行。这一切，以后我会代你剖白的。"宋当场还写下手令，让张代行他的一切职权，同时，电告南京中央："职今晨3时抵保，……所有北平军政事宜，统由张师长自忠负责处理。"[88]不料张自忠看到手谕后，坚决不接受，最后宋"哼"了一声说："我们二十九军是有令必行，你们平日口口声声说服从我，怎么在此重要关头竟不服从呢？"不得已张哭着受了命。[89]事后，秦德纯在其回忆录中也描述了撤退前夕的情景："张将军（自忠）含泪告我曰：'你同宋先生成了民族英雄，我怕成了汉奸了。'其悲痛情形已达顶点。我却郑重向其劝勉说：'这是战争的开端，来日方长，必须盖棺才能论定，只要你誓死救国，必有为全国谅解的一日。'"[90]

7月29、30日两日，张自忠接收了冀察政务委员会等三机关，他精神沮丧、意志消沉。[91]8月初，日军开入北平。今井武夫等日军首脑企图扶植北洋人物吴佩孚出面组织汉奸政权，但被吴氏拒绝。无奈日本人转而起用江朝宗等汉奸成立了"治安维持会"，作为名义上的北平市负责机关，与张自忠的"冀政会"留守部争夺权力。由于张自忠所部三十八师官兵仍在天津与日本人作战，日方便认为张是"抗日积极分子"，不把他作为可利用人物，拒绝与之交涉，并要求从速解散冀察政务委员会。"张将军在北平已无法行施军政职权"，[92]他派人向日方表示"冀察政务委员会重新作出决定，立即结束"。然而翻译人员却误将"结束"二字译为"共同团结起来"，差点与日方闹出误会。8月6日，张自忠在北平各报发表声明，辞去一切职务，随后避居东交民巷德国医院。9月3日，化装潜出北平，经天津、烟台、泰安、济南等地辗转到达南京。

次日，他在中山陵四方城见到蒋介石，“张将军首先起立请罪说：‘自忠在北方失地丧师辱国，罪有应得，请委员长严予惩办。’委员长训示：‘你在北方的一切情形，我均明了。我是全国军事委员会委员长，一切统由我负责，你要安心保养身体，避免与外人往来，稍迟再约你详谈。’”[94]不久，南京重新任命张自忠担任由原三十八师扩编的第五十九军军长。

摆脱烦恼的张自忠决心在抗日疆场上以杀敌报国、舍身成仁来一洗自己所受的不白之冤。他在全军大会上对部下痛哭失声地说：“今天回军除共同杀敌报国外，是和大家一同找寻成仁的地方。”在以后的战争中，张自忠率部打了一次次硬仗与胜仗。在台儿庄会战中，他率部参加了淮河阻击战及临沂保卫战，五十九军官兵在他激励下拼死杀敌，曾击溃日军精锐坂垣师团，为确保台儿庄胜利奠定了基础。

因作战有功，不久他擢升为第三十三集团军总司令，1939年又升为第五战区右翼集团军总司令，率部转战鲁、皖、豫、鄂各省。每次战前，他都留下遗书，随时准备为国献身。他曾亲口对冯玉祥说：“我不管枪不如人、炮不如人，我总要拼命的干一场，作一个榜样给人看，我一定尽我所有的力量报效国家，不给先生（指冯）丢脸，活着我要活个样子，死也要死个样子，我觉得我越走越光明。”[95]

1940年5月16日，在襄东战役激烈战火中，张自忠亲赴前线指挥，在南瓜店被日军包围，突围时被日军炮火击中。临终前他仍对身边人说：“我这样死得好，死得光荣，对国家、对民族、对长官，心里都平安……”在最后一刻他仍奋然跃起与冲上来的日军搏斗，终于为国捐躯，以生命实践了自己的报国誓言。

在抗日战争中，张自忠将军是中方牺牲在抗日疆场上的最高将领。他的死为他的一生做了光荣的总结。国共两党领袖对张自忠的殉国都给予了极高评价，并明确表示了对他在华北“忍痛含诟与敌周旋”，“而未尝以一语自明”[96]的理解。周恩来说：“张上将的抗战，远起喜峰口，七年回溯，令人深佩他的卓识超群。迨至津政，忍辱待时，张上将殆又为人之所不能为。”“其忠义之志、壮烈之气，直可以为我国抗战军人之魂！”[97]

平津战役以中方仓促应战、抵抗不力而很快结束了。总结此役的失败教训可归纳为以下几点：

其一，二十九军指挥部及平津冀察当局执行了一条错误的方针，而作为其负责人的宋哲元应负主要责任。不论战前他与南京政府之间有何矛盾斗争，“七七”事变爆发后，虽经南京政府一再催促，但宋等仍拘于地方私利，缺乏对日本侵华野心的应有认识，采取妥协退让的政策，作了一些有损于抗战的事情，如迷信日伪宣传、幻想保守地盘、拆除防御工事、阻止援军北上等等，结果导致平津作战的迅速失败。这些责任无可推卸。值得庆幸的是，7月28日以后，在日本全力进攻面前，宋哲元等毅然抛弃幻想和一切私心杂念，全力投身抗日卫国的战争中，终于成为光荣的抗日战士。

其二，大敌当前，二十九军及冀察当局内部发生了不该产生的矛盾分歧。事变爆发后，二十九军高级将领对事变处理态度明显分为两派，以冯治安为首的“主战派”认为对日作战终不可免，不如借机主动发起进攻，驱逐日军于平津地区之外，同时也可免除中央军北上之借口；而以张自忠为代表的“主和派”则承宋哲元的旨意，从地方利益出发，主张尽量将大事化小，阻止中央军渗入，保持和局与自己的地盘。此外，还有部分无耻的汉奸，如冀察政务委员会委员陈觉生、天津市政府秘书马颜翀等，利用张的弱点，兴风作浪，帮助日人压迫宋张不战而降。这样，便使二十九军内部处于分裂混乱状态，指挥不能统一，根本就没有战争准备，在军事上便不可能有所作为，其最后失败是完全自然的。

其三，日方志在必得，而中方却坐以待毙。一方面，战前日军利用各种时机大举增兵，频频演习，做好了一切战斗准备，全军上下侵略气焰嚣张。另一方面，二十九军虽然大量扩军却不备战，视敌为友，甚至将中央政府下拨给平津地区修建国防工事的50万元经费挪作他用。虽然事变前两个月二十九军在内外压力下曾制定过一个以攻为守的预想作战方案，但并未付诸准备。事变发生后，7月17日，二十九军也曾下达过一纸目标在于确保北平及“迅速扑灭卢沟桥、丰台之敌”的作战命令，而实质上它只是对各部队作了笼统分散的、消极防御的指令，其中心内容可以一句话来概括，即“各部队原地驻防待命”。[98]更有甚者，为了向日方显示诚意，宋哲元下令拆除既设工事，并阻挠中央援军北上，致使战事一开，二十九军即陷入孤军作战与被动挨打状态。

战斗开始后，二十九军除一三二师外都散驻原地，在敌军发出最后通牒以后仍然没有下令按计划进攻。在7月28、29日两天作战中，各部间上下左右联络混乱，对当面敌情不甚了解，对各自作战任务也不能判断，处于各自为战状态。28日下午南苑失守，指挥部竟毫不知情。赵登禹师长阵亡的次日，宋哲元还报告其“踪迹不明”。而三十八师攻击天津之敌是在听到南苑开战我军收复丰台之传闻后主动发起的，各地保安队也在盲目中各自为战。驻扎察哈尔及南口至张家口一线的一四三师部队竟原地休息，没有投入战斗。这说明我方战场指挥混乱到何种程度。诚如二十九军参谋长张樾亭所述：“此次平津战役，高级指挥官决心不坚定，遂遭挫败。”[99]

平津失守后，全国上下对宋哲元及二十九军一片指责之声，宋氏心理承受极大压力，“精神时有错乱，说话有时失常”。[100]“到保定后，比平时说话更少了，常常陷于深思之中”。[101]他既为丧师失地难过，又担心南京方面借机把“事变的发生和丢失平津的责任都加在他头上”。[102]7月31日，他让冯治安代理军长职务，8月3日，发表通电，引咎自责，表示此次失败“因为敌人之蓄久计划，亦为哲元处置失当，实应受国家之严重处分”。[103]7月29日蒋介石接见记者，对平津失守发表讲话，他说：“在军事上说，宋早应到保定，不宜驻平津，余自始即如此主张。”对宋不服从中央之令表示了批评之意。但他又说：“日人军事政治势力之侵袭压迫由来已久，”“所有平津军事失败问题，不与宋事，愿由余一人负之。”“至宋个人责任问题，不必重视。”[104]

蒋介石复电宋氏加以安慰，并邀其去京一谈。宋怕其中有诈，派秦德纯先往。蒋对秦慰勉有加，并表扬他们“在华北忍辱负重，应付得不错，使中央获得了准备抗战的时间”。[105]同时批准将二十九军扩编为第一集团军，8月6日，南京政府复令宋哲元为第一集团军司令。

蒋介石对宋氏的宽容与拉拢，使宋氏十分感激。8月21日，他亲赴南京谒蒋，并发表公开谈话，表示抗战必胜信心与对蒋氏之忠心。[106]蒋氏亦表示宋“在华北的一切”都是遵守南京政府的命令，他并批准将宋过去在华北截留南京政府的关税款项全部报销，[107]使宋氏更加感激。

然而，蒋对宋的友好只不过是一种权宜之计，这并不能改变蒋氏分化、消灭异己的一贯方针。1937年冬，宋哲元以河北大名为基地，遵照蒋氏“进出冀南、攻略石家庄、策援太原”电令，率部向邢台日军攻击。宋氏以迫切的复仇心情，命令所部“五天攻下邢台，八天拿下石家庄，狠狠地打他一下”。而正当宋部“挺进部队节节胜利的时候，大名忽告失守，后路切断，通讯联络及补给供应均遇到很大困难”。[108]使这次战斗功亏一篑，而其关键在于“后方的大名忽被邯郸之敌袭占，蒋（介石）坐视不救”。[109]此后，每每在宋部作战不利时，中央军均不救援，反而任其失败消耗，这使得宋氏逐渐心灰，认清了蒋氏利用抗日消灭异己之用心。

尽管如此，宋哲元依旧坚持了抗战的立场。他曾严肃拒绝了韩复榘邀其“联日反蒋”的叛国之举，保持了爱国将军的荣誉。

不久以后，第一集团军被蒋介石分散调遣到各地作战，其中六十八军刘汝明部调归第一战区司令部直接掌握，五十九军张自忠部调赴第五战区参加徐州会战。3月，宋哲元被提升为第一战区副司令长官，丧失了带兵权。随即第一集团军番号被撤销，余下的冯治安七十七军及石友三六十九军留在黄河北岸担任游击。宋哲元最终成为一个名副其实的光杆司令。

到职后不久，宋哲元便因积劳成疾而病倒，1940 年 4 月 5 日在四川绵阳病逝。

第五节　阎锡山的抵抗

日军占领北平、天津之后，兵分三路，沿平绥、平汉、津浦路向西、向南前进。日军西向部队兵锋直指察绥、山西，企图侵占山西攻陷太原，堵塞平汉路国民党军西退之路，而后再东攻河北，在平原地带实行决战，实现其在黄河以北聚歼中国军队主力之计划。

守卫晋绥地区的中国军队包括阎锡山的晋绥军和驻扎于此地的中央军部队。

晋绥军是一支独立于南京国民政府之外的地方实力派武装，其首领阎锡山是一个具有浓厚封建割据思想，在山西苦心经营多年而创造了一个独立王国的地方军阀。阎锡山早年曾投身辛亥革命，发动太原起义，促成山西光复，从而登上山西统治者的宝座。以后又在新旧各派势力之间纵横捭阖壮大势力。南京国民政府成立以后，他因不满于蒋介石集团的“统一”，曾联合冯玉祥西北军及各派反蒋势力对南京发动了空前规模的“中原大战”。战争失败以后，冯玉祥的西北军被分化瓦解，而阎锡山则巧妙地利用张学良的势力保存了晋绥军的完整。他自己则化装出走，逃往日本势力控制下的大连，利用蒋日矛盾获得日本的庇护，躲过了蒋介石的追究，继续遥控着山西的政治军事。

谈到阎锡山与日本人的关系，最早可追溯到1904年清政府保送他到日本留学时期。在日本留学期间，他结识了不少日本人士，了解到了明治维新后的日本依靠军国主义对外侵略掠夺而不断发达的历史，因此决心效法日本，建立自己的武装。所以，在阎锡山的思想深处，对日本军阀十分欣赏，对其所宣扬的“有强权无公理”、“优胜劣败、弱肉强食”的理论深信不疑。但同时他又对日本侵华野心具有深刻认识，对日本的干涉与侵华十分反感。

在避居大连途中，阎锡山得到日本特务的暗中保护。到达大连后，在日方积极促动下，阎氏曾十分谨慎地就利用日本力量反蒋的问题与日方进行过磋。当然，他的目不是为投日，而是为了获取日本的资助与支持，以便“东山再起”。1931年春，日本人派汉奸赵欣伯从沈阳赴大连，欲访问阎锡山，请其“以其治晋之方救之东北”，“拯救”在张学良统治下“水深火热”的东北民众，并告之“此为东北人之希望，亦为关东军之意见”。阎氏一眼识破日本的企图，坚决不见赵欣伯，他派人先去见赵，说明他不能会见的“苦衷”，以求得到关东军方面的“谅解”，请赵返回复命。阎锡山对左右说：“这种人远不得，近不得，见了面就麻烦了！”[110]

1931年夏，阎锡山联合原西北军的石友三、韩复榘两部准备起兵反抗张学良和南京政府的“整编”。他们曾试图联合日军共同作战。但这一计划因内部生变而流产，石友三孤军战败。阎锡山为此次“失信”于日本而不安，他曾专程派人向关东军参谋长坂垣征四郎表示歉意。[111]

1931年8月间，阎锡山获悉日本人将在东北“有所行动”的消息，他决定立即返回山西，免生意外。他答应了日本方面所提出的回晋后继续发动反蒋的条件，得到了日人的帮助，重金租用了一架日本飞机，由一名日本军官驾驶飞回山西。他的部下对他擅自回晋十分担心，问他：“你回山西，不怕蒋介石和张学良压迫吗？”阎氏回答：“恐怕不久全国就要行动起来反对他们，他们将自顾不暇，对我也无可奈何”。[112]果然，不出一周便发生了震惊中外的“九一八”事变，日本武力占领东北。蒋介石与张学良陷入内外交困之中，无法过问阎锡山的去留。南京政府也只好宣布捐弃前嫌，让阎氏重掌山西，以求得国内和平。阎锡山实现了东山再起的计划。但他并未履行对日诺言，而是十分聪明地收起了反蒋的旗帜，让日人上了一个大当。这是因为他始终也没把日本人当作知己。按照阎氏一贯的处世之道，他与日本的关系仅仅是一种互相利用的合作关系，他不可能也没有必要去对日本负责来反对南京政府。

阎锡山的一生信奉的是“中”的哲学，即“人要把握现实，谋其事之所该为，尽其力之所能为”。一切为了“生存”，存在便是真理。为了生存，不惜采用“消除矛盾的一方”即消灭对手的残酷手段。他认为不论对内对外这一法则都适用。阎锡山认为，南京的威胁固然可怕，但日本对他的威胁也一样地可怕。再加上隔黄河相望的陕北还存在共产党领导的红军力量，使阎锡山深感他夹在三面威胁之中，搞不好就要栽跟头。

进入1936年以后，随着热河、冀东的相继沦陷和察哈尔当局的对日妥协，日本人已从北方威胁山西。太原、归绥、包头等地频频发现日特活动。为了对付这种日益严重的威胁，阎锡山明确表示了抗日的决心。他曾告诫部下，日本以“亡我国为目的”，“在日本国策上来看，统治我国为其唯一方策”。[113]为了对付日本的侵略，1936年8月，阎锡山提出了“守土抗战”的政治口号，对其对内政策做了重大修改，开始趋向于停止反共、“联共抗日”。他主动通过东北军张学良与陕北共产党进行了联系，并邀请共产党人去太原，同他“共策保晋大业”。

1936年11月，当日军唆使其走狗伪蒙军武装进犯绥远时，阎锡山已清楚地认识到“日人对绥远晋北在所必取，若绥远不守，不特‘大元国’圆满成立，大夏国亦将发生”。[114]他认为“守土抗战”必须争取主动，他要“以晋绥军全体在平绥线上与敌一拼”[115]11月24日，阎锡山命令傅作义率部向百灵庙日伪军发动了全面攻击。经过激战，予敌以重创，策反了伪蒙军，收复了这座绥北重镇，并将20余名日本“指挥官”在阵前枪决，狠煞了日本的侵略气焰。“百灵庙大捷”之后，全国人民欢欣鼓舞，南京政府亦派团在阎氏陪同下赴前线进行慰问。一时间，山西成为全国抗日运动的热点。而正当傅作义准备乘胜追击扩大战果之际，阎锡山却认为应“适中而止”，命令停止行动。由此可见，阎锡山的根本目的不在抗日而在自保。

12月间“西安事变”发生，阎锡山从自身利益出发，对事变的后果表示了疑虑。他致电张杨，申明他的观点，希望充当居中调停人，和平结束事变，保持国内稳定。不久，“西安事变”和平解决，阎锡山闻讯表示欣慰。他说：“此次事变幸于二十五日圆满解决，实不幸中之大幸”，今后“只有希望我民族，全体站在一条线上努力奋斗，挽救危亡，复兴民族”。[116]

“七七事变”发生后，阎锡山以他同日本人打交道的经验，知道在华北已不可能获得和平，他“派张荫梧赴天津，有最恳切函致宋明轩，劝其接受中央军之援助，协同抗战，不可妄听汉奸之挑拨”。[117]为了化解宋哲元对中央军北上之担忧，他还以1935年电请中央军入晋阻挡红军东行为例，他说：“彼时持反对论者甚多，余（阎自称）力排众议，决定欢迎中央军入晋，结果始能击退‘赤匪’，而中央军在晋并无其他作用。”[118]8月间，他亲赴南京参加最高国防会议，接受山西抗战部署。6日下午，在与军政部部长何应钦的谈话中他具体表明了对抗日战略的设想：

阎主任之谈话[119]八月六日下午五时

1.政略：抵抗日本之侵略。

2.战略：实行持久战，放弃土地，无关重要。在持久战中，应研究减少敌人三种力量，即（1）飞机；（2）战车；（3）大炮。

3.战术：现敌军甚为骄傲。香月说：中国军队若干师，均等于一师。又说：中国军队师长以上，不知国家，只知有个人。最好在敌傲慢之下，第一次会战须求得胜利，以正世界视听，迩后再将军队疏散，实行持久战。

4.战斗：日军除运用火力外，他无所恃。其军官士兵（1）生活优裕；（2）感觉战争无意义。故在战斗上只要避开其火力，使其火力不能充分发扬，必可取得胜利。故我宜在有利之地形与之作战，使其飞机、战车、大炮皆失作用。

又：我非支持一年，不能得苏俄之援助。这番谈话表明了阎氏的抗战决心及设想，说明他对持久抗战抱着赞成态度，并且对敌情作出了自己的分析。由此可以看出，山西地方当局对抗日作战的态度是比较正确的，也是有所准备的。这一切为山西战场的抗日奠定了基础。

当然，阎锡山的抗日不仅是出于国家与民族的利益，而且也夹带有个人的私利，即是说只有他一人一地的私利与国家民族的整体利益相一致时，他投入抗战才有如此般决心。即使这样，他仍没有忘记山西地方的利益，在南京期间，他曾三番五次让其高级参谋台寿民向南京政府讨要“第一期（国防）工事费七十万元”、“不敷工事费四百万元”，甚至还索要“前（晋军）李生达部‘剿共’费二万元”等项欠账，[120]欲借机向南京敲上一笔。当然，蒋介石也不会那么大方，他以一纸“照通案不发”，便予打发了事。[121]

8月20日，国民政府军事委员会鉴于战事的扩大，制定并颁布了《战争指导方案》，将全国划分为5个战区。晋绥战场被划分为第二战区，阎锡山被任命为战区司令长官，负责统一指挥该区域的作战部队。该战区的作战任务规定为：“打破敌军惯用包围行动之企图，使其对我第一战区不敢放胆施行正面之攻击，同时牵制热河以东之敌军，使其对青岛、淞沪之作战，不能转用兵力。”[122]第二战区战斗序列中有晋军第六、第七两个集团军，中央军汤恩伯第十三军、高桂滋第十七军，刘汝明第一四三师，以及由红军改编的第八路军（9月11日后改称第十八集团军）等部队。

8月上旬，日军独立混成第十一旅团在第五、第十师团等部配合下向察绥和山西的前哨要地南口发起猛烈进攻。为配合作战，关东军亦由绥北南下攻击张家口，企图切断平绥线，夹击南口中国守军。阎锡山立即派汤恩伯率第七集团军等部在南口、居庸关、延庆、怀来一线依托长城天险奋力抵抗。南京军令部也紧急调遣卫立煌第十四军3个师从石家庄驰援南口，但遭到日军阻击，半路折回。刘汝明、傅作义等部因张家口战事激烈不能救援南口战场。结果致使南口守军孤立无援，激战至8月25日，阵地失守。同时，张家口亦陷敌。察绥战事临近结束，中方军队纷纷撤离战场，山西北部暴露在日军面前。

战事发展如此之快，为阎锡山始料不及。他预测日军下一步将以主力沿平绥路西进，夺取大同，以切断晋绥联系；或以主力攻广灵，截断我军后路雁门关。[123]因此他拟定了一项“大同会战”计划，欲利用有利山地及既成国防工事，实施主守侧攻的机动作战，“相机转移攻势，威胁敌之侧背，使敌不敢深入”。[124]为此，他曾调遣部队在平绥线上节节抵抗，以图诱敌至大同外围后加以南北合击。他还亲赴雁门关下的岭口镇，设立行营亲自督战。南京方面批准了他的这一计划，并加派了增援部队。然而，日本人并未按阎氏的计划行动，他们从察哈尔境内兵分三路，一攻绥远、二攻山西，主力由怀来直赴广灵。9月上旬，日军在天镇打破我军之“国防工事”，攻下阳高。守军第六十一军长李服膺率部擅自溃逃，他不仅没有照计划北移，反而南下一气逃至桑干河以南。他的溃退使山西防线出现重大缺口，危及全线。日军坂垣第五师团因此而直趋灵丘。至此，阎锡山才明白，日军的进攻目标不在大同——雁门关，而在灵丘——平型关，其目的是要切断我军退路。他的“大同会战”计划破产。不得已他下令放弃雁北及绥远，撤退全部守军进入雁门关以内。9月13日，日军不战而取大同。为严肃军纪，阎锡山于10月4日下令将逃将李服膺在太原枪决。

山西前期的抗战，我军受日军的侧背攻击，措手不及，只好主动撤退，阎锡山原以为这一线地形复杂，是兵家大忌，没料到日军竟敢冒人地生疏之险，从这条我军第一、第二战区防线裂缝中钻了进来，使他叫苦不迭。这使他十分后悔地回忆起一件事来：1936年夏天，日本关东军的特使、阎锡山留日时代士官学校的同窗坂垣征四郎前来山西“拜访”他。坂垣拒绝阎氏迎接，特地从察哈尔蔚县沿蔚代公路徒步进入山西，当时阎氏对他此举并没有在意。今天，当坂垣率兵沿此线打入山西时，阎锡山才恍然大悟。他决心以平型关为中心，在内长城一线重新部署兵力，再与日军较量。

9月中旬，他在岭口召集军事会议，布置了设在繁峙、沙河间的“口袋阵”，以图围歼坂垣。但在具体实施时，由于判断错误擅改部署，再次被敌从平型关右侧后绕袭成功，我军退往平型关以东及以南地带。只有八路军一一五师按原计划在平型关东北设伏，歼灭日军1000余人，击毁汽车80余辆，并缴获了大批辎重。平型关一战成为抗战以来一次著名战役，在这场战斗中八路军亦伤亡600余人。[125]

日军占领繁峙城之后，阎锡山亲自督战反攻，但未能奏效。后因恐日军“有可能直窜五台山”，切断我大军退路，阎遂忍痛下令“全线撤退”，集中主力于忻县、忻口之间，准备退而保卫太原。

日军第五师团紧追中国军队不放。为了尽快实现攻占太原堵住中国军队退路之目的，10月1日日本统帅部下令开始太原作战，以第五师团长坂垣为前线总指挥。

形势危急。阎锡山一面下令三十五军在沙河一线拼死抵抗，掩护大军后撤，一面急电南京求援。10月2日，蒋介石再派卫立煌率部从石家庄星夜驰援山西，进入晋北作战。阎锡山亦于当日回到太原，在云中、五台两山隘口利用险峻山势部署保卫太原的最后一道防线——忻口阵地。坚守崞县、原平的中国军队经过顽强抵抗，挡住了关东军增援山西战场的攻势，赢得了宝贵的时间。当日军进至忻口时，我军已如期进入预备阵地。卫立煌出任前敌总指挥。

10月13日，忻口战役开始。日军猛攻我军中央主阵地左侧之南怀化阵地，我守军第二十一师李仙洲部与敌血战，阵地多次失而复得，双方形成拉锯战，战况惨烈空前。17日，日军再次发动总攻，阎锡山派骑兵侧击敌右侧背，迫使敌分兵，使其攻击不能奏效。22日，日军增援部队到达，改变主攻方向，企图由大白水冲破防线，我军及时调整部署堵住缺口，反击成功。[125]

朱德指挥下的第十八集团军进击敌人后方，有力配合了忻口战局。

日军统帅部鉴于正面攻击连连失效，于是改变作战部署，令日华北方面军第二十师团等部转兵西进，由正太路直扑晋东要冲增援第五师团。我第二战区副司令长官黄绍竑率领川军第二十二集团军等部赴娘子关方面阻敌，激战至26日，娘子关阵地被打开缺口，日军逼近榆次，忻口战场腹背受敌。11月2日，阎锡山召集军事会议，决定“固守太原、依城野战”之方针，派傅作义坚守太原城，晋北、晋东我军向太原阵地退却。4日，在太原守城方案决策上，阎锡山与黄绍竑卫立煌等产生分歧，遂退往交城。阎之一走，使守城各部军心不稳，退下来各部队大部都没进入阵地，或绕城而过。8日，日军攻击太原。晚9时，傅作义下令守城部队全部撤退，太原城失守。[126]

太原失守，标志着我军在山西正面战场的抗日战事基本结束。阎锡山所部退往晋南地区。而日军因在山西消耗过甚，一时亦无力继续追击作战，战事暂时停息下来。阎锡山领导的山西抗战虽然最后失利，山西大部也沦于敌手，但中国军队在山西所表现出的拼死卫国精神足以震慑敌军，鼓励全国人民之斗志。从全国整体抗战角度来看，由于总体国力及多种因素制约，山西抗战亦不可能取得意料之外的胜利战果。但山西阻击战的成功意义重大，它迟滞了日军侵略步伐，打破了日军"速战速决"的梦想，使日军原拟在华北聚歼中国军队的计划破产，从战略上说应该是成功的。值得一提的是在山西抗战中，不论是中央军、晋军、川军，还是共产党领导的八路军，都能在抗战旗帜下齐心协力对日军作战，真正体现了民族团结共赴国难之精神。正如毛泽东1938年3月12日在追悼抗敌阵亡将士大会上所说的那样："八个月以来，陆空两面都做了英勇的奋战，全国实现了伟大的团结，几百万军队与无数人民都加入了火线，其中几十万人就在执行他们的神圣任务中光荣地、壮烈地牺牲了。在这些人中间，许多是国民党人，许多是共产党人，许多是其他党派和无党无派的人。……从郝梦龄……刘家麒……诸将领，到每一个战士，无不给了全中国人以崇高伟大的模范。中华民族决不是一群绵羊，而是富于民族自尊心与人类正义心的伟大民族，为了民族自尊与人类正义，为了中国人一定要生存在自己的土地上，决不让日本法西斯不付重大代价达到其无法无天的目的。……郝梦龄将军等的热血是不会白流的，日本强盗之被赶出中国谁能说不是必然的？"[127]

对于山西地方实力派人物阎锡山而言，在领导山西战场抗日作战过程中，他的表现是坚定的，抗战态度是坚决的。因为日本人已威胁到他的统治利益，此时他的自身利益与国家民族利益已完全一致，坚决抗战是他必然的选择，而且他在联合国共两党力量共赴国难方面，此时也做得比较好。虽然山西战场我军在取得忻口战役成功的同时，也有一些失误，但这并不能说明阎氏在抗日指导思想上有什么问题，而只能说是战役战术指导上的失误。比较之下，在抗战初期，阎锡山的表现比宋哲元、韩复榘等其他地方实力派人物要好得多。我们不应因阎锡山后期的反共和日来抹煞他此时的抗战功劳。随着山西抗日战事的告一段落，国民党在华北正面战场上的抗日正规战亦宣告结束。

【注】

[1] 见金振中 :《宁为战死鬼，不作亡国奴》，载《七七事变原国民党将领抗日战争亲历记》，中国文史出版社 1986 年版。

[2] [日] 江口圭一 :《卢沟桥事件》，第 36—37 页，日本岩波书店 1988 年版。

[3] 天津政协文史资料编辑委员会译 :《今井武夫回忆录》，第 45 页，中国文史出版社 1981 年版。

[4] 孙思白 :《卢沟桥事变二题》，载《民国档案与民国史学术讨论会论文集》，第 178 页，档案出版社 1988 年版。

[5] 《今井武夫回忆录》，第 71 页。

[6] 杨寿林 :《审判日本甲级战犯纪实》，载《抗日风云录》(下)，第 372 页，中国文史出版社。

[7] 《今井武夫回忆录》，第 45 页。

[8] [日] 上村伸一 :《日本外交史》，第 20 卷，第 64 页，东京 1973 年版。

[9] 《日本外交史》，第 20 卷，第 126 页。

[10] 同上。

[11] [日]《临参命第四〇〇指示》，见《现代史资料 · 日中战争》(二)，第 3 页。

[12] 《今井武夫回忆录》，第 34 页。

[13] 同上。

[14] 同上。

[15] 日本防卫厅防卫研究所战史室编:《中国事变陆军作战史》,第 1 卷,第一分册,第 179—180 页,中华书局 1979 年 7 月版。

[16] [日]《支那驻屯军策定的作战计划》，见《现代史资料 · 日中战争》(二)，第 15 页。

[17] [日] 寺平忠辅 :《卢沟桥畔的枪声》，载《现代史资料月报》，第 9 号，1964 年。

[18] 《蒋介石通饬各行营主任各绥靖主任各省主席各特别市长电》1937 年 7 月 10 日，载《中华民国重要史料初编—对日抗战时期》，绪编（二），第 37 页。

[19] 1937 年 7 月 9 日《蒋介石致孙连仲电》，中国第二历史档案馆藏“委员长侍从室电稿”。

[20] 《蒋介石致宋哲元电》1937 年 7 月 13 日，二史馆馆藏国民政府军令部战史会档案七八七。

[21] 《蒋介石致宋哲元电》1937 年 7 月 13 日，二史馆馆藏国民政府军令部战史会档案七八七。

[22] 蒋介石《在庐山谈话会上的讲话》，二史馆馆藏档案七八七。

[23] 同上。

[24] 《国防联席会议纪录》，二史馆馆藏档案七八七。

[25] 《卢沟桥事变后国民党政府军事机关长官会报纪录》（第2次），载《民国档案》1987年第二期，第4—5页。

[26] 《卢沟桥事变后国民党政府军事机关长官会报纪录》（第16次），载《民国档案》1987年第三期第3页。

[27] 《卢沟桥事变后国民党政府军事机关长官会报纪录》（第7次），载《民国档案》1987年第二期第10页。

[28] 同本书第45页注[4]。

[29] 《卢沟桥事变后国民党政府军事机关长官会报纪录》（第25次），载《民国档案》1987年第三期第911页。

[30] 同上。

[31] 《民国档案》1987年第二期，第7页。

[32] 同上，第10页。

[33] 同上，第5页。

[34] 《民国档案》，第三期，第1页。

[35] 《何应钦致秦德纯电》1937年7月19日，二史馆馆藏档案七八七。

[36] 《第二十九军华北抗日战斗经过》，载《宋故上将哲元将军遗集》（上册），第1331页，台湾传记文学出版社1985年版。

[37] 宣介溪：《军分会一席谈》，见《宋故上将哲元将军遗集》（下册），第927页。

[38] 《宋故上将哲元将军遗集》（上册），第176—181页。

[39] 同上。

[40] 崔万秋《日本记录中的喜峰口之战》，《宋故上将哲元将军遗集》（上册），第176–181页，第375页。

[41] 同上。

[42] 台湾《中国现代史专题研究报告》，第一辑，第228页。

[43] 李世军：《宋哲元与蒋介石关系始末》，见《江苏文史资料选辑》第四辑。

[44] 二史馆馆藏档案五。

[45] 台湾《中国现代史专题研究报告》，第一辑，第228页。

[46] 《宋故上将哲元将军遗集》（上册），第362页。

[47] 李世军：《宋哲元与蒋介石关系始末》，见《江苏文史资料选辑》第四辑。

[48] 同上。

[49] 《一二·九运动资料》第二辑，第188页，人民出版社1981年版。

[50] 李世军 :《宋哲元与蒋介石关系始末》。

[51] 同上。

[52] 齐协民 :《宋哲元与冀察政权》，见《天津文史资料选辑》第四辑。

[53] 李世军 :《宋哲元与蒋介石关系始末》。

[54] 王华岑:《华北危机和冯玉祥将军的抗日活动》,见《北京文史资料选编》,第 25 辑,第 35-36 页。

[55] 《国民政府行政院有关"华北经济开发"致实业部函令三件》,载《民国档案》1986 年第四期。

[56] 《为中日提携事件在津招待新闻记者之谈话》,见《宋故上将哲元将军遗集》(上册),第 568 页。

[57] 《救国时报》1936 年 6 月 8 日。

[58] 《毛泽东书信集》，第 40 页，人民出版社 1983 年版。

[59] 何基沣等《七七事变纪实》，见《文史资料选辑》第一辑。

[60] 《今井武夫回忆录》，第 35 页、36 页。

[61] 同上。

[62] 二史馆编《抗日战争正面战场》(上)，第 164 页，江苏古籍出版社 1985 年版。

[63] 何基沣等《七七事变纪实》。

[64] 《卢沟桥事变后国民党政府军事机关长官会报纪录》(第 4 次),载《民国档案》1987 年第二期，第 6 页。

[65] 《今井武夫回忆录》，第 33 页。

[66] 《七七事变至平津沦陷蒋何宋密电选》，载《历史档案》1985 年第一期。

[67] 《七七事变至平津沦陷蒋何宋密电选》，载《历史档案》1985 年第一期。

[68] 王俯民 :《蒋介石传》，第 163 页，经济日报出版社 1989 年版。

[69] 同上。

[70] 《卢沟桥事变后国民党政府军事机关长官会报纪录》(第 4 次),载《民国档案》1987 年第二期。

[71] 《杨宣诚致何应钦报告》(1937 年 7 月 22 日)，载《历史档案》1985 年第一期。

[72] 《卢沟桥事变后国民党政府军事机关长官会报纪录》(第 15 次),载《民国档案》1987 年第二期。

[73] 见齐协民 :《宋哲元与冀察政权》。

[74] 《今井武夫回忆录》，第 37 页。

[75] 同上。

[76] 《何应钦致宋哲元电》，(1937 年 7 月 17 日) 二史馆馆藏档案。

[77] 《杨宣诚致何应钦报告》(1937 年 7 月 22 日)，载《历史档案 1985 年第一期。

[78] 《杨宣诚致何应钦报告》(1937 年 7 月 22 日)，载《历史档案》1985 年第一期。

[79] 蒋介石批示 (1937 年 7 月 26 日)，二史馆馆藏档案。

[80] 《今井武夫回忆录》，第 51 页。

[81] 《今井武夫回忆录》，第 52 页。

[82] 《宋故上将哲元将军遗集》(下册)，第 1087 页。

[83] 《宋故上将哲元将军遗集》(下册)，第 1087 页。

[84] 《宋故上将哲元将军遗集》(下册)，第 1087 页。

[85] 董升堂:《张自忠将军生平概述》，载《抗日名将张自忠》，第 14—15 页，中国文史出版社 1987 年版。

[86] 何基沣:《在第一次庐山谈话会上第一次共同谈话纪录》，见《七七事变纪实》。

[87] 中共中央党校党史资料室编印:《卢沟桥事变和平津抗战》，第 478 页。

[88] 二史馆编《抗日战争正面战场》，(上) 第 202 页。

[89] 《宋故上将哲元将军遗集》(下册)，第 1072—1073 页。

[90] 秦德纯:《我与张自忠》，载台湾《传记文学》第 1 卷第 2 期。

[91] 同上。

[92] 同上。

[93] 《今井武夫回忆录》，第 63 页。

[94] 秦德纯:《我与张自忠》。

[95] 冯玉祥:《痛悼张自忠将军》，载《新华日报》1940 年 7 月 13 日。

[96] 引自蒋介石悼张自忠文，见《张上将自忠纪念集》卷 1 第 12 页，1948 年印行。

[97] 周恩来为张自忠殉国三周年所撰悼文，见《新华日报》1943 年 5 月 16 日。

[98] 参见张春祥主编:《卢沟桥事变与八年抗战》，第 229 页，北京出版社 1990 年版。

[99] 《张樾亭致钱大钧电》1937 年 8 月 3 日，载《历史档案》1985 年第一期。

[100]《秦德纯致何应钦电》1937 年 7 月 31 日，载《历史档案》1985 年第一期。

[101] 吴锡祺等《宋哲元及其所部在抗战初期的活动》，载《文史资料选辑》第 54 辑。

[102] 吴锡祺等《宋哲元及其所部在抗战初期的活动》，载《文史资料选辑》第 54 辑。

[103]《卢沟桥》，第 45—46 页 1937 年版，二史馆馆藏书。

[104]《中央日报》(南京版)，1937 年 7 月 30 日。

[105] 吴锡祺等《宋哲元及其所部在抗战初期的活动》，载《文史资料选辑》第 54 辑。

[106]《中央日报》(南京版)，1937 年 8 月 23 日。

[107] 吴锡祺等《宋哲元及其所部在抗战初期的活动》。

[108] 韩立才:《七七京华津浦见闻》，载《七七事变》，第 286 页。

[109] 张樾亭:《记刘湘、韩复榘、宋哲元联日反蒋的失败》，载《文史资料选辑》第 54 辑。

[110] 梁航标:《1927—1931 年的蒋阎关系》，见《山西文史资料》第七辑，第 37 页。

[111] 见《山西王阎锡山》，第 111 页，河南人民出版社 1990 年 10 月版。

[112] 同上。

[113] 阎锡山：《应付国难之我见》1935年12月9日，载《阎百川言论辑要》第9册，第26页，南京大学图书馆藏。

[114]《阎锡山致蒋委员长电》1936年9月6日，二史馆馆藏档案七八七。

[115]《阎锡山致蒋委员长电》1936年9月6日，二史馆馆藏档案七八七。

[116]《西安事变简史》，第90页，中国文史出版社1986年12月版。

[117]《卢沟桥事变后国民党政府军事机关长官会报纪录》(第4次)，载《民国档案》1987年第二期。

[118] 同上。

[119]《卢沟桥事变后国民党政府军事机关长官会报纪录》(第27次)，载《民国档案》1987年第三期。

[120]《卢沟桥事变后国民党政府军事机关长官会报纪录》(第15次)，载《民国档案》1987年第二期。

[121]《卢沟桥事变后国民党政府军事机关长官会报纪录》(第15次)，载《民国档案》1987年第二期。

[122]《南京国民政府大本营关于全面抗战作战指导方案等训令四件》，载《民国档案》1987年第一期。

[123]《关于晋北大同失守及平型关战役经过的要报》，二史馆馆藏档案七八七。

[124]《关于晋北大同失守及平型关战役经过的要报》，二史馆馆藏档案七八七。

[125]《朱德、彭德怀致蒋介石等电》1937年10月3日，二史馆馆藏档案七八七。

[126]《第二战区忻口会战纪要》，二史馆馆藏档案七八七。

[127] 同上。

[128]《解放》周刊，1938年第25期。

进攻与溃败 | 第三章

第一节 “八一三”的前后

北方战场战事的不断扩大暴露了日军挑起全面侵华战争的企图。国民政府统帅部不得不面对现实，确认现在已不再是谈论是战是和的时候，而是面临着怎样打的抉择。战争的发展制造了一个促使我方下决心改变中日战局的契机，这就是在饱经战火的东南要地又发生了一件既在意料之中又出乎意料之外的不测事件，从而点燃了导致中日战争全面升级的“八一三”淞沪大战的导火索。

“八一三”淞沪战役的起点是1937年8月9日发生的上海“虹桥机场事件”。为了阐明“八一三”战役的起因，有必要首先回顾一下8月9日以前中日双方的军事态势及在上海地区的战备情况。

长江中下游地区，为我国政治、经济重心所在，以经济中心上海与政治中心南京相连的宁沪地区是中国当时的心腹要地。因此，上海便成为我国的东大门及保卫首都的屏障，在战略上具有十分重要的地位。加上地理上接近日本，因而上海一向被日本军阀视为侵略中国的入口要道，成为中日矛盾冲突的敏感地带。1932年“一·二八”战役时，日军就曾经攻击上海，借以转移人们的视线，以便巩固其在东北的侵略利益。接着又逼迫国民政府签订了妥协让步的《上海停战协定》，藉此日军得以在上海地区驻扎大批海军陆战队，修筑了大量战备设施。上海从此成为中日战争又一个潜在的爆发点。

1937年7月7日日本发动全面侵华战争后，日本政府与军方确立了吞并华北，彻底击败中国军队，逼降中国政府以实现灭华的最终目标。7月29日，日军参谋本部制定了《中央统帅部对华作战计划》，规定首先占领平津地区完成华北作战，同时准备一部分兵力，预备在“迫不得已”时对青岛及上海发动进攻。

对于中国的东南地区，日本帝国主义虽然垂涎已久，但是由于当时战争集中在华北，在开战之时，日方并无在上海作战的具体计划，只不过考虑到了在青岛与上海两地派兵保护日侨的可能。所以在其《对华作战计划》中写明在情况不得已时才对青、沪作战，而所下达的“兵力编制及任务”，也只限于在平津及青岛附近的部署，尚未计划向上海派遣正规陆军。[1]7月9日，日军参谋本部在其《处理华北时局要领》的命令中明确规定：“即使抗日行动波及华中华南，陆军仍以不出兵为原则。”[2]日方之所以如此计划，不外乎出于以下的原因：第一，遵循集中全力吞并华北的战略方针。日军准备以“行使必要的实力来收拾事态”，通过逼降中国政府实现“全面地打开重建日华关系新局面”的目的。这说明他们此时尚无武力消灭国民政府的具体部署。第二，对日苏发生军事冲突的严格防备。“参谋本部曾预想到中国事变中对苏作战的问题”，“判断本年11月左右将面临对苏危机”。因此日军不便过久地拖延与扩大对华作战，而只希望以“必要的力量在10月底以前完成对华作战计划”。日方甚至规定“以上作战不能达到目的时，即使当时的形势有所变化，也要停止陆上兵力之积极作战……将必要的部队调到满洲及华北待机，整顿对俄作战的准备”。[3]出于这种考虑，中日战争开始后，日方在华中华南地区首先采取的措施便是撤退侨民之类。由于驻防区域及掩护侨民撤退的缘故，日本海军在我国沿海地区及长江中下游水域异常活跃起来，并以青岛及上海两地为据点，开始参与侵华战争。

根据“一·二八”后的“停战协定”，上海地区驻有日本海军陆战队3000余人，他们以虹口陆战队本部为中心构筑了80余处阵地，并进行了储存战备物资与集中海军舰只、陆战队兵力的工作。7月，华北战争爆发时，以长江方面为“警备区域”的日本海军第三舰队队长谷川清司令官正在台湾指挥演习，闻讯后他即赶赴上海。7月11日，他在上海召集了“特别警备会议”，根据日本海军省7月8日下达的紧急训令，讨论海军“保护日侨问题”。会议决定驻华海军分成三组特务舰队。上海方面由长谷川清亲自指挥。7月16日，长谷川向日本海军军令部提出报告，认为有必要在上海、南京一带发动战争，全力消灭中国海空军，同时派遣陆军5个师团攻占上海与南京，将中国政府置于死地，以尽快结束战事。“如果局限战域，则有利于敌方兵力之集中，深恐将使我方作战困难。为制中国于死命，须以控制上海、南京为最要着”。[4]8月4日长谷川又一次请求东京增兵上海。但得到的答复是“要慎重行事”，“待继续观察形势再作考虑”。8月7日上午，日海相米内光政向陆相杉山元送交了准备提交内阁的《请紧急派遣陆军进驻青岛·上海案》，但内阁并没有讨论这一提议。[5]直至8月上旬末，日方的作战方针仍然是“陆军仅派至华北，为保护日侨可动用海军，勿须陆军出兵上海”。[6]直至“虹桥机场事件”前夕，我们尚未发现日本最高军政当局有在上海开战的计划及下达明确的作战命令。然而，日本海军由于急于加入对华战争，其领导机关与下属舰队不顾一切地开始了在华中、华南的备战。上海地区因地理与历史的原因，是其备战的重点区域。对于日本海军在上海的备战，日本政府与陆军方面并没有表示出积极支持态度，驻在上海的日军只有少量海军陆战队而没有正规陆军，因此日方没有在上海大战的准备。迟至8月中旬上海战争全面爆发后，日方才匆忙从各地抽调陆军增援上海。[7]

以上便是8月9日以前日方在上海地区的备战情况。由此，我们只能得出结论说，日方此时还没有具备对上海地区发动全面进攻的必要条件。

但是，中国方面的情形就不同了。自“一·二八”事变以后，国民政府意识到日军如再由上海入侵，将轻易威胁国都南京，故而对宁沪杭腹地的防御计划给予了相当重视。出于自身防卫的需要，自1931年起，国民政府开始在这一地区构筑国防战备设施。经过数年的努力，花费了一百几十万元的资财，修成了三道国防作战线。第一条是上海至杭州国防线，第二条是吴江至福山国防工事（苏福线），第三条是无锡至澄江（江阴）国防工事（锡澄线）。到1937年，全部工程已基本完成。毫无疑义，这些战备工作的目的是为了对付日寇的侵略。1935年秋，中国最高军事当局还着手制定了完整的《国防作战计划》，其主要目的之一是阻止日军扩大侵华战争。这份计划由军事委员会铨叙厅厅长林蔚主持制定，其总方针规定：“为保全国土的完整，维护民族生存起见，应拒止敌人于沿海岸及平津张以北之地区，作韧强之抗战。随战争之推移相机转移攻势，将敌人歼灭之”。它将察哈尔、河北、绥远、山西、山东、江苏、浙江、福建及广东9省划为抗战区，其中又进一步划为6个防卫区。规定：“各防卫区如遇敌人袭击应尽全力抵抗以保国土，”“在抗战初期各区应按预定计划在统一指挥下尽力拒止敌人登陆或侵入内地。”计划还具体规定：在郑州、开封、徐州、海州和宁沪杭一带设置防御。郑汴徐海地区由刘峙负责，宁沪杭地区由唐生智负责，并在中央军事委员会内设一执行部主持其事。宁沪杭地区内又设三个分区。南京分区（南京至镇江），由南京警备司令谷正伦负责；沪杭分区（浙东沿海至黄浦江以东），由张发奎主持，在嘉兴设立苏浙边区司令部；“京沪”分区（自无锡、江阴至上海），由张治中指挥。并计划以湖南全省和安徽南部、江西北部驻军为京沪杭地区后援部队。《国防作战计划》规定：“在浙江方面，驻江南部队应集结于京沪线及首都附近，一面任淞沪方面之增援，并相机扑灭上海之敌势力，一面防止长江内敌舰之侵扰以维护首都，……海州、吴淞、乍浦、澉浦、镇江、海门、温州等地各配置海岸守备部队以防止敌之登陆。”[8]仅就这一计划具体内容来看，很显然，中国方面对于防御日军侵略是有比较全面的设想的。

中国方面在宁沪杭地区的备战工作并没有仅仅停留于纸面。1936年张治中向国民党最高当局建议，划分全国为若干防区，以宁沪为核心着手准备抗日工作。他的建议被采纳。根据对日作战实际需要，陆续分设了四大区域。宁沪杭一带为京沪警备区，由张治中任警备司令（“八一三”后改为第三战区，以冯玉祥、顾祝同为正副司令），其所属有张治中的第九集团军，驻苏州河以北沿黄浦江地区；张发奎的第八集团军，驻苏州河南与浦东地区。张治中上任后，积极着手对日抗战准备工作。他在陆军军官学校内设立了一个“高级教官室”，以军校教育处长徐权为首，专门主持制订“京沪分区”防御计划及实施，以后又扩充组织。为严格保密起见迁往苏州留园办公，改名为“军校野营办事处”，其内部分设政治、军事两个组，陆续对沪宁间各重要地区进行了具体调查，对防御作战的兵力部署、指挥系统、防线设置、兵员补充、后勤供应，甚至发动民众、舆论准备等多方面的问题进行了研究设计。根据综合分析，他们认为：日本发动侵华战争，上海必然是战场之一，我们不能重演“九一八”和“一·二八”被动挨打的悲剧，应在敌方发动战事以前，主动出击进攻，彻底摧毁日军在沪军事据点，然后封锁海岸，确保宁沪安全。他们的这一战略设想得到了最高当局的同意。除此以外，张治中还主持了一些实际备战工作，如曾组织5个师的演习，模拟阻击日军登陆；1936年底又组织军事参谋人员到苏州、常熟、太仓、浏河、吴淞一带进行考察与布置，同时进行了一些组训民众工作；宁沪铁路沿线各火车站也奉命进行了军运准备。按照《淞沪停战协定》，安亭—太仓—七丫口线以东地区不许中方军队驻扎因而上海只驻有我方一个保安总团（约两个步兵团）的兵力。为防备不测，张治中提议派一加强旅伪装成保安队进驻上海虹桥地区，建议得以实施。京沪警备司令部还与上海市合作，在市区设置了防御工事，以阻止日军由黄浦江登陆。“七七事变”后，张治中又提出立即封锁长江水道，围歼长江上游日舰，但这一计划被国民政府行政院秘书、日本间谍黄浚密告日方，使日舰得以迅速逃脱，并将汉口日海军陆战队转运上海，加强了日军驻沪兵力。[9]种种事实表明，国民政府在宁沪杭地区进行了抵抗日本侵略的先期准备。对于国民党军政当局的这些工作，应实事求是地给予评价和肯定。

应当指出的是，1937年以前国民政府在宁沪杭地区的抗日准备并不是尽善尽美的。在反共政策没有改变以前，国民党当局是以反共为主，抗日为辅的，所进行的抗战准备只是有限的防卫措施。

华北战事开始后，国民党最高当局立即召开各部会署负责人及军政首脑会议商讨对策，在进行外交交涉的同时，又命令军队保卫国土抵抗侵略。中国统帅部认为：华北是一大平原，有利于日军机械化部队及大兵团活动，并距日方东北补给基地较近，附近又有冀东等伪组织活动，所以形势于我不利。如果全面开战，我方应充分利用在淞沪间既设国防工事，在此投入重兵用以牵制敌人兵力，保卫政治、经济中心，同时还可能使日军触犯列强在华利益引起国际干预。[10]一旦上海开战，应争取迅速歼灭上海日军，封锁海洋。如战事不利，则可退守苏福国防线打持久战，借以待机调停战事，阻止日军侵略。8月7日，各地军事将领云集南京商讨作战计划。

中国方面对于淞沪地区抗日的计划与准备，造成了中方发动“八一三”战役的客观条件。

第二节　打算“赶敌下海”

正当华北战事愈演愈烈之时，日本当局又唆使在华军队、浪人到处寻衅闹事，制造冲突纠纷。七八月间，在上海连续发生了日本海军陆战队队员宫崎贞雄“失踪”及“虹桥机场事件”，一时成为中日间新的冲突焦点。特别是在“宫崎事件”被中方妥善应付后，“虹桥事件”的处理便成为能否维持上海和平的关键。

1937年8月9日，驻上海的日本海军陆战队第一中队长大山勇夫与一等水兵斋滕要藏驾车冲击我虹桥机场，被我方机场保安队击毙。这就是所谓的“虹桥机场事件”。“虹桥事件”是“八一三”事变的起点。在此期间内，日本海军开始向上海增兵。“司令长官决心增强海军兵力，命令在佐世保待机的部队进入上海”。[11]日本驻沪海军陆战队的兵力从原来的3000余人猛增为1.2万余人，从长江开入黄浦江的日舰亦达29艘。中国政府也同时下令调遣京沪警备司令张治中所部之八十七、八十八两师部队向上海市区推进，并迅速设立了作战指挥部，在江湾——吴淞间布置了防线。上海形势急剧恶化。8月11日下午，日本驻沪总领事冈本季正赴上海市政府访市长俞鸿均，交涉“虹桥事件”。冈本首先质问中国政府对事件的态度。其次提出两点要求：（一）将上海保安队撤退；（二）将保安队已筑工事悉数拆除。中国方面对此无理要求坚决予以拒绝。俞鸿均回答冈本：中国政府必将此事照外交方式解决，但日尚在交涉之际即大举增兵上海，这是赤裸裸的威胁。然而，

“我方抱定方针非威胁可改变”。冈本威吓无效只好退出。次日下午，有各国代表参加的“淞沪停战协定委员会”在租界工部局召开会议，俞鸿均在会上痛斥日方要求中国撤军之荒谬，他声明：“惟我国军队在本国领土行动有绝对自由之权，此则未容他人置喙”，并提出以日方先撤兵为让步条件。冈本对此不能回答，会议乃以无结果而告终。[12]

“虹桥事件”是由日军挑起的。中国保安队击毙在中国领土上横行的日军完全是正义的。在这次事件中，中方一改过去妥协退让方针，自始至终采取强硬立场，对日方的挑衅行为及无理要求予以坚决的回击。

“虹桥事件”为淞沪战役点燃了导火线，但就8月9日至月底大战全面展开这段时间内的情况分析，中日虽都决心在上海一战，然双方的作战计划与准备工作却大有不同。

事变发生后，日本军政当局开始重视上海方面的局势。“海军中央部研究了解决大山事件的方案，决定向中国方面提出要求事项，在采取外交措施同时，和第三舰队进行了联络，要求慎重行事。尽管事态的最后解决只能诉诸武力，但在陆军派兵的情况下，攻击开始的时间也须在动员后的20天，因此当前要尽可能不使事态迅速恶化”。“在10日的阁议上……再次确认了就地保护上海侨民的方针，答应准备派遣陆军部队”。[13]日方利用外交谈判拖延时间，从各地调派了三个师团的陆军赶运上海。日军参谋本部此时的观点是：“上海方面已超出单纯的保护侨民目的以外，具有给中国方面以沉重打击的意义。”[14]因此，其在8月20日制定的《作战计划大纲》中规定：“以上海派遣军（以五个师团为基干）击败上海周围之敌，而后以一个军（大概以三个师团为基干）确保上海周围的重要阵地线，切断上海—南京间的联系并谋求占领地区的稳定。”[15]这表明，日军在战役开始时只计划攻占上海而没有在华中大战的具体部署和准备。即使在开战以后，日军参谋本部第六百号命令仍规定：“华中方面军的作战地区大概定为联结苏州—嘉兴线以东，”“意在预期方面军主力不超过该线。”[16]曾任中国战场高级指挥官的今本熊男的回忆也说明日方在初期并无使华东成为主战场的计划，[17]日军在华中作战的决心是逐步确定的。

然而，中国方面在“虹桥事件”发生后即决定了开战措施与大战计划。事件发生后，在对日采取强硬外交的同时，国民党最高当局宣布从此进入对日抗战，命令参加庐山会议的将领回到各部队，开始全面抗日部署。8月1日晚，国民政府军事委员会命令：“张司令官治中率八十七、八十八师于今晚向预定之围攻线挺进，准备对淞沪围攻。”8月13日深夜，蒋介石下令张治中发动总攻击，意图实现“赶敌下海封锁海岸拒敌登陆”的作战计划。同时，决定将第五十六师主力、第五十七师的一部及独立第二十旅向前推进，采取逼向南下在长江方面作战的敌之侧面的有利态势。[18]中国军队源源不断开赴上海战场。张治中所率领的参加过“一·二八”战役的部队士气高昂，进入南翔指挥所的一些士兵甚至拒绝下车，要求一直开赴前线参战。中日双方剑拔弩张。到8月13日上午9时许，中国军队在部分日军士兵首先越过对峙线的情况下，奉命发起全面攻势，揭开了淞沪百日大战的序幕。8月14日中国政府发表《自卫抗战声明书》，宣布“实行天赋之自卫权”。

8月18日，蒋介石派陈诚、熊式辉赴沪视察战况，20日返回南京。陈诚向蒋汇报说：敌对南口势所必攻，同时亦为我所必守，是则华北战事扩大已无可避免，故敌如在华北得势，必将利用其快速装备沿平汉路南下直扑武汉，于我不利，不如扩大沪事以牵制之。蒋对此表示：“一定打。”陈诚又说：“若打，须向上海增兵。”蒋即派陈诚为第十五集团军总司令率部赴沪增援。[19]至此淞沪大战再次升级。蒋介石的这一决心体现了国民政府最高当局对中日战争的总体战略部署。

8月20日国民政府军事委员会将全国划分为5个战区，下达了如下作战方针：“国军一部集中华北持久抵抗，特别注意确保山西之天然堡垒。国军主力集中华东攻击上海之敌，力保淞沪要地巩固首都。另以最少限度兵力守备华南各港口。”[20]这就是国民政府抗战初期战略设想的基本原则。从这里我们可以看出，国民党军发动上海抗战是有目的、有计划的，而且早已做了必要的准备。在明知北方战事扩大不可避免之时，中国最高统帅部仍决定将中国军队之精锐投入上海战场，以期促使日军分散兵力和改变侵华路线。虽然此举有其政略外交与战术上的考虑，但不可否认，从上海战事扩大的客观效果联系中方战前在沪宁间的战备成绩来考察分析，这一决定对整个抗日战争正面战场的战略影响具有关键性的意义。可以说，如果没有上海方面的激烈抵抗而单凭北方战场苦撑后的败退，以后的战局很可能出现极端不利于中方的局面。由于历史上和军事上的诸多因素，南京政府对北方战场作战的指挥不可能随心所欲、得心应手，万一出现不测很可能造成不战而退、破坏大局的悲剧。而在淞沪战场的抵抗则正可以收以我之长克敌之短之效。可以想见，如果真如陈诚所意料日军抢先从北方战场西进后南插占领武汉，断绝国民政府的退路并予以合围夹击，那么抗战的结局将不可设想。从这一点来看，淞沪战役之意义不在战斗结果之输赢得失，战役发动后在战略上我方既已首先赢得了主动，争得了至关重要的战略上的主动权，而中国所得的这一分又是在敌强我弱的形势下争得的，这也就是“八一三”淞沪战役对于抗战全局的最大意义之所在。

第三节 功亏一篑

上海战事开始后，张治中下达攻击作战令：“本军以彻底扫荡敌军之目的，……于空军轰炸后在炮兵火力掩护下勇猛攻击，进占其根据地，压迫敌至苏州河及黄浦江而歼灭之。”[21]中国空军于14日连续出动，对上海日本守军据点及泊沪日本军舰进行轰炸，海军封锁长江江阴水道并堵塞航道，防止日舰西上。中国空军一举炸伤日本第三舰队旗舰“出云号”，并连续在空战中击落日机42架，取得了辉煌战绩。在空军掩护下陆军第八十七、八十八两师向虹口、杨树浦之敌发起了猛烈攻击。由于此时日机限于航程，不能构成对我作战之空中威胁，战役初期进展较为顺利。中国军队当天便夺回了八字桥、持志大学、沪江大学，以后几天又相继克复五卅公墓、爱国女校、日本海军操场等地。17日又克复日海军俱乐部，冲入日本坟山，但由于日军核心阵地经过长时间经营，工事异常坚固，而中国军队缺乏重型武器不能将其一举摧毁，中国士兵虽英勇牺牲猛烈进攻，但死伤惨重而终不能克，仅八字桥法学院一处便牺牲达一营之众。日军守兵依据坚固工事及海军火力掩护，死守待援，战事顿呈胶着状态。

8月20日，国民政府军事委员会发布新的作战指导计划："国军以一部集中华北，重叠配备，多线设防，特注意固守平绥路东段要地，最后确保山东、山西，力求争取时间，牵制消耗敌人，以主力集中华东，迅速扫荡淞沪敌海陆军根据地，阻止后续敌军之登陆，或乘机歼灭之，并以最小限兵力守备华南沿海各要地。"[22]其基本方针是在上海战场集中主力部队，直接歼灭上海日军，阻止其援军登陆以保护宁沪安全。从此，长江以南国军停止北调，纷纷向淞沪战场增援，中央军及广东军、广西军陆续派出主力军赴沪。8月底在陇海线东部机动待命的胡宗南部第一军以及已由汉口向保定输送、先头部队已抵郑州的第十八军均奉命转向华东战场南下增援。同日，中方援军第三十六师加入第八十七、八十八两师之间，会同向汇山码头发起总攻，并一度冲入码头。但因进展过快后援难继，又遭敌海军炮火轰击，伤亡2000余人并失去联络，混战之后于22日被迫撤回原阵地。这次攻击的失败使整个战役失去了完成原定任务的可能。23日，日本援军抵达上海，在吴淞、狮子林、川沙口等处强行登陆，攻击中国军队之侧翼，造成直接威胁。我军前线指挥部遂被迫决定停止正面攻击转而分兵对付侧面的敌援军部队。9月6日第三战区司令长官部颁发《第二期作战计划》，决定"战区以持久抗战之目的，限制登陆之敌发展，力求收各个击破之效。各个击破不能达成时，则依状况逐次后退于敌舰射程外之既设阵地，施行韧强抵抗，待后方部队到达，再行决战而取最后胜利"。[23]遵照这一方针，自8月上旬至9月中旬，淞沪战场中国部队及其陆续开到之大批后援部队总计约70万人在地域狭窄、水网密布的淞沪三角地带与不断登陆的日军开展了一场空前激烈的搏斗。虽然中国军队在付出巨大牺牲之后一度收复罗店、宝山，并击退进攻之敌，但装备精良的日本军队在强大海空火力支持下不断登陆，我守军粮弹兵源供给不上，逐渐陷入被动。守卫宝山的九十八师五八三团第三营在姚子青营长带领下与数倍于我的日军搏死战斗，日军久攻不克，竟向城内发射大量硫磺弹引发大火，姚营长发电给师部表示“誓本与敌皆亡之旨，固守城垣，一息尚存，奋斗到底”。最后全营将士在巷战中全部殉国，宝山陷落。其他如狮子林等地也发生过如此般壮烈的战斗。由于中国官兵的顽强抵抗，使日军两个师团陷入上海苦战中，伤亡4000余人，而不得推进兵力。8月底，日军上海派遣军司令部及第三舰队司令官，不得不再次急电东京求援。9月6日，日本“决定增派第九、第十三、第一〇一师团及台湾守备队（重藤支队）到上海”，[24]同时华北日军亦奉令抽调步兵10个大队及炮兵、工兵等赴上海增援。日方不惜代价投入陆海空重兵，准备突破中方淞沪防线占领上海，而我方守军持久鏖战损失过大，“每小时死伤辄以千计”，军力逐渐不济，这样整个淞沪战局开始发生不利于我的变化。

9月17日，淞沪战场中国军队全线撤至北站、江湾、庙行、朝王庙、罗店西南双草墩一线，分为左中右三个作战军，作“韧强之抵抗”。日本军跟进猛攻，双方在此战线上胶着月余。日军后续部队不断增援，中国守军与敌人反复肉搏，许多阵地失而复得数次，阵地上最后每连守军只剩下数人，双方牺牲惨重。月底，随着七十七师万桥阵地被日军突破，左翼军各部被迫后撤第二线阵地。

10月1日，日本内阁首相召集外、陆、海各相会议，制定了《处理中国事变纲要》，决定进一步扩大侵华战争，“使中国迅速丧失战斗意志，应采取适当手段使用兵力占据要地”。[25]上海日本派遣军随即改变部署，以中央突破战术攻陷大场，进攻南翔。中国守军第七十七、五十九、九十、六十七各师久战疲惫，后撤修整。第三战区下令新增援之四十八军、六十六军、九十八师等部重新组织攻击，但因正面日军兵力及火力已得到充足补充，这次总攻付出重大代价而不能奏效。10月21日，中国军队全线停止进攻而转入防御态势。

日军以6个师团主力从正面向中国守军猛攻，25日，攻占大场，我中央作战军四面受敌，即将陷入重围，遂被迫后撤至苏州河南岸、江桥镇、小南翔一线。为掩护主力撤退，第八十八师五二四团一营官兵在副团长谢晋元带领下坚守闸北四行仓库，孤军作战，使敌人不得前进，立下了卓著战功。

10月底，日军统帅部为了改变目前困难状况，迅速解决上海战事，决定再次向淞沪战场派兵，从华北抽调第六、第八、第一一四师团、第一第二后备步兵团及野战重炮、山炮兵部队，组织第十军，南输杭州湾北部登陆，以协助上海派遣军，实现预期作战目的。以后又加入第十六师团，使淞沪战场日军全部兵力达两个军9个师团，这个数目已比华北战场日军全部兵力还多了2个师团。从这点来看，上海战局的发展已实现了中方“引敌南下”的战略意图，但就实际战况而言，日军的压力已超过了中方所能承受的限度，特别是日军从杭州湾登陆之举出乎中方统帅部的预料，成为导致上海战局发生逆转之关键因素。

杭州湾北岸在上海南方，这里水深岸直，适合大型船舰之停泊，日军从此地上岸，即可切断沪杭铁路，形成对我上海守兵之合围。而此一线长达几十公里之范围内，原有的中国驻防军第五十五、五十七、六十二各师均已开赴上海作战，仅余六十二师一部及少数地方武装守卫，造成一个空前的大缺口，11月5日，三个师团的日军在炮火的掩护下分几路同时登陆，中国守军以二个连兵力抵挡日军，根本不能奏效，日军几乎是在毫无阻碍的情况下源源上岸。[26]

蒋介石得悉日军登陆消息，当晚向前线打了20多次电话，总预备队司令顾祝同在电话中向蒋报告：敌军登陆后，配备坦克大炮的机械化部队迅速向上海、松江等地推进。蒋介石说：几个月来全力对付正面作战而把这个重要海口疏忽了，真是遗憾。[27]他下令立即派遣第六十二师、独立第四十五旅及七十九师主力前往狙击，同时令在青浦之第六十七军赶往松江迎击日军。但因日军推进很快，各部都未能及时赶到。

日军参谋本部于7日下令将上海派遣军及第十军合组成华中方面军，以松井石根大将为司令官，令其以“挫伤敌之战斗意志、获得结束战局的机会为目的，与海军协同消灭上海附近的敌人”。[28]此时日军已从前后两面对中国军队形成夹击包抄之势，沪抗铁路已被切断，中国军队面临被围歼灭之危险。8日晚，中国统帅部决定上海守军全线向吴福国防线转移。蒋介石在当日电话中要顾祝同等前线指挥官“想尽一切办法联络前线部队，制止混乱，派得力部队掩护狙击，其余要按计划撤”。他并亲自电催汉口、广州星夜调兵赴援。[29]但是由于战局变化太快，中方撤退令下达过迟，“部队已陷于极度紊乱状态，各级司令部已很难掌握其部队了”。[30]已奉命和未奉命的部队一起后撤，上级又无路线指示，公路上挤满了各部人马，在日军轰炸追击之下，已形成一溃千里之败局，情形极度混乱。11日，上海沦陷。

中方撤退部队仓促败退士气沮丧，不能组织有效的抵抗，在到达吴福线国防工事时，由于既无守备部队又无指示文件，各部很难找到工事构筑，即使找到后又无法打开工事大门。因此各路电话纷纷打到大本营汇报情况索取钥匙，侍从室派人到处找工兵指挥，蒋介石闻讯也气得跳脚大骂。但战事混乱至此，一时也无法扭转。[31]部队越过吴福线，继续后撤锡澄线。19日，苏州、常熟失守。蒋介石一面下令死守锡澄线，一面开始部署南京政府各部撤离及首都城防工作。

日军统帅部曾规定华中方面军作战地区为苏州嘉兴线以东，不得越过该线。但当日军抵达该线后，松井石根并无意停止前进，他决定乘中方溃败之机继续快速追击，企图一举攻占南京。日本参谋本部虽对松井扩大战争的决定感到“震惊”，然而却随即复令表示同意。24日正式宣布废除原作战地域令，使战争再次升级。

25日，日军占领无锡，中国军队在溃退之中再次弃守锡澄线，退向常州、宜兴及宣城以西。接着又在12月前，连续失守江阴要塞以及浙省嘉善、平望、嘉兴、南浔等地，乍平嘉国防线被日军突破，在日军猛烈追击之下，吴兴、广德又告沦陷，日军主力沿郎溪北上进逼首都南京。这样，旷日持久付出重大牺牲的“八一三淞沪战役”终于结束了。

从“八一三”战役的发生背景、发动经过、战役发展及其对抗战正面战场全局的影响等方面综合分析，我们可以得出以下几点结论：

第一，“八一三”战役是中国发动的。中方在战事开时处于主动地位，这一点完全可从中方的作战准备、战略计划以及日方参战经过诸种事实中得到证实。

第二，战役最后，中方没有达到预期的目的，反由主动变为被动，其中原因是多方面的。从宏观角度来看，当时中国的综合国力与军力都比不过日方，暂时的、局部的失败在所难免，对于这一点中国最高统帅部是有足够认识的。从具体战役指挥上看，中国方面在如此狭窄的江南水网地带投入70万重兵与强大的敌人开展拼消耗的阵地战，使中方主力战斗部队遭受了巨大的损失，使得接踵而来的南京保卫战严重缺乏参战生力军，很快归于失败，甚至对整个抗战初期正面战场都产生了不利影响。这不能不视为一个重大的失误，因为它完全违背了保存自己消灭敌人的原则。此外，中方作战指挥系统叠床架屋、层次繁多，各级指挥机构责任不清，最高统帅不顾战事实际，受非军事的诸种因素影响，朝令夕改，甚至插手一团一营的调动部署，使前线指挥官无所适从。特别是对腹背要地杭州湾疏于防守，使日军得以偷袭成功，最终导致战线瓦解溃败。而在指挥退却之时，最高指挥官又下令过迟、指挥无方，使部队脱离掌握，造成毫无秩序的大溃逃，将两道既成国防工事完全放弃，损失惨重，教训深刻。

而日本方面虽然战前在上海没有充分准备，也没有形成在上海进行大战的计划，但在开战后随着战事扩大而倾全力参战，上海方面逐步成为其“主战场”。逐步增加兵力最终达75个师之多，并利用在上海周围的胜利准备新的攻势，以攻击南京及相邻地区。日本政府内阁的决策也相应地由“在上海附近以击退敌人胜利结束战局”升级为“放弃不扩大方针”，最后成为“不以国民政府为对手”。由于不断“扩大作战”的需要，日军从本土、台湾、朝鲜、中国东北抽调了大批援军参战，甚至从华北战场抽出了主力部队，并投入了伪满军队。日本政府初期规定的“十月底前结束战事”的时限及“不得越过苏州——嘉兴线以东”的地限也随之废除了，最后日军由此直趋南京。由此可见，上海战役的结果是日方从中方手中夺取了战争主动权，变得更为主动。

第三，国民政府发动上海抗战的目的，依事前的计划，在战术上是以积极的攻势清除日军驻沪部队，封锁海洋，保卫宁沪安全。据史料判断，也有吸引华北日军分兵南下的意图，最后在客观上也达成了这一目的。[32]国民政府发动上海抗日的战略目的是要向日本及英美各国显示自己的力量，希望以此迫使日本放弃灭华企图；或最低限度拖延战争进程，迟滞日军侵略步伐，同时争取英美的干涉调解，达成妥协停战阻止日本灭华的政治目的。“中枢除积极准备发动全面抗战外，仍秉不求战而应战之一贯主张，准备彻底牺牲。若寇方能停止侵略恢复7月8日前之状态，则犹可（原文如此）最后一线希望”。[33]这说明，上海与华北的抵抗，都是为了恢复“七七事变”前不战不和的局面。

第四，“八一三”战役的结果，在战争中给予来犯之日军以迎头一痛击，大量杀伤了日军，迫使其再增兵，动用了基本主力军。同时亦为我国沿海工业内迁及政府机构转移赢得了宝贵的时间，并极大鼓舞了全国人民的抗战热情。在战略上使日本对华战争陷入持久作战，粉碎了日方“速战速决”的美梦。这正是“八一三战役”的实际作用及最大意义所在。

第四节　首都保卫战

上海战事急转直下，使中国首都南京全面暴露在日军的枪口面前。

1937年11月中旬，松井石根率领日本华中方面军兵分三路包抄南京，兵临城下，欲迫使中国政府投降。日军华中方面军决定“利用目前形势攻占南京，当在华中方面结束作战。”11月19日，日军第十军下令所属部队“以全力向南京追击”。由于在上海战场屡遭重创，日本军队恼羞成怒，杀气腾腾，准备对那些敢于抵抗的中国军民实行“膺惩”。这就是后来日军在南京疯狂屠杀手无寸铁的中国民众，造成震惊世界的大血案的原因之一。

日军以主力第十一、第十三、第十六师团沿京沪铁路直扑南京，第三、第九师团从金坛方向开展攻击，第六、第十八师团沿宁国—芜湖公路占领芜湖，意图断绝中国守军沿江西撤之后路，另又以国崎支队从广德附近渡江进攻浦口，造成围困南京态势。形势十分危急。

经过3个月淞沪大战的中国军队，其精锐已经丧失殆尽，不独不能组织有效的抵抗，就连既设国防工事都不能有效利用。其主力部队向宣城、芜湖方向撤退，另外相当一部分军队则集中退入镇江、南京地区。这些残破的军队稍事补充便又充当了保卫南京的主力部队，以致南京保卫战从尚未开始就显示了失败的征兆。

当时，摆在中国统帅部面前最急迫的问题是南京要不要守？

11月中旬，蒋介石连续三次召开高级军事会议，商讨防守南京方案。出席会议的有何应钦、李宗仁、白崇禧、徐永昌等。会议首先由大本营作战厅长刘斐报告抗战以来的形势和目前敌我军事状况，他主张对南京不宜实行固守，只可作象征性抵抗后主动后撤。

蒋介石闻言后转而询问李宗仁：“敌人很快就要进攻南京了，德邻兄对南京守城有什么意见？”

李宗仁回答说：“我不主张死守南京。我的理由是：在战术上说南京是个绝地，敌人可以三面合围，而北面又阻于长江，无路可退。以新受挫折的部队来坐困孤城，实难望久守。而敌人则夺标在望，士气正盛，南京必被攻破，与其如此，倒不如我们自己宣布南京为一不设防城市，而我们将大军撤往长江西岸，一面可以阻止敌人向津浦线北进，同时可以拒止敌人的西上，让他徒得南京，对战争大局无关宏旨。”[34]他的这一意见得到了白崇禧等人及德国顾问的支持。

然而蒋介石却不同意宣布放弃南京，他说：南京是国都，是国府所在地，经过十年缔造，为国际观瞻之所系，又为国父陵寝所在，断不能不战而退，拱手让敌，这样对国内外都说不过去，应当死守。何应钦、徐永昌表示支持蒋的意见。

当讨论南京城防负责人人选问题时，会场顿时沉寂下来，因为与会者心中都明白，这是一个吃力不讨好且十分危险的差事。蒋氏环顾四周，见无人说话不禁十分生气，他说：你们若都不愿留下，那我留下来指挥守城好了。这时一直蹲在坐椅上的军事委员会警卫执行部主任唐生智跳下来大声说道："委员长应统筹全局，不能偏于一隅，如没有人肯负责，我可勉为其难。我一定坚决死守，与首都共存亡。"蒋介石闻言大喜，立即对军政部长何应钦说："好吧，就由孟潇负责，任命他为南京卫戍司令长官，要准备什么，马上办，可让孟潇先行视事，命令随即发表。"就这样，会议草率决定由唐生智立即组织南京卫戍司令长官部，负责部署南京城防任务。

11月20日，唐生智正式出任城防司令长官，24日正式任命书发表。

实际上，蒋介石与唐生智在内心里都十分明白，南京城是守不住的。他们两人之所以一个要守、一个肯守是有着各自目的的。

在蒋介石看来，作为最高统帅与国家元首，一枪不发轻弃首都会影响自己的形象。更重要的是，如果日军发现南京是座空城，必然在军事战略上引起怀疑与警惕，进而影响到其在长江流域的进军。而日军一旦停止前进，重新考虑集结主力于北方战场，则势必将完全破坏中国方面引诱日军主力南下的战略计划，对抗战全局造成不利。这是一种很大的潜在的威胁。所以，尽管蒋氏在心里已经决定放弃南京，沿长江退向武汉、重庆，但"为了进一步将日军主力吸引到南京和长江下游地区，而故意表明决心死守南京，此为疑兵之计"。[35]为了达成这一战略目的，他必须要作出一些牺牲。从这一点来说，南京守城部队便成为进一步引诱日军沿江西进的诱饵。

唐生智自从1930年最后一次起兵反蒋失败以后，已沦落为一个无一兵一卒的光杆司令，在南京政府内担任训练总监部总监、军法执行部总监并兼任军委会警卫执行部主任等职，具体负责构筑江浙沿海地区特别是长江下游宁杭沪地区国防工事的任务。由于他本人身患疾病，平时对一般工作又不大过问，故而实际上是长期闲居。但其心愿又不甘寂寞，加上他又与当时实权人物何应钦、白崇禧等人不和，时时想寻机提高自己的地位。南京城防缺将，正给他提供一个重掌兵权的机会。这在很大程度上便是唐氏出而应召的原因。在南京防卫作战计划上，唐生智采取了坚决死守的方针。

当时能够用来保卫南京的我方军队大部分是从上海战场撤退下来的部队。这些部队要么严重缺员、士气沮丧，要么虽然得到新兵的补充，但因时局匆忙，这些新兵不少人刚刚学会射击，其连排长大多是刚从幸存老兵中提拔的。这样的作战部队，其战斗力也就不言而喻了。其中比较能战斗的只有两支部队，一是被称为蒋介石“铁卫队”的桂永清教导总队，该队有两个团兵力，全副德式装备，训练较好；另一支是谷正伦的一师三个团的宪兵部队。总计南京守城兵力约10万人。这就是唐生智全部的作战资本。

为了缓解眼前的危局，蒋介石在留守南京的最后几天中也曾不断电令第三战区从武汉、云南等地调兵增援南京，但因路途遥远，短期内无法抵达。直到日军兵临城下，南京守卫部队仍未能凑足原作战计划设计的18个团的作战兵力。此时的唐生智虽身为司令长官，但因时间紧、头绪乱，连守城各部队的番号及驻地都没有完全搞清。本来，唐生智出于东山再起之目的，曾想多找些旧属老部下来组织司令长官部，但形势险恶，许多人不愿留下参战，甚至连在原警卫执行部工作的旧属，有些也各奔前程去了。[36]特别是此时的蒋介石对唐生智并不十分信任，为了牵制唐生智，他特地将罗卓英安排为卫戍司令部副司令长官。由此可见，唐生智的权限与地位并不能确保他的指挥效能。

11月27日，唐生智向新闻界发表谈话，他表示：“本人奉命保卫南京至少有两件事有把握，一、本人所属部队誓与南京共存亡，不惜牺牲。二、此种牺牲定将使敌人付出莫大代价。”[37]为了显示破釜沉舟、背水一战的决心，12月初，他命令交通部长俞飞鹏把下关至浦口的往返渡轮全部撤离；同时派第三十六师看管全部渡船，扼守挹江门，下令对“擅自过江者以军法惩处”，并授予三十六师有对擅退部队“开枪射击”的权力。此举直接导致了南京失守后，我军撤退秩序陷入一片混乱的恶果。

对于南京保卫战的计划，唐生智的着眼点在于守卫城外复廓阵地。他拟定以八十八师孙元良部守卫雨花台、中华门；以桂永清教导总队守明孝陵、中山门、天堡城一带；以第三十六师宋希濂部守南京城北燕子矶，并作为总预备队；宪兵团守光华门地区；并派一小部人马置于西南秣陵关，机动使用，起牵制敌军的作用，以策应守城部队作战。但这一作战计划上报两三天后竟不见回音，而日军已急速进至南京市郊，形势一天数变。

11月29日，蒋介石亲率唐生智、罗卓英及孙元良、桂永清、宋希濂等高级军官在南京视察紫金山、天堡城等处我军阵地。视察中他对守城官兵发表讲话说：南京东南一带山地利于防守，北部有长江依托，形成天然要塞，至少可以守卫两个月。有了这段时间，便可以整编新的生力军。只要南京能够守住，我将亲率云南部队前来解围。“深望各将领率同士兵尽保卫国都之责，服从唐长官的指挥，奋勇坚守。”[38]而唐生智则情绪激昂地表示：“我们恪守前言，临危不乱，临难不苟，不得统帅命令决不后退，请委员长放心。”他同时表示要各部备齐6个月的粮弹，作长期坚守的打算。然而，如何能坚守，有无把握坚持6个月，以及万一战败如何撤退等，唐生智都未予考虑。

实际上当时南京城内的达官显贵、富商财主已纷纷抛弃一切笨重资财争相逃命，政府各机关亦相继撤向武汉、重庆，城内已陷入一片混乱，甚至连卫戍司令部找人接收资产、补给粮弹也不可得。

12月7日，蒋介石又一次在百子亭唐生智指挥部召见守城部队各主要长官训话，并以“患难见交情”之类的话来勉励唐生智，对其临危受命表示赞许。唐亦表示：“没有你的命令，我决不会下令撤退。”而后蒋氏及夫人携随员登机飞往南昌，离开了这座危城。

也即在当日，南京外围牛首山、淳化镇、汤水镇等处已遭到日军猛攻，从上海撤退下来的第六十六军叶肇部、第七十四军俞济时部等由于抵抗不住日军的攻势纷纷后退。9日拂晓，敌军主力攻陷淳化镇，接着沿高桥门进攻光华门；南路敌军占领牛首山后，即向雨花台攻击；另两部敌军也已攻击通济门及紫金山东麓，战斗已在市近郊打响。

日军在坦克大炮掩护下疯狂进攻，敌机在城内外狂轰滥炸，我军各处守卫部队英勇抵抗，战斗异常残酷激烈。日军第一一四师团、第六师团向雨花台、通济门、光华门、紫金山等地同时发起进攻。在中华门一线，日军突破了我八十八师雨花台阵地后，便把大炮集中架在雨花台上对中华门守军猛烈轰击，并对城门阵地轮番进攻。由于我“八十八师退入城内之部队混乱异常，云梯、城门撤闭不及，被敌侵入三百余”。[39]卫戍司令部急令第一五四师增援中华门，相邻之五十一师亦派部增援，与登城日军反复争夺中华门城墙。经过激战，中华门城楼阵地为我军夺回，但在日军轰炸扫射之下，我军处境依然十分艰难。

在光华门通济门一线，敌军敢死队在密集炮火掩护下推进到护城河边，晚8时有几十名敌人冲入光华门城门洞内。担任阵地指挥的教导总队队长桂永清闻讯十分担心，他亲自带人到午朝门督战，并在御道街上垒起几道工事准备与敌巷战。后来他采纳部下建议，将汽油倾入城门洞内引燃，而后组织一排敢死队，趁敌军混乱之机，突然打开城门猛烈射击。最后全歼入城之敌并生俘一名，使阵地转危为安。

教导总队守卫紫金山的部队因第三峰阵地突出，受敌陆空火力猛炸损失过半，不得已撤至第二峰阵地。城东北、西北两方面守军在与敌军激战后退守水西门、和尚桥一带阵地。

10日，日军第十八师团攻占了芜湖，并向当涂前进，南京守军之后路被切断。

虽然南京城防各处阵地守军仍在浴血抗战，但战场总局更趋对我不利，随着时间的延续，我守城部队已粮弹不继、战斗力减弱，形势犹如水漫长堤一触即溃。

日酋松井石根为了缩短战事轻取南京，派飞机向唐生智抛下最后通牒，限期投降。唐生智置之不理，复令各处守军与阵地共存亡，对“擅自撤退者按连坐法严惩”。同时命令增派六十六师加强沿江警戒，除长官部人员外，“严禁部队散兵私自乘船渡江，违者即行拘捕严办，倘敢抗拒准以武力制止”。[40]

12日，日军重炮猛轰八十八师中华门阵地，将南京城防撕开一个缺口，日军蜂拥而入。八十八师师长孙元良率部2000余人向下关方向溃逃，企图渡江，但被三十六师阻止。

当日下午，卫戍司令部召开各部队长官会议，商讨部队突围计划。唐生智在简单谈了各处战况之后，即让参谋长周澜把事前印好的撤退令分发给大家。他说：“为了尊重各位意见，特请大家来共同商讨，凡列席将领，同意于今日分别即行撤退的，请在会议记录簿上签名盖章。”其意图显然在于让大家分担撤守之责任。在座各人闻之默然。唐生智又催促说：“事机迫切，不容迟疑，希望迅速表态。”[41]在唐氏催促下与会者都陆续照办签名，只有桂永清表示反对，他说：“一个国家的首都，固守未到半个月就拱手让给敌人么？况我们左翼并无多少敌人，紫金山制高点及其山麓大部分都在我们总队固守中；中山门外自四方城、卫岗以东到白骨坟之线未失尺寸，光华门仍十分坚固，我们已调部队协助，至于中华门虽然危急，我们可以调紫金山北的预备队去支援他们嘛，不能这样就撤退。”[42]但他的意见并未得到响应。

傍晚，蒋介石电令唐生智，表示南京保卫战已收牵制敌军之作用，“兹为尔后继续抗战计，如情势不能久持时可相机撤退”。[43]同时命令守城军主力从正面突围向宣城、浙西方向集结，无法突围的部队依次渡江至徐州，已令第一军胡宗南在浦镇担任渡江掩护。

卫戍司令部长官会议尚未结束，会场即遭到日军炮弹轰击。各军师长随即抛下各部队而自行星散，唐生智率长官部随员于纷乱之时先行渡江北走。此时只有宋希濂率三十六师仍拒守挹江门，制止溃兵北撤出城，后见大势已去，方才下令撤兵。

由于各部队长官自行逃逸，丢下的兵士仍在盲目抵抗。驻守紫金山南麓的教导总队步兵二团第十三连，因在战斗中打下敌机，按规定去指挥部请领奖金。但他们意外地发现指挥部人员已打点行装准备撤退，并让他们也走。

在这种混乱情况下，城内溃兵及难民几十万，齐拥向江边，寻船渡江，原拟定之撤退计划及路线根本无法执行。而在宽阔江面上，除了江水，别无他物。有些士兵与难民寻找各种各样的漂浮工具冒险渡江，但却遭到日军汽艇的疯狂扫射和撞击，江中遍布浮尸与鲜血；有些部队三五成群，抛弃武器，进入城内难民营和被认为是安全的地带躲藏起来。丢在江边的只有哀求帮助的老人、妇女及奄奄一息的伤病员。只有六十六军少数部队在敌军结合部地带突围成功，而后渡江撤向苏北。据统计，在撤退中及因滞留城中而被日军屠杀伤亡的我军官兵数占整个战役伤亡数之85%，[44]由此可见撤兵无方是南京之役惨败的重要原因。

日军一路杀入城内，开始了惨绝人寰、震惊世界的大屠杀。在以后的几周内，30万放下武器的兵士、平民、妇女儿童和老人惨遭日军屠杀，无数中国妇女被强奸。日军因此而被世界舆论痛斥为“兽类集团”。

这时，唐生智率同罗卓英、刘兴等人已经抵达安徽滁县。他“身一穿件黄呢子军大衣，内着呢军服，衣领以下几个纽扣都没有扣上，头上戴了一顶红绿色鸭绒睡帽，顶上还有一个彩色帽结子”，显出一副不伦不类的败将之相。[45]14日，唐生智在醉翁亭召集会议，他垂头丧气地说：“我打了一辈子仗，从来没有打过这样糟的仗，我对不起国人，也对不起自己。”为了发泄怒火推卸责任，他把运输司令周鳌山臭骂了一顿：“你是干什么的，你把我的几千伤兵都丢在江那边被日本人杀了！”周鳌山吓得呆如木鸡，支支吾吾地说：我有什么办法呢，情况变得太快了，我有什么办法……？唐生智厉声吼道：“枪毙你！”周氏连连后退，低头退下。

让我们用当时卫戍司令部的高级参谋何无能与七十四军五十一师一五一旅三〇六团团长邱维达在过江渡船上的一段对话来结束这段叙述：

邱问：贵部的指挥所在何处？为什么各部队一直联系不上？

何答：坦率告诉你，唐总指挥负此重任，事前一点准备也没有，仓促组织起来，连各部队的指挥系统、单位、兵力驻地都茫然不知。

邱问：你们的指挥部，对守城作战部队下过几道命令？交换过几次敌情情报?

何答：这是参谋长与参谋处的事，我当高参的不管这些。邱问：“与城共存亡”你们有这个思想准备吗?

何答：讲话谁都会讲。真正做到是难上加难。

邱问：既不准备死守，为什么一点渡江器材都不控制在江南沿岸?

何答：我只听说指挥部为渡江船只一律不留在江南，开会研究过一次，有位军事家据说是老保定的高材生，他说孙子兵法有那么一条：“用兵之道，置之死地而后生”，用在南京守城战，使守城将士断绝后逃念头，下定决心与城共存亡，不是“置之死地而后生”吗？这就能打胜仗。[46]

真是可悲又可叹。

从当时的战场形势及敌我力量的对比两方面来说，南京保卫战是注定要失败的。但不幸的是，国民政府最高统帅部并没有像对待上海作战那样来对待南京作战，整个南京战役没有制定一份像样的周密的作战计划。而作为最高统帅的蒋介石不仅不能公开表明自己的作战意图，而且不能正视现实，听取正确的建议，做好应变善后工作，只是原则上做出了“要守”、“准撤”的命令。从战前蒋介石的讲话和下令撤退的时间来看，蒋氏对于南京守城战必然失败是心中有数的，他的坚守两个月的要求以及带兵来援的允诺都是不可能实现的。但蒋氏为了他自己及其政府的脸面，为了政治、外交上的需要，却对死守南京的计划与措施“坚定不疑”，这实际上是对参战部队的遗弃性的处置。更糟糕的是在这场战役中蒋介石任命了一个不称职的战场指挥官。

唐生智是出于实现重掌兵权的个人欲望而自荐担任南京城防司令的，因而他对此役之前途必然无客观现实的估计。在出面应蒋介石之召时，他的情绪处于一种亢奋状态。“唐生智在那次重要会议上，精神状态不太正常，他不是坐在椅子上，而是蹲在椅子上，一会儿跳下来，马上又蹲上去”。[47]这种亢奋情绪必然导致唐氏在制定守卫战作战计划时采用不切实际的手段。为了显示固守死守的决心，他不仅在战前夸下海口，要求各部队至少坚守6个月以上，而且完全不顾敌军强大凶悍、我军新败后力量不足的事实，对战事的结果寄予盲目的乐观。尤其令人痛惜的是他自绝退路，撤走了一切可以渡江的船只，断绝了守城部队的最后一线生机。他原本指望这破釜沉舟之举能够激发士气，从而制造出一个“置于死地而后生”的奇迹，而实际上却起到了阻挡失去战斗力的部队撤离战场，留下来任日军肆意屠杀的作用。唐生智在战前雄心勃勃、口出大言，在战斗中临阵准备欠周，联络不畅，指挥不灵。本来以10万之众抵抗5万多日军，此役并非不能持久，但唐氏不是以攻为守积极防御，而是使用“街亭式”固守战术，死守孤城坐以待毙，与敌人拼消耗。这样，尽管广大爱国官兵在战斗中作了殊死抵抗，但仍然很快归于败北。而当战局一遇险情，他又不能采取相应补救措施，反而马上抛弃军队带头出逃，完全抛弃了一个战场指挥官的职责与使命。他的这些表现与失误是造成南京战役在几天内迅速战败的重要原因。唐生智在这当中负有不可推卸的责任。

此役的失败对于整个抗日战争正面战场的影响不仅仅在军事上，更重要的是在于政治上，因为它影响了中国的国际声誉和国人的抗战情绪。

就军事方面而言，上海战役失败后，孤城南京已无多少战略价值，此时中国军队所需要的是替换、撤退、整补，以重新聚集力量抵抗日军下一步的进攻。但南京贵为中国首都，完全弃守有碍国民政府形象，从政治及国际影响角度考虑，南京要守，但不是死守、固守，因为在敌强我弱形势下，死守是不可能的也是不现实的。

如果说蒋介石下令守卫南京的意图在于完成其预定战略计划，进一步引敌南进的话，那么，他付出的代价未免太大了。这次战役最后造成的事实是，南京城虽然坚守了几天，但随之而来的却是抗战开始以后正面战场上最严重的惨败，日军为了报复与发泄兽欲杀害了几十万中国士兵及平民，烧毁了城内1/3的房屋建筑，抢掠损坏了无数财产，中国首都的精华被毁灭一空。这在全国人民心中及世界观感上所造成的影响并不比弃守南京要轻。当然，这并不是说南京不要守，也不是说日军不遇抵抗就会改变其兽性，问题关键不在于守不守，而是怎样守。如果当时中国统帅部能够比较清醒地分析形势，对南京战役作出客观合理的部署，为守城部队进退提供详密的计划与周全的安排，同时迅速调集有生力量在南京周围机动使用，那么，此战并非不可能打一次如同台儿庄战役那样的胜仗，起码不会造成撤退时的混乱与溃逃。如果中国守城部队能够在给予日寇痛击之后有秩序地撤走，那么，对于抗战全局及国际视听的影响也许会好得多。

这里，还有一个值得讨论的问题，就是对于南京保卫战的战略地位的评价。过去，多数学者认为南京保卫战不是一次完整的战役，而是正面战场众多战斗中的一次战例。近年来，南京一些学者经过从南京保卫战的战役发起、敌我双方态势以及作战计划部署等多方面论证，认为南京之役是一个独立的完整的抗日战役。笔者认为如果从抗战全局高度来综合考虑，将南京之役看成是“八一三”淞沪战役的直接后果和阶段性结束之战更为科学。虽然中方在南京战役前有部署有计划，但这一切都是匆忙进行的，从中方最高统帅到战场指挥官都没有明确的战役指导思想，这是问题的关键。蒋介石与唐生智都讲要守南京，但怎样守、守到何时、万一守不住怎么办？这些问题都没有考虑，没有答案。另外从日军方面看，攻打南京之日军部队就是在上海作战的部队，而且日本军政当局战前亦无准备攻占南京之明确计划，直至12月初，华中方面军已兵临南京城下时，日军统帅部才发出了含有承认事实意味的“大陆命第8号”作战命令：“华中方面军司令官须与海军协同，攻占敌国首都南京。”[48]所以，纵观整个华东战场，日军在苏州以西的行动含有华中方面军的独立行动的因素，只不过得到了日本内阁与统帅部的承认而已。日军从上海到南京的作战是一气贯通的，没有产生间隔。所以，从敌我双方的主要因素上分析，联系整个抗战正面战场，我们认为南京之役虽然可以称之为一次规模不大的战役，但其在战略上的从属性大于它的独立性。从这一点出发，不必过分强调南京保卫战的独立性及其作用。

第五节 “调停”风波

正当上海战事激烈进行之时，10月30日德国驻华大使陶德曼奉德国政府之命在南京会见了国民政府外交部次长陈介，正式转达了德国政府愿意为中日直接谈判进行斡旋的意向。陶德曼要陈介转报蒋介石，不要对九国公约会议抱有什么希望，也不要指望这个会议的一纸决议就能使日本从中国退兵，希望中国立即改变其联合苏联抵抗日本的外交战略，以与日本开始直接谈判的方式来结束中日间的冲突。

当时，纳粹德国一方面是日本法西斯的盟国；另一方面德国又与中国国民政府保持着“友好”关系，庞大的德国军事顾问团一直在支持、辅佐蒋介石的剿共与国防建设，德国还供给中国政府大量的武器弹药以换取钨砂、桐油等战略原料。中日战争的爆发使德国人处于两面为难的境地。他们一方面希望日本对华侵略得利即止，应集中力量准备配合其大规模进攻苏联；另一方面又针对中国呼吁国际力量调解中日战争之请求，向中国卖一个交情；而更重要的是要配合日本的外交行动，抵制英美各国干涉中日战争的各种计划。所以，德国人乐于出面“调解”中日争端。

早在9月间，国联曾接受中国政府的请求，将日本侵略中国、违反国联盟约的行为交付国联咨询委员会讨论。27日，国联咨询委员会通过两项决议：（一）确定日本的军事行动违背九国公约及巴黎非战公约；（二）目前中日冲突与一切国家均有若干关系，应由九国公约会议解决。[49]这两项决议，是英美等国不甘心日本独霸中国而谴责其侵略行动的一个信号。然而，日本政府深知即将召开的九国公约会议对它不会有什么好结果，日本无论如何都会成为被告在会上遭受谴责。因此，日本决定不参加会议，并怂恿德国、意大利也不参加会议。与此同时，日本还进一步暗示德国出面调停中日战争，藉以对抗英美列强的干预，避免被动。10月21日，日本外务大臣广田弘毅会见德国驻日大使赫伯特·冯·狄克逊，表示日本随时都准备与中国直接谈判，假如有一个与中国友善的国家，如像德国和意大利，劝说南京政府觅取解决，日本也是欢迎的”。[50]狄克逊立即将此消息电告柏林。于是才有了本节开头的一幕。

德国人的插手不仅在政治与外交上给国民政府抗日决策造成了不良影响，而且直接干扰了抗日战场我军的对敌作战计划与行动。

本来，蒋介石便寄希望于国际联盟及“国际公正人士”出面调处中日纠纷，制止中日战争。他在上海发动全面抗日的目的之一即是为了将英美诸国牵入远东战事，使列强不能够对中日战争袖手旁观。还在等待九国公约会议召开之前，10月25日，国民政府国防会议召开秘密会议，对目前状况下能否对日停战进行了分析。会议通过文件认为：“（一）停战对于军事上之利害：（1）对于士气精神之影响：停战易引起抗战精神之涣散，此后续战，欲再振精神，颇为困难，故停战于士气不利。（2）目下现役部队略已使用完尽，此后补充者多系新募，未经训练，故战斗力益见低劣。故以适时停战为有利。（3）械弹器材、被服粮秣之积储已用至半数，后续补充堪虞。故以适时停战为有利。（4）目下晋鲁两者未决，上海形势亦有利，故如在目前停战，外交形势尚不恶劣。（二）停战后再续战两方利害之比较：停战后如再行续战，此停战期间敌我两方均得利用以调整部队，整理补充，增筑工事，以及整理后方等等。此事敌我两方本属相同，惟因我方系防御作战，又敌军在我国内作战，故有较我有利之处，兹比较如下：调整部队、整理补充、补充兵之训练：敌我相同，因时间相同。增筑防御工事及设备：于我有利，因我方为防御。组织民众及游击队：于我有利，因在我国土作战。增强各地防空组织与设备：于我有利，因我空军劣势，不能袭击敌国。整理后方交通：于我有利，因无空袭。军械弹药器械之输入：于我有利，因我方所购弹药等，愈迟则到者愈多。综观以上利害比较，停战或短期停战于我物质上均较有利。故在有利之条件下，自可接受，又为顾虑士气精神上之影响，则外交上不妨避去停战口吻，而以‘敌如撤退或退至某某之线则我不进’之方式出之。”[51]这一文件，证实了中国政府最高当局曾有一度停战之意图。

10月31日，德国驻华参赞斐尔诗在南京汉口路廿号寓所，有意约请汪精卫、何应钦等南京政府“主和派”人士与陶德曼共进晚餐。晚餐时，陶德曼与汪精卫另坐一隅，“款款深谈……所谈自与目前中日关系有关”。临别时，陶氏约汪“礼拜三晚宴会”，汪氏又约陶“礼拜六晚宴会”，其“用意尤为显明”。[52]

既然中国最高当局有此停战意图，日德方面便开始了积极的行动。

11月2日，广田外相再次会见狄克逊，提交了日本政府的7项议和条件，其中包括建立华北与上海两个非军事区、内蒙古独立、建立华北新行政机构、停止抗日、共同反共以及降低日货关税等等。[53]广田并要德国转告中国方面，如果中方不接受这些条件，日方将继续作战，直到中国完全战败为止，那时，日本提出的条件比现在更加苛刻，企图威胁中国屈服。次日，陶德曼把日本的7项条件转告中方。

1月5日，陶德曼在南京会见了蒋介石。会谈中，他劝告蒋氏不要等打到筋疲力尽之时才与日本和谈，应认真考虑日方的条件。蒋介石鉴于上海战事尚未见分晓，太原保卫战亦在进行，九国公约会议刚刚开始，一切都还是未知数，如果立即全部答应日方条件将大大于己不利。于是他委婉地向陶德曼表示：如果日本不同意恢复战前状态，他就不会接受日方的任何要求，否则他的政府将被舆论的浪潮冲倒，“共产党将会在中国占优势”，况且“列强是有意要在华盛顿条约的基础上觅致和平的”。[54]对于日方的条件，他说“当然可以讨论并觅取友好的谅解”。[55]也就是说可以通过与日方直接谈判，在一定程度上与日本妥协，乃至签订“和平协定”。除此而外，蒋介石还特别关照陶德曼对这次调停活动要“严守秘密”，而且蒋要德方自始至终为中日的调解人，陶氏连声答应。

也就在这一天，日本军队从杭州湾登陆成功，上海战局开始发生不利于中方的变化。此后十几天内，陶德曼与德国军事顾问团团长亚历山大·冯·法肯豪森等人，承德国政府旨意，在南京政府军政界要员中开展广泛活动，散布“和谈”空气。法肯豪森向孔祥熙、白崇禧等“指出战局的严重”，要他们注意“如果战争拖延下去，中国的经济崩溃，”“共产主义就会在中国发生”。[56]南京政府内以汪精卫为首的“对日主和派”更借机推波助澜，要求与日和谈，停止抗日军事。

这种情形在一定程度上，直接干扰与影响了中国军队的抗战部署。当日军在杭州湾登陆，上海守军陷入两面夹击之后，本来我军完全可以按照作战计划主动撤离战场，进入吴福线既设国防工事继续抵抗日军，而且战场指挥官当时已下令前线部队撤出阵地。但蒋介石认为，九国公约会议已开，期待已久的国际干涉马上就要实现，更重要的是德国人的积极调停或许对日军的进攻会有所滞制，因此，中国军队不能后撤，应该在淞沪坚持下去，以利于中日和谈与国际干涉之进行。他复令中国军队坚守阵地，已撤出的部队重新返回，未撤出的不许再撤。这样，致使我军前线阵地陷入一片混乱，并直接造成了随之而来的大溃逃。这是蒋介石受德国调停等外部因素的影响，脱离战场实际，以政治、外交干扰军事计划，而造成的战役失利的典型事例。可悲的是，蒋氏本人并没有认识到这一点，并在以后又重犯这一类错误。

11月中旬，日本华中方面军毫不理会九国公约的决议，亦不顾及德国的调停，一路追杀中国军队，进逼南京。遭受上海战场惨败打击之后的蒋介石仍没有从幻想中清醒过来，他仍然寄希望于陶德曼的调解，以制止日军继续深入。他估计日方在议和同时决不会不留一丝情面地攻下中国首都。基于这一认识，加上其他种种原因，他决定拼凑起10万军队交给唐生智来固守南京，背水一战。结果致使南京保卫战在自绝后路的情况下遭到空前惨败，大批放下武器的中国士兵被日军屠杀，造成震惊中外之血案。由此我们便可知晓为什么在明知南京必定守不住的情况下，蒋介石依然固执地要进行南京保卫战，并且未给守城部队留下一船一舰以供撤退之需。这是蒋介石又一次以战场以外的原因干涉了战场的指挥与决策，结果再一次重蹈覆辙。

正当南京保卫战激烈进行之时，12月6日，国民党国防最高会议副主席汪精卫在汉口主持召开了第54次国防最高会议常务委员会议。会上介绍了有关德国大使在中日间联络媾和的经过，讨论并通过了接受日本停战条件的决议，在国民党最高决策阶层达成了对日媾和的共识。会上决定派孔祥熙向蒋介石汇报会议决定，由蒋介石作出最后裁决。

正因为这次会议做出了如此荒唐的决议，故而其记录被汪精卫集团叛国投敌后引为自我辩护及攻击政敌的依据。当蒋介石派特务行刺汪精卫未果后，汪氏为了反击蒋介石，毫不留情地在香港《南华日报》上发表了《举一个例》的著名文章，全部披露了这次会议的详细记录，以揭露蒋氏对日媾和的计划，为自己开脱罪责。为详细明了其中经过，特附录于后：

国防最高会议第五十四次常务委员会记录

时间：二十六年十二月六日上午

地址：汉口中央银行

出席：于右任、居正、孔祥熙、何应钦

列席：陈果夫、陈布雷、徐堪、徐谟、翁文灏、邵力子、陈立夫、董显光

主席：汪副主席

秘书长：张群

秘书主任：曾仲鸣

徐次长（谟）[57]报告：德国驻华大使陶德曼，于上月二十八号，接到德国政府训令，来见孔院长（祥熙），二十九号上午又见王部长（宠惠），据称：彼奉政府训令云：德国驻日大使在东京曾与日本陆军外务两大臣谈话，探询日本是否想结束现在局势，并问日本政府欲结束现在局势，是在何种条件之下，方能结束。日本政府遂提出条件数项，嘱德国转达中国当局。其条件为：（一）内蒙自治；（二）华北不驻兵区域须扩大，但华北行政权仍全部属于中央，惟希望将来勿派仇日之人物为华北最高首领。现在能结束便如此做法，若将来华北有新政权之成立，应任其存在，但截至今日止，日方尚无在华北设立政权之意。至于目前正在谈判中之矿产开发，仍继续办理；（三）上海停战区域须扩大，至于如何扩大，日本未提及，但上海行政权仍旧；（四）对于排日问题，此问题希望照去年张群部长与川樾所表示之态度

做去。详细办法，系技术问题；（五）防共问题，日方希望对此问题有相当办法；（六）关税改善问题；（七）中国要尊重外国人在中国之权利云云。陶大使见孔院长、王部长后，表示希望可以往见蒋委员长，遂即去电请示，蒋委员长立即复请陶大使前往一谈。本人乃于三十日陪陶大使同往南京。在船中与陶大使私人谈话，陶大使谓，中国抵抗日本至今，已表示出抗战精神，如今已到结束的时机。欧战时，直至凡尔赛条约签订的时候，任人提出条件，德国不能不接受。陶大使又引希特勒意见，希望中国考虑；并谓在彼看，日本之条件并不苛刻。十二月二日抵京（指南京），本人先见蒋委员长，蒋委员长对本人所述加以考虑后，谓要与在京各级将领一商。下午四时又去，在座者已有顾墨三、白健生、唐孟潇、徐次辰。[58]蒋委员长叫本人报告德大使来京的任务。本人报告后，各人就问有否旁的条件，有否限制我国的军备。本人答称，据德大使所说，只是现在所提出的条件，并无其他别的附件，如能答应，便可停战。蒋委员长先问孟潇的意见，唐未即答。又问健生有何意见，白谓只是如此条件，那么为何打仗？本人答：陶大使所提者只是此数项条件。蒋委员长又问次辰有何意见？徐答只是如此条件，可以答应。又问墨三，顾答可以答应。再问孟潇，唐亦称赞同各人意见。蒋委员长遂表示：（一）德之调停不应拒绝，并谓如此尚不算是亡国条件；（二）华北政权要保存。[59]

然而，日本政府与军方并没有因南京政府准备妥协而罢兵，随着12月间日军分别攻占太原、南京、济南等市，其气焰更加嚣张。本来，日本人引诱蒋氏和谈只不过是他们实现灭华目标的另一种手段，他们哪里是真的准备与中国实现和平。可是诱和却大大地麻痹了中方的抗战意志，影响了中方作战部署。当日本在军事上节节推进之时，九国公约会议的结果竟不顾日本侵略中国的事实，对中日双方各打五十大板，这充分表明了英美也不愿开罪日本。日军更加有恃无恐。

12月21日，日本内阁会议通过了《为日华和平谈判事项给德国驻日大使的复文》，进一步提高了"和平"的条件。复文首先要求中国政府对日本

“表示乞和态度”，而后提出承认伪满、中日“满”合作、在占领区设置特殊机构、对日赔款等“四项基本条件”，以及“九项条件细目”。它限定中国政府在年内作出答复，然后派出代表在日本指定的地点谈判。[60]23日，日本外相又向德方送交一份书面声明，以威胁口吻警告中方，如不接受日本的条件，日方“就将被迫以完全不同于前此所持的观点来对待目前的局势”。[61]无疑这已是对中方的最后通牒。

蒋介石接到陶德曼关于日方新提各项条件的通报后“表示极其惊讶”。他于29日在汉口约集于右任、居正等国民党元老，表示：“与其屈服而亡，不如战败而亡。日本所提条件，等于灭亡与征服，我国自无考虑余地。”[62]此时国内舆论也闻风而动，强烈反对对日媾和。因此，蒋介石不敢冒险对日和谈，只好采取拖而不决之策略来应付日方。而汪精卫一伙亲日分子出于自身的政治目的，却继续主张对日谈判，认为不能再次“错失良机”。

日本方面对国民政府的毫无诚意十分恼火。1938年1月11日，日本内阁御前会议通过了《处理中国事变的根本方针》，决定对华继续用兵，对蒋氏政府“设法使其崩溃或使它归并于新的中央政权”。13日，日本限中方在72小时之内表态。16日，日本首相近卫文麿发表了《不以国民政府为对手》的声明，宣布“今后不以国民政府为对手”，并坦言这“较之否认该政府更为强硬”。

对此，国民政府立即作出反应，1月18日发表《维护领土主权与行政完整之声明》，宣布“中国政府于任何情形之下，必竭全力以维护中国领土主权与行政之完整，任何恢复和平办法，如不以此原则为基础，决非中国所能忍受”。[63]同时中日两国互相召回驻对方大使。至此中日“和谈”之丑剧暂时收场。陶德曼调停也自此宣布完全失败。

陶德曼调停，可以说自始至终是一出由日本人导演的骗局，其目的最初是为了抵挡国际联盟的压力，勾引国民政府堕入其直接谈判之圈套；后来又欲利用谈判来轻易地达到军事侵略的目的，迫使中国政府不战而降。虽然这些企图因种种原因而未能最后得逞，但是这场诱和丑剧却暴露了国民党统治集团内部的矛盾与分裂，暴露了汪精卫亲日派的降日面目，亦暴露了蒋介石集团抗战决心不彻底的一面。

德国人的调停在客观上对中国抗战起到了恶劣的影响。因此为顾及国际形势、外交因素以及德国调停，蒋介石在上海、南京诸战役中做出了一系列脱离实际的错误决策，结果直接造成了淞沪战役的迅速溃败和保卫南京作战计划之失误，这是十分令人痛惜的。

比较中日两方的情况，我们发现，日本是军方在战争上掌握着绝对的主动权，以致在华北及淞沪战场上都出现了日本内阁的政令追随着前方军令及战争发展而不断变化的情况。日方贯彻的是战争第一、战场需要第一，政治外交都是为了军事战略服务的宗旨。而中方则以政治、外交等非军事因素来指导战争，结果造成军令朝令夕改，前方将士无所适从，使整个战争偏离了战争规律。中国统帅部在指挥正面战场抗日作战时，表现出的这种顾虑重重、缺乏信心、瞻前顾后，在两军交战的关键时刻总把希望寄托于战场之外等不正常举动，其结果必然是导致战事一败再败。

【注】

[1] 《日本帝国主义对外侵略史料选编（1931—1945）》，第240页，上海人民出版社1975年版。

[2] 日本防卫厅战史室：《中国事变陆军作战史》，第一卷，第二分册，第156页。

[3] 《中国事变陆军作战史》，第一卷，第二分册，第30页。

[4] 《中国现代史大事月表》（1937年7–9月本），二史馆馆藏。

[5] 《中国事变陆军作战史》，第一卷，第二分册，第1页。

[6] 日本防卫厅编《日本大本营陆军部》，第一部，第四章。

[7] 据［日］重光葵《昭和的动乱》一书载：“对于中国的作战计划，自从1932年第一次上海战役以来，海军认为上海及华中扬子江流域应为对华作战的重点，陆军省不赞成，以为中国不是日本的对手，只要动用驻在华北的少数部队便可。”这证明了日本陆海军之间在侵华途径上存在着分歧。

[8] 《国防作战计划》，二史馆馆藏档案七八七。

[9] 见《张治中回忆录》，文史资料出版社 1985 年版。又见《八一三淞沪战役纪略》，载《上海文史资料》1980 年第五辑。

[10] 这一时期英国在华投资的 72%，美国在华资产的 64%都集中于上海。国民党当局认为在上海开战必将导致英美出面干预，造成停战结果。

[11] 《中国事变陆军作战史》，第一卷，第二分册，第 2 页。

[12] 《抗战史料丛稿》，第十种，《战纪》，“上海之战”第三册，二史馆馆藏。

[13] 《中国事变陆军作战史》，第一卷，第二分册，第 2 页、第 20 页。

[14] 同上。

[15] 《中国事变陆军作战史》，第一卷，第二分册，第 30 页。

[16] 同上，第 94 页。

[17] （台）蒋纬国：《八年抗战蒋委员长如何战胜日本》，第 21 页。

[18] 《中国事变陆军作战史》，第一卷，第二分册，第 16 页；二史馆馆藏《淞沪会战张发奎文电》。均作：8 月 12 日张给蒋介石、何应钦发电称：“文白兄方面，似已决心主动。”何在来电上批复：“可。已令保安队即开淞江，归张文白指导共同作战。”

[19] 国民政府军事委员会战史档案：《陈诚私人回忆资料》，二史馆馆藏档案。

[20] 虞奇：《抗日战争简史》，上册，第 135 页。

[21] 《张治中致蒋介石电》（1937 年 8 月 14 日），二史馆馆藏档案七八七。

[22] （台）蒋纬国主编《抗日御侮》，第五卷，第 17 页。

[23] 蒋纬国主编：《抗日御侮》，第五卷，第 16 页。

[24] 日本防卫厅防卫研究所战史室：《中国事变陆军作战史》，第一卷，第二分册，第 28 页。

[25] 日本防卫厅防卫研究所战史室：《中国事变陆军作战史》，第一卷，第二分册，第 56 页。

[26] 张秉均：《中国现代历次重要战役之研究——抗日战役述评》（一），第 135 页，台湾国防部史政局 1978-1981 年编印。

[27] 王正元：《为蒋介石接电话 12 年见闻》，载《江苏文史资料》第三十六辑，第 6 页。

[28] 《中国事变陆军作战史》，第一卷，第二分册，第 94 页。

[29] 王正元：《为蒋介石接电话 12 年见闻》。

[30] 张发奎：《八一三淞沪战役回忆》，载《传纪文学》第 60 期。

[31] 居亦侨：《跟随蒋介石十二年》，第 146 页，湖南人民出版社 1988 年版。

[32] 此期日军在华北与上海两个战场兵力情况变化如下：8 月，华北为 9 个师团，上海为 2 个师团；9 月，华北为 8 个师团，上海为 5 个师团；9 月 5 日日军统帅部决定抽调华北兵力南下，“把主作战转移到上海方面”，华北日军减为 7 个师团，上海日军则增为 9 个师团。

[33] 《抗战史料丛稿》，第十种，《战纪》，“上海之战”第三册，二史馆馆藏。

[34] 《李宗仁回忆录》(下)，第697页，广西壮族自治区政协文史资料委员会1980年。

[35] 王俯民：《蒋介石传》，第169页，经济日报出版社1989年版。

[36] 谭道平：《回忆1937年唐生智卫戍南京之战》，载《江苏文史资料选辑》第十六辑。

[37] 居亦侨：《跟随蒋介石十二年》，第148页。

[38] 居亦侨：《跟随蒋介石十二年》，第149页。

[39] 《南京卫戍军战斗详报》，二史馆馆藏档案七八七。

[40] 《第七十八军南京战役战斗详报》，二史馆馆藏档案七八七。

[41] 刘庸诚：《上海、南京抗战亲历记》，载《江苏文史资料选辑》第十六辑。

[42] 刘庸诚：《上海、南京抗战亲历记》，载《江苏文史资料选辑》第十六辑。

[43] 张秉钧：《中国现代历次重要战役之研究—抗日战役述评》(一)，第157页。

[44] 孙宅巍：《如何评价南京保卫战》，载《民国档案与民国史学术讨论会论文集》，第429页，档案出版社1988年版。

[45] 刘庸诚：《上海、南京抗战亲历记》，第75页。

[46] 邱维达：《我参加南京保卫战经过》，载《江苏文史资料选辑》第十六辑。

[47] 王正元：《为蒋介石接电话12年见闻》。

[48] 日本防卫厅研究所战史室：《中国事变陆军作战史》，第一卷，第二分册，第109页。

[49] 《国联咨询会第二报告书》，载《抗战文献》，第30—31页，独立出版社1938年版。

[50] 施愉译:《抗战初期德日法西斯诱降的阴谋》(1937年10月—1938年1月),载《近代史资料》1957年第3期。

[51] 国民政府外交部档案，十八,二史馆馆藏。

[52] 用五：《汪精卫脱离重庆始末记——抗战日记摘录》，香港《掌故》1972年7月。

[53] 施子愉译：《抗战初期德日法西斯诱降的阴谋》(1937年10月—1938年1月)，载《近代史资料》1957年第3期。

[54] 施子愉译：《抗战初期德日法西斯诱降的阴谋》(1937年10月—1938年1月)，载《近代史资料》1957年第3期。

[55] 施子愉译：《抗战初期德日法西斯诱降的阴谋》(1937年10月—1938年1月)，载《近代史资料》1957年第3期。

[56] 施子愉译：《抗战初期德日法西斯诱降的阴谋》(1937年10月—1938年1月)，载《近代史资料》1957年第3期。

[57] 徐谟时任国民政府外交部次长。

[58] 顾墨三，为顾祝同；白健生，为白崇禧；唐孟潇，为唐生智；徐次辰，为徐永昌。

[59] 原件载汪伪政府宣传部编印《和平反共建国文献》第一辑《中国之部》第8—10页。

[60] 复旦大学历史系日本史组编译：《日本帝国主义对外侵略史料选编（1931—1945）》，第47—48页，上海人民出版社1975年版。

[61] 施子愉译:《抗战初期德日法西斯诱降的阴谋》(1937年10月—1938年1月),载《近代史资料》1957年第3期。

[62] 董显光：《蒋总统传》，第285页。

[63] 袁旭等编著：《第二次中日战争纪事》，第140页，档案出版社1988年第一版。

弃守与大捷 | 第四章

第一节　韩复榘在想什么

抗战爆发时，山东省的实际统治者是第三路军总指挥韩复榘。

韩复榘，字向方，少年时投靠冯玉祥。因作战勇敢而不断得到提升，从班长渐次晋升为排长、连长、营长、团长、师长。“五原誓师”之后，出任国民革命军第二集团军第六军军长，下辖第一、第十四、第十五3个师。随着地位的不断提高，他开始骄傲与跋扈，在生活上愈发放纵与腐化，对冯玉祥及西北军的艰苦作风越来越不能忍耐。冯玉祥曾对韩进行了严厉的批评，加上冯玉祥一贯的家长制作风，使得他们之间产生了明显的隔阂。当国民军被迫撤出北京向西撤退之时，韩复榘与石友三因顾虑西北环境之艰苦，不愿再往西退，转而与驻守大同的晋军商震部取得联系，并一度以投靠阎锡山来换取给养。虽然后来冯玉祥表示对此既往不咎，并亲自前往包头，迎接韩、石率部归队，但此事毕竟在二人心中投下了阴影。以后每当他们与冯有矛盾时，便猜疑是冯要报复他们，这更增加了他们对冯的离心力。

北伐胜利之后，冯玉祥把自己兼任的河南省主席一职让给了韩复榘，以奖赏他在战斗中立下的功劳。韩本想在河北占据块地盘，对贫穷的河南不感兴趣，加上他认为省政府内大小官员都是冯玉祥的亲信，自己指挥不动，于是他便不问政事，整日嫖赌玩乐，并在许昌娶了一个戏子为妾。冯玉祥知道此事后，便在士兵大会上当着韩的面大骂腐化堕落之人。韩复榘听了脸色发白，十分难堪。

1929年春，冯玉祥与桂系计划联合反蒋，命韩复榘率兵向武汉挺进，但因桂军一部阵前倒戈，蒋介石迅速获胜。冯玉祥只好通电讨桂来洗刷自己。蒋介石在武汉命令韩复榘停止进兵，并赴汉谒见。他与宋美龄亲自设宴招待韩及夫人，临别时又赠予10万元礼金。从此蒋韩私下关系趋于亲密。[1]

同年，冯玉祥策划联阎反蒋。他在华阴召开军事会议，准备把部署在山东河南的军队全部西撤集中，但遭到韩复榘的反对。为此，冯玉祥将韩臭骂一顿。韩恼羞成怒，下决心叛冯。会后，韩立即赶往部队所在地陕州，准备叛冯。当冯玉祥知道韩将有异动时曾急急打电话劝慰，但没有叫通。

韩复榘到达陕州后，立即决定率部联合石友三东开洛阳，公开叛冯。5月22日，他在洛阳与石友三等发出联名通电，表示“维持和平，拥护中央”；次日又致电蒋介石表示拥戴之意。

蒋介石正在忧愁如何应付冯玉祥起兵之际，忽接韩石电报，不禁喜出望外。他当即对韩复电嘉奖，许诺将所有驻陕部队交韩指挥，并立即送款500万作为犒赏。5月25日，蒋介石下令讨伐冯玉祥。

韩复榘叛冯投蒋之后，立即遭受到庞炳勋和孙良诚两部的夹击追歼，顿时溃不成军。韩只好率残部逃往郑州与石友三会合。

韩复榘将这次叛冯投蒋称之为“甘棠东进”。此后，他与冯玉祥的关系便进入了一个新阶段。他不再是冯的下属，但他难忘冯的提拔之恩。中原大战前夕，为了将被阎锡山软禁的冯玉祥救出来，韩亦曾设计过一个圈套。他计划利用他与冯的不和历史，诱使阎锡山来自己防地，对之加以拘捕，迫使他放冯。然因走漏消息，让阎氏逃脱了。[2]中原大战开始后，韩公开向蒋表示，他只打阎锡山，不打冯玉祥。蒋介石便委派他为冀鲁豫剿匪总指挥，率部向山东西部进发，抵抗晋军的进攻。以后蒋又调他任第一军团总指挥，往鲁北继续与晋军作战。为表器重之意，蒋还特授予他整个山东省防务之责。他对韩说：“今后关于山东方面的军政事务，即请向方兄全权处理。”同时将第二十六军、第十五路军等划归韩氏统辖。战争中，韩氏运用权术保存实力，直至东北军入关，他才参加反攻。战后，蒋介石因有言在先，不得不任命韩复榘为山东省政府主席。

这样，韩复榘便利用中原大战之机，获取了整个山东省的统治大权。

此后直至抗日战争全面爆发的8年中，韩复榘以他的充满封建主义与江湖英雄特色的性格在山东省大搞行政“改革”，“整顿”社会风化。他自称“韩青天”，标榜“廉洁政府”。他十分喜欢到各地“巡察”“私访”，亲自过问刑事民事案件，以个人好恶及是非标准，胡乱判案，草菅人命，结果闹出了许多笑话。由于他的政治上的独立性，军事上的割据性，除了在反共立场上与南京政府保持一致外，他严厉拒绝了南京政府对山东地方政府政治、经济、教育、文化各方面的干涉，压制国民党组织在山东的党务活动，在国内各派系势力之间保持自己的独立性。他还依靠自己的“第三路军”成功地剿灭了山东境内的土匪游寇，维持了他的“一统天下”。

“何梅协定”签订后，南京政府将河北省的国民党政治军事力量全部撤出，宋哲元的“冀察政务委员会”成为河北平津之主宰。由于宋哲元在蒋日之间搞平衡，使南京政府非常担心。而山东紧邻河北，韩复榘的对日态度将直接影响整个华北的局势。如果韩复榘在对日态度上稍有动摇，日本人处心积虑的“华北五省独立自治”就将实现，这将直接威胁到南京中央政府的统治并危害中国的主权与独立。相反，如果韩复榘在对日问题上忠于中央政府，则不仅可以稳定山东局势，还可大大影响宋哲元的态度，使日本蚕食中国的阴谋陷于破产。因此，蒋介石愿意以山东的地盘做代价来换取韩复榘的安定，以阻止日本的侵略，保证其“攘外必先安内”政策的实行。

那么，作为山东地方实力派的韩复榘，其对日态度又如何呢?

韩复榘在历史上与日本并无什么渊源关系。在执政山东8年中，他的对日态度是受他保持山东独立统治的利害关系来支配的。他与宋哲元一样，处于蒋日矛盾夹缝中。他平时不愿轻易开罪任何一方，相反地却要利用这一特殊地位来居中渔利。根据他的实际表现，可以说，在抗战爆发以前，韩复榘没有做过什么背叛国家和民族利益的事情。当然，这并不是说他与日本人毫不接触。同样，为了他自己的利益，韩复榘亦曾想利用日本来抵抗南京政府。他一到山东，便解散反日会，取缔反日宣传，以向日本显示“友好”。他还曾多次公开表示过“日本不让山东驻中央军”，[3]以图利用日本来阻止南京政府在山东驻军。可以说，在反蒋问题上，他与日本是得到共识的，甚至他们还曾暗中酝酿过“山东独立”的计划。

1935 年 2 月间，日本驻济南领事馆武官、日军代表花谷正受命与韩复榘直接交涉日方在胶济线上开挖矿山的合同事宜，并欲借机进一步试探与韩合作的可能。花谷在事前研究了韩氏的为人，决定使用“美人计”。他从青岛和东京找了两个年轻美貌的歌妓，请韩于晚间去喝酒，准备趁机诱韩在矿山合同上签字。韩去赴宴后，传下命令说没有召唤不许打扰，于是他被日本歌妓灌醉。当时他手下的随从副官等人知道日本人不怀好意，情急之下，假称南京政府有急电来府请韩亲阅，于是率卫兵强行进入，将韩连扶带架弄了回来。

其后，花谷便频繁来省政府与韩单独密谈，劝韩氏通电独立，与南京政府断绝关系。对于这种涉及国家主权的大事，韩复榘不敢遽然签约，但种种迹象表明他与日本人之间肯定达成了某种默契。据南京大本营第一厅派往山东的联络参谋王道生侦悉，日韩密商的结果是“韩复榘同意维护日本在华特权，保护日本在华一切利益，韩部军队和日军和平相处避免战斗”。日方要韩氏在时机成熟时宣布“山东独立”，而韩则拒绝日军进驻山东。[4]

韩复榘与花谷正的来往在上层人物中已经成为公开的秘密。有些西北军老将领对日本侵华行径恨之入骨，便将日本煽动韩图谋“山东独立”的计划告诉了韩的5位师长，请他们以国家民族利益为重，竭力劝阻。

11月上旬，韩召集5位师长赴济开会议事。在会议上韩向5位师长委婉地提出了日人要他搞“山东独立”之计划，征求他们的意见。第二十师师长孙桐萱带头说：“主席如果这样做，恐怕第三路军的官兵跟着主席走的就不多了。”[5]因为孙在几个师长中资历较高，也具有影响力，他表态后，其他几个师长也表示不能这样做。韩复榘闻言默然，遂放弃了“独立”的念头。

花谷在与韩达成默契之后，立即去天津向日本华北驻屯军司令部报功。但韩处却久无声息，花谷不得不又于11月下旬返回济南。他奉令诱韩去天津，企图以韩代替宋哲元出面领导“华北五省三市自治”，但遭韩氏拒绝。随后，花谷便率领部下乘飞机考察了从鲁西黄河决口处到连云港一线，一周后回到济南。适逢济南日本领事西田设宴招待日本来鲁的“经济考察团”一行，韩与花谷都应邀出席。临行前，韩氏怕席中生变，特地命令部下将几门大炮运来，在日本领事馆周围绕了几圈，以示他有准备。韩氏还对部下说：

“我若几点钟不出来，你们就往里打。”席前，花谷又与韩进行了密谈。花谷追问韩氏不履行诺言的原因，随后他又将在鲁西黄泛区飞行侦察之结果告诉韩：黄河决口，河水泛滥，已将山东与南京隔离开来，现在通电宣布山东“独立”，南京军队亦不易过来。对此韩复榘不置可否，谈了一会，话不投机，双方争执起来，韩复榘厉声责问花谷：“你们连云港的事情也没有做到啊！”言语中透露出责备对方失约的意思。最后，花谷拿出准备好的文件要韩签字。

韩说：“我不会写字。”

花谷说：“你不会写字怎么能当主席？”

韩将双手比划成开枪射击的姿势说：“我就会这个，凭这个就当了主席。”

花谷：“只要宣布自治，我们不进入山东，你仍当你的主席不好吗？”

韩：“你们不打我，我不打你们，今天如果不让我出去，我的军队很多，会马上将你们包围，打死你们，一个不留。”

花谷：“我们日本飞机很多，只须几个钟头就能把济南炸平。”

韩即站起身来说：“我有高射炮，能把飞机打下来。”

花谷闻言一时语塞。

这时西田领事请大家入座。席间，他发表了一通中日提携的话；韩复榘亦起立答词，表示希望“中日亲善”云云。恼怒的花谷在韩发言后立即站起，大声地说：“中日亲善，这是瞎说！”他冲着韩氏说：“这是胡说！中日是不会亲善的，如果要想亲善，只用一个字就行，那就是打，一打就亲善了……”花谷一边说一边把桌子拍得呼呼响，表现出极其狂妄的态度。韩复榘面色十分难看，但又怕花谷进一步暴露了他们过去的交易，只好耐住性子。在场的中国人都极其气愤，宴会最后不欢而散。[6]

一星期后，花谷因报功在先而不能兑现，情急之下喝得醉醺醺地跑到省政府找韩复榘。但韩仍不答应他。花谷便掏出手枪以自杀来要挟。韩夺下他的枪后对花谷说：“你说的什么华北五省自治，我不当家，你到南京向我们政府交涉去。我叫你们日本自治行吗？你快滚出去！”[7]花谷只好悻悻退走。

此后，关东军特务机关长坂垣征四郎又与花谷一同飞到济南找韩，意图缓和关系，表示“今后仍然是朋友”等等。但韩没有见他们。

至此，日本人策动韩复榘搞“山东独立”的阴谋完全破产了。

对于韩复榘来说，他在处理对日关系问题时，遵循的是为我所用、于我有利的原则。一方面他与日本洽谈“独立”及经济合作，一方面又拖而不办。在平时处理中日经济及民事纠纷时，只要日方要求不太过分，他总是以让步妥协来求平安，多赔些钱财亦在所不惜。但如果日本的要求使他不能容忍，他亦敢起而反抗。

对于日本华北驻屯军所鼓动的华北五省三市自治的阴谋，韩复榘表示拒绝参加。他不愿应花谷之邀去天津便是为了防止日人胁迫他。为了对日本人的侵略进行一些防范与准备，他同意梁漱溟等“乡村建设派”人士在山东进行政教合一的地方行政改革试点。从1936年起他在全省范围内开展民众自卫训练，计划分三年将全省壮丁轮训完毕，[8]在各县扩充民团，办理学生军训。他还从军队中抽调干部，拨出军费，举办民众军训大检阅。此外在第三路军中他还广泛开展抗日宣传。所有这些，曾引起驻济日本领事的书面抗议，韩亦不加理睬。他曾对部下说：“我在前边应付着日本，你们该干什么，还是干什么（指抗日工作）。至于我怎样应付，你们就不必问了。”[9][10]而日本人为了拉拢韩氏，保持“山东独立”，对他的一些过激言行，如枪毙日本贩毒分子及其中国帮凶，查抄日人商行等等，也不得不忍耐一时。

对于宋哲元在对日态度上之软弱，韩复榘有时也表示十分鄙视。天津市市长张自忠访日回国路过济南时，韩对部下讽张是“朝日归来”。对“冀察政务委员会”内亲日分子他也很厌恶，曾骂他们已经“死在眼前”了。当宋哲元为躲避日本压迫回到原籍山东乐陵小住之时，韩曾前往会晤，回济南后他对人讲：“宋明轩真草包，在北平抵不住，躲到山东来。”表现出他不畏惧日本人的“豪气”性格。

西安事变发生后，韩复榘曾通电主张召开国事会议来解决内争；以后他又和宋哲元联名通电，主张政治解决事变，对张杨没有表示谴责。这引起了蒋介石及南京政府的不满。事后韩复榘却满不在意地说他的通电“是给张汉卿捧场的，因为他过去在我们打刘珍年时帮了很大的忙……”[11]

1937年2月，国民党在南京召开五届三中全会。蒋介石在会后对山东代表何思源说：“你即刻回山东，代表我告诉韩复榘，他只要跟着我走，到哪里我就把哪里的军政权交给他。”[12]并说已有电报给韩致意。何归济南后，韩对他说：“我知道了，我决不能跟日本人搞在一块，”“这是你知道的，你放心。”[13][14]

4月间，蒋又电邀韩去杭州相见。韩临走时说：“这次南去，日本方面一定不高兴，但事到如今，不能不得罪他们了”。他在杭州受到南京政府要人们的盛情接待。为防止日人暗害韩氏，南京政府还曾动员了大批军警。韩复榘对人说：“委员长怕有危险，不叫我去上海，所以未曾在上海玩。”[15]他在与蒋见面时表示了明确的抗日态度。

总之，韩复榘在统治山东8年期间，在蒋日的夹缝中钻空子。他以自己利益为衡量取舍一切之原则，对双方都不开罪，但无论蒋日谁要触犯了他的利益，他亦会反抗。由于山东地处华北以南为中日冲突之二线地区，故蒋日双方都对韩寄以希望，对他的不友好之举都尽量回避、忍让。而韩氏也本以适可而止原则办事。因此，韩复榘在山东的统治才得以维持下来。虽然韩氏出于私欲曾与日本洽商过“山东独立”，但他的独立条件是以日军不入山东为原则，本质上还是要确保主权掌握在自己手中，而且由于种种原因这一图谋最后陷于破产。到抗战前夕，韩氏已经明显地表示他将参加抗日，“站在自家人一边”而“不能不得罪日本了”。但韩氏对于抗日还留下一条“尾巴”，这就是要保护自己的军队和利益，不愿为了国家和民族去舍弃一切。这种念头导致他在抗战开始后放弃抵抗，抛弃守土之责，最后被国民政府惩办。

第二节　弃守山东的前因后果

“七七”事变发生后，中国举国一致响应抗战。

对日本的蓄意侵略韩复榘早有认识。他托准备去庐山参加第二期“庐山谈话会”的梁漱溟带信给蒋介石，要求将参加庐山受训的第三路军军官及早放归以备抗战，又要求南京政府速拨防空高炮等武器，准备抵抗。当有人向他报告北平当局已和日本人谈判停战，日方已答应不扩大事态时，韩氏笑了，他说：“这是日本人的缓兵之计，想借机调动力量。仗一定要打，日本人不拿下北平不得罢休”。他随即下令各级军官安排好眷属，集中准备待命。为了表示他与日本决裂，他限令日本驻济领事馆人员及日侨立即离境撤走。当日领事馆武官石野来见他时，他对石野说：“你们把我韩复榘当作汉奸看，那你们瞎了眼！明天你们不走，你们的安全，我就不负责了！”第二天，他又对手下说：“他们希望我们中立，真是异想天开。”[16]

7月30日，韩复榘应召去南京参加最高国防会议。临行前他致电南京政府，“主张抗战到底”，[17]并将“截获关东军侵华五大计划”上报中央政府。[18]同时他还向蒋提议各路同时出击日军。蒋却回电说对此他“自有主张”。在南京开会期间，韩复榘认为蒋介石“一肚子心事，却一点也不吐露”。临别时蒋曾与韩说：“我的意思，你完全明白。”而韩却私下对人说：“我是糊里糊涂去南京，又糊里糊涂回济南，我看蒋介石并无抗日决心。”[19]

此次进京给韩氏造成中央政府尚无抗日决心的印象。8月2日，他由南京回到济南后便马上下令济南市面各商店照常营业，恢复常态，要市民不要听信谣言。随即他召见了日本驻济南领事及领事馆武官石野、日本居留民会会长等人，发表谈话表示：（一）外界传闻南京政府任命他为抗日右翼总指挥，不是事实。（二）所谓南京派蒋伯诚来济南协助他指挥抗日亦不确。（三）驻济南日侨回国与否听其自便，凡未离济者，照旧保护。此外，他还下令将在山东省组织的民众抗日组织“抗敌后援会”，改称为“省防后援会”，突出自保性质。

与此同时，日方想用政治手段争取韩不参加抗日，从而“解决山东问题”。战争开始以后，日军飞机多次飞临济南，丢下通讯筒，内有劝告韩不要以日军为敌的劝降书，并表示如此则日军不打山东，更不在青岛登陆。北平日本当局甚至还秘密派人飞抵济南与韩进行了一次谈话，表示日本在胶济线上有很多财产利益，不想攻打山东，日军可以不在山东驻兵，只需途经山东运兵。韩复榘深知日本用心，坚决表示不管是驻兵或是运兵，日军都不准进入山东。这次洽谈遂告破裂。[20]

由于韩复榘对抗日态度转向消极，8至9月间，山东的抗战工作陷入一种混沌状态。抗战开始后，南京军事委员会下令将驻扎山东的第三路军改编为第三集团军，任命韩复榘为总司令，于学忠为副总司令。当时于学忠部驻防山东的人数不多。对于守备黄河一线的作战准备，于学忠提出韩部任2/3，他负责1/3，韩不同意；于学忠又提出由他负责2/3，韩守1/3，韩仍不同意，[21]表示出不愿承担作战任务之意向。在具体备战方面，韩氏将部队推进到青岛以西、高密以东地区，面向海洋形成长形防线，以防备日军登陆，而疏于津浦线南北两端的战备。

一天，韩复榘召集部下军官召开军事会议。会上，官佐们抗日心切，纷纷请战，要求与日军拼一下，出出憋在肚子里多年的恶气。韩复榘闻言很不高兴，他说：“要知道作战全靠军队，第一要能保存实力。没有实力还用什么去作战？比如你当连长，不是当排的连长吗？排若没了，你还当谁的连长……我们若能保存实力，就是退到天边，也能有吃有喝，谁也不敢轻视我们……”[22]

“八一三”淞沪战役打响后，中日战争在南北两个战场同时展开。韩复榘奉命防守津浦线以东、胶济线以北地区，居于南北两个战场中央。日军当时并未登陆山东，故而此线无战事。这一情形更使韩自信：如果设法，还可在抗战中钻空子，保存住自己的部队和利益。

进入10月以后，日军在华北战场取得优势，逐渐沿津浦线向南进攻，战火逼近山东。

南京国民政府大本营在津浦线北段设立第六战区，由淞沪战场调来的冯玉祥任战区司令长官。表面上意在让他重集旧部参加抗日，当时守卫津浦线北部的宋哲元、韩复榘、庞炳勋等部都是冯的西北军旧属。冯玉祥对此次归队充满信心，准备一展身手，实现抗日之夙愿。但狡猾的蒋介石却同时在策划防备西北军的重新团结，他又任命肖振瀛为第一战区总参议，并先冯而到达华北地区，在冯与宋、韩之间施展离间计。蒋令肖应执行“拒冯玉祥、倒宋哲元、拥冯治安、排张自忠”的策略。冯到任后，宋即称病休养，加以抵制，而代职的冯治安又不听冯玉祥调遣，使他寸步难行。当冯知道其中内幕之后，痛心地说：“宋哲元他们为什么轻信肖振瀛的谣言，耽误我们救国抗日大计！”[23]

韩复榘与冯玉祥过去曾有旧怨，故更不听冯指挥。在上级严令及部下热切请战的情况下，韩不得已派了第二十九师曹福林等渡过黄河北上迎敌。当宋哲元、庞炳勋等部在沧州一带战败溃退时，冯玉祥亲赴济南要韩氏派兵北上救援，韩回答说他出兵也挽救不了败局，不如等北边溃退完后再开上去接着打。冯玉祥无奈，只好愤然返回南京。[24]韩却在背后讥讽道：“冯先生是光着屁股推磨，转圈丢人。”[25]

此时，南京政府下令撤销第六战区，将山东战场划归第五战区直辖，任命李宗仁为第五战区司令长官，而以韩复榘为副。

11月间，日军由沧州攻向鲁北。韩复榘调曹福林部在德州、惠民、齐东一线进行抵抗。为明了前线战况，他曾亲率手枪旅特务队过河视察。在济阳，韩部被日军包围在一个村庄中，他下令卫队拼死抵抗，部队伤亡殆尽，韩氏最后骑摩托车冲出包围圈，逃回济南。他恼怒地喊道：“打！打！几乎回不来！”这是韩复榘最后一次与日军交战，由于所部损失惨重使他很受打击，从此下决心不再抵抗。

不久，南京失守。韩氏的情绪更受打击。

日军占据了黄河北岸高地后，便用远射程大炮向济南轰击。韩复榘早已下令将黄河大铁桥炸毁，他自己躲往千佛山寺院中，指挥济南市各政府机关人员、家属携其资财等向宁阳县等地撤退。日军因暂时无法渡河，双方隔河相峙月余。

此时韩复榘头脑中已充满避战自保思想，他整日所思不是怎样部署抗日而是寻机撤退。对于部下前来请示发动群众组织地方自卫、部署战斗防线等等一概不感兴趣。他表示他本人已“不能胜任”这些工作，“不能作头子”，“不如宋哲元能够服众，而部下也无能力强的干部”等等。[26][27]他一心所想的是找什么理由撤退和退走时如何将钱财、枪支、壮丁带走，以保存实力。

韩的这种避战思想的形成，除了初战失利的因素而外，还有另外一些原因，如在山东地区我军兵力不足，除了韩的第三集团军外几乎没有别的部队，战场上不敷运用。韩氏认定如果对日硬抗，他的部队会完全拼掉，山东地盘也将最后失去，自己将无再生的机会。另外，在对日战略上他也有自己的观点，他在战前就认为“中国抗日必须西撤而后反攻”，开战之后中国必撤至平汉线以西，待到国际援助后再反攻过来，现在与敌决战徒供牺牲，不如保存实力，以待今后。他公开宣称：“我认为山东是守不了的，我们打不过日本人，唯一的办法就是保存实力，把军队撤到平汉路以西，等待国际上的援助，然后再反攻，别的出路没有。欧美是不会让日本独吞中国的，这些道理蒋介石肚子里比我明白得多，还装什么样子。”[28]有人提醒他说：蒋介石已经表示，只要他抗日，撤到哪里都还会把军政权交给他。韩氏听罢大笑：“你们太天真了。蒋的话你信以为真。你知道蒋什么时候跟日本妥协么？我们就有这几万人，这个家底牺牲完了，蒋忽然跟日本又来什么协定，华北就没有我们的份了。”他并举例说明蒋介石在抗战中的背信行为，“蒋叫我们在山东死守黄河，抵着日军，原说派重炮支持的，到快使用的时候忽然抽调走了。他们不守南京，却叫我们死守济南，叫我们用步枪跟日军拼么？”部下问他如何看待抗战前途及意义，他说：“这是全面战争，打到底中国一定能胜利”。但是，他着重地说:"我们要最后参战。"[29]他说已电中央请求后撤。对此韩自信地认为:"现在全面抗战，中央顾不得问我们，我们有这么多人，到哪里都可自立；带着民生银行，到哪里都有花的有吃的。"

11月28日，第五战区司令长官李宗仁由徐州前来济南视察，韩复榘当着他的面，下令将部队撤向周家口、郾城一带，并把他的眷属财产运往豫西，将军需物资运往南阳，将鲁东鲁北民团武装开向漯河，实行全面撤退。李宗仁对此大为不满，韩却毫不理会。他下令由孙桐营最后负责将济南省政府、日本领事馆及重要建筑物等放火烧毁，他本人也将离开济南，准备放弃省会。李宗仁本来已带来拟好的作战计划，命令韩以沂蒙山区为后方，守卫济南，并准备打游击，使日本不敢急速南进。韩氏对此很不满地回答："浦口已失，南路敌人将打到蚌埠，我们已没有了退路，北路日军若过济南，南北一挤，我们岂不成了包子馅了吗？"搞得李宗仁哑口无言。

当韩复榘用以运送私产及军需的车路过徐州时，五战区司令长官部命令截止，李宗仁在致韩的电文上批示："豫西非第三集团军后方，为何将弹药给养运送该地？"韩复榘见电非常反感，复批："郑州开封亦非五战区后方，为什么将弹药、给养存在该地？""全面抗战何分彼此"。李宗仁阅后大为恼火。

12月下旬，日军强渡黄河，南岸守军谷良民部溃退，急电韩氏派兵增援，并要他电请于学忠率部西进夹击日军，阻止敌之攻势。但韩复榘回答说"无兵可派"，又说对于学忠部"无指挥权"。他置五战区固守兖州、济宁的电令于不顾，下令各部能打就打，"不能打就撤"，沿铁路线向运河以西地区转进。他抵达曹县后，李宗仁来电责问，为何放弃泰安、兖州？韩回电说李宗仁"挂羊头卖狗肉"，"南京已失，何况泰安"。这更增加了李宗仁对他的憎恨。[30]

韩的撤守，造成徐州以北、运河以东津浦沿线两侧地区几成无防空白地带，形势威胁到五战区司令部之安全。当初宋哲元战败欲退入山东境内时，曾被韩以"保境安民"为借口制止；现在李宗仁要派川军北上增援，韩又加以拒绝，李宗仁将韩复榘的行为及其两次来电一并转报蒋介石，并说他对韩已无法指挥。韩复榘与中央的矛盾已经闹到不可调和的程度，并在客观上给正面战场造成巨大影响和损失。在五战区长官会议上李宗仁说：“韩复榘阴谋不轨，我们早已预料到了，现在有了他的撤退计划，更证实了这一点。”他提议立即通知韩来徐州开会，“就地扣押”。但大家商议为防不测，还是请中央政府来惩办他。

蒋介石听完有关韩氏的情况报告，笑道：“我已全知道了。”

1938年1月间，蒋介石亲自打电话给韩复榘：“我决定在开封召集一次团长以上军官会议，务望向方兄带同你部官员到开封见见面。”韩氏闻讯顿显紧张不安神色。他立即召集属下研究对策，多数人主张韩不能去，他本人也准备派代表前往，害怕蒋氏将对他有所不利。后来在中央派在韩部的联络参谋等人的诱骗下，韩真的相信此次会议是谈战区划分问题，故而决定前往与会。

11日，蒋介石在开封主持召开了北方各部军事长官会议。到会者有第一、第五战区各主要将领及中下级军官共百余人。会场布满宪兵，气氛严肃紧张。蒋在大会上训话，他说：“国际形势很好，抗战是有把握的，目前我们在军事上虽然受了一点挫折，但是我们要顶得住，敌人并没有什么三头六臂，并没有什么了不得。大家一定要服从中央和战区司令长官的指挥，那我们就一定可以战胜敌人，最后胜利就一定属于我们。你们要不怕牺牲，有什么损失，我都可以给予补充，但绝不准擅自后退。”他口气一转十分严厉地说：“敌人之所以能打胜仗，之所以敢于侵略我们，其道理就在于他们能够学，能按照典、范、令行事。回头看看我们呢？恰恰相反！你们是这样的不好学，是这样不学无术，你们今天在座的有四、五百人，只有一个人带着《操典》！你们这些高级将领这样的不好学，怎么能会不打败仗呢？你们这些高级将领这样不学无术，怎么能会战胜敌人呢？如果长此以往，我们非至亡国灭种不可！”他一面厉声斥责一面把桌子拍得“呼呼”响，台下各将领大都低头苦脸，面有愧色。

休息过后，蒋介石继续讲话，他渐渐讲入正题："我们有些高级将领，把国家的军队视作个人的私有财产，自从抗战开始以来，一味保存实力，不肯抗击敌人，只顾拥兵自卫，不管国家存亡，不听命令，自由行动，哪里安全就向哪里撤退逃跑。试问，这样如何了局呢？我能往，寇亦能往，你们跑到哪里敌人就会追到哪里，最后无处可跑，无地自容，终至国破家亡，一无所有！试问国家都没有了，你们保存实力还有何用？况且到了那个时候敌人还会让你来保存实力吗？""你们高级将领这样的作法，难道就不怕天下人的唾骂吗？难道就不怕国法制裁吗？""我希望你们都能明白'覆巢之下无完卵'的道理，大家一致同心同德地抗战御侮。"在他训斥时，坐在第一排的高级将领一个个正襟危坐，俯首敛容，唯有韩复榘耷拉着脑袋，脸几乎碰到桌面了。

散会时，一位侍从官走到韩复榘面前说："请你稍等一会再走，委员长约你说几句话。"韩氏随即被扣押。次日，中央宣布：第三集团军司令官韩复榘作战不力，抗不遵命，犯有四大罪状：(1) 不听命令，擅自撤退。(2) 保存实力，拥兵自卫。(3) 收缴民枪。(4) 勒卖鸦片。现已撤职查办，扣押送武汉审判，命令各部引以为戒，幸勿以身试法，着令各长官立即归队，继续抗战。[31]

蒋介石随后召见第三集团军孙桐萱军长等人，加以安抚，任孙为第三集团军副总司令，以于学忠为总司令，归队继续指挥抗日作战。

韩复榘被捕后，西北军老长官冯玉祥、旧友宋哲元等人都曾找蒋为他说情，试图保其性命，但蒋对韩氏国仇私恨一并清算不加饶恕。次年1月25日韩被判处死刑，在武昌枪决。

韩复榘在全面抗战开始后，因摆不正国家民族利益和个人利益的关系，在大敌当前之际避战自保弃土失责，试图继续在敌我之间钻空子，最后终于以身试法，受到国法制裁。虽然在这当中不能排除日本人的勾引欺骗，以及蒋介石在抗战伊始动摇不定的情绪等外界因素对他的影响，但关键原因还在他自己把个人利益置于国家利益之上，对全面抗战缺乏应有的认识。总结他主政山东时期与抗战后的言行，我们虽然不能说韩复榘是汉奸，但他在抗日战场上是一个逃兵，因为他的逃跑给正面战场造成了巨大损失，给国家民族带来了严重危害。韩复榘难辞其咎，他的伏法是罪有应得的。

不论是在当时还是现在，都曾有人认为蒋介石枪决韩氏是出于公报私仇、消灭异己的动机。这种看法，片面夸大了蒋韩矛盾，掩盖了韩氏的罪过。在当时的历史情况之下，如果韩复榘投入抗战，哪怕只是部分抗日或打而后撤，蒋介石也决不敢冒天下之大不韪而拿他开刀，重开内战，陷自己于不利之境地。如果蒋要利用抗战来除掉韩，那他可以有许多别的、更巧妙的理由与办法。我们认为，韩复榘在中日民族矛盾上升、国家反侵略战争开展之际，错误地估计了局势，而这种战与撤的斗争实质上反映的是以蒋介石、李宗仁、冯玉祥等为代表的国家利益与韩氏自身的集团私利的斗争，所以，从一定意义上说，惩办韩复榘亦代表了国家与人民的利益，不仅得到全国军民而且也得到韩氏手下官兵的拥护。韩氏被处决后，车站铁路工人及搬运工都拒绝为他运尸，也说明了人心之所向。在当时的情况下，这一行动对于制止正面战场败将弃责逃命，扭转战场风气，振奋军心亦起到了一定的作用。

当然，除此之外，韩氏被处决还有一条重要的原因，这就是他密谋发动内乱。

第三节 一次危险的阴谋

抗战开始后，南京大本营为防止韩复榘异动，曾特派第一厅上校王道生前往济南，担任第三集团军与大本营之间联络参谋，以侦探韩复榘情况。王道生到济南后佯做沉眠酒色，麻痹了韩氏，成功地获取了许多情报。

日军攻击黄河南岸前夕，王道生曾利用关系潜入第三集团军总部参谋处处长张励文的办公室，偷拍了一份秘密军事撤退计划。这份计划“文字叙述不多，注明了撤退曹县的行军序列和下一步转移汉中再另行部署的计划；毫无对日作战的安排，只是一个不战而退的军事计划和草图。从这个计划上可以看出韩复榘先将后勤物资运往豫西，第三集团军撤出济南后，不固守兖州，一部分经津浦线直接到济宁转曹县，其余部队按战斗序列，分别从指定路线过运河向曹县集结。很明显这就是韩复榘、刘湘、宋哲元准备盘踞汉中、潼关以西大片地区，宣布‘独立’的韩复榘部的军事计划”。[32]这里所谓的韩复榘、刘湘、宋哲元拥兵汉中，宣布“独立”的计划，就是发生在抗战初期国民党抗日阵营内部的一项危险的分裂阴谋，而其策划者就是韩复榘与刘湘。

抗战开始时，韩复榘与刘湘都曾表示拥护抗日。特别是刘湘，在中国共产党人的帮助下，曾积极率军30万出川抗日，在华北、华东战场打出了许多成功战役，而他自己也受任第七战区司令长官，为谋划抗日效力。但作为一国之主的蒋介石，在大敌当前之际，却不能本着公平的态度，一视同仁地对待所有抗日武装。为了本集团的私利，他利用抗战之机，有意识地分解消耗非嫡系武装，做了一些令人齿寒的事情。这严重地打击了各地方实力派人物及其军队的抗日热情。面对这些歧视与打击，他们中的有些人便头脑发热，准备对蒋介石集团采取武力对抗。所谓“刘韩计划”就是在这样的情况下发生的一项抗蒋内乱计划。

刘湘在率部出川抗日前，曾与南京政府达成协议，要求首批出川的 12 个师的部队统一使用，由国民政府每月拨发经费 140 万元。但付诸实施时，川军却被分别投入山西、上海、南京等各处战场，其最高指挥官刘湘被架空。蒋介石还对其各师带兵长官多方拉拢，利用分别奖惩方法，打击异己培植亲信。这些刘湘都看得一清二楚。他被迫与蒋进行了一场争夺指挥权的明争暗斗。

韩复榘在拒绝带兵进入沂蒙山区抗日以后，决定向他过去曾盘踞过的河南境内撤退。他一面下令部队撤向鲁西，一面把辎重军需直接运往豫西。他自然明白蒋介石不会容他在河南驻扎，故而又盘算下一步退往陕南。为了寻找盟友壮大声势，他立即派部属刘熙众与刘湘驻韩部的代表赵岳松取得联系，以图共商“大计”。

刘湘与韩复榘的关系一直不错，抗战前他们为共同反蒋而建立过关系，并互派了代表。当赵岳松将韩的撤兵及合作意图转告刘湘以后，刘氏大喜，立即表示“合作不成问题”，希望派人前来具体商量，韩氏即派柴春霖前往。不久刘湘又派张再来济南。经过反复协商讨论，韩刘达成了以下合作办法：

1.目标：韩刘合作保川“抗日”。

2.办法：俟韩部撤至川鄂边区，即听从刘的指挥，双方合作阻止其他军队（主要指蒋系中央军）退扰四川。

3.条件：由刘湘接济韩部军需饷械。[33]

为了进一步壮大声势，韩复榘又想起了宋哲元。当时宋部已撤退到河南新乡、濮阳一带。韩氏派人找到宋氏，意图合作。宋哲元闻讯，立即召见心腹高参张樾亭，告诉他说：“刘湘拟命川军封闭入川之路，不让蒋介石及其部队进川，韩部则占领南阳、襄樊、汉中一带，希望我们据守潼关以西，联名通电，意在‘和日倒蒋’，你看这事做得做不得？”张说：“总司令以为如何？”宋坚决地说：“不能做，做了遗臭万年！”[34]于是，宋哲元一面敷衍韩的代表，一面用特急密电电告蒋介石。蒋氏接电后深感事态严重，一面电慰宋哲元并给予嘉奖，一面密令军统防韩监刘，并对处理刘湘问题定下三条方针：“病养、死葬、逃杀。”[35]

1937年底，刘湘在南京突然病倒，他在病中仍然挂念川军前途，并表示“欢迎中央政府迁到四川，并将重要物资后撤西南”。他认为对日抗战“只能慢慢打，慢慢拖，大概要拖到宜昌、沙市之线，我们才稳定得下来，敌人那时也会被拖疲了。我已向委员长表示，再在四川练兵一百万……挥师反攻打退敌人”。[36]12月，刘湘迁入汉口万国医院治疗。正在北方战场作战的川军将领邓锡侯托人带信给他，说：“川军出川以后，好像没有妈的娃娃，被人东支西舞，弄得东一块西一块，实在不是个办法，”“请向蒋介石委员长力争，无论如何要把川军集中起来使用，我们一定听从他的指挥……”刘湘闻言，心情沉重，他说：“他们的情况和苦衷我很清楚，希望他们各自保重，要注意掌握好自己的部队。集中使用问题是大家的心愿，已经请求过了，还要继续请求，大家一定要互相关照，有什么事情仍由你们互通消息。”[37]

为了监视刘湘，戴笠特派川军将领中与刘有隙的范绍增住在刘氏病房附近进行侦探。他对范说："已掌握刘湘、韩复榘之间经常来往的电报，就是译不出来。"他要范绍增监视刘湘平常见客活动。后来范绍增又设法收买了护理刘湘的护士陶小姐，协助工作。

不久后的一天，韩复榘派刘熙众化装成刘湘的族侄，前往汉口探望。趁护士不在场时，刘湘低声对刘熙众说："你来得正好，回去对向方兄说，谢谢他对我的关心。我的病已大见好转，不久就会痊愈，请勿挂念，也请他保重。今后我们不分彼此，团结一致，其他的事情请你同跟我来的人详谈，这里说话不方便。"刘熙众与刘湘的心腹谈妥后回到济南。韩复榘听了汇报便说："好极了。"他下令参谋处与川军前线部队进行联络，准备动手。[38]

刘湘病势渐轻,他急于回川图举,电令他的专机"飞速号"由川飞汉迎接。戴笠闻讯，让驻川军统特务在飞机上安装了炸弹。12月18日，"飞速号"由重庆起飞，过宜昌不久便在空中爆炸坠毁。刘湘回川之事只能暂时作罢。

1938年元旦，刘湘从军事委员会武昌行营发布的《日日命令》简报上看到一份命令，这才得知他所兼任的第二十三集团军总司令一职已被蒋介石撤换，而他自己事前一无所知。

1月5日，川军某部团长潘寅久从前线抵达汉口，他在刘湘军务处长徐思平处看到刘氏的一份电令，要川军第四十四军军长王缵绪率两师兵力驻扎宜昌、沙市，与韩复榘部去襄阳、樊城的队伍取得联络，"共同拒蒋入川"。潘寅久把这份电令转告给了他的拜把弟兄范绍增，范立即过江到武昌向孔祥熙报告，转告蒋介石。经过核实，参照这一电文，戴笠将韩刘之间密电全部译出，于是这一事件来龙去脉全为蒋介石所掌握。为了粉碎这一阴谋，蒋氏采取断然措施，在开封会议上拘捕了韩复榘。

1月18日，何应钦奉蒋介石之命去汉口医院见刘湘，向他转达中央命令，以陈诚接替刘湘任第七战区司令长官，完全夺去了他的兵权。刘湘尚未转过弯来，何应钦又说："韩复榘已被关押了。"刘湘惊问："为什么？"何说："他的部队要开到襄樊去！"随即掏出韩刘间来往电文"叭"地一声甩在桌上，厉声说："你看这是什么？"刘湘一见，知事已泄露，不禁惊骇万状，惶恐不已。何走后十分钟，他即大口吐血，随即昏迷不醒。两天后死去。清理遗物时在他的柜子上发现遗条一纸，上书两句古诗："出师未捷身先死，长使英雄泪满襟。"[39]

不久，宋哲元所部亦被分散使用，宋氏军权也被剥夺。

这样，韩刘的这项联宋"和日倒蒋"阴谋计划便彻底破灭了。

这一发生在抗战初期的历史事件，一直未能引起研究者们足够的重视，原因之一是因为它未能成功地付诸实施。但是可以想见如果这一计划得以实现，那对中国抗日战争将产生灾难性的后果。韩复榘是这一阴谋的首倡者；刘湘虽然是被迫所为，但亦推脱不了其历史责任；宋哲元对此阴谋拒不参加，表现出了坚定的立场，是值得首肯的。所以，这一阴谋准确地讲只能叫作"韩刘阴谋"，而不能叫作"韩刘宋阴谋"。这是需要辨明的一点。

由于这一阴谋的破产，在客观上也为刘湘保持了"晚节"。故而他死后，国民政府仍给予他隆重的"国葬"，用以安抚川军，巩固抗日阵线。韩复榘也因此只被当作"逃将"而不是"汉奸"加以处置。从民族大义论，无论怎样评价这一历史事件，我们只能对它持着彻底否定的态度。至于蒋介石在粉碎这一阴谋的同时又继续打击其他异己，连同宋哲元一起"消灭"了，这又是一个另当别论的问题。

第四节　不轻松的鲁南大捷

日军攻占南京后，并没有全力追击向浙皖境内撤退的中国军，而是集中力量回头攻打津浦线，清除南北战场日军西进的侧翼，以确保其下一步作战及占领区之"安全"。从军事理论上来说这是一项正确的选择。

国民政府统帅部为了赢得时间，重新部署军队，补充军备，以图再战，命令第五战区在鲁南徐海地区全力对日军作战，以拖住敌人西进的步伐。我第五战区司令长官部以徐州为中心，部署兵力，对沿津浦线南下的日本华北方面军和沿津浦线北上的日本华中方面军实施了腹背作战。于是，抗日正面战场主战场上便演出了淮河、滕县、临沂、台儿庄、徐州会战的壮烈一幕。

在徐州会战中，中国军队在李宗仁将军指挥下，取得了抗战以来首次大捷“台儿庄大捷”，随后并成功地将几十万中国军队从徐州撤退，粉碎了日军在徐州聚歼我军主力的企图。因而在当时及战后，中外许多军事学家及史学家们对此会战进行了广泛的研究与探讨。在这里，我想仅就有关该会战的几个尚有争议的问题谈谈个人的一些看法。

第一，关于淮河阻击战的评价。

淮河阻击战发生于1938年1月中旬至2月中旬。当时攻占南京的日军华中方面军在畑俊六大将指挥下开始实行北上打通津浦线的作战计划。1月18日，已渡过长江的日军第十三师团狄州立兵部由滁县北上，经过激战占领明光、池河。我守军第三十一军撤向定远、凤阳一带。日军主力继续攻占津浦与淮河交会处的蚌埠及淮西要地怀远，中国军队炸毁淮河铁路大桥，退往河北拒守。淮河阻击战就此展开。

当时守卫淮河北岸阵地的是于学忠的第五十一军。于学忠率属下一一三师、一一四师奉命在蚌埠、五河间淮河北岸布防阻敌。自2月8日起，日军开始渡河强攻，一一三师守军英勇奋战一昼夜，打退日军三次强攻，并将冒险登岸的400余日军悉数歼灭。2月10日，千余日军再次渡河，“小蚌埠一隅已反复争夺达四、五次之多”。[40]最后我守军六七四团官兵伤亡殆尽，团长张儒彬身负重伤，小蚌埠卒陷敌手。

淮关方面，日军3000余人亦渡河与我守军一一四师激战。2月10日，我军经浴血猛攻，一度全部收复敌占阵地并攻击前进。11日以后，日军援军抵达，我军“两昼夜未食未眠”，兵力不济，“预备队已尽数使用”，“官长伤亡七十余员，士兵伤亡二千余人”，[41]最后被迫下令后撤。

第五战区司令长官李宗仁及时令张自忠第五十九军昼夜兼程赶来，“在固镇附近占领阵地，阻敌北进”，接应撤退部队。张部于13日准时进入阵地。[42]李宗仁同时又调遣第七军及第三十一军进行侧击支援，联络空军轰炸日军阵地。15日，张自忠军长下令全军对敌实行主动攻击，他训令全军官兵“奋勇向前，不准后退”，“我带领大家一起拼命保国”。[43]在他的激励下，五十九军官兵组成了左右先遣队，向日军占据的淮河北岸各据点猛烈冲锋，打得日军抱头鼠窜。18日，张部已夺回大部分阵地，20日又攻占小蚌埠，歼灭守敌大半，残敌溃退淮河南岸。剩余几处敌军为避免被围歼，被迫悉数退过淮河。中日两军遂在淮河一线隔河相峙，直至5月中旬。

日本华中方面军北上打通津浦路的企图至此完全失败。

淮河阻击战是抗日正面战场一次规模不太大的战役，但却具有重要的意义。首先，它是一次成功的阻击战，这在抗战初期是不多见的。骄横的日军在南京大败国民政府中央军后，便把打通津浦线称为“旅次行军”，尤其是面对李宗仁领导的“杂牌军”，其气焰更加嚣张。但淮河一战，日军出乎意料地折兵损将3000余人，大败而归。从中他们充分领略了中国“杂牌军”的威力。这一战役沉重打击了侵华日军的凶焰，使其南线部队不敢再越雷池一步，极大地鼓励了全国人民抗战勇气。正如当时《新华日报》所赞扬的那样，淮河血战“告诉了全世界爱好和平的人士，中华民族是不能以野蛮的武力所可征服的”。[44]冯玉祥将军亦赞扬五十九军“徐州以南一战，克复小蚌埠，声威大振，不但援救了友军，而且也振起了一般部队的士气”。[45]

其次，淮河阻击战的成功，造成了日军华北方面军孤军南下之势，为中国军队取得台儿庄大捷创造了条件。日军在计划打通津浦路之初，是以南路主攻，北路助攻。当南路日军在淮河受阻后，又改为北路主攻。但北路日酋贪功心切，不得南方配合仍冒险深入，结果犯了兵家大忌，造成台儿庄的失败。毛泽东曾在《论持久战》一书中指出：日军“津浦南段打小蚌埠时，北段不动，北段打台儿庄时，南段不动”，[46]双方如此不配合，结果造成两头失败。淮河阻击战因此可以视为徐州会战的前哨战和重要组成部分。

第二，“台儿庄大捷”及其战果分析。

南路日军受阻于淮河，不得前进；北方日军则利用韩复榘弃守之机，急兵南下。日军计划以第十师团矶谷廉介部从津浦线北面正面攻击前进，以第五师团板垣征四郎部先攻鲁南要地临沂，再从东路包抄徐州，两部计划在台儿庄附近会合。

3月10日，板垣征四郎部进入阵地，猛攻临沂。我守军庞炳勋部仅有5个团的兵力，尽管伤亡惨重，但仍坚守不退。第五战区急调张自忠第五十九军增援临沂，战区参谋长徐祖诒亲临前线指挥。张自忠部于12日按时抵达临沂北郊之沂河西岸，加入战斗。张自忠过去在内战中曾与庞炳勋结下私怨，但在此国难当头之时，他毅然捐弃前嫌，以民族利益为重，全力投入战斗。至3月18日，张、庞两部终于击溃日军，残敌向莒县逃跑。20日，第五十九军奉调费县，由于日军反扑临沂，张军又折回应战，双方大战至29日，日军溃败退往义堂集附近与中国军队对峙。临沂保卫战初告胜利。

中国军队临沂战役的胜利，使日军第五师团主力始终不能与第十师团按预定计划会合于台儿庄，并使冒险突进到台儿庄的濑谷旅团陷于孤立无援之境地。

在津浦路北面，由于韩复榘的弃守，致使日军第十师团如入无人之境。他们认为中国军队不堪一击，视攻占徐州如探囊取物，因而不顾一切地向南急进。

2月上中旬，我第三集团军代总司令孙桐萱率部猛烈反攻济宁、汶上两城，以图雪耻，但最后终因敌人援军大批赶到而未能如愿。此役虽未成功，却也歼敌千余，并拖住了日军第十师团一个旅团的主力，有力地支持了津浦路正面作战。

3月15日，日军第三十三旅团长濑谷启率步炮装甲兵3万余人，在飞机掩护下分四路攻击滕县，开始南下作战。此时我滕县仅有两营守军。第五战区司令长官部急调刚刚抵达战区的川军第二十二集团军孙震部前往增援，阻敌南下。

第二十二集团军出川后，先在山西参加抗战。因为阎锡山歧视他们，不仅不补充弹械，连棉衣、粮食都不供应，致使川军在冰天雪地中仍然穿着单衣作战。阎氏甚至还辱骂川军是“土匪”，并电请军事委员会将他们调出山西。蒋介石闻报生气地说：“第二战区不肯要，把他们调到第一战区去，问程长官要不要？”但第一战区司令长官程潜也不肯接纳，他说：“阎老西不要，你们要送给我？我不要这种烂队伍。”蒋介石知道后不禁勃然大怒，他说：“把他们调回去，让他们回到四川去称王称帝罢！”白崇禧当时在一旁见状便劝解说：“我打电话到徐州去，问问五战区李长官要不要？”李宗仁正为韩复榘撤退无人接防而发愁，他立即答应说：“好得很啊，我现在正需要兵，请赶快把他们调到徐州来。”[47]于是第二十二集团军这才开赴鲁南参加抗日。1938年元旦，川军将领邓锡侯、孙震赶到第五战区见李宗仁，他们说：“一、二战区都不要我们，天下之大，无处容身，李长官肯要我们到第五战区来，真是恩高德厚！长官有什么吩咐，我们绝对服从命令！”李宗仁诚恳地对他们说：“诸位和我都在中国内战中打了二十余年，回想起来也太无意义，现在总算时机到了，让我们各省军队，停止内战，大家共同杀敌报国，……今后如能死在救国的战争里也是机会难得的。从今以后，大家一致和敌人拼命。”他还应两人的要求，给川军配备了大量枪炮弹药，并亲赴前线给川军讲话，希望士兵们效法诸葛亮领兵北抗司马懿，杀敌报国。这一切极大激发了川军保国作战的勇气。

第二十二集团军孙震接到命令后，立即派第一二二师师长王铭章率部赶赴滕县，令其死守抗敌，等待中央军汤恩伯军团的增援。3月16日至17日，王铭章率全师官兵在日军陆空猛烈攻击之下连续血战两昼夜，打退日军无数次冲锋，全师伤亡殆尽。但援军汤军团先头部队在滕县东南关受阻，不能前进。17日，王铭章致电孙震，表示“决以死力拒守，以报国家，以报知遇”。[48]下午，在激战中王师长壮烈殉国，临牺牲前仍然冲向敌阵毙敌3名。18日，守军仅百余人突围而出，滕县陷落。国民政府为表彰川军的壮烈精神，为王铭章师长举行了隆重的葬礼。滕县虽然失守，但为下一步作战赢得了宝贵的时间。

日军攻下滕县后，继续攻击前进，兵临鲁南交通要地台儿庄。这时我第二集团军孙连仲部主力已抵此布防，汤恩伯军团则渡过运河集结于峄县东北，准备侧击日军。

23日，台儿庄大战开始。我第三十一师池峰城部首先在台儿庄遇敌，经过激战击退敌人进攻。同时汤军团向峄县、枣庄日军进攻，消灭了日军准备增援临沂的沂州支队。26日后，日军向台儿庄大批增兵，并以重炮、坦克向我猛攻，而我军野战重炮团与战车防御营亦已抵达，双方展开了激战，台庄附近车站、煤厂等建筑已被炸成一片废墟。由于台儿庄战事激烈，27日，第五战区命令汤恩伯部“即放弃峄县、枣庄之攻击计划，主力向南转进，先歼灭台儿庄之敌”。[49]但汤部未予执行。李宗仁连电蒋介石告急，蒋介石复于29日亲自下令汤军团，要其分兵攻击台儿庄附近之敌，接应庄内我军作战。此时，台儿庄战事已达到最高潮，庄内我守军组成突击队，歼灭入庄之敌；庄外我另一部则截断日军后路，重创其增援部队。日将濑谷启亲赴战场指挥，并调来增援部队，双方陷入激战。汤军团一部于30日抵达台儿庄以北，猛烈攻击敌之侧背，日军乃将主力调往东侧猛攻关军，激战一昼夜。次日下午我军完成了对濑谷旅团的包围。正当我军准备发动歼灭战时，日坂本旅团主力从东面抵达。坂本因急于给濑谷解围，便以主力突进台儿庄，并占领庄内3/4地区，但却陷入我军包围圈内。4月2日，第五战区派第五十五军攻占两下店、界河，切断敌军后援，并下达了围歼濑谷、坂本两旅团之总攻击令。3日我各集团军发起总攻，将士们浴血奋战，从正面突入台儿庄，与庄内我守军前后夹击，日军阵脚大乱。激战至6日，日军力战不支，濑谷部队首先溃逃脱离战场，坂本部队伤亡惨重，亦于次日北逃峄枣地区，凭借险要地势固守待援，庄内残敌为我军全数歼灭。

台儿庄之役历时一月，我军经过浴血奋战，终于将优势敌军击溃，粉碎了日军“不可战胜”的神话，取得了自抗战以来正面战场一次重大胜利，在抗日战史上留下了光辉的一页。此役我歼敌逾万，我军伤亡也超过两万。对我守军之英勇日军亦赞叹说：“虽系敌人，目睹其壮烈亦将为之感叹。”

台儿庄大捷在国内外激起了强烈反响，它极大地振奋了军心民心，横扫了抗战以来笼罩国内的失败主义情绪。国共两党对此战役给予了高度的评价。英美各国新闻界亦进行了广泛的宣传，美国人曾评论说："这是日本建立现代化军队以来遭受的第一场引人注目的大惨败。"[50]

台儿庄大捷具有伟大意义，它显示了中国人民抵抗侵略的力量和决心，粉碎了日军不可战胜的神话，使全国军民看到了战胜日本的前途。时至今日，史学界仍有人认为台儿庄一战不过歼灭了万余日军，其规模不及"八一三"，歼敌不比忻口战役，对改变当时战场局势并无太大作用，这种观点不免过于片面。笔者认为阐明台儿庄之役的作用与意义，不能单纯从其歼敌数量来衡量，而应结合当时战争的背景以及敌我双方的态势来进行综合比较研究。抗战开始以来，在南北战场上我军虽经激烈抵抗，但终因综合国力军力不及对手，结果被迫节节后退，丧师失地。综合比较双方实力，在当时情况下我军能够在战场上有效地遏止敌军的进攻就是胜利，能够阻止敌军的前进便是成功，因为敌方的战略是速战速决，而我方的战略方针是持久战。从这一点出发来考察台儿庄之役，我们便可看到，这一战役是在敌强我弱的形势下，我军以弱者的一方不仅打破了敌人的作战企图，而且在局部范围内还演成了围歼追击敌军的结果。所以，可以说这是一场以弱胜强的战役，何况这些成绩是在那样困难的条件下取得的。因此，我们没有任何理由蔑视自己的胜利而迎合敌人的宣传，对台儿庄战役作低调的评论。

第三，台儿庄日军究竟是主动撤退还是大败溃逃？

日本人也没有忘记"台儿庄大败"。但随着战后日本经济的复苏和增长，日本一些右翼分子及组织又一天天自大起来。对于战后统治并扶持他们的美国人，他们从"要说'不'"，"敢说'不'"，一直发展到"坚决说'不'"。对于这场战争的历史他们也进行篡改，以尽量盖日本的罪恶，除了在概念上把侵略中国说成是"进出"中国外，对于"台儿庄战败"也给予否认。在1978年8月号的《历史与人物》杂志上日本防卫厅防卫研修所教官森松俊夫发表了《〈日本军台儿庄大败〉之真相》一文。该文一开头即说："大东亚战争结束后，以战记为题材的出版物如堰堤决口似的泛滥市井，其中题为《台儿庄之败战》者甚多。对此怀抱奇异之感者，乃直接参加此役之官兵，彼等虽感到此战役乃激战、苦战，却完全没有败北的感觉。因此当听到说‘你们打败了’的时候，他们感到奇怪和愤慨。”[51]“我弄清了认为‘打败了’的作家是在对事实有误解或在对事实缺乏深入了解的情况下而又受到中国方面宣传材料的影响所造成的。”[52]文章接着叙述了当时的战况，他认为濑谷与坂本两部从台儿庄的撤退是在当时战况激烈联络不上的情况下，濑谷奉令移兵支援坂本，而坂本又以为濑谷部已完全占领了台儿庄，因而两部队这才先后撤离战场的。而且，这种“撤离”是符合华北方面军“与大本营谈妥总归要撤”的方针的，“自台儿庄后退并不是败退”，“所以并没当成问题”。[53]

在文章中，森松并没有提供什么有力的史料根据来论证他的这一论点，而且与其他日方资料的记载亦多有矛盾之处。从整个战局来看，正如前文所述，日军在台儿庄的攻击作战没有成功，濑谷部队从进攻者最后沦为首先撤离战场的后退者，亦为明白的事实。

现引证日本官方记录、日本防卫厅防卫研究所战史室著《中国事变陆军作战史》第二卷第一分册一书中“对台庄之战”的记载，以说明日军撤离台儿庄之真相。

该书记载道：[54]

4月2日，台儿庄攻坚虽仍无进展，但步一〇的主力已南下台儿庄东面地区……

4月4日，坂本支队在萧汪附近，因受优势之敌包围攻击，正在苦战……因通讯联络不良，第五师团长判断，坂本支队的作战正在顺利地进展中。

5日，台儿庄城内的攻击没有进展。……坂本支队长于5日考虑濑谷支队攻占台儿庄已结束，策应濑谷支队的作战任务已完成，当日19时37分对步二一下令准备返回。……又于当夜发出如下电报“支队虽奉命返回沂州，但拟给敌一击，希濑谷支队攻击该支队北面之敌背后”。

……

瀬谷支队长于6日7时下达如下命令："一、步六三主力迅速结束台儿庄的扫荡讨伐。"……15时30分下令本日后将支队主力向北方转进，攻击坂本支队右侧背之敌……

第十师团6日得知坂本支队的转进决心，向第二军提出应联合各部的兵力消灭台儿庄附近之敌的意见，得到军的同意。可是，随后接到濑谷支队的报告，内容为"暂时离开台儿庄，兵力集结于后方"。师团长立即让参谋长用电话下达命令，命濑谷支队中止转进。但是，濑谷支队长从全面情况着眼，命令支队从台儿庄转进……坂本支队长得悉濑谷支队的脱离后，决心撤退支队，于7日夜在敌人的迫近下离开战线，8日晨转进到峄县东北地区。

……

第十师团长……于8日命令两支队："在现驻地附近大力整顿兵力，搜索敌情，作好下一步进攻的准备。"8日，濑谷支队把部队集结在峄县周围地区，坂本支队在郭里集南面地区整理部队。

中国方面见到日本军队按照新的方针转移，以确保占领地安定的态势，认为系由于战力的消耗，再无力量进行攻击作战，于是大肆宣传由于顽强抵抗，迫使日军后退，而取得"台儿庄胜利"。

引文至此，读者已经明了所谓日军"联络不上，主动转进"的真正含意，对日军在台儿庄的战败也可一目了然。虽然这部官书仍不愿坦白明书"战败"字样，但节节"转进"无法掩饰其退却，而"脱离战场"则可明确理解为撤退与溃逃。否则日军师团指挥官为何又要即严令其"中止转进"呢？濑谷支队长之所以敢于"从全面情况着眼"而不得不一反日军自吹之"服从""传统"，抗命后退，足见其在惨败之余实已无力再战。

又据日本秦郁彦著《日中战争史》一书所载，台儿庄战役结束后，"陆军认为破坏了日本传统，把濑谷少将编入预备役"。濑谷启之所以被勒令退伍，亦绝不可能是奉命"转进"之结果。何况在当时日军正是气势汹汹，一路得手之时，忽然"转进"，其中唯一的解释便是遇到了沉重的打击，否则他们又为何要“自坏传统”呢？

还有一点需要研究的是当时日军统帅部究竟有无中止在津浦北线作战之意图。关于这点，只要参考秦郁彦著《日中战争史》第七章《军事作战概史》中的有关记载，便可明了。秦氏写道：“参谋本部特别热望早日解决对华战争，将中国派遣军部队转用于北方，[55]再则，以南京惨杀事件为代表的军纪废弛事件续发，为刷新军队的士气，兵士的新陈代谢亦有必要。基此观点，1938年2月16日之大本营御前会议，决定在新设预定师团的编制可完成的夏秋之前，除一部分支作战外，不进行积极的大作战，专心于占领地域之治安……肃正及新政权之育成。各军司令官大体回答：‘好的，没有异议，一切遵照大本营命令行事。’但寺内阁下则说：‘对大本营的指示，当然不能反对，但本人有意见。徐州非打不可。’……还不满一个月，徐州会战就发动了。……当时日本军人之骄横大有‘将在外君命有所不受’之概。”

“此种执拗而积极的意见具申，终于生效。第二军于1938年3月上旬经由华北方面军向大本营申请：‘请准予驱逐眼前之敌决非向南深入之作战。’……统帅部终于信赖第二军之建议，增加一部分部队，准许其‘扫荡作战。’”

在中央，陆海两省对战局不扩大政策不满。在前线，华北方面军要求向山东南部扩展，华中方面军要求打通津浦线。结果日军部改变2月16日之既定方针，于3月1日将稳重派之河边作战课长他调，而以陆军省陆事课高级课员稻田正纯中佐继任作战课长。

稻田就任课长后，立即主张发动徐州、汉口、广州作战，以期“击灭”中国军之主力，占领抗战根据地，借以消灭中国之抗战意欲。

批准第二军南进之申请，就在稻田中佐就任作战课长之后。

第二军此举，使日本中央的战局不扩大方针，为之瓦解。由此可见，所谓日军统帅部主动要求收缩华北方面军南下作战的说法是根本不成立的。在日本陆海军的要求下，日军统帅部曾经计划过的意在“休整巩固”的“不扩大方针”已经瓦解。因此，台儿庄日军的后退也不是日军统帅部的意图。

第四，“台儿庄大捷”应归功于谁？

我军经过浴血奋战，取得了台儿庄大捷。不言而喻，这次大捷首先应归功于那些为国捐躯的英勇将士。他们的奋斗牺牲精神使其敌人也为之惊叹。日军濑谷支队曾在其《步兵第十联队战斗详报》中对台儿庄的战斗有如下记载：“研究敌二七师第八〇旅自昨日以来之战斗精神，其决死勇战气概，无愧于蒋介石的极大信任，凭藉散兵壕，全部守兵顽强抵抗直到最后。宜哉！此敌于此狭窄的散兵壕内，重叠相枕，力战而死之状，虽为敌人，睹其壮烈亦将为之感叹。曾使翻译劝其投降，应者绝无。尸山血河，并非日本军所独有，不识他人，徒自陶醉宴如，为国军所最应戒者。”[56]

据战地记者谢冰莹等的战场采访报道，李宗仁、张自忠、孙连仲、池峰城等将领对我军士兵在战斗中所表现出的牺牲卫国精神都十分感动。张自忠曾说：“这一次我们牺牲得可以说得上‘壮烈’二字，一方面果然是弟兄勇敢，视死如归，一方面也是弟兄抱着‘打死一个够本，打死二个赚钱’的观念，以血肉去和坦克车机关枪相拼，所以牺牲也格外利害些”。池峰城亦描述了他手下敢死队收复台儿庄内失地的情形：“在黄昏的暮色里，我目送着这 57 位铁汉，用他们的血肉去争取台儿庄最初的胜利。战斗一开始，他们就伤了 4 个，担架兵把他们抬下来，谁知 4 个人都自杀了，真的完成了他们不成功即成仁的誓言。生还的仅 ×× 团的营附及士兵 10 多个人，但西北角到底夺回来了！”[57] 可以说收复后的台儿庄的每一寸土地都浸满了我军将士的鲜血。

台儿庄大捷也应归功为以李宗仁为代表的我军指挥官们。抗战开始后，李宗仁、白崇禧等将领除了在战略上主张持久战之外，在战术上亦赞同中共领袖所提出的运动战、游击战方针（参见本书第一章）。作为第五战区司令长官、台儿庄战役的具体指挥者李宗仁将军的指挥功绩是得到国人一致认同的。关于这一点，李宗仁在其回忆录中已有详细的记录。正因为李宗仁在指挥台儿庄战役中的成绩及其影响，当时在国内曾掀起了一股歌颂李宗仁的热潮，军事委员会政治部第三厅曾为此编成过《抗战将军李宗仁》等许多宣传材料。为此还曾引起了一场“李宗仁功高震主”的风波，蒋介石的宠将陈诚曾以政治部主任的名义特别下令"不要歌颂个人"，以图维护蒋氏的威信。

关于中国共产党与台儿庄战役的关系，过去亦曾有人专门对此进行过研究，发表过论文。其主要内容有：一、台儿庄战役之前，周恩来曾在武汉与白崇禧等人具体谈论过以运动战阵地战结合抗击日军的问题，而台儿庄战役正是运用了这一战术才取得了胜利，因而台儿庄战役的胜利也有中国共产党的影响与促进作用。二、活跃在安徽淮北的新四军及共产党领导的游击队，在敌后发动牵制作战，使南路日军不能抽身北上。三、活动在原东北军、西北军等参战部队中的共产党地下工作者在战役中的带头作用等等。对此我们不能忽视，更不能否认。但是无论如何，我们认为，这些只能是战役胜利的辅助性因素而不是直接性因素，不应拔高到一种不恰当的位置，或有意识地强化这些因素的影响与作用。我们必须承认，台儿庄大捷是国民党军队在正面战场上抗击日军侵略所取得的一次胜仗，其功绩应当归功于战役具体指挥者李宗仁将军以及广大的爱国将士。正如我们在评价八路军取得的平型关大捷时，用不着说什么在蒋介石委员长领导下，在二战区阎锡山司令长官指导下一样。

在查阅日方有关台儿庄战役的材料时，我多次发现日本一些人为了掩盖战败真相，曾引用了郭沫若先生在《抗日战争回忆录》中的一段话，用作日军"主动撤退"的根据。这段话原文是："想起来，也许是走运，开展宣传周的第三天，碰上了台儿庄的大胜利。当时消息说：……敌之坂垣、矶谷两师团主力已被我方歼灭。今天来一看，这消息简直令人喷饭。事实上是敌人自台儿庄一带做战略撤退，以便全面进攻，而我们的'军师'们把这个加以夸大了，真是所谓扩大宣传，这虽然是'军师们'惯用的手段，但确使当时的一般人陶醉在胜利之中了。"[58]虽然今天我们已难详彻了解郭沫若先生说这段话时的背景与动机，但单纯就事实而言，这段评论与历史事实是有一些出入的。台儿庄战役之后，国民党当局曾经进行过"扩大宣传"，用以激励抗战士气。据当时参加过上海、武汉等大战役的郭汝瑰先生回忆，国民党最高当局在战时确曾明令过关于宣传战中将歼敌数目"以一报十"的"扩大宣传”方法，[59]其目的是出于“扬我抑敌”的策略需要。这应该是可以理解的。所谓台儿庄一战消灭了日军2万余人，使矶谷、坂垣两师团主力被歼灭的说法也正是源于此策。但台儿庄战役击溃了濑谷、坂本两旅团，取得了战斗胜利，这是不容否认的事实。郭沫若先生关于日军“做战略撤退”一说，只是看到了现象，并没有说明日军为什么要在气焰汹汹的时刻忽然要以“撤退”来作“全面进攻”的前提，如果日军对台儿庄的重点进攻能够奏效，那他何必要作“违背皇军传统”的战略撤退呢？而日本一些人却据此来说明日军不曾战败，其手段之拙劣可见一斑。在国共两党斗争白热化的日子里，抗战史的研究要为这场激烈的阶级斗争服务，郭先生在那种背景下写出的上述评论，作为对国民党斗争的手段之一，也是情有可原的。只是在50年后的今天，我们应当还历史以本来面目，将科学的历史研究与作为阶级斗争手段的历史武器区分开来，不要再让敌人钻了我们民族内部矛盾分歧的空子。

第五，我军在徐州会战中“弃战撤退”是否正确？

台儿庄战役后，日军统帅部发现在徐州附近集结着大量的中国军队，于是决心集中全力围攻徐州。日军计划，一方面命令第五师团坂垣部以主力西移，向矶谷师团残部靠拢，协作构成坚固防线，固守待援。另一方面，于4月24日颁布了新的《华中派遣军徐州会战计划》，以5月中旬为限，联络华北方面军攻徐州，消灭中国野战军之主力。[60]为此，日军从平、津、晋、绥、苏、皖各战场抽调13个师团共30万之众，配以各种重武器，分六路向徐州集中包围过来。

台儿庄战役后，我军各部正急需补充休息。但国民政府由于受到台儿庄大捷之激励，急欲扩大战果，居然调集大批援军向徐州地区开来，准备与敌决战。当时连蒋介石的德籍军事总顾问法肯豪森也主张中方应急速扩大战果，他曾为中国军队“没有乘胜追击”而气得“狠命地揪自己的头发”。他说：“我告诉委员长要向前推进，要发动进攻，要乘胜前进，可是他们什么行动也没有采取，日军很快就会把8到10个师的部队调到徐州前沿，到那时就来不及了。”[61]蒋介石也认为，日本攻击势头已经受挫，力量已经疲惫，他寄希望于打一场如同“八一三”式的会战，以扭转整个中日战局。一月之内，我军抵达徐州之增援部队多达20余万，与战区原有部队合计达64个师又3个旅，总计兵员60万。徐州“真有人满为患之虞”。

日军统帅部利用中方急于扩大战果的心理，命令在台儿庄地区残留部队进行抑留作战，同时命令各军火速增援。4月16日，日军转守为攻，但处处都遭到我军的激烈抵抗。仅第四十一、四十二两个联队在进攻中即伤亡1400多人，而国崎支队伤亡大半。19日，日军攻陷临沂，从东西两面包围了汤恩伯军团，使之不得不后退，但却遭到我第六十军卢汉部的顽强抗击，双方在韩庄至邳县的运河两岸对峙。整个战场呈胶着状态。

5月上旬，日军华中派遣军稻叶四郎第六师团攻陷合肥，解除了日军北上的侧翼威胁。9日，日军以千余人的代价占领蒙城，我守军四十八军一七三师在副师长周元率领下激战到底，全部殉国。5月7日，日军佐藤支队从盐城北上，轻取阜宁，守军第二十四集团军第八十九军韩德勤部弃城逃走。日军乘机西进，切断我军西退之路。蒋介石闻讯大怒，他电斥韩德勤：“密查阜宁之敌不满三千，长驱千里，如入无人之境，目下竟有窥东海遮断陇海路之趋势，该副总司令所部兵力优敌五倍，而丧师失地，影响主力军侧背之安全，将何以自解？”[62]随后，蚌埠日军3个师团又从津浦西侧攻破宿县，向徐州逼近。此时，徐州以南津浦路防线已完全洞开。同时，南路日军还占领了黄口车站，切断了徐州以西第五战区与第一战区的联络；北路敌人除在鲁西平原上与我军激战外，又以一部取海道从连云港登陆。日军包围徐州之势已经形成。

李宗仁判断，在徐州一带平原地区内以我疲惫之军与拥有重武器之日军作战将难以取胜，为保存实力持久抗战，“类似上海的会战，断不可重演”。[63]于是第五战区统帅部决定除留少数部队在敌后游击外，大部队分五路向豫皖边区突围。5月中旬，我军数十万部队在战区司令部指挥之下，以昼息夜行方法从敌军包围圈的间隙中陆续突围。虽然各部在敌军围困之中险象环生，但包括战区司令长官部在内的各部队，经过多方努力，克服了许多艰难，终于在5月下旬冲出了敌军的包围圈。18日，我军放弃徐州，李宗仁率司令长官部渡过涡河，进入第二十一集团军防地。这样，历时月余的徐州会战就这样结束了。

5月19日，日军进入徐州，结果只抓到我方几个落伍的病兵。他们企图以40万兵力围歼我军的庞大计划至此彻底破产。

曾经有一种观点认为李宗仁之撤退令下达过早，第五战区应利用我军优势兵力在给予敌军以更大杀伤之后再行撤退。表面看来，这说法有一定道理，但综合当时战场的实际情况，参照“八一三”战役的教训，我们认为，当时第五战区的撤退决策是正确的。这是因为，大量集中使用兵力进行决战，违反了持久战与消耗战的原则。虽然当时中方军队达60万之多，但综合战斗力仍在日军之下，因而任何拖延撤退或续战的选择都会给中国军队带来更大的损失。李宗仁率领几十万大军及时地成功地从日军的包围圈中撤退，这不能不说是对中国的持久抗战事业的一个很大的贡献。

【注】

[1] 邓哲熙：《韩石叛冯的经过》，载《一代枭雄韩复榘》，第12页，中国文史出版社1988年版。

[2] 孙桐萱等：《中原大战中的进退》，载《一代枭雄韩复榘》，第45页。

[3] 何思源：《我与韩复榘共事八年的经历和见闻》，载《一代枭雄韩复榘》，第66页。

[4] 王道生：《大本营派我到韩部》，载《一代枭雄韩复榘》，第234页。

[5] 韩多峰：《“山东独立”梦》，载《一代枭雄韩复榘》，第206页。

[6] 韩多峰：《“山东独立”梦》，载《一代枭雄韩复榘》第207页。

[7] 余右尧：《韩复榘和日本人打交道》，载《一代枭雄韩复榘》，第239页。

[8] 梁漱溟：《七七事变前后的韩复榘》，载《一代枭雄韩复榘》，第220页。

[9] 何思源：《我与韩复榘共事八年的经历和见闻》，载《一代枭雄韩复榘》，第66页、69页。

[10] 何思源：《我与韩复榘共事八年的经历和见闻》，载《一代枭雄韩复榘》，第66页、69页。

[11] 孙桐萱：《韩复榘被扣的前因后果》，载《一代枭雄韩复榘》，第249页。

[12] 何思源：《我与韩复榘共事八年的经历和见闻》，载《一代枭雄韩复榘》，第70页。

[13] 何思源 :《我与韩复榘共事八年的经历和见闻》，载《一代枭雄韩复榘》，第 69—70 页。

[14] 何思源 :《我与韩复榘共事八年的经历和见闻》，载《一代枭雄韩复榘》，第 69—70 页。

[15] 同上，第 71 页。

[16] 何思源 :《我与韩复榘共事八年的经历与见闻》，载《一代枭雄韩复榘》，第 71 页。

[17] 《卢沟桥事变后国民党政府军事机关长官会报纪录》(第 21 次),载《民国档案》1987 年 第三期。

[18] 《卢沟桥事变后国民党政府军事机关长官会报纪录》(第 13 次),载《民国档案》1987 年第二期。

[19] 梁漱溟 :《七七事变前后的韩复榘》，载《一代枭雄韩复榘》，第 224 页。

[20] 王道生 :《大本营派我到韩部》，载《一代枭雄韩复榘》，第 234 页。

[21] 黎重光 :《中兴煤矿与山东省府的周旋应酬》，载《一代枭雄韩复榘》，第 104 页。

[22] 杜天锡 :《韩复榘言行琐记》，载《一代枭雄韩复榘》，第 194 页。

[23] 谭晓钟 :《宋哲元与冯玉祥》，载陈世松 :《宋哲元研究》，第 56 页，四川省社科院出版社 1987 年版。

[24] 孙桐萱 :《韩复榘被扣的前因后果》，载《一代枭雄韩复榘》，第 250 页。

[25] 何思源 :《我与韩复榘共事八年的经历与见闻》，载《一代枭雄韩复榘》第 71 页、72 页。

[26] 梁漱溟 :《七七事变前后的韩复榘》，载《一代枭雄韩复榘》，第 230 页。

[27] 梁漱溟 :《七七事变前后的韩复榘》，载《一代枭雄韩复榘》，第 230 页。

[28] 汪东林 :《访梁漱溟问答录》(五)，载《人物》1986 年第 6 期。

[29] 何思源 :《我与韩复榘共事八年的经历与见闻》，载《代枭雄韩复榘》，第 73 页。

[30] 王道生 :《大本营派我到韩部》，载《一代枭雄韩复榘》，第 237 页。

[31] 吴锡祺 :《韩复榘被扣目击记》，载《一代枭雄韩复榘》，第 257—258 页。

[32] 王道生 :《大本营派我到韩部》，载《一代枭雄韩复榘》，第 235—236 页。

[33] 刘熙众 :《韩复榘与刘湘的秘密结合》，载《一代枭雄韩榘》，第 210 页。

[34] 张樾亭 :《记刘湘、韩复榘、宋哲元联日反蒋的失败》，《文史资料选辑》第 54 辑。

[35] 马宣伟等 :《川军出川抗战纪事》，第 67—68 页、第 70 页，四川社科院出版社 1986 年版。

[36] 马宣伟等 :《川军出川抗战纪事》，第 67—68 页、第 70 页，四川社科院出版社 1986 年版。

[37] 同上，第 68 页。

[38] 刘熙众 :《韩复榘与刘湘的秘密结合》，载《一代枭雄韩复榘》，第 211 页。

[39] 马宣伟等 :《川军出川抗战纪事》，第 72 页。

[40] 《陆军第一一三师淮河战役战斗详报》，二史馆馆藏档案七八七。

[41] 《陆军第一四师临淮关大小溪河等役战斗详报》，二史馆馆藏档案七八七。

[42] 《陆军第五九军淮河北岸战斗详报》，二史馆馆藏档案七八七。

[43] 冯玉祥 :《痛悼张自忠将军》，载《新华日报》1940 年 7 月 12 日。

[44] 《新华日报》1938 年 2 月 12 日。

[45] 冯玉祥 :《痛悼张自忠将军》。

[46] 《毛泽东选集》, 第 2 卷, 第 505 页, 人民出版社 1991 年版。

[47] 《李宗仁回忆录》(下), 第 727 页。

[48] 王铭章致孙震电 1938 年 3 月 17 日, 二史馆馆藏档案七八七。

[49] 《第五战区作战命令》, 二史馆馆藏档案七八七。

[50] [美] 巴巴拉·塔奇曼 :《史迪威与美国在华经验》(上), 第 259 页, 商务印书馆 1984 第 1 版。

[51] 参见社科院近代史所、二史馆合编《台儿庄战役资料汇编》, 第 294 页, 中华书局 1989 年版。

[52] 参见《台儿庄战役资料汇编》, 第 294—300 页, 中华书局 1989 年版。

[53] 参见《台儿庄战役资料汇编》, 第 294—300 页, 中华书局 1989 年版。

[54] 参见《中国事变陆军作战史》, 第二卷, 第一分册, 第 37—41 页。

[55] 指苏联。

[56] 《中国事变陆军作战史》, 第二卷, 第分册, 第 37 页。

[57] 《台儿庄战役资料选编》, 第 284—288 页。

[58] 《沫若文集》, 第九卷, 第 55—56 页。

[59] 据郭汝瑰先生 1992 年 4 月 11 日在中国第二历史档案馆的报告记录。

[60] 《中国事变陆军作战史》, 第二卷, 第一分册, 第 51 页。

[61] 见《台儿庄战役资料选编》, 第 322 页。

[62] 《蒋介石致韩德勤电》1938 年 5 月 9 日, 二史馆馆藏档案七八七。

[63] 《李宗仁回忆录》(下), 第 741 页。

激战与内耗 | 第五章

第一节　花园口被炸

日军攻占徐州后，下一个战略目标便是武汉。日军统帅部计划，以主力由徐州沿陇海路西进，再沿平汉线南下攻打武汉。另以华中方面军由合肥趋信阳，溯长江而上武汉，作为辅攻，准备在武汉地区捕捉并围歼中国主力军。

日军攻占徐州后，其机械化部队土肥原师团、九岛师团等部立刻沿陇海路两侧猛烈向西进攻，很快攻入豫东地区。中国统帅部急调一战区前敌总指挥薛岳所辖兵团组织兰封战役，意图阻止敌军西进，但未能成功。6月6日，开封陷落，日军先头部队抵达中牟、尉氏等地。郑州已危在旦夕。如果郑州失守，日军南可威胁武汉，西可攻占洛阳、西安，进而威胁汉中，这将严重影响我国将来的抗战局势。

蒋介石对北方日军之凶猛进攻忧心忡忡。他在开封失陷前夕，曾亲自由武汉飞往郑州，与第一战区指挥官们商讨阻敌之计。他要程潜提出具体的阻敌西进方案。

当时第一战区司令长官部参谋长晏勋甫和谞行两人提议，效法中国古代的传统兵法——水淹七军之术，炸开黄河南岸堤防，以水为兵抵抗日军。他们论证说这样可以把日军隔绝在豫东，以保证郑州之安全。程潜对此表示同意，并立即上报。该项计划上报后不一到小时，便收到了蒋介石的批准电。侍从室来电告诉他们，决定在郑州东北的花园口把黄河南岸堤坝掘开，让河水向东南方豫、皖、苏地区流去，淹没敌军。

掘堤任务下达给了第二十二集团军孙震部的新编第八师（师长蒋在珍、副师长朱振民）。他们在一战区直属工兵团的配合下，在花园口及赵口附近河堤上掘开了三个口子。为保密起见，他们谎称日军将至，将周围十里之内的老百姓全部驱走，不准自由行动。蒋在珍挑选了800名身强力壮的兵士，日夜轮番挖掘，到第四昼夜时才挖穿河堤见水。由于当时正值枯水期，河水流量较小，加上人工挖掘缺口太浅，一时不能形成洪流。蒋在珍便向战区申请炮兵支援。战区遂从薛岳部调来平射炮，对准缺口轰击60余发，终于把河堤完全炸开。6月1日，滔滔黄水，一泻千里。它们经过陇海路，淹没中牟、尉氏等地；再经贾鲁河，涌入皖境，越过淮河、运河，直趋长江。豫皖苏3省20余县顿成一片泽国。洪水将村庄、人畜、田地、房屋一切统统吞没，80余万人葬身鱼腹，1000余万人流离失所。洪水造成了数千公里的黄泛区，给人民生命财产造成了巨大的损失。[1]

黄河决口在一定程度上也达到了国民政府阻止日军西进的战略目的，给侵华日军造成了巨大威胁。如，以机械化部队及骑兵为主的土肥原师团，陷入泥泞与大水之中不能自拔，造成了前后部队的分离。其中一支日军骑兵突击队，冒险深入新郑附近，被洪水遮断后路，我军乘机给予围歼，取得了一次小胜，掳获战马400余骑、大炮4门及其他战利品。[2]我第二十师张测民部还乘机反攻蔚氏等地，毙敌甚多。而更重要的是，黄河决口阻断了日军从北方战线西进之路，日军现代化部队无法在北线展开，使其进兵中原的计划顿成泡影。决口之后，西进日军陷入洪水围困之中，纷纷搜集门板及其他浮水工具，准备东撤。光是17、18两日，日军由铁路线东撤兵力即达万余。同时，日本空海军亦全力投入了救援被围部队的工作，“在16日至24日之间给两个师团投下补给粮秣、卫生材料等，合计约61吨半”。[3]日军统帅部原定作战计划被打乱，只好变更战略进攻路线，改以华中方面军绕道合肥、安庆，沿长江一线主攻武汉。这样，便演成武汉会战之结局。这在抗战战略上具有重要意义。

日军占领徐州，沟通了南北战场。本来日军可以南北两地齐头并进，以北线为主拿下陇海线，使南、北、西三个战场联成一片，然后直取西北再下西南，占领中国军队西退基地而后给予围歼。但因黄河决口，大片河泛区使南北战场处于隔绝状态，从而形成同蒲、平汉北段、津浦三条纵线长期分立的状态，日军因此不得不继续以长江一线为战略主攻路线，而将北方战场战事停顿下来。这一局面直至抗战末期也未改变。这种战局变化适应了国民政府预定的长期抗战的战略路线，使抗战后方基地西南地区得以保存。这虽然不能完全归功于黄河决口，但其中河泛之作用亦应给予如实的肯定。

花园口的决堤，给饱受战乱之灾的中国人民又平添了一层痛苦，而国民政府对此又无法做出公开的解释，因而无奈之中只能对外宣传说是日本飞机炸开了大堤。中央社发出这消息之后，引起了国际舆论的轰动。各国纷纷谴责日军之无耻，搞得日本当局有口难辩。

外国记者纷纷要求到花园口作实地采访。不得已，第一战区只好命令新八师编造了一套日机轰炸河堤的材料，并伪造了一个被炸现场。为了弄假成真，他们还设计了一场军民抢堵缺口的表演，让外国记者参观。到记者参观的当日，他们煞有介事地表演起来，把装满石块的船又推又拉沉入缺口，有的把高粱、稻草等包上石头填下水去，现场人来人往乱成团，其中不少人还受了伤。即使这样，还是有记者提出疑义，他们认为即使日本6架飞机（现场介绍说是6架日本飞机所炸）所负炸弹投在这一点上，恐怕也难将大堤炸垮。陪同来的国民党中央宣传部人员赶快出来圆场，匆匆结束了这场“现场采访”式的表演。[4]

事后，国民政府军事委员会为表彰花园口决堤有功人员，曾给新八师师长蒋在珍记功一次，并给调配炮兵炸堤的薛岳发赏金3000元。

对于花园口决堤，大陆史学界持否定论者占绝大多数。他们认为，它是国民党当局坚持“片面抗战”路线的结果，抗敌不力，只好“以水代兵”，而其结果亦并未能阻止日军西进，反而给广大人民群众造成了巨大损失。所以，花园口决堤一直是作为抗战期间中国当权者一件很不光彩的丑行而记入史册的。当然，从其抗日不力、纵水殃民这一点来看，花园口决堤是应予否定的。但从抗战纯军事战略角度来分析，其中亦有合理的成份。战争是敌我双方的生死较量，从战争全局出发，如果对战局有利，即使自己承担一些牺牲也是值得的。至于说如果国民政府能够发动民众全面抗战就可避免决堤，那只不过是一种假设。从国民政府被迫走上抗日道路的经过来看，他不可能在某一阶段或某一战役中忽然改变其一贯的指导方针。我们分析正面战场上国民党军的抗日行为，还是要以其有利或不利于抗日大局为依据。黄河决堤，在客观上达成了阻敌西进袭扰我西北、西南抗战基地的实际效果，同时对保证我方抗日战略路线的实施也起了一定的作用，从军事角度上看这是应该给予肯定的。但是，作为中国最高当权者，在并非万不得已的情况下，匆忙炸堤放水，而且也未预为善后减少人民损失，置人民生死于不顾，这是应该受到谴责的。尤其在日本援军尚未抵达时，就把正在开封附近作战的胡宗南第十七集团军后撤西安，以图保存实力，这种不良动机是应予否定的。

所以，对于花园口决堤应从政治与军事两方面进行考察，给予客观的评价。这一件事与后来的“长沙大火”一样，是国民党当局以己为重、以民为轻的政治路线的产物。从军事角度来说，这是一项正确的但并非唯一的选择。

第二节　大战在武汉外围展开

1938年6月13日，日本内阁召开御前会议，正式作出决定：进攻武汉，彻底打击国民政府，逼其投降，或使之逃往重庆沦为一个地方政府，占领中国沿海要地广州和闽粤等地，切断中国海上通道，封锁中国之外援。6月24日，日本内阁又举行五相会议，决议贯彻御前会议精神，“集中国力解决中国事变，大概以本年内达到战争目的为前提，使对内对外各种措施一切适应于此”。为此再增拨临时军费25亿日元。日本大本营陆军部认为“攻占汉口作战是早日结束战争的最大机会”，只要占领武汉就可摧毁国共合作抗日的基地，就可以控制中原支配中国。[5]

为部署武汉会战，日军以华中派遣军总司令畑俊六大将为总指挥，调动了日本陆军全部兵力的1/3，即14个师团的力量，外加300余架飞机、120余艘舰艇。准备沿长江一线分5路向武汉进攻。当时在武汉的我第十八集团军参谋长叶剑英曾将日军的战役部署高度概括为：“以多数空军掩护海军，以海军掩护陆军，沿江跃进，企图迅速夺取武汉，控制长江天堑，横切中原，以遂其切断我南北交通的毒计。”[6]

针对日军的进攻，国民政府军事委员会于6月5日召开会议，讨论武汉要不要守的问题。在会上有人提出：武汉在政治上不如南京重要，军事上比不上徐州，经济上不敌上海，文化上不如北平，既然京沪徐平等城市全都放弃了，为何要再守武汉呢？但占主导的意见认为：正是由于上述城市都已放弃了，武汉在各方面的重要性才更突出，成为我军非守不可的重要都市与战略据点。会议最后决定调集兵力，部署保卫武汉之战斗。[7]

中国统帅部鉴于以前南京保卫战演成瓮中之鳖的惨重教训和武汉三镇在地理位置上无险可守之情形，决定一改过去守城阻击的作战方式，把防守作战重点放置在武汉外围地区。在江南，以浙赣山区为新成立的第九战区的主战场。在江北，以鄂豫皖交界处大别山地区为第五战区主战场。统帅部位居武汉，居中协调指挥。

我军参加武汉会战的兵力计有130多个师，100余万人，蒋介石亲任作战总指挥。长江以北的第五战区，由驻防大别山的李宗仁任司令长官。该战区下辖两个兵团：第三兵团，总司令为孙连仲，下辖28个师；第四兵团，总司令李品仙，指挥25个师，分别部署在大别山南北地区。长江以南的第九战区，以陈诚为司令长官。下辖两个兵团：第一兵团，总司令为薛岳，指挥25个师，防卫鄱阳湖以西九江、德安地区；第二兵团，总司令为张发奎，统率40个师，部署在九江以西地区。陈诚还兼任武汉卫戍总司令，负责指挥武汉市外围守备与市内警备任务。另有江防军配备于长江沿岸各要塞，空军配合轰击长江内之敌舰及敌后方补给线；第一、三战区则从北南两方配合作战，牵制敌军。

国民政府调动百万大军与日军进行武汉会战，总兵力超过敌一军倍，并且占有地利之优势，按理说应该打出几个漂亮仗。然而在整个战役中，由于蒋介石始终是以消极防御的阵地作战来节节抵抗日军，加上国民党军内部腐败作风以及由此造成的大量内耗，致使战斗力受到严重影响，结果从会战一开始我军便陷入了被动。

在江南战场，日军以攻占马当要塞而下九江，再沿瑞昌、阳新、大冶、鄂城一线攻击前进为主攻线，于6月下旬开始攻式作战。当时马当要塞经过战前布防，沉船39艘、布雷1600多枚，[8]并设置人工暗礁，已形成坚固的要塞防御体系。但国民政府军事当局在要塞陆防部署上却疏忽大意，仅配备守军一营及收容新溃下来的五十三师官兵，总计500余人。日军发起进攻后，守军亡于炮火者即达百余人。虽然守军不惜牺牲，与登陆日军开展白刃战，但在日军施放毒气及猛烈攻击面前，终不能支撑。江防总司令刘兴迭电命令第一六七师师长薛蔚英火速增援马当。但薛师迟迟不达，守军连日苦战，死伤殆尽，26日，要塞终于失守。薛蔚英因耽误战机被查办处决。7月4日，日军对装备低劣的川军二十六师血战两昼夜，又占领湖口，形成对九江的包围之势。我军虽经节节抵抗，但九江终于7月26日失守，由此宣告武汉外围战役之开始。

日军占领九江后，即分兵沿南浔铁路和瑞（昌）武（宁）公路前进，在庐山与鄱阳湖地区与我军展开了遭遇战。我军利用有利地形，顽强抵抗，予敌重创。特别是在南浔线金官桥地区，我守军薛岳部顽强抵抗日军第一〇六师团，苦战月余，日军非但不能前进，反而伤亡大量官兵，其中包括一名联队长和两名大队长。在星子、隘口战场，我守军打退日军 4 次大规模的进攻，敌军死伤枕藉，损失之重过于我军，最后日军竟穷凶极恶地施放毒气始得攻占隘口。这一阶段日军进展十分缓慢，平均每天进度只有 2 公里。[9]

9月初，日军电台以极其蔑视的口气广播说："皇军在庐山西麓包围了敌军十万之众。"我第九战区根据广播，判断日军即将在沙河镇一线围攻我军，于是特令所属第九集团军从此线迅速撤退。第一兵团司令薛岳命令第七十四军俞济时部火速赶抵岷山地区阻击日军，以掩护大军撤退。俞济时部上阵后在日军的进攻面前纷纷退却。薛岳在电话中厉声斥责俞氏："如果沙河镇的部队撤不下来，你要负全部责任，你如果再向后退，我就要杀了你，我杀了你，委员长杀我！"因为俞济时是蒋介石的外甥，平时骄横惯了，但这时他见薛岳如此严厉，又联想到蒋介石的亲信黄杰、桂永清等人都曾被薛岳惩办过，故而不能不有所畏惧，于是下死令坚决抵抗，终于掩护主力军跳出了日军包围圈。

日军第一〇六师团以轻敌姿态冒险深入万家岭西北，企图包围我左翼守军。我第九集团军立即派二线部队第四军将敌军反包围。紧接着，敌我双方后续部队陆续抵达，相互进行了三重包围与反包围，战况空前激烈。为挽救危局，争取主动，我统帅部果断决定将留在庐山准备游击战的第六十六军叶肇部调下山来参加决战，该部火速奔赴万家岭，将疲惫的日军最后包围起来。这样，我军终于获得了外线作战的有利态势，10月6日至9日并向敌发起总攻。日军慌乱之中一面抵抗，一面将部队向一处集中，企图负隅顽抗。我军经过血战三昼夜，终将被围之敌大部歼灭，残敌千余人冒死向北突围。此役共歼敌四个联队，日军伤亡逾万，遗尸盈坑塞谷，溪水为之不流。我军缴获枪支弹械无数，仅轻重机枪即有50余挺。这就是武汉会战中著名的“万家岭大捷”。此战挫败了日军突破南线之企图，对全国抗日战局产生了积极影响。

我军“万家岭大捷”是在力量数倍于敌而且将敌严密包围的形势下取得的，但战斗结果“我集中围攻未将该敌悉数歼灭，至为痛惜”。[10]10月12日以后我军因“各部苦战，伤亡过重，战力无几”，[11]而被迫转入防守态势。

当万家岭战役激烈开展之时，江南战场其他日军部队为支援第一〇六师团而展开了猛烈攻击，我各地守军虽也进行了殊死抵抗，但终因力量相差悬殊，激战经月，大量减员，加上我军内部联络支援不力，日军第九师团等部连连得手，先后攻克瑞昌、码头镇、富池口要塞等，打开了通向武汉的长江水路。10月18至19日，日军攻克阳新及黄石港，兵锋直指武昌城下。

在长江以北武汉外围战场，以李宗仁将军为首的我第五战区官兵亦投入了空前激烈的战斗。

日军占领安庆、潜山后，打开了沿江北岸西进的通道。日军第一六师团在海空军掩护下，从大别山南至长江北岸一线地段，大举西犯。李宗仁将军针对江北战场形势，提出了“充分利用内线作战原则，迅速集中绝对优势兵力，先于太湖、宿松、黄山、广济间狭隘地带将溯江西进之敌，聚而歼之，然后转移兵力，各个击破”[12]的作战方针，意图再打一次“台儿庄”聚歼战。他特别反对处处设防、逐次使用兵力的消极防御方针，认为这种方针会使我军陷入攻也攻不下防也防不住的两难境地，反给日军造成各个击破的机会。但是，当时战区我方军队的主力都集中在江南第九战区，掌握在蒋的亲信将领手中。相比之下，第五战区的兵力已远不如徐州会战时那么雄厚，因而要想围歼日军第六师团，在力量对比上已属不可能，何况从6月下旬起，江北日军有意识地兵分四路包抄攻击武汉，第五战区不得不分兵前往堵击，结果还是陷入逐次使用兵力节节抵抗的局面。为变被动为主动，李宗仁又提出“自大别山北麓乘敌人防务空虚之时主动出击，威胁南路敌人的后方”，但“无奈中央置若罔闻”。[13]

7月下旬至9月初，敌我双方在黄梅、宿松、太湖、潜山地区展开了激烈的争夺战，双方伤亡惨重。最后，我军因消耗过甚，于9月2日被迫撤出战斗。在战事激烈之时，我第五战区司令长官李宗仁旧疾复发，被迫转移武汉疗养，由白崇禧代理职务。白氏一面以新增援部队调换溃军，一面在广济附近利用低洼地势布下口袋阵，以待日军入瓮。果然，日军部队及大批辎重进入我伏击圈。9月8日，我第三十一军三路围攻广济，其势锐不可当。日军猝不及防仓促应战，但因地势限制施展不开，结果乱了战阵，被击伤击毙3000余人。日军遗弃重炮十余门及大量装备逃窜。此役遂成为五战区武汉外围战中歼敌最多战役之一。

随后，日军将进攻矛头指向长江北岸江防重镇田家镇要塞。田家镇背负丘陵面对长江，地形险峻，利于封锁长江，实为入鄂水陆两路之门钥。日军统帅部极其重视攻打田家镇之役，调集了海陆空重兵两路围攻，立体作战。9月18日，日军在飞机及舰炮掩护下攻占武穴，战斗正式打响。为赶在10月落水期之前攻下要塞，日本海军全力从江面攻击要塞，同时由广济附近派出陆军进行辅攻。我要塞保卫部队为第二十六军、四十八军及八十六军。从20日至22日，我军分三路向敌据点猛烈反攻，歼敌7000余人，我方损失兵员亦在万人以上。日军恼怒之下集中100余门重炮及70余架飞机，对田家镇要塞施行狂轰滥炸，要塞阵地中弹2500余发，遍地焦土，防御工事全部被毁，但我坚守核心阵地的军队固守不退，战至最后一人，全部壮烈殉国。9月29日，田家镇陷落，长江中最后一个要塞遂为日军所据。

日军第十一军军长冈村宁次认为攻占田家镇后“占领武汉只是时间问题了”。他命令日军于要塞附近各地大量登陆，策应广济之敌，急速西进。

与此同时，日军另一部第十、十三、十六师团约5万兵力，从合肥出发，攻击大别山麓，经信阳绕攻武汉。但在霍山、六安一线遭我守军顽强抵抗。至9月中旬，我军在给予敌人大量杀伤之后放弃富金山、商城等地。9月19日，敌军猛攻潢川，我守军张自忠部与之激战一周，敌军死伤惨重，竟不顾国际公法再次施放毒气。为躲避国际公正舆论之谴责，毁灭罪证，日军采用烟幕与速效毒气混放办法，并在攻击后杀死所有俘虏，消灭一切证据，其手段之残酷无以复加。我军官兵大量中毒，轻者面部溃烂失去战斗力，重者死亡。日军依靠毒气绝处逢生反败为胜，攻占潢川、罗山，并于10月12日占领信阳。我第十七军团在罗山歼敌5000余人后退入桐柏山区。至此，敌人在长江北岸作战目的基本达到。

在武汉会战中，总计日军使用被称为“红剂”的毒气375次，发射毒气弹4万发以上，其命中率为80%余，对中国人民及全人类犯下了不可饶恕的罪行。战后日本竭力否认这种罪行，直到1984年在美国国会图书馆发现了日方在武汉会战中大量使用毒气之纪录文件，日方才不得不承认这一事实。其实，在中国第二历史档案馆所藏有关武汉会战的历史档案中，早就发现有大量的有关日军使用各种化学武器的记载，我方各部队报告日军使用化学甚至细菌武器的报告亦屡见不鲜。[14]这些武器对于装备低劣、毫无防毒工具的中国守军往往具有“奇效”，日军在很大程度上正是依靠了这种“特种武器”才很快打入武汉内线战场。对于日军来说，在这一问题上，他们不仅违反了自己也曾签过字的《日内瓦国际公约》，而且其信奉的所谓“武士道”“信义”精神也已颓然扫地，他们虽然在战场上战胜了中国军队，但胜之不武。

正当武汉保卫战最为激烈的时刻，1938年10月12日，日军按照其统帅部攻略华南沿海的战略计划，集结重兵在海空军掩护下突然从海上进攻广州。日军此举是鉴于在攻占武汉的会战中不断遭到惨败，占领武汉的计划迟迟不能实现而发动的。其战略意图在于首尾夹击武汉，同时切断我对外联络。当时，我第四战区司令长官何应钦，虽手握重兵20余万，但由于部署不力，在日军海、陆、空军的凌厉攻势面前，我余汉谋部遂于10月21日放弃广州后撤，这样在不足十天时间内名城广州即为日军攻占，而且对武汉会战也造成了极为不利的影响。

10月24日，日军从江南江北直趋武汉，并以巨舰10艘掩护陆军在江岸大量登陆，已对武汉形成钳形攻势。

国民政府统帅部见武汉三镇屏障尽失，敌军已兵临城下，遂决定实施原定的放弃武汉计划，命令江北部队自平汉线以西沙洋、随县一线撤退，江南部队沿粤汉路南撤。蒋介石同时一再电令陈诚组织江南部队坚守前沿，掩护主力后撤，但前线各部队久战疲惫，陈诚只能勉为其难，尽力拖延。10月12日与17日，蒋介石又两次下令，后延放弃武汉之时限，原因是想再次通过德国陶德曼大使与日方对话，找到外交“调停”之途。这引起了前线指挥官们的愤慨。陈诚在战后总结报告中曾写道：“武汉撤退时机，最初决定八月底，后改为‘九一八’，又改为九月底、双十节，直至十月二十日，领袖尚在武汉。于是转战数月之残破部队不能不在金华、保安线上竭力苦撑，以致以后转移未能按计划实施，陷于溃退。”[15]

10月24日，武汉市市长吴国桢在记者招待会上宣布：“保卫大武汉之战，我们是尽了消耗战与持久战的能事，我们的最高战略是在以空间换取时间。在保卫大武汉的长期战中，我们于人口的疏散、产业的转移，已经做得相当彻底，而且我们还掩护了后方的建设。……我们坚决相信，最后胜利必属于我们的。”[16]

10月27日，在武汉市郊，守军全线撤退。日军从武昌、汉口渡江占领汉阳，对市民及未及撤走的我军伤兵进行了屠杀。10月31日，蒋介石在南岳发表了《武汉撤退告全国军民书》，表示了继续坚持抗战之决心。

武汉保卫战至此全部结束。

第三节 营私争权的内耗

武汉会战是国民党正面战场从战略防御阶段转向战略相持阶段的重要标志。在这次大规模的会战中，国民政府统帅部集中使用了我国当时所拥有的陆空军力量，其中不少是蒋介石的嫡系部队，如陈诚、胡宗南、汤恩伯等部，这是继“八一三”淞沪抗日之后，蒋介石不惜老本与日寇拼命一搏的又一表现。蒋介石原指望这些嫡系部队在战斗中能有比较出色的表现，以达成既定战略目的。然而，事与愿违，正是这些自恃为“天子门生”的嫡系将领们，以其一贯的飞扬跋扈作风，在战场上或抗命不遵、自行其是，或见死不救、进缓逃速，因而极大地破坏了整个战役战略部署，造成了许多不应有的损失，乃至成为战事失败的重要原因。然而，战后这些骄兵悍将又往往是在蒋氏的庇护下，轻易逃避惩罚或反罪为功。这些都是抗战时期中国军队内部腐败的深刻表现。

抗战时期，蒋介石对嫡系与非嫡系军队的区别对待是十分明显的，其既定方针之一，就是要通过抗战来分化消耗那些地方实力派武装，保护并壮大自己的嫡系势力。在平时，他们从财政、装备、补给供应以及编制人数级别等各方面限制非嫡系的发展；在战时，则尽量以非嫡系武装打头阵，使其在战斗中自然消耗，而后又不予补充，任其自灭。李宗仁先生在回忆录中对蒋氏的这种作法及其恶果曾评论如下：“蒋先生一心一意要借对内对外的战争，把这些‘杂牌’部队消灭，所以平时扣发军饷，战时不予补充，待该部在战争中消灭迨尽时，中央便藉口将其番号取消。但是中央这种作风，各部队长官皆洞若观火，所以他们绝对不打硬仗，处处企图保存实力，免被消灭。”“于是，中央愈加蓄意加以消灭。演变的结果，中央当局便视杂牌部队为痈疽，而‘杂牌’部队亦视最高统帅为仇雠，而形成一种互为因果的死结。”[17]在蒋介石的蓄意纵容与唆使下，他的那些亲信将领们更是变本加厉地损人利己，甚至不惜干出一些亲者痛仇者快的坏事来，此种事例在武汉会战中即有突出的表现。

在第五战区江北战场，日军在9月下旬连续攻占了演川与罗山，而后攻击信阳。当时负责信阳——罗山一线守卫任务的是蒋系第十七军团长兼第一军军长胡宗南。战斗中，胡宗南不仅“没有很好地利用北依淮河、南靠大别山的有利地形作战，各军师实行专守防御，没有掌握战场的主动权，作战非常被动”，而且，“只保全自己部队（第一军），把友军作为牺牲品”，“没有指挥道德”。[18]第五战区司令长官李宗仁曾明令“胡宗南据守桐柏山平静关，以掩护鄂东大军向西撤退”。然而胡宗南一如既往地“不听命令”，“竟将其全军七个师向西移动，退保南阳，以致平汉路正面门户洞开”。据李宗仁后来回忆说，早在“八一三”战役之时，蒋介石便亲自对他讲，拨胡宗南部给第五战区，由他指挥。但当胡宗南奉令抵达蚌埠后，竟然不把战区司令长官放在眼里，不向李宗仁报告，其部下则军纪废弛，为抢夺溃兵互相动武，“闹得乌烟瘴气”。徐州失守后，军令部命令胡宗南部继续归李宗仁指挥，但他依然不向李报告战情，不听指挥，此次又私自抗命撤往南阳，牺牲友军而保全自己，致使信阳于10月12日失守。李宗仁据情上报军事委员会，要求严办胡宗南，但结果却不了了之。

武汉会战之后，日军继续在五战区进行“扫荡作战”。李宗仁为伏击敌军，令中央军第三十一集团军汤恩伯部5个师速开桐柏山南麓埋伏，以为总攻击部队。哪知汤恩伯收到命令之后竟然大发脾气，当李宗仁面说：“不行，不行，你不能胡乱拿我的部队来牺牲！”李宗仁向他解释说：“你以桐柏山为后方，有什么危险？……”汤不待李说完，竟然“牛性大发，拂袖而去”。然后他率“全军迅速北撤，退往豫西舞阳一带”。[19]结果使第五战区失去一次围歼日军的良机。作为蒋介石的嫡系，在台儿庄战役时，汤恩伯就曾犯有不听命令擅自行动的错误，如不是蒋介石亲自数次严令汤氏率部增援台儿庄，那鲁南一役的结果确难预料。然而汤恩伯与胡宗南一样，并未受到任何处分。如此这般情形在正面战场上比比皆是，这样的军队怎么能打胜仗？

作为集团军指挥官的胡、汤二氏如此抗命，作为第九战区司令长官的陈诚亦同样不顾大局。

在武汉保卫战关键一战——田家镇战役中，要塞司令李延年率领两个师的兵力与日军陆海军三个师团奋战月余，顶住了敌人无数次冲击及毒气进攻，自身损失惨重。李延年曾多次拍发急电给他的上司陈诚及张发奎等人，请求火速派兵增援要塞。第二兵团司令张发奎收到李延年的求援电后欲发兵支援，但见无陈诚命令，迟迟不敢擅动。最后李延年不得已直接给大本营侍从室发电求援："炮台战斗已到随身官兵不满五十人，急请项传远[20]组长向委座汇报。"蒋介石得悉田家镇的战况后，脸上露出惊骇的神色，他急急地来回踱了几步，气愤地对手下说："电讯陈诚支援部队。"[21]命令发出后不久，陈诚回电蒋氏，表示各地战事激烈，眼下无法抽调增援部队。面对陈诚回电，蒋介石在内心深处完全明白陈诚见死不救的唯一理由就是因为他与李延年的个人矛盾。陈诚因一个偶然的机会得到蒋介石赏识，以后又因宋美龄介绍娶其干女谭祥为妻，从此步步高升。平时他以尊捧蒋宋夫妇而闻名，是蒋氏心腹干将之一。在蒋的庇护下，陈诚逐渐目中无人，何应钦、李宗仁等方面大员都不在他眼中，而对于一个过去与他有隙的李延年，更不在话下。于是，蒋介石不得不下令："通知居副官，星夜火速赶赴田家镇，命令李延年撤离炮台。"[22]就这样，保卫武汉的最后一个要塞遂沦于敌手。

对陈诚在武汉会战后期的表现，蒋介石甚为不满，他特别致陈一份措词严厉的电报："敌人广播称，此次我军退出新店镇、崇阳时，不特枪弹遗弃，即碗筷亦多失落，种种狼狈情形，资为笑谈，……不仅无耻，无以对年余抗战中牺牲诸先烈，且完全丧失革命军之精神。"[23]语言中包含了对战区最高指挥官的婉转责备与批评。陈诚为之亦不得不以自责及处罚下属来向蒋表示谢罪。

蒋介石之是非不分一味袒护他的亲信将领，已成为他的一种习惯。其原因完全出于他的用庸才而不用人才的愚属方针。只要是效忠于他，绝对"听话”者，无论其有无才能，是否堪任，他都重用。即使他们在执行作战计划指令时犯下何种错误过失，不得已而要对造成恶果者实行处罚或撤职时，亦是轻描淡写或易地做官而已。

抗战初期，第一战区副司令长官刘峙是一个远近闻名的“常败将军”。他身为大将而胆小如鼠，据说在军旅之中夜间出门如厕亦要两三个卫兵奉陪。其人生得肥肥胖胖，做人老实，才干平庸，一副“庸人厚福”之态。在抗日战场上，他每每不战而溃，率部与日军“赛跑”，受到全国舆论严厉谴责，连日军也十分鄙视他。因为他屡屡失职，被调离一战区，但蒋介石却非常喜欢刘峙，准备给他重庆卫戍总司令一职。对此不仅国民党内外一片反对之声，连宋美龄亦感到用这样的庸人将不利于当局，但蒋介石却十分坦然地对宋美龄说：“不用他，用谁？谁还能像他那样地听话！”最后，这一官尊事少，养尊处优的职位还是落在刘峙头上。

1943年9月，蒋介石将五战区司令长官李宗仁调升军事委员会驻汉中行营主任，负责指挥第一、第五、第十三战区战事。由于老蒋习惯于直接指挥前沿，故对李宗仁之委任职务实际是明升暗降，使其失去了带兵权。接替李宗仁第五战区司令长官职务的竟是刘峙。日军得知此消息后，便在广播中讥讽说：“欢迎常败将军来老河口驻扎。”数月后，日军便轻易出兵攻占了第五战区司令长官部所在地老河口，刘峙早已逃得不知去向了。[24]

蒋介石就是用这些“唯命是从”的亲信来打击异己的。其结果不仅造成中国军队内部严重的分歧与矛盾，而且亦培养了一批骄兵悍将，“他们只听从委员长个人的命令，甚至作战时对直接指挥他们的战区司令长官所发的命令亦多方躲避，不愿接受，也不向司令长官报告情况，骄蹇之情，难以尽述”。[25]对蒋介石的嫡系军，李宗仁将军曾一针见血地指出：“其实所谓‘中央军’的作战能力，均极薄弱，军纪尤坏。各级军官均自恃是‘天子门生’，有直接‘通天’的本领，大家效忠于一人，不愿受阶级服从、层层节制的约束，所以彼此间摩擦特多，但是大家又共同蒙混委员长，使最高统帅对部队的实际情形毫无所知，这种部队能不能作战，也就不言而喻了。”[26]

国民党军队中的这些腐败现象，在抗战进入相持阶段之后表现得尤其明显。其中最有说服力的是在抗战最后阶段的豫湘桂战役。当时，数倍于敌的中央军汤恩伯等部在日军攻击之下，仓皇溃逃，一溃千里，使日军在很短时间内完成了打通大陆线的作战计划，甚至一度打到了贵州独山，动撼了陪都重庆，造成了抗战胜利前夕悲惨的一幕。但蒋介石依然没有清醒，直至解放战争时期，陈诚丢失东北，汤恩伯丢掉江防，其在大陆的统治彻底失败。从某种程度上说，错误的用人政策是造成蒋介石统治失败的根本原因之一。

最近台湾学者为了实施《战时陆军志 1937—1945》的编研计划，从训练、作战、人事管理、后勤保障等多方面，对战时"国军"进行了深入研讨，并提出了部分研究报告。其中有一种颇具代表性的观点，认为"抗日时期国军人事制度的最大成就，为国军在扩编、混编及至互调的过程中，黄埔出身军官的逐渐兴起，使得国军中央化的程度增加，不仅矫正了近代区域主义之失，同时也为军队的国家化奠定了基础"，"是为国军人事制度的最大成就"。[27]

这种论点，是基于对战时"国军"（这里特指国民党中央军），与北洋军队及其他地方军队在人员素质与构成，上下级关系，干部培训及特点，以及部队内部人事制度等方面进行了比较研究后做出的判断。其主要论据是：（一）"国军军官阶层素质较高"，"各级干部，大多受过军官教育"；（二）"国军的用人范围较为宽广"，"较不重视传统的血缘与地缘关系"；（三）"国军中央化的程度较高"，"抗战期间……黄埔学生的势力逐渐扩张，完成军界接班部署。由于黄埔军校的招生方式，不同于一般地方军校，而以全国为着眼点，刻意讲求各省区间的平衡，黄埔教育又重视主义的灌输，学生较具国家观念，黄埔系的得势，自然使得国军中央化的程度增加"。[28]

对于以上论述与观点，我们不能说其中没有一定的道理。就客观事实而言，以黄埔系为主体的中央军比北洋军队及国民政府时期各地方军阀势力的部队，无论是指挥官的素质还是军队的组成及装备、训练、给养等等都要高出一筹。但是，如果说中央军这些特点就"纠正了近代区域主义之失"，又"为中国的统一和军队的国家化，奠定了基础"的话，这未免估价过高。

正如前文所述，抗战开始以后，国民党中央军各部队虽有上海、山西各战场的英勇作战，但亦有汤恩伯在台儿庄之避战自保，陈诚对田家镇之见死不救，胡宗南在桐柏山之不听调遣，以后更有薛岳在一战长沙时的虚报战功及其与陈诚之间的互相拆台等种种劣迹，而且这种腐败作风，在抗战时期愈演愈烈。究其原因，无外乎出自私利与权力之争斗。比较而言，此种内耗事件在中央军系统甚至比各地方派系军队更加明显和激烈。因为“黄埔同学”个个自恃有靠山，脑中充满“天下第一”之思想，互相间不仅不合作，反而不时闹矛盾、搞对立。而各地方派系的军队自知在“天资”方面缺少优势，因而就不得不以团结互助来求生存，例如川军出川抗日后，由于处处遭受排挤，因而自发地意识到“同生共死”才有出路，在这种情形下，诸如“见死不救”、“落井下石”之类的丑行便很少与闻。

当然，我们并不是否认在军队正规化与近代化建设方面，中央军在民国军事史上的作用和地位。的确中央军较诸地方军、北洋军队有其优势。但同时我们也应看到，在抗战期间，国民党蒋介石集团一手控制下的中央军，在当时的政治及社会环境之下是不可能具备一切超时代特征的。从军队组成、训练、作战、指挥、内部团结、上下关系等各方面来综合考察，如果我们跳出以蒋介石政府为“正统”的圈子来评判分析，就会发现，中央军除了在训练、装备、内部人事管理制度等方面具备优势以外，在其他方面无不打上浓厚的时代烙印，其内部之腐败、矛盾、内耗，各级将领贪污腐化，视部队为私产，无视军令，只服从蒋氏一人等等现象都说明了这一点。

基于这一认识，我们可以说：在抗战时期，中央军的发展壮大，对于“矫正近代区域主义之失”或许不无作用。这是因为其指挥者蒋介石政治集团在当时位居党、政领导地位，具有执政党和中央政府的名义，其政治目标是建立在全国范围内的统治，“以天下为己任”，所以，其军队较之地方势力武装则更具有“国家特色”。但是，如果就此而得出“为军队的国家化奠定基础”的结论，未免言之过早。这是因为中央军在抗战期间依然保持了十年内战时期的特性，即他是国民党一党，更确切地说是蒋介石一人的“私军”。而这支军队，在效忠蒋氏个人的基础上，实行严格的内部控制，不仅用来对外抗日，亦用来对内镇压。在抗日战场上，“国军”的组成不仅有中央军，而且还有其他一切抗日的中国军队，因此很难说中央军在当时就已经具备了“军队国家化”的基础条件。何况直到抗战胜利后的1949年，国民党在大陆的统治彻底崩溃之时，其军队中的中央军与非嫡系的地方武装（如桂系）的矛盾依然没有解决。这更进一步说明，即使以蒋介石一人为“国”，其军队全部“国家化”的目标还远远没有实现。

第四节 相持阶段的到来

广州、武汉失守后，抗日战争发展到了一个新阶段——战略相持阶段。国民政府最高当局在徐州会战时所设想的日军转攻为守的战略阶段终于到来了。毛泽东在其所著《论新阶段》一文中对此阶段日军的态势曾作过以下的分析：“敌人占领武汉之后，他的兵力不足与兵力分散的弱点将更形暴露了。如果他要进攻西安、宜昌、长沙、南昌、梧州、福州等地并做占领之企图，他的兵力不足与兵力分散之弱点所给予他的极大的困难，必将发展到他的进攻阶段之最高度，这就是我之正面主力军的顽抗与我之敌后广大领土内游击战争的威胁，所以加给敌人兵力不足与兵力分散现象上的极大困难”，“在日本的整个国力上说来，他要北防苏联、东防美国，南对英法、内镇人民，他只有那么多的力量，可能使用于中国方面的用的差不多了”，这“就不得不使其总的战略进攻接近了一个顶点”。[29]

从“七七”事变到武汉失守的一年零三个月，沦陷区面积虽已占中国领土面积的23%，但日军只占领了华北主要城镇交通线以及华中、华南的部分地区。在沦陷区内，广大的农村仍为以八路军、新四军为主的中国军队及游击武装所掌握。国民党军队在沦陷区也遗留了一定数量的军队。这些中国武装在广大民众的支持掩护下，不断地攻击日军，使得侵略者寝食难安，不得不分派大量兵力去对付他们。

日本是一个弹丸小国，人力、物力、财力均极有限，其军力虽经大力扩展，然其面对的是地大物博人众的中国。战争一久，其作战首尾不能兼顾，经不起长期大规模战争消耗的窘态已现端倪。到1938年底，日本陆军已由战前的17个师团扩大为34个师团外加5个独立混成旅团和1个骑兵集团。除了驻扎朝鲜的1个师团和中国台湾、东北的8个师团、1个独混旅团外，派往中国关内战场参战的已达23个师团、4个独混旅团和1个骑兵集团，其国内仅余两个师团。日军已将2/3以上的兵力投入到中国关内战场。其中在华北使用了9个师团，在华南使用了3个师团，在华东地区及长江沿线使用了5个师团。这样，日军只有56个师团可用于武汉及华中地区，如果抛除用来守卫武汉的军队，剩余的日军想要再向西或向南发动大规模进攻，已是力不能及了。

受对华战争的影响与制约，日本国内的政治经济也转入了战时轨道，并已逐步陷入困难境地。从开战迄今，日本政府共计开支军费约100亿日元，其中一半是靠在国内发行公债来弥补的。1939年以后，日本经济及国力的贫困状态日趋表面化，虽然日本政府企图以加速对我国沦陷区的掠夺，和寄希望于加快生产来满足战争之需，但这一年的国家国民经济计划只完成了80%。严重的电力不足与粮荒使全国陷入极端困难状态，就连东京的地方官为了买粮都得四处奔走。政府内阁会议“总是议论米”的问题，这种情形造成了人心极度不安，厌战情绪与日俱增。战争开始时，军队登船赴华参战，一路上吹吹打打好不热闹。这种气氛逐渐地被士兵亲人们生离死别的眼泪所替代，最后终于造成人们对赴华作战的极度烦厌与反感的情绪，一些官兵甚至自发进行反战暴动，拒绝赴华。最后致使当局不敢公开运兵，一切增兵出发均改在深夜进行。战争贩子们内心之中已充满了恐慌。

为了解决军费危机，日本陆军省军事科曾主张用削减对华战费的办法来对付，并测算出每削减一个赴华参战的士兵便可节省2000日元。1938年底，陆军省提出计划，准备在1939年内将对华参战总兵力从85万降为70万，1940年再降为50万，1941年再减为40万。这个计划一提出，就遭到了中国派遣军上下一致的强烈反对。因为对他们来说裁兵便意味着失败与灭亡。最后，虽然派遣军总数未予减少，但日本国内已不可能再对华增派一兵一卒了。当时的情形正如日军大本营参谋次长泽田茂中将所说的那样："外强中干是我国今日的写照，时间一长就维持不住了。"[30]

攻下武汉之后，华中派遣军总司令畑俊六大将曾拟定计划，准备立即攻打长沙，但未得大本营的批准。不仅如此，大本营还明确指示在华日军改变进攻态势，以"确保占领区"为指导方针，把兵力转向解放区战场，对共产党武装及抗日根据地实行大规模的"扫荡战"、"治安战"，以稳定后方。在正面战场上停止战略进攻，对国民政府及军队实行以"政治诱降为主，军事打击为辅"的方针，在军事上以局部战术攻势来达成全局战略守势上的有利地位，不断地消耗中国军队的战斗力，配合以政治、经济、外交等手段，对中国实施反消耗战，以瓦解中国抗日阵营，从而达成不战而胜的目的。

由此正面战场便得到了一个相对较为稳定的时期。

然而，中国当局当时并没有认识到这一点。

武汉失守后，战火燃到湖南省境内，蒋介石及中国统帅部估计日军将继续南下，故而决定"以衡山为防御中心"，[31]准备在必要时放弃省府长沙。为了不给敌人留下一草一木，以张治中为首的湖南省政府汲取武汉匆忙撤退之教训，准备在敌人入城前便举火烧毁长沙，以显示"焦土抗战"之决心。

11月12日，日军一部攻占岳阳，长沙城内闻讯陷入一片混乱。次日，当局在忙乱与惊慌之中，竟误信谣言，提前举火，将长沙全城最繁华区域烧得一干二净，大火燃烧三天三夜，"虽远在数十里外而光可烛人，犹如咫尺"。[32]长沙大火，总计烧毁民房5万余栋，其中生命财产之损失无以统计。然而，大火过后，日军并没有趁乱攻占长沙，甚至根本就没有继续南下之迹象。长沙烧了，却没有见到日军一兵一卒，政府当局无法解释。蒋介石不得不亲临视察。当他登上制高点看到全城繁华街道片瓦无存之惨景时，不由得脸红耳赤，头上青筋直跳，口中哼哼叽叽，要杀几个部下来解恨。结果，长沙警备司令酆悌、湖南省警察局局长文重孚、长沙警备第二团团长徐崐三人成了替死鬼，被蒋介石以“渎职殃民”罪判枪决。而作为湖南省主席的张治中，虽贵为蒋氏亲信，也因长沙大火，被政敌陈诚等人抓住把柄，遭到诋毁。陈诚在蒋介石面前大骂张治中说：“军队在前方打仗，湖南省政府在后方放火，文白[33]在拆我的台，我干不了了！”张治中最后只能“引罪自谴”，被迫将湖南省主席职务转交给了陈诚派系的薛岳。

其实，“长沙大火”的真正策划者是国民党最高统治者。当“黄河决堤”达成一定的战略目的之后，国民政府当局认为这种“自毁式”抗敌方法行之有效，便在“水淹”之外创造了“火烧”。根据当时参与决策的汪精卫后来揭露：“就广州来说……临走的时候，还要放一把火，把居民商店烧个精光，”“当局为什么要如此呢，是奉了蒋介石的命令。”[34]“武汉失守后，蒋介石嫌武汉破坏得不好，给张治中一个‘限即刻到’的电报，命令‘长沙撤退时必须彻底焚毁’。”“汨罗江战事吃紧……蒋介石从长沙到南岳的途中，忽然灵机一动，计上心来，想出彻底毁灭长沙的‘锦囊妙计’，便拍发急电，限两小时到达长沙的张治中手里，……措词非常严厉，彻底烧毁一切财物，勿使资敌，违者定予严惩不贷。”[35]这份电报的全文是：“限一小时到。长沙张主席。密。长沙如失陷务将全城焚毁！望事前妥密准备，勿误！中正。文。侍参。”[36]由此可见，“长沙大火”确实是国民党最高统治者的故伎重演。不同的是长沙烧了，却没能挡住敌人。

湖南政印易手后，薛岳于1939年2月1日走马上任。他利用日军暂停军事进攻之机会，以“安、便、足”三字方针来治理湘省，意图建成他个人的政治基地。在执政方针上，他表现出了较强的独立意识，一方面他通过制造“平江惨案”等一系列事件，大肆破坏国共合作的抗日民族统一战线，公开逮捕屠杀共产党人及其在湘的亲属，总计捕杀人数达千人以上。另一方面他以独立的政治意识与陈诚乃至蒋介石拉开了距离，在湖南境内的抗战军事指挥及防务部署上尽量体现出他的个人特色，这便是后来造成所谓“湘北大捷”的前提因素之一。

“长沙大火”案发生后，日军却按兵不动，国民政府在气急败坏中悟出了一个道理，这就是他们日夜所盼的日军进攻“气势已竭”的时刻终于到来了。这使得国民政府最高当局终于享受到一份在惨重损失之后的“意外之喜”。这一现实告诉重庆政府，张牙舞爪的日军终因疲惫力竭而不得不中止了他们在中国战场的大规模军事攻势，中国抗战的相持阶段已经到来了。蒋介石在分析这一现象时曾十分兴奋地宣布说：“日军占了武汉并且接着占领我们岳州以后，照敌人的理想，他何尝不想一鼓挺进攻占我们长沙和南昌，然而他进到岳州以后，就不能再攻进来，这就证明他的力量不够，气势已竭。”[37]

为了面对新局势及时调整我方的战略部署，1938年11月25日至28日，蒋介石在南岳主持召开了有第三、第九战区各部队指挥人员参加的“第一次南岳会议”。蒋介石在会议上作了重要讲话，他首次提出了把中日战争划分为第一第二两个时期的理论。他认为以岳阳沦陷前为第一时期，即日军进攻我们防御的时期。他说：“就一时的进退看，表面上我们是失败了，但从整个长期的战局上说，我们已经依照预定的战略，陷敌军于困敝失败莫能自拔的地位，”我军已经实现了“消耗敌人，疲困敌人，诱敌深入于有利我军作战”阵地的目的。他评价这一时期我军战略的指导特点是：“我们能诱敌深入，处处地方我军是先处战地以待敌，敌人处处是后处战地而趋战，在我们完全是以逸待劳，步步制敌而不为敌人所制。”[38]“长沙大火”以后，日军无力继续南下，说明他们已经“陷于进退维谷”的境地，抗战已进入一个新阶段，这一新阶段的到来说明我们的第一期抗战战略已经成功。“第二期抗战就是我们转守为攻，转败为胜”的时候，其立足点即在于“攻”，中心任务是整训军队，准备反攻，现在就应着手把这种战略“布置完成”。[39]

在谈及我方军队现状时，蒋介石与陈诚都认为目前我军的力量尚未全部投入抗战。武汉会战我军与日军激战两月余，损失了15万兵力，但我方对参战部队还是有保留的，总计正式使用于战场的兵力只占总兵力的60%。陈诚在南岳会议上解释其中原委时说：“此次武汉战役的指导方针，是根据最高统帅部的战略而制定的，主要目的是阻止敌人过早地闯入屏障西南各省大门的武汉，而不是着眼于在武汉地区以防御形式与敌人进行决战”，[40]所以对于这场处在防御阶段的大战我方没有倾全力而为之。蒋介石亦在其《武汉撤守告全国军民书》中说明武汉会战“厥在掩护我西部建设之准备与承接西北交通之运输，故保卫武汉之军事，其主要意义原在于阻滞敌军西进，消耗敌军实力，准备后方交通，运积必要武器，迁移我东南与中部之工业，以进行西北西南之建设”。[41]所以武汉会战在战略上已达成“消耗敌人、疲困敌人”、“诱敌深入”而改变敌我态势的目的，接下来的便是我方的调整乃至反攻作战了。

第一次南岳会议制定了新的全面抗日战略，强调在第二期战略阶段到来以后，主要要把整训军队、提高军队素质、增强军队作能力放在重点突出的地位，并计划在一年内分三期将整训军队工作完成，以迎接对日战争总反攻阶段的到来。这项计划总的战略意图是立足于依靠自己的力量争取对日实行总反攻。应该说这还是一项积极的战略。但其中也有不足之处，即它缺乏对敌我力量过渡演变的预计，以为我方可以直接从战略防御转入战略反攻，缺乏对居于两者之间的一个较长的“战略相持”阶段的科学认识。在这一点上，中共领导人则要高出一筹。毛泽东在他的著名论著《论持久战》中对中日双方的战略演变作了科学明确的阐述，他认为抗日战争应经历“防御、相持、大反攻”三个战略阶段。后来的战争实践证明毛泽东的预计是完全正确的。

第一次南岳军事会议还根据战场形势的新变化，重新调整划分了各战区作战区域及战斗序列。会议决定设立战地党政委员会以及增设桂林、天水行营，以加强对全面抗战的指导。会后，国民政府军事委员会特地根据会议决议制定了一份《第二期作战指导方针》,提出了“发动有限度之攻势反击”,“策应敌后之游击队，加强敌后方之控制与扰袭”的具体作战指导原则。[42]

以第一次南岳会议提出的第二期抗战战略决策为标志，国民政府完成了从战略防御向战略相持阶段的过渡。由此，正面战场抗日战争亦进入了一个新阶段。

【注】

[1] 朱振民:《爆破黄河铁桥及花园口决堤执行记》,载《文史资料选辑》第54辑,第177页。

[2] 晏勋甫:《记豫东战役及黄河决堤》,载《文史资料选辑》第54辑。

[3] 《中国事变陆军作战史》,第二卷,第一分册,第81页。

[4] 朱振民:《爆破黄河铁桥及花园口决堤执行记》,同[1]出处。

[5] 毛磊等:《武汉抗战史要》,第328页,湖北人民出版社,1985年版。

[6] 华泽:《武汉会战纪略》,载《抗战中的武汉》,第95页。武汉市政协等编印,1985年内部版。

[7] 《国民政府军事委员会会议纪录》1938年6月5日,二史馆馆藏档案七八七。

[8] 张秉均:《中国现代历次重要战役之研究——抗日战役述评》(一),第251页。

[9] 《武汉抗战史要》,第331页。

[10] 《薛岳致蒋介石电》1938年10月12日,二史馆馆藏档案七八七。

[11] 《薛岳致蒋介石电》1938年10月12日,二史馆馆藏档案七八七。

[12] 《李宗仁致蒋介石电》1938年6月22日,二史馆馆藏档案七八七。

[13] 《李宗仁回忆录》(下),第755页。

[14] 参见《侵华日军武汉会战期间化学战实施概况》,载《民国档案》1991年第四期。

[15] 《陈诚私人回忆资料》(1935—1944年),二史馆馆藏;又见《民国档案》1987年第二期,第19页。

[16] 《武汉抗战史要》,第396页。

[17] 《李宗仁回忆录》(下),第794页。

[18] 《抗战中的武汉》,第109页。

[19] 《李宗仁回忆录》(下),第768页。

[20] 项传远,时任军事委员会委员长侍从室第一组组长。

[21] 居亦侨:《跟随蒋介石十二年》,第162页。

[22] 居亦侨:《跟随蒋介石十二年》,第162页。

[23] 《蒋介石致陈诚电》1938年11月9日,二史馆馆藏档案七八七。

[24] 《李宗仁回忆录》(下),第808页。

[25] 同上,第794页。

[26] 同上。

[27] 参见(台)张瑞德:《抗战时期陆军的人事管理》。台湾"中央研究院"近代史研究所编印,1992年6月。

[28] 参见(台)张瑞德:《抗战时期陆军的人事管理》。台湾"中央研究院"近代史研究所编印,

1992 年 6 月。

[29] 毛泽东 :《论新阶段》，载《中共党史教学参考资料》第 8 册，第 189 页。

[30] 〔日〕《中国事变陆军作战史》，第三卷，第一分册，第 96 页。

[31] 史说 :《长沙大火见闻录》，载《上海文史资料选辑》第 6 辑。

[32] 《新华日报》，1938 年 11 月 16 日。

[33] 文白，张治中的字。

[34] （台）雷鸣 :《汪精卫先生传》，第 319 页。

[35] 高一涵 :《长沙大火内幕》，见《江苏文史资料选辑》第 15 辑。

[36] 《张治中回忆录》（上）第 263 页，又见《安徽文史资料》第 18 辑。

[37] 蒋介石 :《第一次南岳军事会议开会训词》，见（台）《蒋总统集》第一册，第 1058–1082 页。

[38] 同上。

[39] 同上。

[40] 湖南省文史馆编 :《湖南文史资料选辑》，第 1 辑，第 8 页。

[41] （台）吴相湘 :《第二次中日战争史》（上），第 462 页，台湾综合月刊社 1973 年版。

[42] 《第一次南岳军事会议文件》，二史馆馆藏档案七八七。

偏安与等待 | 第六章

第一节　“湘北大捷”

抗战进入第二阶段以后，正面战场敌我态势在较长一段时间内处于相对稳定的状态。在战场之外，中日双方却开展了密切的接触与较量。

德意两国法西斯政权，从轴心国全球战略出发，对盟友日本深陷于中国战场十分着急，认为这样不利于他们瓜分世界的霸业，希望日军及早从中国战场脱身，转而对英美苏作战，故对中日战事开展了积极的调停。

德国驻华大使陶德曼与意大利驻华大使齐亚诺，与蒋介石的代表麦朝枢秘密磋商了3个月，并征得日方某些政要的允诺，拟定了一项和约：中国以承认伪满洲国并参加“轴心国”协约，来换取日本无条件从中国撤兵。蒋介石对这一方案表示可以考虑，他认为只要日本从中国无条件撤兵，他便可以考虑签署条约、参加“轴心”、承认伪满。他希望这一计划“早日成功”。[1]但是，日本军方对此“和约”却抱着否定的态度。日本陆相板垣征四郎坚决不同意从中国撤兵，坚决不承认蒋介石政权。他表示日军已占领中国最繁华的经济要地，决不可轻易撤回。板垣的仇蒋情绪与天皇的战争野心，注定了蒋介石对日和谈的必定失败。在遭到日方的蛮横对待之后，蒋介石的抗日决心也坚定起来。他认定日军的攻势已达顶点，不可能再发动大规模攻势，故而也不怕日军武力威胁，敢于与之战场对阵。他在1938年7月5日的日记中写道：“板垣态度忽变强硬，明白反对宇垣与我求和及由第三国调停之外交方针，但其实仍外强中干，试探我是否为其威逼而屈服耳。”紧接着，8月30日板垣陆相又发表《对华政策》之谈话，表示日本将坚决推开蒋介石，另组中国中央政府，实行培植傀儡代替蒋氏之方针。这进一步激怒了蒋氏，亦使中日媾和计划彻底破产。

12月19日，经过日本的秘密策划拉拢，国民党副总裁、对日和谈派代表人物汪精卫脱离重庆，投向日本。22日，日本首相近卫发表声明，表示愿与以汪精卫为代表的国民政府“和谈”，开始分裂国民政府的政治阴谋活动。1940年3月20日，在日军占领下的南京，正式成立了汪伪政府。汪精卫当了汉奸后，在日本胁持下签署了《日华新关系纲要》等一系列卖国条约，答应了日本的一切要求，沦为彻头彻尾的汉奸卖国贼。

汪精卫的叛逃，使蒋介石明白了日本的用意不在与他和谈，而在以政治手段拿到在战场上得不到的东西，因而更加坚定了他武力抗日之决心。他一面明令通缉汪精卫，一面对内对外宣布：中国不但不与日本讲和，而且正在准备更大规模的抵抗。

为配合政治上的诱降活动，侵华日军亦积极准备在正面战场发动有限度的攻势作战。

日本华中派遣军司令官畑俊六大将在其《关于武汉广州两战役善后处理的形势判断》报告中曾经分析说：“国民党军队虽自开战以来屡吃败仗，受到打击，经过攻占汉口和广州之战，其战斗力更会下降。但遗憾的是，仍拥有相当大的兵力，保持着余力。其主力军（尤其是中央军）大概部署在湖南、江西及贵州省方面，强有力的一个兵团群部署在河南西部及西安方面”，“其中江西、湖南两省是抗战的屏障”。他原拟“在长沙方面发动新的作战”，“岂料不获同意”。因此，他再次向日军统帅部提出建议，“在作战上大致已经达到前进限度的目前形势下，进行政略尤其谋略的重要性更加大了”，但在军事上“如对本来已被压缩的蒋政权采取放任，也将成为严重祸根，带来后患，因而应适当地进行促使其崩溃的各项工作，为支援此等工作，必要时应进行一部分作战”。[2]

另外，汪精卫投敌后，日军为了配合汪伪政权之出台，“决定乘加快在华建立中央政权的势头，于9月下旬把敌第九战区军队消灭在赣湘北境地区，挫败敌军抗战企图”。[3]这便是所谓“赣湘作战”之起因。

1939年2月中旬，日军首先攻击江西省会南昌，我第九战区守部队因补给供应困难，未能先发制敌。27日，南昌失守。5月，我军曾一度反攻南昌，克复机场及火车站，但日军拼死固守待援，攻击未能奏效。

9月9日，日军大本营为适应新时期作战要求，决定撤销华中派遣军司令部，改设中国派遣军（支那派遣军）总司令部，统一指挥在华日军作战。西尾寿造大将任中国派遣军总司令，前陆相板垣征四郎中将为参谋长。新成立之中国派遣军仍然以华中地区为主作战区域，决定在湖南战场采取以攻为守的战略，继续打击中国第九战区军队。此次担任主作战任务的是冈村宁次的第十一军，其下辖第六、三十三、一〇一、一〇六等师团及海空军各一部。

我第九战区代司令长官薛岳，遵奉军事委员会指示，展开了积极的抵抗。在湘北方面，他们一方面利用既设阵地，逐节抵抗，以诱使敌人进入幕阜山区，另一方面在长沙附近埋伏重兵准备伏击；在赣北方面，开展游击以牵制消耗日军；在高安地区，则实行纵深配备，诱敌深入。我方总的作战指导思想是，诱敌进入我预定作战地区，利用我外线力量，“包围敌军，以全力开始总反攻，包围敌军而歼灭之”。其核心是“利用山地”、“争取外翼”、“后退决战”，以便打破敌军机械化重武器的装备优势，“以我之长克敌之短”。

这次战役，日军以湘北为主战场，以赣北为辅战场，故其称之为“赣湘作战”。而国民党军以为日军是以攻占长沙为目标,故称为“第一次长沙战役”。

在赣北战场，日军首先进攻高安，目的是牵制我第十九集团军罗卓英部，不让其支援湘北作战。而我守军对日军目的不甚了解。罗卓英为雪过去丢失南昌之耻，立功心切，与日军开展大战。他抗拒战区命令，不让其主力军第七十四师王耀武部（为第九战区最有力部队之一）支援湘北。这样，虽然在赣北迟滞了敌军进攻步伐，基本守住了阵线，但实际上却上了日军的当，未能支援湘北主战场作战。

9月23日，湘北日军主力在赣北、鄂南日军的辅攻下，开始强渡新墙河作战。我守军作了殊死抵抗，使日军第一、二次进攻均被挫败，死伤无数。恼怒的日军情急之下集中火炮以毒气弹密集轰炸我守军阵地。我河防阵地全被炸毁，守兵大都中毒失去战斗力。日军终于渡过新墙河。

薛岳在长沙召开紧急会议商讨对策，决定一方面派兵阻击日军，不使其扩大阵地；另一方面撤兵至汨罗江二线阵地，诱敌至长沙郊区实行包围后聚歼的方针。

日军突破新墙河以后，继续跟踪我军，步步深入，双方又在汨罗江激战。我守军将冒险渡河之敌步骑兵悉数歼灭，但因火力不足最终未能阻止敌后续部队渡河，敌军攻占了南岸两处据点。

重庆国民政府军事委员会针对战局变化，决定我军后撤掩护湘桂、湘黔铁路，必要时准备放弃长沙，战术上采用步步抵抗或让开大路之方法。蒋介石认为主动让开大路将给外界视听造成不良影响，因而决定采用节节抵抗办法，诱敌深入，在株洲、浏阳、醴陵等地部署预备兵力，在长沙附近与敌决战。[4]随即，蒋介石电令薛岳："着准备6个师兵力，位置于长沙附近，亲自指挥，乘敌突入长沙之际，侧击而歼灭之。"[5]薛岳遵令遗留两团兵力牵制敌军，其余主力一律退守长沙设伏。

9月26日至30日，我第五十二军在福临铺、上杉市等地伏击日军，我第七十三军在粤汉路两侧阻击日军，战斗十分激烈。我军英勇作战，给予敌军大量杀伤，日军遭受沉重打击之后遂不敢贸然前进。

日军在进击过程中，沿路不断遭到我军袭扰、阻击、侧击。湖南民众自发组织了各种自卫队打击敌军，使日军寝食难安，"各高山顶鸣锣敲梆"，"敌膳饮虽具不敢就食，即仓惶向场外逃逸"。[6]敌军强迫民众带路，当地农民便把日军引入深沟绝壁歧途之上，日军见"山形奇险，丧气折回"。[7]而我军民在后撤时将大路小路完全破坏，使路上大坑小坑土堆相连，"无论哪一种双轮车都绝对不能通过"，"公路上更掘成深宽的坑，有时连路基都犁如稻田，至于一切桥梁，也都荡然无存"。"马路被掘有时竟长至一百码左右，所以日军的坦克车和大炮一入其中即无法走出"。[8]日军重炮坦克寸步难行，他们只好放弃重武器，这使其攻击力量大大减弱。对此困境，冈村宁次认为，战事再深入下去，将愈加对日军不利，遂产生了撤兵念头。恰逢日军大本营收缩战线命令下达，第十一军遂立即撤退。

9月30日，日军在发动最后攻击后主动撤兵，仅余少数部队掩护作战。

我第九战区接到前线关于敌军退却的报告后，立即发出命令：“战区以捕捉湘北溃退之敌为目的，立向崇阳一线猛烈追击”。试图将敌主力歼灭在崇阳、岳阳以南地区。[9]但这道命令下达已迟，日军虽遭追击，但大部兵力仍较为从容地撤到新墙河北岸。10月14日，战场已恢复战前态势。第一次长沙之役至此结束。

总计此役历时月余，日方投入10万余兵力，我方投入30万兵力，双方进行了相持阶段的第一次认真较量。虽然我军伤亡数倍于敌，但日军并未达成捕捉歼灭我军主力的目的，且因自身力量之不足，不得已而退回原防线。

薛岳利用这一时机大肆宣扬其“赫赫战功”，对日军的主动后撤、我军“乘胜”追击作了不切实际的“扩大宣传”。

本来，薛岳在战前曾就长沙要不要守一事与蒋介石及陈诚产生过分歧。据陈诚在其回忆录中记载：“当长沙战事紧张之时，陈奉命偕白副总长抵湘，协助薛代长官指挥作战。在出发前，陈曾提出长沙‘守’与‘不守’两案，奉批‘不守’。故陈、白一到渌口，即将最高统帅意旨告薛。薛不以为然，并谓：‘长沙不守，军人之职责何在？’经白以‘长期抗战，须保持实力’劝告，薛仍不听，且决心甚坚。故虽一夜之间，命薛退出长沙之电话至九次之多（按：是时敌已迫近长沙），而薛仍决心死守长沙。此时，陈以彼此争论过久有碍戎机，遂问薛部队状况如何？薛谓：‘除少数部队失却联系外，余均英勇作战，士气极旺’。似对战事极有把握者。陈乃一面与白商，命薛反攻，一面将薛之决心及当时情况报告领袖。结果，轰动一时之湘北第一次大胜利即在此‘最后决心’之下克告成功。”[10]

薛岳之所以要固守长沙，是有其政治目的的。自从其主持湘政以后，凭着他个人的政治经验，薛岳认为如果没有地盘就没有实力与权力。他虽然是蒋陈嫡系，但他是广东籍军人，不是嫡系之核心，加上个人私心权欲较重，希望利用主湘机会把湖南建成他个人的政治基地，故而绝不能轻易放弃省垣。面对蒋介石要他放弃长沙保存实力的命令，他以湖南是重要粮棉产区，对维持抗战至关重大为理由，坚决主张固守长沙。蒋介石对他的意见也无法反对，结果演成上述陈诚回忆录中描述的一幕。战役结束后，薛岳更加气盛，电报重庆请功，自吹“与敌激战七十余夜，先后毙敌三万余人，俘获无算。敌军六路会攻长沙计划从此粉碎无遗”。[11]一时“湘北大捷”的“喜讯”传遍大江南北，各地民众纷纷游行庆祝，蒋介石亦致电嘉奖。在南岳党政军联席会议上蒋介石还说：“湘北打了胜仗，捷电传出，大家心理为之一变，”“国内外一般极感兴奋，自信心格外坚定，与上月底的情形，可以说是完全两样。”[12]不仅如此，国民党军政当局还为“湘北大捷”进行了大肆宣扬，并邀请国内外新闻记者进行战地考察，纷纷报道“确有此事”。此刻，正是德国法西斯横行欧洲之时，英法诸国新败之后，“湘北大捷”之讯传出，的确对世界人民反法西斯斗争的勇气是个很大的鼓舞。一时间，湖南大小报刊吹捧薛岳为“岳飞、薛仁贵”之化身，文艺界还在长沙演出了为其表功的现代戏《新战长沙》。薛岳也因此升官，正式出任第九战区司令长官。

日本人被中方的“扩大宣传”搞得十分被动，又气又恼。冈村宁次在致派遣军总司令的信中说，“敌虽已决心放弃长沙，而我军竟未加攻略，即恢复军原态势，此不啻号召敌人反击，对其作战军师予以鼓励，努力于提高士气。因此今后当进攻作战之际，一旦攻占要地则必须予以确保”，[13]以免给中方造成宣传藉口。

总结“长沙之役”，日方主动撤兵的基本原因，一是在战略上遵奉大本营的指令，准备利用欧战之机发动南进太平洋之役，为此必须先在中国战场收缩战线，故而日军第十一军在尚有余力的情况下奉令停止进攻，撤回原防。二是冈村宁次对中国军队的战斗力估计太低，他甚至认为日军一个大队便可对付中国一个师，同时认为在湘北战场中方军队最多只有30多个师。而实际上中方兵力是52个师。加上交通条件、作战环境以及民众力量等方面因素又不利于日军作战，因此，相对而言，日军战斗力已大大下降。在整个战役中，日军未能完全击破中方任何一个师，更无力再行深入包围对手。如果冒险攻打长沙，恐怕很难有决胜的把握，所以冈村宁次愿退而求安。

我第九战区在此役中受最高统帅部避战保存实力方针之影响，并未投入全部力量。加上薛岳与上级的意见分歧，在战役指挥上平均使用力量，被日军牵住鼻子。而一些非薛系的军队又不听调遣，实际上此役打得并不十分出色。但由于日军后退，这一切都被掩盖了。

第一次长沙战役是进入相持阶段后正面战场上发生的第一场典型的战例，在抗战战略与战术具备了在相持阶段中各战役的代表性特征。具体来说，在战略上，日军为准备和发动太平洋战争，必须抽调兵力开赴南洋，因此必须在中国战场收缩兵力，巩固占领区稳定战线。对重庆政府采取以政治攻势为主、以军事攻势为辅的方针，在军事上不再是以攻城掠地为作战目的，而只以局部的出击与攻势，打击中国军队，捕捉歼灭其有生力量，“打痛他而不是打死他”，以此来协助政治、外交攻势，达成在全局上“不战而胜”解决中国事变的目的。其实际上已被迫对武力消灭中国政府的计划表示失望。当然，这种变化是由于日军力不从心造成的，并非出于什么别的原因。在这一战略思想指导下，日军才从距长沙几十里处自动撤回原防，这也是后来正面战场诸役中日军每每忽然未败先退的原因之所在。

在战术上，我军在此次战役中采用的是节节抵抗，诱敌深入，让开大路，集重兵于后方要地，待日军孤军深入疲惫不堪之时，加以重兵围歼。其结果往往使日军非溃即退，收到较为理想的效果。以后在二战长沙、三战长沙乃至整个相持阶段各战役中，我军多采取此种战术。日军因为处于战略守势，无法纠集大量军队开展全面攻势和持久之斗，即使占领某些城镇亦无法固守，最后无论胜败与否都不得不撤兵原防。

此种以“空间换兵力”之战略战术，是国民政府军事当局根据保存实力的原则，利用日军无长久耐力的弱点和华中华南地理特征所制定的符合战地实际的作战方法。它同时也说明国民党军在正面战场上抗日作战积极性的下降。这一现象是国民政府当局面对复杂的国际国内形势调整抗战战略的必然结果。

第二节　国民政府调整内外战略

“湘北大捷”对国民政府的对日战略产生了十分重要的影响。其一，重庆政府由此确认了日军攻击力量已达极限，从而增强了坚持抗战的决心，使因汪伪降日而造成的内部失败主义、妥协情绪为之一扫；其二，在当时苏日达成“诺门坎停战协定”、德国军队席卷欧洲、世界大局黯然之情形下，此役在国内外造成了有益的影响，特别是对提高国内军民抗日勇气、鼓舞士气起到了良好作用。国民党及其最高领导阶层也因此认识到，在国内抗日正面战场上能否抵抗住日军，并非完全取决于国际力量和外部因素，而主要在于“我前方同志努力与否，以及努力有无成效”，即要依靠自己救自己，“一切事情全靠自己的努力，尤其要靠我们前方将士与党政负责同志”，“加紧奋斗”。[14]

日军的退却使“皇军不可战胜”神话破灭。“此次战争，不仅敌军心理动摇，而且完全表现出他们失败涣散的心情，尤其他国内民众看到军阀之穷兵黩武、永无结束之时，格外表示厌恶”。“敌我两方军民士气与心理之消长情形如此，实为我们抗战胜利之最大关键”。

在长沙之役前后一段时间内，国民党召开了一系列重要会议，针对国际形势的变化，结合中国战场的实际，制定新的对策，明确在相持阶段到来后，我军总的战略方针和政府当局的战时政治路线。

1939年1月21日，国民党五届五中全会在重庆举行，此次会议的中心内容是在强调继续抗战的同时，又把注意力转向“溶共、防共、限共、反共”的国内斗争。根据这一宗旨，当局又通过了一系列反共文件，在全国各地制造了一系列反共摩擦事件，如博山、平江、竹沟等地惨案乃至“皖南事变”，使抗日民族统一战线遭受了破坏。会议还通过决议，设立党政军一体化的“国防最高委员会”，向蒋介石集中一切权力。这表明，随着抗战战事的减弱，国民党当局又要重起反共之念，抗战以来被民族矛盾上升所暂时压抑的国内政党之争又将激化。

“长沙之役”后，国民党当局于1939年10月底在南岳召开了“第二次南岳会议”，明确中国政府对于抗日的立场与态度。蒋介石在会上发表讲话说：在“湘北大捷”之后，国民政府坚定信心，决不与日本妥协，坚持抗战。但是，随着欧战的爆发，只有等待“世界问题得到解决之日，始能获得抗战的最后成功”。“世界问题尚未解决以前，我们如就要与日本妥协讲和，这就是自取失败！自取灭亡！”“所以今后我们只有继续努力，抗战下去！”“无论日俄停战或苏俄进军波兰，与我国抗战并没有什么妨碍，而且我们抗战始终是靠自己努力，只要我们自身能持久奋斗，愈战愈强，国际形势就会朝有利于我们的方面着着好转”。[15]

由此可以看出，此时蒋介石对抗日的态度是：受湘北之役的鼓舞，挫抑了失败主义情绪，坚信依靠自己的力量能够维持住抗日战线；同时，认为中国抗日战争最后必须与世界反法西斯战争同时结束，与世界人民共同迎来最后胜利。这样，今后在正面战场上我军抗日的战略指导方针便是“静观时局、保存实力、待机而动”。简而言之，就是要执行一种在政略上“等待胜利”，在战略上“待机而动”的方针。此种战略的核心，把“最后反攻，打倒日本”的希望寄托于外部世界的力量，而最终放弃自己的主观努力。这比较“第一次南岳会议”时蒋氏所提出的“第二期战略反攻”即“寻找机会，转向大规模的攻势，以驱逐入境之敌”[16]的战略思想要退后了一大步，显得十分消极。

此种“消极”战略之出现，是源于当局对抗战“持久性”的消极认识，以及从蒋介石开始自上而下地认为中国在抗击日军方面已经“打够了”、“付出的已经太多”这样一种情绪。蒋介石一直认为，日本不仅是中国的大敌，而且是英、美、苏诸国的大敌。抗战初期，他要求美英阻止日本侵略的希望落空，对列强已经充满抱怨。现在欧战爆发，日本南进迹象已现，蒋介石认为英美诸国终究不得不被德、日拖入战场，以其强大的国力来与法西斯对阵，而已在抗日战场上艰苦奋斗了三年的中国应该歇口气了。何况中国共产党的力量正在抗战中快速壮大，势将成为今后的心腹大患，国民党必须为今后解决国内问题留点力量。

何应钦在国民党五届五中全会上解释这一时期的作战指导计划时说："国军的第二期作战是：一方面保持我军的有利形势，继续消耗敌人的力量，同时在另一方面，积极进行部队的整备训练，培养战斗力，寻找机会，转向大规模的攻势，以驱逐入境之敌。"具体地说："一、各战区的第一线，要保持从武汉转进后的状态，并以约三分之一的兵力，加强扩大敌占区内的游击，以牵制和消耗敌人的兵力，造成于我军有利的形势，以便今后作战的顺利进行。二、将全部正规军分三期实行整备训练，待训练结束后，预定开始大规模的反攻，但在情况有利时，随时进行反攻。三、努力从事积聚武器、调整指挥机构，整备交通，扩充空军等各项工作。"这说明政府当局在此阶段并没有放弃正面战场的抵抗。由于日军在战略上退居守势，国民党军在战略上亦相应摆脱了被追击的状态，反而"相机而动"地开展了一些局部攻势作战。这种"局部主动战略"与"等待政略"的矛盾现象，是不足为奇的，因为它们是一对矛盾的两个方面。

在这里便涉及这样一个问题，即国民党在武汉失守后到太平洋战争爆发前的这一段时间内，其对日抵抗究竟是"积极"还是"消极"？过去大陆学者一般的观点都认为武汉失守后，随着抗战战略相持阶段的到来，国民党的内外方针已转变为"积极反共、消极抗日"，并以其许多事实证明自五届五中全会后，国民党已由"联共抗日"转向"排共反共"，而其抗日战线则基本停留在一个较为稳定的局面上，没有太大的变化。

对此，笔者认为，一方面此时蒋介石集团的对内政策由"联共"转向"排共反共"，这是不可否认的事实。

抗战开始以后，中国共产党领导的八路军、新四军深入敌后，开展广泛的游击战争，先后开辟了十多块敌后抗日根据地及游击作战区，其武装力量也在与日伪的斗争中不断壮大，八路军兵力到1938年10月已发展到15万至16

万余人，新四军已发展到2.5万人。[17]共产党在敌后通过自己的艰苦斗争壮大了力量，造成了有人有地的革命声势，虽然对全民族的抗战有利，但却引起了国民党的严重不安。他们生怕“共产党利用抗战坐大”，以致继续发展到威胁他们生存之地步，故而不惜置民族大义于不顾，在各地开展“反共”活动。根据“第二次南岳军事会议”的精神，国民政府军事委员会制定了《第二期作战指导方针》。对敌后作战问题，他们明确提出要“策应敌后之游击部队，加强对敌后方之控制与扰袭，化敌人后方为前方”，“游击战重于正规战”。同时计划派遣60个师的兵力深入敌后作战，为此还专门举办过“游击干部训练班”。[18]这些设想，虽然说明了国民党当局对于此阶段在敌后开展抗日作战的态度还是积极的，但其加强敌后作战的实质是要反共，是要在敌后与中共争地盘。我们知道，当时留在敌后战场的国民党军多数是在抗战初期因日军进展迅速而未及撤出的部队，如石友三、朱怀冰、秦启荣等部。这些部队既没有深厚的民众基础又没有开展敌后游击战的经验，因而在实际游击战中并没有发挥出太大作用。国民党想依靠这样一些军队“开展敌后大规模游击战”是根本不可能的。在抗日方面这些部队是十足的“狗熊”，但在制造反共摩擦方面，这些部队却是十足的“英雄”。正是这些军队造成了一系列反共摩擦事件，而这些正中重庆政府“反共”的下怀。

另一方面，笔者也认为，此一时期国民党正面战场在抗日的态度上也是积极的。此一时期，国民政府根据相持阶段之战略特点，改变了抗战初期那种以阵地为核心的单纯防御作战方针，确立了“连续发动有限度之攻势反击，以牵制消耗敌人”的方针。其作战目的是“一定要巩固军事防御，打退敌人可能的战役进攻”。[19]显然，这是在巩固防御、积聚力最的基础上，利用适当时机以攻为守、控制战场主动权的高明一着。当然，这种攻势作战是局部的、有限的，但在战略相持阶段则是十分必要和正确的。

遵照这一方针，国民政府军在“抽调部队轮流整训”以期恢复部队战斗力之同时，部署各主要战区部队发动了一系列较大战役，并取得了不少成果。总计在这三年左右的时间里，国民政府军队在正面战场上组织了南昌、长沙（第一次、第二次）、随枣、桂南、枣宜、豫南、上高、晋南（中条山）等9次较大规模的战役，占整个抗战时期22次大会战的41%。其中虽有因日军进攻而引发的，但亦有由我军主动发起的战役，如1939年底的“冬季攻势”便是如此。除却这些较大规模的战役外，从武汉失守到太平洋战争爆发的一段时间内，我军在正面战场上还进行了大小战斗约计496次，占全部抗战时期战斗次数的44%，其中我军伤亡人数达137.6万，占整个战争时期我方伤亡数之43%，超过了抗战第一阶段及太平洋战争后至抗战胜利的第三阶段之数目。

上述事实表明，进入相持阶段以后，国民党当局实行的是既反共又抗日的政策，即其在“反共”积极性大涨的同时，在对日抵抗方面并没有消沉，而是从正面战场到敌后战场，都保持了较为“积极”的态度，只是因为战场形势及敌我力量对比之变化，这种积极性不像防御阶段拼命抵抗时那样显著。国民政府消极抵抗真正是始于太平洋战争爆发后。当时，中国政府曾一度积极准备联合英美反攻日本，但却遭到盟国的数次冷落，不得已才真正消极下来，“等待胜利”。

还有一种观点认为，国民党当局积极反共是为了对日“投降”作准备，反共是投降的序幕。关于这一点，从当时的战争形势看，尽管已进入了战略相持阶段，但日本的侵略依然是国民党政权最严重的威胁，抗日是出于民族利益之大局，是解决重庆政府第一号敌人——日本的侵略和威胁之必需；而反共则是出自阶级私利的考虑，是为了消除战后共产党夺取政权的潜在威胁，是居于第二位的需要。在中日民族矛盾超过了国内阶级矛盾的时期，孰重孰轻，蒋介石有其衡量之尺度。所以，一旦日军攻势加剧或国内国外抗日压力增加，他便不敢破坏抗日民族统一战线，不敢公开反共，而要求国内各种力量在他领导下共同抗日，更不可能自毁政权公开投降。而一旦日军停止进攻，正面战场战线稍有稳定，他就又要制造“摩擦”开展反共，企图削弱共产党的力量。但是，这种“反共”行动是以不与共产党公开决裂为限度的，每当其反共活动使国共合作濒于破裂时他便会在国内舆论压力下使之缓和下来，使之不至于对抗战大局与民族根本利益产生致命性破坏。例如，国共摩擦的最高峰“皖南事变”发生后，国民党当局便又有所收敛，宣称这一事件“纯属军纪，与政治无关”等等，以求不使国共合作公开破裂。因此，可以说，国民党的反共与投降是两个不同性质的问题，两者之间并没有必然的联系，更没有因果关系。为了民族利益与自身生存国民党必须抗日，为了阶级利益和维持统治地位国民党也需要反共。可以说在太平洋战争爆发前的战略相持阶段，国民党的抗日与反共都是“积极”的，如果说还有差别的话，那只是在各阶段、各地方的“积极”倾向不同。因此，我们不能简单地给其做出“积极反共、消极抗日”之定论，更不能说蒋介石“积极反共”的目的是为了对日投降。

第三节　相持而不寂寞的战场

进入战略相持阶段以后，正面战场的战争局势虽在大体上处于相对稳定的状态，但战事仍在断断续续地进行，有时还爆发了十分激烈的具有会战性质的战事。即使这样，此一时期的战役已不同于战争初期，敌我双方都在执行“以攻为守”的战略。为了争取战场主动权，打击消耗对方的有生力量，敌我双方都曾发动过局部攻势。这些战事具有一些共同特征，诸如战役时间不长，多数限制在局部区域，作战之后大体上又恢复到战前原态势，等等，即使有些战役中也有城镇反复易手的现象发生，但对整个战局并无大碍。

除了前述南昌会战和第一次长沙战役之外，在相持阶段发生在正面战场上的较大规模的战役还有：1939年冬季攻势暨桂南会战，随枣、枣宜会战，上高会战，中条山战役，长沙续战及三战等。为了进一步阐明抗战时期相持阶段国民党正面战场的特点，现将其概况逐次介绍如下：

冬季攻势暨桂南会战　1939年2月，为贯彻第一次南岳军事会议精神，对处于守势的侵华日军进行进一步的战略打击，国民政府军事委员会计划于

4月间发动春季攻势，以破坏日军的进攻意图。此后，又连续部署各战区抽调兵力发动夏季攻势和秋季攻势，这种主动出击式战略指令是武汉战役前未曾有过的，是这一阶段正面战场我军抗日作战积极性一面之表现。“湘北大捷”后，蒋介石以十分乐观的情绪认为日军已丧失了开展大规模进攻的能力，为了使中国的抗战与世界反法西斯战争联系起来，显示中国军队的作战能力，“夺回重要据点，树立最后胜利之根基，”[20]他决定发动全军规模的“冬季攻势”。其决心之大，超过了春、夏、秋季的反攻计划。

1939年10月10日，国民政府军事委员会军令部制订了《国军冬季攻势作战计划》，准备将已整训完的部队主力投入战斗，以第二、三、五战区为主攻方面，以第一、四、八、九等战区担任辅攻。第二战区反攻任务为肃清同蒲线南段晋南三角地带之日军；五战区负责扫荡平汉线南段武汉、信阳间日军；三战区攻击荻港、贵池等沿江日军，目标在切断长江交通运输，孤立武汉地区日军，为我军开展围攻创造条件。整个战役的作战目的“不特应阻止敌军继续西进，并须压迫敌人向东撤退”，[21]造成扭转战局之有利态势。

为了实现这一战役计划，军事委员会准备将我军全部兵力的46%计约80多个师投入作战。蒋介石甚至还亲自确定了各战区克复各大城市据点悬赏之奖金数，如攻占武昌或汉口即悬赏100万元。11月18日，蒋介石下令“冬季攻势”开始，各辅攻战区于11月底开始攻击，主攻战区于12月上旬开始行动。他在致全体将士电文中说：“此次冬季攻势，为我军转败为胜的唯一关键，亦即我第二期抗战最后胜利的开始。”[22]

11月末，日军中国派遣军总司令部破译了中方作战电令，了解了我军开展“冬季攻势”之战略意图，随即电令日军各部加紧防备警戒。同时，日军按照预定部署，发动桂南战役，意图攻占南宁，断绝中国西南补给线，削弱中方的抗战能力。由于“桂南战役”与“冬季攻势”同时展开，于是“桂南会战”便成为“冬季攻势”的一个重要组成部分。

“冬季攻势”开展以后，由于日军已有所防备，且因桂南之役的发生，中方不得不调集重兵驰援，使整个战役受到了不利的影响。

在第三战区，我军肩负断绝日军长江供给线之重任，是保证第五、九战区能否顺利进攻之关键。军事委员会为此特地增拨了重炮部队，帮助第三战区封锁长江，并指令其派出14个师的兵力执行任务。12月16日起，我军3个兵团分别攻击大通、贵池等地，同时以另部对南昌、杭州之敌军实行牵制作战。当时在由荻港至湖口的长江沿线上，日军仅有第一一六1个师团的兵力，且分散于各个据点内。我军开展攻击后，立即突破了敌人的防线，占领了部分据点。但由于各部队间保存实力意识强烈，初胜后即互相观望，纷纷以友军未到为托词，屯兵不前，以至进展缓慢，贻误战机。日军援军抵达后即展开反攻，致我军牺牲较重。三战区司令长官顾祝同还认为桂南会战已开始，三战区已退居次要，部队“即令到达江边，亦必无继续作战的能力”，[23]故于开战三天后下令停止攻击，转入守势。第三战区以4倍于敌的优势兵力，长江之役浅试即止，对整个“冬季攻势”造成了消极影响。

在第五、第九战区，因第九战区调抽数十师主力驰援桂南，一定程度上影响了战役开展，但我主力军仍在大江南北同时对日第十一军开展总攻。敌军各部分守在各地，处于中国军队包围之中，只能拆东补西增援危急，疲于奔命。其中第五战区战事最为激烈，我军经过月余激战，收复了许多地区，使日军被困在主干交通线各据点之中。1月底，蒋介石下令第五战区停止攻势，并称：“此次冬季攻势获有真价值之战果者，当以贵战区为第一。”[24]在第九战区，我军也给敌军以重创，一度截断南浔路，但由于缺乏重武器及后援部队，攻击未获重要战果。总计华中地区我军与日军混战40余天，大小出击共960次之多，“攻势规模之大和行动之顽强是前所未有的”。[25]日军第十一军死伤逾万，其指挥官不得不承认，如果不是桂南会战牵制，第十一军将有灭顶之虞。[26]

与此同时，其他战区也取得一定战绩。我第一战区总计毙伤敌军5000余人，完成了破坏交通线的任务，并一度攻入河南省城开封。第二战区则击退日军攻势，守住了战略要地中条山，并在晋东南方面围攻长子县城，收复了黎城、涉县等地。但二战区部队在阎锡山的授意下，发动“十二月事变”，企图利用“冬季攻势”消灭共产党领导的山西新军“决死二纵队”。同时因阎锡山与日军关系暧昧，至使此间“冬季攻势”无法继续开展。第八战区在副司令长官傅作义指挥下，成功地进行了“绥西作战”，并一度收复重镇包头。该战区在与日军激战中，给日军以沉重打击，最终击毙日军绥西警备总司令水川信夫中将以下日伪3000余人，收复五原，将日军赶出了黄河河套后套地区。在第四战区，日军为配合桂南会战而发起了“粤北之战”，我战区副司令长官余汉谋指挥所部抵抗日第二十一军的进攻，但因力量相差悬殊，一直退至韶关地区，待援军抵达后开展反攻。日军由于受到桂南战局影响，逐渐力衰后撤，我军追击前进，于次年1月初恢复原战线。

在“冬季攻势”中，我军经过苦战，虽消耗了敌军大量兵力，给日军以沉重打击，但并未达成扭转正面战场战局和收复失地的战果。蒋介石曾批评说：“此次冬季攻势失败，最大的一个原因，即由于前方部队逐渐使用兵力，而非集中全力攻击，以致没有一个县城被我们打下来。”[27]但对此役日方却给予了较好的评价：“中国事变八年间，彼我主力正式激战并现决战状态，当以此为最。”[28]经过这一战役，“在华官兵都亲身感受到中国军队的抗战力是不可侮的。”[29]

桂南会战与“冬季攻势”同时展开。10月14日，日军大本营下达了攻击南宁的正式作战令。11月15日，日军第五师团及台湾混成旅团在其海军掩护下于钦州湾登陆，与我海防守军展开了激战。日陆军在其强大海空火力的掩护下，抢占滩头阵地，并攻下防城、钦县，而后马不停蹄地三路包抄南宁。国民政府军事委员会一面电令桂林行营主任白崇禧指挥所部“固守南宁，无令不得撤退”，[30]一面急调第五军杜聿明部等一批生力军驰援桂南。受当时交通条件所限，我援军在抵达桂林之后只能徒步行军，进展十分迟缓。日军则恃其余威，猛烈攻击南宁，我军腹背受敌，被迫放弃南宁。日军进入城内后大肆屠杀民众，血满城池。

位于南宁北侧之昆仑关及高峰隘是控制南宁城的制高点，日军攻下南宁后随即占领了昆仑关和高峰隘。此后敌我双方便在此展开了空前规模的争夺战。12月底，我军以第五军为主力开展反攻昆仑关作战。经过十余日惨烈战斗，付出了5000余人的代价，终于攻克昆仑关，击毙日军旅团长中村正雄，重创日军。[31]以后双方又在此地继续作战，日军纠集援军再占昆仑关，我军则加强对敌后方袭扰，攻击南宁。我粤北部队亦加强攻势，迫使日军收缩战线。次年2月底，桂南日军被迫后撤，我军紧逼跟进，双方断续作战百余次。到10月中旬，日军终于支撑不住，向越南等地撤退。我军于30日向敌发起猛攻，收复南宁，残敌乘军舰从海上溃逃。至此，桂南全部收复。

随枣、枣宜作战　这两次战役都是日方为了确保占领区，清除来自北方我第五战区的威胁，捕捉歼灭我战区主力而发动的。

日军侵占南昌后，获得了“武汉安全圈”的东南屏障，但来自北方鄂豫边境、桐柏山区随县、枣阳一带我第五战区守军的威胁依然存在。尤其是在我汤恩伯部第三十一集团军主力由湘北移驻枣阳，划入第五战区后，我第五战区的实力大为增强，这就大大牵制了日军南下或北上作战的力量，形成了对日军的直接威胁。为了解除这种威胁，确保武汉占领军的安全，围歼我第五战区主力，日军第十一军策划对此地区的出击作战，“以主力于五月上旬自安陆——京山地区向汉水左岸地区滚河线急进，将中国军主力包围击灭于枣阳东北地区”。[32]

4月下旬，日军第三、十三、十六师团分别向应山、安陆、钟祥等地集结，准备采用“分进合击，中央突破，两翼包围”之战术对我作战。国民政府军事委员会侦知了日军的集结行动。为了打破敌军的进攻，确保正面战场东西部联络线不被切断，军事委员会即电令第五战区停止业已开展的“四月攻势”，调整部署准备迎战；随即又命第九战区在江南进行牵制作战，策应第五战区，命第一战区抽调增援部队南下支援。第五战区司令长官李宗仁遵令立即部署防御战线，准备迎敌。

4月30日起，日军分两路发起猛烈进攻，准备分别夺取随县及枣阳，我第五战区左翼集团军总司令李品仙和右翼集团军总司令张自忠率部与敌军激战。士兵们冒着敌军猛烈的轰炸及毒气，顽强抵抗，甚至不惜生命危险爬上敌人的坦克车向车内投掷手榴弹。[33]虽然我军火力装备不敌日军，但经过全军将士上下一心顽强奋战，战役初期基本维持住了战线。然而，由于日军连续不断地发动猛攻，而汤恩伯部又未能从桐柏山侧击日军，为了保存有生力量，我军只得放弃战线，跳出敌人包围圈。日军随即占领了随县、新野等地。接着日军对桐柏山、大洪山等地的中国军队实行了大包围。对此，我主力军又从外线对其实行反包围。在第五战区司令长官李宗仁严令之下，汤恩伯部第三十一集团军及从一战区调来的增援部队孙连仲第二集团军加入战斗，于15日向日军发起总攻。经过三天三夜激战，日军开始总退却。20日前后，我军陆续收复失地，日军战败而归，“随枣会战”结束。

受我军在各地展开的“冬季攻势”的打击，日军处境十分困难。为了确保武汉，反击中方进攻，日军统帅部决定于1940年4月中旬调集赣北与湘北部队7个师团在第十一军司令官园部和一郎中将指挥下，再次发动枣宜会战，其作战目的仍是围歼中国第五战区主力部队。我军分三路阻击敌军攻势，并以有力一部向敌主力侧背猛击。5月10日敌各路攻击军会师于唐白河畔，我军仍以跳出圈外战术，将敌军反包围于襄东平原，并集中兵力发起总攻。激战至5月中旬，敌军伤亡惨重，被迫陆续开始后撤。我军及时追击，第三十三集团军总司令张自忠亲率直属特务营及两个团兵力渡河，在南瓜店附近将日军截为两段。疯狂的日军困兽犹斗，集结万余人，对张部猛攻。为了拖住敌人，保证友军追歼成功，张自忠抱必死之决心，在所部将士伤亡殆尽、他自己身受重伤的情况下，仍毙敌多人，最后高呼“大家要杀敌报国”，壮烈成仁。他是中国军队牺牲在抗日战场上的最高将领。不久，日军从东北抽调的援军到达，又与我军展开反复拉锯战。6月中旬，中国军队再次发起总攻。日军占据宜昌、荆门等地，据点死守，我军久攻不克，即调整部署，转入外线与敌对峙。“枣宜会战”至此结束。

此战日军仍然没有达成解除我军对武汉的威胁以及捕捉我军主力部队之目的。至此，日军发动的随枣、枣宜战役，结果一无所获，双方仍维持原来战线态势。

上高会战　1941年1月下旬，日军发动豫南战役，企图打通平汉线南段，消灭我守军汤恩伯部主力。开始阶段日军凭借优势火力，使汤部损失较重，并占据了豫南十余县城。2月间，我军调整部署反攻，先后收复了驻马店、沁阳等部分失地。与此同时，日军还在赣北发动了“鄱阳湖扫荡战”。其作战目的在攻略高安、上高，围歼我第九战区第十九集团军罗卓英部，在战略上达成保护日军南昌据点之安全和“扫荡”赣江两岸我军并掠夺当地物资。面对日军的进攻，我军按照“诱之于分宜、上高、宜丰以东地区，反击而歼灭之”[34]的预定计划，派出诱击兵团勾引敌人深入，而后准备使用主力决战兵团，切断日军后路，将其合击歼灭。[35]

1941年3月15日，上高战役开始。我预九师在奉新阻击两路日军的钳形攻势，伤亡惨重，并后撤诱敌。第十九师则迂回敌后抄其后路，双方展开大战。日军欲以“两臂合抱之态势先捕捉我军主力于高安、上高间地区而歼灭之”。18日，日军攻占高安。我军各参战部队经过顽强战斗，达成合击上高日军之有利态势，到20日将南路敌军攻势挫败，为围歼其中路主力创造了条件。

中路日军第三十四师团于22日晨集中万余兵力，在飞机掩护下向我七十四军阵地猛攻。我军将士“拼死力拒，虽血肉横飞、伤亡惨重，仍不稍退，是日一日间全线敌我伤亡均在四千以上”。[36]激战至24日，我军重新克复被占领之阵地。日军师团长大贺亲自督阵，纠集残部3000余人再次攻击，并派机对我军阵地狂炸。但我军包围之势已成，日军急电汉口军司令部求援。25日后，敌援军到达，将包围圈撕开缺口，日军突围奔逃，我军分途追击敌军。28日，我主力军收复官桥，毙敌守军600人，其中包括日第三十四师团少将指挥官岩永。31日，我军再克高安，继续追歼日军，并于沿途收复各城镇据点。4月9日，“上高战役”结束。此役我军歼敌1.5万余人，俘虏百余，击落敌机一架，缴获步枪千余支、大炮十余门，不仅恢复了战前阵线而且收复了西山万寿宫等地。这次战役改变了中日军队“历次会战兵力六比一之惯例”。[37]日军无功而返。

中条山会战　中条山位于晋南豫北交界处，是我军在晋南坚持抗战的游击根据地。驻守此地区的我军为第一战区司令长官卫立煌所部近18万兵力。日军为了根除这块心腹大患，在近二三年内对中条山发动过十多次围攻，但都未能得逞。

1941年5月，日军在华北纠集重兵对我各抗日根据地发动了大举进攻，开展所谓“华北治安肃正”作战，造成了空前的白色恐怖。与此同时日军又调动了10万余兵力，发动了对中条山区的再次围攻，意图一举占领之，摧毁我军屯兵基地。当时华北的局势十分有利于日军作战，我第十八集团军在“百团大战”之后正在休整待机，第二战区阎锡山部正热衷于搞反共摩擦。卫立煌部虽然对反共军事行动“并不积极赞成”，[38]但他对中条山之防务及当时不利环境却估计不足。“各部与敌对阵将近三年，而并未积极加强阵地工事构筑”，对黄河北岸“各渡口生死攸关之桥头堡毫不注重，而且未闻有何工事”。[39]日军抓住了这一良机，中国派遣军特别从华中、苏北及东北调来陆空部队，连同原驻军共同完成了对中条山的双重包围。

1941年3月，日军进攻态势已显，重庆方面却置敌情于不顾，仍下令卫立煌派部入冀，参加反共内战。4月，日军向中条山运动，蒋介石这才下令守军“加强阵地及河防工事”。[40]18日，在洛阳举行的一、二、五战区军事长官会议上，仍将“敌情”与“匪情”（指共产党军队动态）相提并论，对中条山的防务未作详细计划，只规定在必要时“先制出击，打破敌之攻势”。28日，重庆军事委员会下令对包围中条山之日军开展攻击，但因各部队行动迟缓，而卫立煌司令仍在返洛途中，迟至5月5日，出击仍未展开。日军却于5月7日下午发动了对中条山的总攻。我守军各部虽展开激烈抵抗，但因事前毫无准备，粮弹俱缺，加之日军有备而来攻势猛烈，5月12日以后，我第五、第十四集团军主力陷入日军重围，在中条山内各自为阵。尽管我八路军不计前嫌，积极展开攻势，配合国民党军突围，但最终得以过河南撤的各部队都损失惨重。至27日战斗结束，我方死伤4.2万余人，被俘3.5万余人。日军以20：1的微小代价，占领了中条山，完成了作战计划，创造了

“事变以来罕见的战果”。[41]中条山战役之失利，是国民党当局在华北制造反共摩擦，疏于防备日军，加之敌我力量对比过于悬殊所造成的恶果。

长沙二战及三战　第一次长沙会战之后，中日军队仍隔新墙河对峙，其间除1939年我军“冬季攻势”而外，双方在湘北地区并未发生大规模冲突。

1941年春，阿南惟幾接任日军第十一军司令官后，遵照大本营陆军部《对华长期作战指导计划》的指示精神，企图通过“发挥综合战斗力量对敌施加强大压力”，“以期一举解决（中国）事变”，积极策划对我第九战区发动新的攻势，制定了“加号作战”计划，目的在攻占长沙，“予第九战区敌军一次沉重打击”。[42]8月底，日军第十一军主力完成了向岳阳以南地区的集结，动员总兵力达10万余人。接受一战长沙多头进攻失败之教训，日军此次改用“纵深突破”战术，将主力并列于狭窄的正面上展开攻击。

我第九战区针对日军进攻态势，作出“诱敌于汨罗江以南、捞刀河两岸地区反击而歼灭之”的作战计划，除沿新墙河布防外，将第四军、五十八军开赴鄂北大云山，出击扰敌，以迟滞敌军前进攻势。而日军为了清除正面攻击障碍，决定先对大云山进行扫荡。9月7日，日军第六师团主力进攻大云山地区，而我方对敌意图估计不足，认为“日军态势兵力之部署，似无攻略长沙之企图”，[43]故而向大云山区增兵，而日军第四十师团却趁此时机完成了正面攻击之准备。

9月18日，日军开始渡越新墙河之正面作战，数百门大炮猛轰我守军阵地。我守河之第四军因抽调兵力参加大云山战斗，抵抗不住日军攻势，几小时后防线被日军突破。日军连续进攻，中国守军抵挡不住，退向两翼山地。次日，日军开始按计划渡过汨罗江，另一部日军穿过洞庭湖在青山强行登陆。第九战区在汨罗江南岸急急布防并派兵对日军进行侧击袭扰。由于九战区一直使用同一套简单密码进行联络，薛岳司令部之作战令竟为日方破译，日方立即修改部署，主力转师东进，准备“于捞刀河北方地区捕捉歼灭敌军”，[44]同时，提前强渡汨罗江。经过三天激战，日军已挺进至我军防线侧后，我军只得“迅速集结兵力，攻击一点”，寻机突围。但在日军包围之中，我各部已呈溃散之势。薛岳下令各军师组织“督战队”，在各路口收容士兵，重新编组，“如有不服从收容者就地枪决”。[45]9月24日，薛岳率战区司令部撤出长沙，移往湘潭。

我第七十四军王耀武部在捞刀河地区与日军主力开展了激战，他们向日军发起逆攻，歼敌甚多。但由于遭遇敌奔袭长沙之援军，陷入重围，只能向南突围而去。27日，长沙失陷，我各部队南撤。

日军占领长沙后，认为“严重打击”我第九战区主力之作战目标已达，加之其后方供给线被我切断，“不能增援补给继续作战”，于10月1日晚决定全面后撤。2日，重庆军委会得知敌军撤退情报，电令各部“立即开始追击，相机收复岳阳”。[46]我第二十七集团军从尾追敌军立即转变为阻截敌军之主力，歼敌俘获颇多。由于我第六战区在猛攻宜昌，敌军回援速度加急。10月9日，日军全部回渡新墙河，转为守势，双方又回到战前状态。

在湘北主战场激战之时，我第六战区遵令配合作战，以14个师的兵力，集中攻击宜昌，试图迫使日军从湘北撤兵回援，缓解第九战区压力。但六战区司令长官陈诚作战决心不足，迟至9月30日才发起总攻，贻误了战机。这时，湘北日军作战目的已达，准备后撤，形势反而转变为第九战区为了保证第六战区攻占宜昌而不得不尽力尾击迟滞日军撤退之势。

10月2日，六战区军队经过激战攻入宜昌城郊，此时城内日本守军仅有一个不完整的第十三师团。重庆下令陈诚“不顾任何牺牲，务于三日内克复宜昌”。[47]我军不惜牺牲攻向城内，日军虽伤亡惨重，最后连卫生队及轻伤员也全部上阵作战，其师团长甚至已下令烧掉军旗准备自杀，[48]但10月8日，阿南惟幾命令日军向我第六战区发起攻势拟救援宜昌，我军同时已奉令在11日夜以前攻占此城，最后攻至城内距日军司令部不足千米之处，但日军垂死挣扎施放毒气，加上城外敌援军到达，使我军攻势功败垂成。11日夜，我军冒雨撤出宜昌。此役虽歼敌甚多，但最终竟未能完成任务，甚为遗憾。

第二次“长沙会战”对我军来说本来是一次败仗，但当局却把此役吹嘘为“第二次长沙大捷”。

太平洋战争爆发后，中国政府为增援英军在香港地区的作战，准备从第九战区抽兵南下。为了阻止中国军队的行动，日军先发制人，再次发动攻击长沙之战，是为“第三次长沙战役”之始因。

日军被第二次长沙之役的成功所迷惑，十分蔑视中国守军的战斗力。12月13日，阿南惟幾下令调动第六师团主力及其他部队共7万兵力立即开始进攻。由于准备不充分，日军原只打算在汨罗江一线击溃中国军队，并计划于两周后“结束作战”。

“二战长沙”之后，中方利用收复原防区失地追击日军而激发起来的士气，很快恢复了战斗力，薛岳便于11月间召开的“第二次长沙会战检讨会议”上提出了防备日军再攻长沙的“天炉法”作战方案。在这份计划中，他依旧坚持“后退决战”、“争取外翼”的战略方针，计划“运用尾击、侧击及正面强韧抵抗，务于浏阳河、捞刀河地区，将进攻长沙之敌军主力，反击而歼灭之”。[49]12月中旬，重庆军委会为补充第九战区，特将第七十三、七十四等5个军部队划归薛岳指挥。

12月24日，日军开始第三次渡过新墙河作战，拉开了“三战长沙”之序幕。日军分三路向南挺进，我守军第二十军依托工事据点，顽强抵抗，打退日军反复冲锋，许多连队乃至整个营团士兵牺牲殆尽，他们的英勇牺牲为我主力军向敌两侧转移争取了时间。27日至28日，日军以沉重代价渡过了汨罗江，而我第二线兵团已从鄂、桂、粤等地提前十余日开到战场，保有外线作战之有力态势。湘北的冬季一般干燥无雨，但这期间却雨雪连绵，我军士兵冒着风雪寒冷顽强坚守阵地，而日军的进攻则更感困难。天阴云厚，日机不能升空，失去了空中优势；道路泥泞，河水上涨，对长途奔袭之日军机械化部队更是行动障碍；加上后勤供应倍感困难，日军遇到了前两次作战未曾有过的困难，作战能力为之大减。敌我双方在汨罗江南岸相持至30日，按预定期限，日军本应撤兵回防，且因香港已于12月13日被日军占领，攻打长沙牵制我军之预期目的已失去意义。但阿南惟幾误信中方正面兵力薄弱，已无二线兵力可用之情报，竟下令不顾一切继续南进，占领长沙，准备以此“予蒋政权以无声的威胁”，“表明皇军尚有余力”。[50]因此，犯下了一个不可挽回的错误。

这时的日军，因在艰苦环境下连续作战，士气已呈下降状态，对于阿南变更作战计划之举，困惑不解，甚至一些高级军官都认为再往南进就是“自暴自弃之作战”。[51]而中方第九战区上下则信心十足，准备按预定计划，围歼敌人。薛岳下令以第十军固守长沙，其余大部队则从东、南、北三个方面向攻打长沙之日军作“求心攻势”，逐渐缩小包围圈，达成围歼日军之目的。

1942年1月1日晨，日军以第三师团为主力，发动攻击长沙之役，遭到我守军坚决抵抗，战斗激烈异常，阵地前日军死伤累累，我守军也伤亡惨重，最后连马夫、卫生兵亦上阵杀敌。为配合作战，我军炮兵在岳麓山上向敌猛烈轰击，终于击退日军，保住了战线，而我主阵地上一团士兵仅余50余人生还。4日，弹少粮缺的日军已成强弩之末，但仍拼死发动再次攻击，许多日兵因无弹药，只能与中国士兵拼刺刀肉搏，根本无力推进战线，而中方外线主力正从三面向敌压来，日军已陷入我军包围之中。在左右幕僚反复劝诫之下，阿南终于在当天下午下令“自今停止扫荡长沙，于1月4日夜开始反转”。[52]前线日军为作最后之挣扎，向我军“施放毒气，全力攻城”。“我第十军浴血搏斗”，终于没让日军阴谋得逞。当晚日军第三、第六师团等部乘黑夜全线后撤，脱离战场。

薛岳电令我围攻主力各部立即转入分头追击，欲追歼日军于汨罗江以南地区。日军边退边战，饥寒交迫，死伤惨重，沿途抢掠田间米稻生食充饥，丢盔弃甲，狼狈不堪，拼命北走。到15日，逃回新墙河北岸。第三次长沙会战以我军大获全胜而告结束。总计此役，日军死伤5万余人，内有大队长、联队长以上军官10余人，被我方俘虏139人，[53]损失惨重大伤元气。日军此役本为策应香港之作战，但其伤亡人数却为香港之战伤亡人数之2.5倍。[54]而且，此次湘北作战是日本发动太平洋战争后在中国战场上的第一次攻势，日军以两个师团之兵力攻打我不足一军守卫的长沙，大战四天而不能克，如此大败而归，给在太平洋上不可一世的日本陆军以重大打击。第三次长沙之役的胜利极大鼓舞了我军的士气，并在国际上引起了强烈反响，提高了国民政府在反法西斯同盟中的声望，激励了美英诸国对日作战的勇气。

除了上述几场大规模的战役外，发生在战略相持阶段正面战场上的还有各地区规模不同的大小战斗,其中值得一提的有“浙赣战役”和“常德保卫战”。

1942年4月，美军B25重型轰炸机自太平洋航空母舰上起飞，第一次轰炸日本各大城市之后，返航美机按计划降落在中国第三战区浙江机场。这是日本本土首次遭到盟机轰炸，它对日本国内士气民心影响极大。日本军方为了制止这种空袭再度发生，严令中国派遣军集中兵力对我浙江各机场实行毁灭性扫荡，并企图借机打通浙赣路，因而发动了这次战役。

自1942年5月15日开始，日军调动了5个师团及两个混成旅团，向金华、兰溪一带我三战区守军进攻，同时辅之以闽浙海岸的登陆战，企图捕捉我军主力。敌人以较大代价占领金、兰两地后直攻衢州，我第三战区亦部署兵力准备在此与敌决战。但此时因缅北战场失利，重庆统帅部认为如敌自缅攻入云南则对我后方更为不利，故拟集中力量保卫云南，命令第三战区保存力量避免与敌决战。6月5日，我军在顽强抵抗之后突出重围。6日上午，日军占领衢州机场，随即施行大破坏。7日，衢州失守。日军部分达到作战目的后，继续西进，15日占领第三战区司令部所在地上饶，并于7月1日前打通了浙赣路南昌以东地段。我军主力除节节抵抗敌人攻势外，大部转移到敌军后方，切断其交通供给，敌军因力量不足被迫掉头围剿，顾此失彼。7月28日，日军大本营鉴于衢州、玉山、丽水等地机场均已破坏，战斗目的部分实现，下令停战退守原阵线。中国军队跟进追击，到8月30日，除金、兰地区外，全部收复失地，双方回归原战线，“浙赣作战”结束。此役日军死伤2.9万余人，其中包括师团长酒井直次郎中将阵亡。但中方也损失巨大，战火波及浙赣48县，中国军民死伤25万余人，除被毁机场外，日军还抢掠了无以统计的物资、矿产及浙赣铁路大批器材。第三战区在指挥作战中“前线未败，后方先行混乱”，[55]高级将领“均有惧战情形”，“缺乏勇气工作”，虽有广大士兵英勇作战，但战役结果并不理想。

发生在1943年11月的“常德会战”前后历时月余，日军第十一军出动了大部兵力，企图攻占常德，“消灭中国军的主力，摧毁中国第六战区的根据地，使得中国军无法继续作战，而牵制可能转用到云南去的中国军兵力，以策应南洋方面的作战计划”。[56]1月12日，日军以常德为目标开展全面进攻，逐次突破中国守军防线，于21日进抵常德外围。我川军第一五〇师师长许国璋在常德西北序战中光荣殉国。24日晨，日军猛攻常德，我守军第七十四军五十七师在师长余程万率领下坚守不退，争取时间等待援军，双方展开惨烈大战，守军士兵整排牺牲在阵地上。27日，我军与冲入城内的日军开始激烈巷战，常德城内积尸满街。28日，日军再次发起总攻，日机将城内炸成一片火海并施放毒气，守兵利用残垣分头固守，阻击日军五路进攻。我军孤军奋战不得补充，伤亡惨重，各级指挥官已伤亡95%，部队基本处于人自为战状态，但守军仍拒绝日军劝降。疯狂的日军竟在城内各处以汽油乱洒点燃大火，以图烧死我守军，同时集中火炮将我据点彻底炸毁。余程万师长电告上级：“弹尽、援绝、人无、城已破，职率副师长……等固守中央银行，各团长划分区域，扼守一屋，作最后抵抗，誓死为止，并祝胜利。”[57]在这样极端恶劣的环境中他们坚守到12月2日。此时我援军第十军已抵达常德南站，但因隔江而望不得增援。3日，余程万师长率部突出重围与援军汇合，其掩护部队则全部战死城内。这时我各部大军已力战逼近常德。7日，我军发起攻势。9日，收复了失守6天的常德。10日，日本大本营下令第十一军再攻常德，完成预期作战计划，但日军长横山勇以“这次作战损失不小已很疲劳”为理由竟抗令撤兵，我军跟进收复失地。1944年1月，战局恢复原态势。日军未能达成原定“常德之战”的目的。

总结相持阶段正面战场我军的战斗状况，可以说是毁誉掺杂、功过相半。从战斗结果来看，我军基本上守住了战略阵线。但这一种“成功”的背后包含了胜败两种成份：有些战役如随枣会战、三战长沙、常德会战，其结果都是日军为免遭被我军聚歼之命运，战败逃跑，我军是胜利者。而另一些战役如二战长沙、浙赣战役等，日军则是胜利者。但出于战略上的需要，日军在战胜后主动撤出了占领区，恢复了战前态势。我军则乘日军撤退之机“追击”日军，收复失地，结果给人以“胜利”之假象。在这当中值得一提的是，为什么除中条山战役外日军无论胜败都要撤回原防？如果日军之攻势及底力仍像抗战初期那样强大，我军还能守住原防吗？恐怕不能。问题的关键还在于日军内部。日军之“胜退”无论是否还有其他什么理由，而日军自身力量之下降，使其只能集中力量于一攻而不能分散力量来居守则是其中主要原因。日军这种由强向弱的转变，又正是由于陷入了我国军民长期抵抗之泥泽中并被逐步消耗、疲惫拖垮所造成的。

第四节　日军越斗越困

抗战胜利后，国民党军参谋总长陈诚曾在其所著《八年抗战经过概要》一书中对开战八年来正面战场敌我作战次数作了如下统计：敌我大规模会战共计22次，其余大小战斗约4万次。在武汉失守前，会战4次，除“忻口战役”外，其余3次我方参战部队都在30个军以上，“武汉会战”参战部队为17个军。而进入相持阶段以后，从1939年1月到1943年12月的5年间，敌我“会战”共13次，其中我方参战部队最多的一次为“浙赣战役”19个军。[58]有些学者据此得出结论，认为“前后对比，（国民党军）对抗战的积极和消极之区别是明显的”。[59]笔者认为，只凭上述作战统计数字做出这种论断，似乎有失偏颇。因为战争是作战双方的共同行为，战斗次数之多少及参战部队之增减，不只取决于我方，而也要看敌方的情形。抗战初期，日军为战争发动者，始终把持战略主动权，基本的战争格局是敌攻我挡。进入相持阶段后，虽然日军战争进攻势头已衰，但交战双方综合力量之对比，我军仍处劣势，也就是说，日军仍是主动的一方，是中日战争矛盾的主要方面，除了“冬季攻势”等个别战役外，各次战役之发起者大多是日军。相持阶段战斗次数之减少以及参战部队、战区规模之缩减，其主要原因在于日军战斗力之衰落。虽然也有中方的原因，如中方统帅者及其军队出于自身原因没能展开有效的反攻作战；又如从蒋介石开始，在相持阶段就抱定“等待”主义战略，不愿在反攻中损耗自己的力量，以至于我军在各次战斗中不论胜败都以保持原防线为终结目的，不愿在追击或跟进中“越雷池一步”，但这毕竟是次要原因，是从属性原因。

日本侵华战争是一次非正义的战争，是完全违背人类道德与国际正义的法西斯战争，这点就注定了它最终必然失败的命运。但是，其最后失败的到来必须具备内外两方面的因素，即它受到世界正义力量打击程度的轻重，和自身内部的腐朽程度之加深。

战争伊始，日军具备了许多远胜于我军的优势，除部队装备精良、指挥官训练有素、各部间动作协调、士兵基本军事素质较高、士气高涨等等外，其军国主义教育是很有影响力的。日军士兵在长期的军国主义“武士道”精神和效忠天皇之愚忠教育下，战斗意志十分顽强。他们认为这是为了捍卫天皇和日本国家的“生命线”、“建立东亚新秩序”而战，认为大和民族是世界上的优等民族，“皇军”是“天之骄子”，而中国人则是“劣等民族”、“野蛮的支那人”，不堪一击，他们来华作战是为了“制止英美的侵略”，是为日本“开拓新疆域”，故而在战斗中气焰十分嚣张。日军下层官兵基本上出自平民阶层，他们在法西斯政治欺骗和“武士道精神”的麻醉教育下，泯灭了良知，只知道为天皇献身是自己的“神圣职责”，在其民族固有的顺从、愚忠与顽强奋斗“不达目的绝不罢休”的性格支配下，对中华民族怀有强烈的、盲目的仇恨心理，相信“皇军战无不胜”，一些日军甚至在战败被俘后还用种种方法伤人或自杀。因此，战争初期日军可以狂妄一时，在战场上实际上也取得了不少“战果”。

但是，随着战争的不断深入与扩大，日本原有的优势已渐渐消失，代之而生的是国内各种矛盾接踵而来，并不断激化，此时的日本已是首尾难顾、捉襟见肘，其具体表现可以归纳为以下三个方面：

其一，日军官兵的军事素质在逐步下降。

战争初期，日军士官级（排级）以上现役军官均毕业于陆军士官学校，具备了必要的军事常识与基本作战指挥技能。战争大量减员后，为了满足前线之需，日本加速培训基层士官，将标准学习期限由4年改为2年，再降为1年半，1941年后又举办了为期6个月的短期训练班，将大中学生强化训练后即派往中国战场服役。如此“干部后备生”，其军事素质自然不佳，指挥能力不能不下降。此外，军事当局为了挽救这一颓势，还特地从前线选拔了一批具有战斗经验的士兵，经过教导队就地训练后充任基层干部，但这部分人的文化水平、军事理论基础知识也不可能在短训中很快提高。故而从总体上看，日军基层军官素质呈下降之势。

在士兵素质方面，按原编制日军一个普通步兵连人数应在200—240人之间，但在战争伤亡等因素的作用下，致使部队大量减员而又得不到及时补充，到1942年，其数量已减为120—150人左右。因此，就同一战斗单位来说，到1942年其战斗力已下降近一半。为了挽救兵员不足之危机，日本政府不得不一再修改兵役法，降低入伍体检标准，无限期延长服役年龄。到战败前夕，甚至强征十五六岁的少年与五六十岁的老者入伍。战争开始时，日军士兵90%为20多岁之现役、预备役青年，身体健壮，军事素质好，受过专门训练，而1938年4月以后，由于后备兵用完，不得不以军事、身体素质均差的“补充兵”充实各部队。随着时间的推移，这种“补充兵”在队伍中的比例越来越大，每个连队平均都在80人以上，他们一般只经过3个月左右的强化军训，没有实战经验，身体素质亦大大降低（见下表）。

日军入伍新兵体格对照表[60]

入伍年代	1938年	1939年	1940年	1941年	1943年
平均身高（米）	1.66	1.58	1.50	1.49	1.46
平均体重（公斤）	56.0	52.5	50.6	50.0	47.0

特别是在战争后期，许多近视、独眼、跛脚甚至花柳病人亦充斥军队，而那些未成年的“娃娃兵”则不仅不能完成任务，反而成为“部队的负担，

一上阵就后退，一行军就掉队，昔日凶神恶煞的皇军”已逐渐失去当日的威风。

其二，军日待遇及后勤供给条件不断恶化。

战争前夕，为了达成战争目的，日本军方除大力提高军人生活待遇外，还在日本国民中开展广泛的“皇军荣誉感”教育，使一般士兵具有了较高的社会地位和经济待遇。开战之后，军方又鼓动国民向前线官兵寄送大量“慰问袋”、“慰问信”及“千人缝”等精神鸦片，刺激了日军士气。与此同时，为保证前线兵士的生活水准，军方在基层连队还设置了“酒保”，即随军小卖部，以比市场便宜的价格大量向士兵们供应烟、酒、糖及其他生活必需品，当时只要有钱，随时可以享用。平时军队以大米为主食，约占主食比例之70%，平均每人每天供应量约为6合（1.68斤）左右，副食则多为猪肉、牛肉、鸡、蛋。但随着战争的发展，经济的衰竭与财政的拮据，日军的生活水平与后勤供应已无法保证，其数量质量都呈不断下降之势。1940年以后，因日用品供应不足，基层“酒保”均被取消，虽也留存有少量“酒保”，但其价廉物美的货物则为各部队长官所专用，供给士兵的只能是质次价高的货物。到1944年，供应士兵的物品价格较战初上涨了许多倍，如面包价上涨了3倍，纸烟价上涨了10倍，白糖价竟上涨了100多倍。与此同时，军队的伙食供应状况亦日益恶化，主食中大米比例下降为50%，大豆、小米及杂粮逐渐成为主食，副食品则变为腌鱼、生鱼、海带，1943年后又代之以酱、南瓜、萝卜等，蔬菜均由各部队自己生产。从1940年起各部队普遍以面条、馒头为主食，有时士兵们连饭也吃不饱了。[61]

表面上看来，日军官兵军饷额呈上升之势（见下表），但这只是一种假象。如果扣去因在军队内部实行的一种战时“贮金制”（强迫储蓄制，规定从月薪中强行扣除，战争结束前不得领取）所扣除的数额（见下表），日军官兵的实际军饷收入之价值明显的下降。

日军基层月薪变化表（金额：日元）[62]

时期 等级	1937.7—1942.6	1942.7—1943.10	1943.11—1944.6
一、二等兵	8.8	13.00	19.00
上等兵	10.24	15.50	22.15
兵长	11.24	18.50	29.00
伍长	14.00	22.96	36.00

日军基层月“贮金”变化表（金额：日元）[63]

时期 等级	1937.7—1939.12	1940.1—1942.6	1942.7—1942.12	1943.1—1944.6
一、二等兵	0.3	3	5	10
上等兵	0.5	5	10	10
兵长	0.5	5	10	15
伍长	0.5	5	10	20

其三，日军士气之低落与反战情绪之滋长。

随着大批“补充兵”涌进部队，日军之组成亦发生变化，特别是大多数“老兵士”都是有妻儿老小的家庭主干，他们虽前来中国作战，心却留在日本，首先产生了厌战情绪，希望早日还乡与家人团聚。在这种厌战情绪的影响下，一些老兵及下级军官也对战争之持续表示了不满。在日本军队中早日的“征服中国”、“征服亚洲”之寒暄语已荡然无存，代之而起的是“保重身体”、“留命回家”之类的祝愿语。更突出的事例即是日军被俘人数的日趋增加。战争初期，日军士兵宁愿自杀也很少被俘，即使不得已受伤被俘后也拒绝接受我军的治疗，甚至出其不意地伤人或自杀。1937年7月至年底，我八路军仅俘虏日军官兵20余名，但1938年上半年，俘虏数即已上升为104名。虽然其中另有别因，但随着战争的延续，日军士兵不再愿为天皇卖命，而宁愿被俘后活着等待战争结束回家则是主要原因之一。1938年6月至1941年5月的3年中，八路军共生俘日军1771名，并在日军俘虏中开展了反法西斯主义和反战教育，促使他们觉醒。觉悟了的日军士兵1939年9月在山西组织了“日本士兵觉醒联盟”，1942年8月又在延安组织了“在华日本人反战同盟”，他们积极赴前线开展政治宣传。在他们的揭露和教育下，许多日兵投奔了抗日军队。他们还设法将国内人民生活贫苦的真相转告给日军士兵，使当局的欺骗谎言彻底破产。例如，他们曾将日本农民在高额地租压迫下生活困难的情况印成传单广为散发，结果在华北日军中造成了士兵们联名写信回国要求地主减租之运动，严重动摇了军心。日军首脑机关因此对“反战同盟”的活动“恐怕异常”。[64]这些日本友人为推翻法西斯统治，为中日人民友好及保卫世界和平事业做出了特殊的贡献。

除了在战场上的消极怠战外，平时日军军营中也出现了普遍的散漫违纪现象，赌博、酗酒及嫖娼现象比比皆是。据统计，1945 年初华北日军将校以下士官中患花柳病者达 90%，士兵中染此症者为 30%—40%。[65] 更有甚者，许多日军士兵因家人生活贫困，妻离子散，姐妹妻女因生活所迫沦为娼妓，使其看不到前途所在，心灰意冷，在苦闷、绝望、悲观之中，不断发生逃亡、自杀事件。1941 年春季，驻山西代县日军警备队长林锐，在随军妓院中遭遇其弟媳，得知其弟战死，政府又强迫“储存”其抚恤金，使其弟媳生活无着，被迫充当军妓。林锐闻之不禁怒火填胸，当晚召集士兵，一反常态地痛斥战争罪恶，预言中国必胜，而后开枪自杀。驻琢县一日本军官二子均入伍参战，两儿媳在国内“生活无着，备尝冻馁之苦，现决于某日卧轨自尽”。他接到儿媳最后信函，悲愤交集，悬梁自缢。[66] 同年夏初，驻湖北宜昌龙泉铺新场日兵 6 人，因厌战相约集体自杀，结果 3 人死亡，3 人逃走。另一些日本进步人士则奋起反战，1941 年 4 月 30 日，驻河南新乡机场日空军一飞行员因厌战，驾驶载弹飞机作俯冲轰炸自尽，结果炸死炸伤日军 10 余人，毁坏飞机几十架。1944 年在南京发生了日本军人 18 名集体逃亡投奔新四军未遂而惨遭杀害的事件。驻山西太原附近一家肥料工厂的日本人士不仅积极反战，而且还在危急关头主动掩护八路军战士，成为中日人民友谊史上一段佳话。[67] 据华北日本宪兵队的秘密调查报告记载：1939 年在华北日本驻军中侦查出反战官兵136名，其中将校衔者9名，属于共产主义者123人、社会民主主义者8人、其他5人。[68] 在被我八路军收容的日军军人中，自动投诚或放下武器者的比例也逐年增加，1940年为7%，1942年为18%，1943年达40%以上。[69]

上述情况表明，战争初期日军所保持的那种强大战斗力已逐步衰退，从战略到战术，从思想到行动，从人员素质到后勤待遇，日军已不可避免地进入了一个衰落阶段，而且随着战争的持续，这种现象愈演愈烈。

这些正是中日战争在进入相持阶段后，无论是战斗次数还是参战部队和战区规模都在减退的出自日方的重要原因。

【注】

[1] 麦朝枢：《关于蒋介石与汪精卫进行降日活动的见闻》，载《文史资料选辑》，第22辑。

[2] 《中国事变陆军作战史》，第二卷，第二分册，第53–56页。

[3] 《中国事变陆军作战史》，第二卷，第二分册，第145页。

[4] 贺执圭：《记第一次长沙会战》，载《湖南文史资料选辑》，第十八辑。

[5] 《蒋介石致薛岳电》1939年9月26日，二史馆馆藏档案七八七。

[6] 《长沙会战初稿》，第二十册，第208页，二史馆馆藏。

[7] 《长沙会战初稿》，第二十册，第12页。

[8] 《长沙会战初稿》，第二十册，第312页。

[9] 陈和坤：《湘北之战》，第44—45页，青年出版社1939年11月版。

[10] 《陈诚私人回忆资料》（下），见《民国档案》，1987年第二期。

[11] 第九战区司令长官部编纂组编印：《长沙会战纪实》，第2页，1940年4月出版。

[12] 《蒋委员长南岳党政军联席会议训词（一）》，二史馆馆藏档案七八七。

[13] （台）蒋纬国：《国民革命战史》，第三部，《抗日御侮》，第六卷，第217页，黎明文化事业公司1978–1981年印行。

[14] 《蒋委员长南岳党政军联席会议训词（一）》，二史馆馆藏档案七八七。

[15] 见《蒋委员长南岳党政军联席会议训词（一）》，二史馆馆藏档案七八七。

[16] 何应钦：《对国民党五届五中全会军事报告》1939年1月，二史馆馆藏档案七一一。

[17] 《中国共产党历史》（上卷），第506页，人民出版社1991年版。

[18] 周恩来、叶剑英:《关于蒋介石训话主要内容以及具体军政步骤的报告》(1938 年 12 月),见《中共党史教学参考资料》第 16 册，第 102 页。

[19] 《毛泽东选集》，第二卷，第 588 页，人民出版社 1991 年版。

[20] 《林蔚次长冬季攻势讲词》1940 年 4 月 1 日，二史馆馆藏档案七八七。

[21] 同上。

[22] 同上。

[23] 《总顾问福尔根（苏籍）对第三战区冬季攻势作战经过之报告》，二史馆馆藏档案七八七。

[24] 《第五战区冬季攻势作战经过概要》，二史馆馆藏档案七八七。

[25] 《日本军国主义侵华资料长编》(上)，第 520 页，四川人民出版社 1987 年版。

[26] 同上。

[27] （台)《中华民国重要史料初编—对日抗战时期》，绪编（一），第 242 页。

[28] 《日本帝国主义侵华资料长编》(上)，第 521 页。

[29] ［日］井本熊男 :《作战日记编成的支那事变》，第 352 页，芙蓉书店版。

[30] 《蒋介石致白崇禧电》，1939 年 11 月 25 日，二史馆馆藏档案七八七。

[31] 张宪文主编 :《抗日战争的正面战场》，第 183 页，河南人民出版社 1987 版。

[32] 引自（台）蒋纬国 :《抗日御侮》，第 6 卷，第 105 页。

[33] 郭雄等编 :《抗日战争时期国民党正面战场重要战役介绍》，第 85 页，四川人民出版社 1985 年版。

[34] 《第九战区反击作战计划》，二史馆馆藏档案七八七。

[35] 《十九集团军总部机密作战日记》(1941 年 1 月 5 日)，二史馆馆藏案七八七。

[36] 第十九集团军参谋处 :《上高战役概述》(1941 年 5 月 15 日)，二史馆馆藏档案七八七。

[37] 赵曾俦 :《抗战纪实》，第 3 册，第 89 页，商务印书馆印行。

[38] 《中央 1941 年 3 月政治情报》(1941 年 3 月 22 日)，见《中共党史教学参考资料》第 2 册。

[39] 《蒋介石对于晋南作战失败之检讨》，二史馆馆藏档案七八七。

[40] 军令部电《各战区应速加强阵地及河防工事》(1941 年 5 月 4 日)，二史馆馆藏档案七八七。

[41] 日本防卫厅防卫研究所战史室:《华北方面军之治安肃正作战》,第三卷,第 2 分册,第 132 页。

[42] 日本防卫厅防卫研究所战史室 :《长沙作战》，第 10 页、第 25 页。

[43] 《第二次长沙会战军令部联络参谋张元祜各项报告》(1941 年 9 月 14 日)，二史馆馆藏档案七八七。

[44] ［日］《长沙作战》，第 45 页。

[45] 《第九战区第二次长沙会战战斗详报》，二史馆馆藏档案七八七。

[46] 《蒋介石致薛岳电》(1940 年 10 月 2 日)，二史馆馆藏档案七八七。

[47] 《薛岳报告第二次长沙会战军事情况文电》，二史馆馆藏档案七八七。

[48] ［日］《长沙作战》，第 115 页。

[49] 蒋纬国：《抗日御侮》，第 8 卷，第 95 页。

[50] ［日］《长沙作战》第 158 页。

[51] 同上，第 162 页，第 183 页。

[52] 同上，第 162 页，第 183 页。

[53] 《三次长沙会战薛岳之军事文电》，二史馆馆藏档案七八七。

[54] ［日］《长沙作战》，第 213 页。

[55] 《第三战区浙赣战役经验教训及检讨》（1942 年 11 月 21 日），二史馆馆藏档案七八七。

[56] （台）吴相湘：《第二次中日战争史》（下），第 903 页。

[57] 《第六战区常德会战文电》，二史馆馆藏档案七八七。

[58] 陈诚：《八年抗战经过概要》1946 年版。

[59] 李世平等:《略论八年抗战中的国民党战场》,载《抗日战争史论丛》,四川大学出版社 1985 版。

[60] 《盐阜报》1944 年 6 月。转引自王庭岳《侵华日军失败内因析》(载《军事历史》1991 年第 1 期）一文中所提供的数据，以下不另注。

[61] 王庭岳：《侵华日军失败内因析》,《军事历史》1991 年第 1 期。

[62] 同上。

[63] 同上。

[64] 《文汇报》1965 年 9 月 4 日,见［日］佐藤猛夫《活跃在抗日前线的“日本反战同盟”》一文。

[65] 《盐阜报》1945 年 3 月 17 日。

[66] 《江淮日报》1941 年 4 月 15 日。

[67] 《羊城晚报》1965 年 9 月 15 日,《互无损伤的“激战”——中日人民友谊史的一段佳话》。

[68] 《解放日报》1941 年 11 月 11 日,《日本共产党和日本人民的反战斗争》。

[69] 《解放日报》1944 年 1 月 8 日,《延安“日本人民解放联盟”统计资料》。

合作与矛盾 | 第七章

中国远征军出师缅甸抗击日本侵略军，是抗日战争正面战场上的光彩一页，也是中国军队为世界反法西斯同盟在亚洲太平洋战场作出的重大而直接的贡献。

缅甸之役，是在太平洋战争爆发后，中国成为反法西斯同盟国主力之一，并与英美各国联合对日作战的形势下发生的。中国军队以其英勇顽强的奋斗牺牲精神两次出兵缅甸，联合英美盟军与日军进行了殊死的战斗，为国家民族赢得了荣誉，并为中国成为盟国“四强”之一奠定了基础。

长期以来，西方史学家对亚太战场之印缅战役给予了很高的评价，但是却很少甚至根本没有提及中国军队的作用。例如，英国作家亨利·莫尔在其《第二次世界大战的重大战役》一书中，虽然把印缅战场“英帕尔战役”等列入了二战中“重大战役”之列，但却只字未提中国远征军两次入缅作战及其对战役胜利的贡献。这些缺漏固然与研究者们狭隘的民族主义心理有关，但是，长期以来我国的史学研究者对中国远征军乃至中国战场对世界反法西斯战争的贡献缺乏深入研究与探讨，也是不可忽视的重要原因。因此，研究中国远征军入缅作战具有重大的历史和现实意义。

第一节　中国为什么要出兵缅甸

1941年，中日全面战争进入了第五个年头，正面战场敌我双方战线呈现出胶着状态。随着占领区的扩大与战线的延长，日本侵略军已深感疲惫与困乏。为了摆脱困境，1941年12月日军发动了太平洋战争，对亚太地区英美势力实施全面攻击。珍珠港一役，日本海军重创美国海军太平洋舰队主力，日军陆军随即发动了对西太平洋英、美、荷、法各国属地的全面攻势。在日军的闪电攻击之下，关岛、菲律宾、香港、新加坡等先后失守。随即日军继续分兵南进，席卷荷印，占领泰国，进逼缅甸，威胁印度，锋芒直指中东，企图与德国法西斯在北非会师，实现其瓜分世界之阴谋。整个亚洲大陆面临着空前的厄运。

缅甸地处东南亚半岛西部，东北与我国云南接壤，西北连接英属印度殖民地，东南与泰国及法属印度支那相邻，西南濒临安达曼海域与加拉湾，是东西方连接要冲。缅甸一旦被日军侵占，不仅会直接威胁到盟军在中南亚的最后一块基地——英印大陆，而且还会完全断绝退守西南的中国抗日政府与外部世界的联系，切断其补给运输线，置之于死地，甚至有利于日军取得西南太平洋上的制海制空权，有效地推进其在太平洋上的攻势而最终将英美盟军赶出亚洲大陆，进而威胁澳大利亚与非洲战场，给世界反法西斯战局带来严重影响。

正因为如此，太平洋战争一开始日军就把攻占缅甸作为在南亚作战的一个重要战略目标。“缅甸作为南方重要地区的北翼根据地，不仅具有必须确保的战略地位，而且还具有对中国方面来说切断援蒋公路、对印度方面来说促进其脱离英国的重大的战略意义，所以大本营开战伊始就迫切希望进入缅甸全域作战”。[1]此外，如果攻掠缅甸，还可从仁安羌等地获取丰富的石油与矿产资源，这对资源十分贫乏的岛国日本来说也是十分具有诱惑力的，“缅甸包德温的铝矿和仁安羌的油田对完成战争至关重要”。[2]

反之，对于同盟国全球战局来说，印缅战场也是极其重要的一环；特别是对正在艰苦抗战的中国来说，缅甸简直成了生死攸关之所系，因为此时的滇缅公路已成为中国政府仅存的唯一一条外部运输补给线，它的存在与否无疑已成为中国抗战能否坚持、中国政府能否维系的重要外部条件。

抗战开始后，中国接受外部援华物资补给主要依靠这样三条国际运输线，一是经过新疆的中苏补给线，但由于此线路途遥远，且苏德战争爆发后，苏联对东方战事已无暇顾及；一是中越间的滇越公路，但1940年6月，随着法国政府向希特勒的投降，日本乘机通过纳粹德国向法方施加压力，迫使其同意日本向法属印度支那半岛派驻军队，这样就使得滇越公路几乎在法国投降的当日就被关闭；最后只剩下唯一的一条国际通道——滇缅公路了。

滇缅公路北起中国云南昆明，南至缅北重镇腊戍，与缅甸中央铁路衔接，最后通向缅都海港仰光，全程1146公里，是通向中国抗战大后方的重要国际通道。这条公路于1938年开始修筑，当年年底建成通车，其后“每天有340至350辆载重汽车行驶，月平均运输物资达一万多吨。从1939年到1942年春，公路共承受运输约40多万吨”，[3]成为抗战中国的重要“输血线”。因此，对中国政府而言，在前两条国际运输线已告断绝的情况下，誓死保卫滇缅公路已成当务之急。

除此之外，中国政府积极派兵入缅还有其政治与外交目的。

随着世界范围内反法西斯大战的开始，蒋介石意识到历史给了他一次难得的机会。早在中国抗战爆发之初，蒋介石就认为中日战争的最后结束只能是在国际范围内得以解决。对于坚持抗战，“蒋介石的坚定，并不是由于他相信中国自身能够聚集起足够的力量把日本人赶出去。而是由于他确信日本迟早会卷入与某个或某几个大国的纠纷中”。[4]虽然这一期望的实现实在是来得太慢，但是这一时刻毕竟到来了。机不可失，时不再来。蒋介石及其政府要利用这一历史性的机会以及中国人民5年苦战日本军阀的资本来提高自己的国际地位，在战争中及战后扮演大国的角色，寄希望在战后解决世界问题时能够拥有一份发言权和决策权。蒋氏的这一动机，在他回答军令部部长徐永昌关于对缅用兵的指导方针问题时表现得淋漓尽致。徐永昌在向蒋介石汇报时说：“在目前状态下，中国策略似有两条路线可循，其一，听其自然，希望不靠自身努力而日本被盟军击败，如此则战事结束时中国将无战胜之威；其二，及时利用其物资，殚精竭虑使中国之努力成为日本失败之重要因素。”蒋介石立即表示“中国所采取者应为第二路线”。[5]

这样，便构成了中国出兵缅甸的近期目的与远期战略目的。从这一点看中国政府对于出兵缅印战场抵抗日本南进是抱有十分积极的态度的。

作为反法西斯同盟国的另一方，英美两国又是怎样来对待亚太战场及保卫缅甸战役的呢？英美两国认为，缅甸具有十分重要的战略地位，“保卫缅甸”是盟国基本的立场。但是出于各自不同的私利，这一问题上英美与中国又产生了较大的分歧。

中国抗战刚刚爆发之时，英美推行“隔岸观火”的政策，并未对中国抵抗侵略的正义行为给予实际帮助。究其原因，无非是害怕仗义执言会损害他们自己的利益。英国张伯伦内阁出于对德国在欧洲势力膨胀的严重担忧，以及“防苏”反共政策的需要，对日本在华的侵略行径一味妥协。尽管日本人在中国横冲直撞，也损害了英国在华的外交和经济权益；甚至还发生了包括炸伤英国驻华大使许阁森在内的大小三四百起日英直接冲突，但英方仍然“忍辱负重”，甚至不惜低三下四地向日本承诺保证不援助中国，以求能够保住他在中国及远东地区的殖民利益。与此同时，身居大洋彼岸的美国人，也暂时放弃了他们一贯标榜的所谓“公正”、“正义”立场，对日本的侵略利益“不予承认”，但同时又宣布对日本侵华保持“中立”。美国人在这时对日本最感兴趣的是与日方进行战略原料的物资贸易，从中牟取商业暴利。资料表明，直至1939年1—8月份，美国对日军品出口额与两国全部贸易额的比率，较诸1937、1938两年同期的数额仍有增加。[6]如果把1939年1—8月间美日贸易总额视为100，那么其军品贸易额则为71.28，而其中又多为石油及其产成品、钢铁废料、金属加工机械、铜、汽车及配件、飞机及其零部件等军品原料。这些恰恰又都是日本维持侵略战争所必需的。从这一点来看，美国人实际上是在资助日本发动侵略战争。

英美对日本的妥协、退让乃至放纵并没有得到日方的回报，他们企图引导日本北进苏联的战略设计也被无情的事实所粉碎。当德意法西斯在欧洲大打出手之后，日本军队的魔掌也同时伸向了英美。

1939年2月，日军攻占了海南岛；3月31日，日军又攻占了南沙群岛。当太阳旗插上了这一位于新加坡与马尼拉之间的岛屿时，英美一些政军人士才终于有所醒悟。正如曾任英国驻华公使的卡多根在1938年11月29日的一份备忘录里所说的那样：“我们用讨好日本的办法将最终得不到任何东西。如果他们赢得了所有的目标，他们仍然会抛弃我们，并且赶走我们。”[7]然而十分可惜的是，英美当局都依然没有对日本的南进野心及时进行有效的遏制。1940年6月，日本又乘德意横行欧洲之机向英国提出了新的“必须尊重的要求”。6月19日，日本陆军参谋本部情报部长土桥勇逸对英国驻东京武官转达了日本政府关于避免日英开战的“最基本”的三点要求，其中第一条就是立即关闭滇缅路。迫于日本的淫威，英国居然宣布于7月18日起关闭滇缅路3个月。对英国政府的这种不友好行为，中国政府提出了强烈的抗议。7月16日，中国外交部发表声明，认为英国“此种举动，不独极不友谊且属违法”，“英国接受日本之要求已给予侵略者以巨大利益，故英国之举动，无异帮助中国之敌人”。[8]英国对此置若罔闻。然而可叹的是，英国人的最后的让步也没能感动日本。3个月期满之后，英国鉴于日方毫不让步并加紧战争准备，被迫重开滇缅路。尽管这样，他们对中国政府提出的联合抗击日本南进的积极方针仍抱着不合作的态度。

1941年12月8日，珍珠港的隆隆炸弹声，终于震醒了英美首脑，至此英美才最后下定决心联合中国共同对日。翌日，英美对日宣战。12月23日，在蒋介石建议下，在重庆召开了东亚联合军事会议，中英两国于26日签订了军事同盟条约。1942年元旦，中美英苏等26个国家聚会华盛顿发表了对轴心国共同行动宣言，即《联合国家宣言》。各签字国保证以全力对德日意法西斯作战到底，决不单独与敌国媾和。国际反法西斯统一战线正式建立。蒋介石出任盟军中国战区（包括越南、泰国各战场）陆空联军总司令，美军史迪威中将出任参谋长。中国与盟军开始共同对日作战。

在这种情况下，缅甸的地位变得异常重要起来。

1942年1月21日，英国首相丘吉尔在转致参谋长委员会的电报中指出：“缅甸如丧失，那就惨了。这样会使我们同中国人隔绝，在同日本人交战的军队中，中国军队算是最成功的。”[9]他还说：如果“中国一崩溃，至少会使日军十五个师团，也许会有二十个师团腾出手来，其后大举进犯印度就确实可能了。”[10]美国总统罗斯福亦在1942年2月20日给澳大利亚总理柯廷的电报中指出：“如果缅甸失守，依我看来，我方整个局势包括澳大利亚在内将面临严重危险。”[11]23日，他在给丘吉尔的电文中又重申：“澳大利亚和缅甸这两个主要基地都是必须不惜任何代价坚守到底的，而今的主要威胁在缅甸。”[12]罗斯福总统十分清楚地意识到维护滇缅公路、维持中国战场对远东及世界战局的作用，他曾在给其子伊里奥·罗斯福的一封信中形象地描绘说：“你想想看，如果中国屈服，会有多少日本军队脱身出来？那些部队会干什么呢？会占领澳大利亚、占领印度，会像摘熟梅子一样轻而易举地占领那些地方，然后长驱直入，直捣中东……那将是日本和纳粹德国的大规模钳形攻势，在近东某处会合，完全切断俄国同外界的联系，瓜分埃及，切断经过地中海的所有交通线，难道不会这样吗？”[13]

丘吉尔与罗斯福的这些论断代表了英美当局对缅甸战场重要性的基本认识，也是盟国决心共同保卫缅甸的战略目的的说明。概括起来说就是通过保卫缅甸继续援助中国的抗战，遏制日本南进的步伐，将日本军队主力拖在亚洲战场，为盟国集中力量在欧洲打败德国法西斯创造必要的前提与条件。为了利用中国的兵员优势，负起抵抗日军的基本责任，英美就必须要支援中国的抗日。正如罗斯福总统所说的那样：“我们不会屈服于（日本）在太平洋的威胁，我们也不会放弃我们的原则或放弃中国人。”[14]“给予中国以一切可能的援助，特别是战争物资，使日本军队陷在中国不能动弹。”[15]因此“同中国保持联系和使滇缅路畅通是全世界取得胜利的必不可少的条件。”[16]英国三军参谋长也认为：“中国战争的继续进行将有利于英国，因为它阻止日本把它的全部军事努力转向其他的甚至更不合适的方向。”[17]虽然此时英国对华合作态度尚不如美国积极，他对扶持中国仍心有余悸，但是“如果中国对日本的抵抗崩溃，那么英国与荷兰在远东的领土将直接受到影响”，为此，英国不得不援助中国抗日。又因为缅甸和印度都是英国的殖民地，日军对印缅的侵略也迫使英国不得不做出积极的反应。这样，中国与英美在保卫缅甸的战略目的上便达成了基本的一致。

第二节　初战中的一致与不一致

美英支持中国抗战，一方面是出于世界反法西斯战争大局的需要，另一方面还在于事关他们自身的安危。正因如此，在一些问题上就不可能不产生分歧与矛盾。

太平洋战争爆发后，美英盟国制定的反法西斯战争的全球战略是“先欧后亚”。早在1940年9月28日，面对德意日法西斯的军事侵略，美国总统召开了国务卿及三军首脑高级会议，会议确定了“大西洋第一、欧洲第一这一全球性大范围”[18]的基本战略。根据这一战略，美国军方作出了“在大西洋采取强大攻势，在太平洋保持守势”的战略计划，“美国必须放弃其近期目标不是摧毁德国的任何计划”。[19]此后，“先欧后亚”的战略于1941年1月在华盛顿召开的美英三军参谋长会议上被列入英美联合战略ABC—1作战计划中，年底又在英美阿卡迪亚会议上再次重申，成为贯穿整个战争始终的指导原则。从全球战略角度出发，“先欧后亚”是基本符合反法西斯全球战争的需要的，是一项正确的设计。毛泽东曾经在谈及这一问题时指出：“世界反法西斯战争问题的枢纽在欧洲，欧洲问题解决就决定了世界法西斯和反法西斯的两大阵线的命运。”[20]

但是“先欧后亚”绝不是“保欧弃亚”，为了赢得欧洲战场的最后胜利，必须得到亚洲战场的全力配合。由于中国人民已经与日本法西斯血战多年，并在继续奋战，到1940年底，日本陆军全部49个师团中已有38个陷在中国战场，其中27个在关内、11个在东北。即是说中国战场牵制了78%的日本陆军，成为抗击日军的主战场。因此，任何形式的全球战略都不能忽视中国战场。

美国政府认识到了这一点，表示要从全球战略出发努力支持中国抗日，特别是在太平洋战争爆发后，美国及时调整了对华政策，积极地对中国的抵抗给予实质性的援助。

美国援华抗日，是有其战略与政略双重目的的。在战略上，为了有效地实施“先欧后亚”的战略计划，必须将日军牢牢地拖在中国战场，让日军深陷在中国这个大泥潭而动弹不得，从而使英美无后顾之忧，集中全力对付德国，为此必须最大限度地发挥中国抗日的积极性，继续维持住中国战场。“美国政府目前主要的目标是使中国继续对日作战，并动员中国全部的军事与经济力量有力地进行战争”。[21] 美国海军上将金氏曾经对中国战场的军事战略地位及价值作出过如下论断：“根据人力地形各种条件，欧洲之苏联应与亚洲之中国，具有同样之价值。是故供给武器，利用中苏地形，使其共同作战，为吾美最高之战略。”[22] 在政略上，美国人对未来战后的世界格局亦别有新的考虑，随着日本的战败及英法荷等老牌殖民主义势力的急剧衰落，战后亚洲将出现国际政治上的势力真空，为了防止苏联向亚洲扩张及亚太各国民族主义力量上台，保持美国对亚太地区强有力的影响，美国迫切希望在“塑造战后亚洲面貌方面起主要作用”，[23] 为此，他需要在远东寻找一个亲美的大国伙伴来左右亚洲政局，以造成符合美国利益的政治局势。从当时亚洲的现状来说，似乎中国的条件更具备一些，因而美国实施了以扶助中国国民政府来达到这一目的的计划。对于美国的这种用心，国务卿赫尔曾作过最明确的表述：“对于中国我们有两个目标，第一是有效地进行战争，第二是承认并逐步把中国建成大国，授之与其它三个西方盟国俄国、英国和美国平等的资格，不论战时战后都如此，为的是准备战后组织和在东方建立稳定的繁荣。”[24]

正是因为这样，在1941年12月28日华盛顿会议上签署《联合国家宣言》时，美国才特别安排由美、英、苏、中四国领衔，同时推荐蒋介石为盟军中国战区总司令。蒋介石在表示“义不容辞，敬谨接受”之后，特别要求罗斯福总统派一亲信将领出任中国战区统帅部参谋长，作为对美方提携之回报。

与美国不同，英国于对中国抗日对全球反法西斯大局的影响的认识有一个渐进的过程，而且其援华抗日一直不像美国人那样来得痛快。

英国是个老牌殖民主义大国，它在远东拥有众多的殖民地，在中国也拥有特殊的殖民利益，在第二次世界大战中，怎样来维护它在亚太地区的既得殖民利益，一直是英国面临的难题。

面对德、意、日法西斯的着着进逼，英国采取的对策不是加强国防力量，而是以出卖亚欧其他国家的利益来与法西斯妥协，幻想“祸水东引”以求自保。当欧洲绥靖政策彻底失败，希特勒的飞机在不列颠上空狂轰滥炸之时，英国仍然舍不得收起他那一套过了时的、无用的“绥靖政策”。在亚洲它实行的是以牺牲中国来向日本讨好的政策，以图避免在远东与日本人开火，使自己免于陷入东西两面作战的困境。丘吉尔曾在1940年8月11日致电澳大利亚总理解释英国为什么要关闭滇缅路三个月时，坦白地承认“我们极力设法避免与日本作战”。[25]英国前首相张伯伦也曾充满自信地认为关闭滇缅路“使我们摆脱了一场严重危机”。[26]然而，英国的所作所为不仅没能使日本让步，相反地却更加刺激了日本军阀得寸进尺之野心，促使其最后下定南进之决心。日本人认为，英国的行为“表明丘吉尔承认了哈里法克斯为代表的纯粹保守党的对日政策，对日本来说，这是最大的也是最后一次好机会”。[27]于是日本积极进兵印度支那，矛头直指英国殖民地。在严峻的局势面前，英国才不得不改变对日态度，也才感到有必要支持中国抗日，因为英国可以借助中国的力量来牵制日军，遏止其南进，以维持亚洲目前的局势，维护大英帝国的利益。

促成英国对华合作的另一个重要原因是美国的督促。由于自身力量的不足，英国将保卫远东与太平洋地区的重任寄托在美国人身上。可是在战前，美国人对英国的这种请求漠然视之，对中国抗日也仅予“道义援助”，这就使得英国也只能随之对日妥协。美国人自从挨了日本人的炸弹之后，不仅自己积极致力于援华抗日，而且也督促英国改变以前的策略，联合中国共同抗日。美国人认为“中国和英国之间的合作是联合国一致的必要组成部分”。[28]于是这才有了1940年12月间美英相继对华贷款1亿美元和1000万英镑的援助。然而，即使这样，英国人出于对战后的中国有可能对其远东殖民利益产生威胁的忧虑，对联华抗日仍然存有戒心。

1941年2月，中国政府根据高级军事代表团赴缅甸、印度、马来西亚的视察结论，向英方提出了派兵入缅协防的建议。英方为维持殖民大国的脸面未置可否，反要求中国军队在中缅中老边境设防。[29]同年2月至8月，英国驻华大使卡尔和驻华武官丹尼斯在重庆开始了与蒋介石会商中英合作事宜的谈判。中国方面在会谈中多次指出，日本南进，势在必行，希望英国及早下决心，利用其驻新加坡等基地的空军和海军力量支援中国在云南战场的对日作战，以阻止日军的南进。但英方却另有所图。在3月17日的会谈中，丹尼斯对蒋介石说："我们面临的一个危险是，日本或许能从中国撤出大量军队作为他们开始进攻马来西亚、婆罗洲和荷属东印度等地区的部队的援助力量，因此中国能对共同事业做出的最大贡献，将是用全面增加对在华日军的压力的办法在中国保持最大限度的日本的力量。"[30]这清楚地表明了英国对此期中英合作的利己主义意图，它使得中英军事合作从一开始便蒙上了不祥的阴影。最后经过反复协商，在中方的让步的情况下双方才达成了协定，规定如果日军攻击缅甸，中英双方相互给予军事援助，保证滇缅路畅通及共同修建八莫至宝山的公路[31]等等。

1941年12月8日，太平洋战争爆发。12月10日日本海军在南中国海一举击沉了英国海军在远东的新型主力战舰"威尔士亲王号"和"驱逐号"，使英国丧失了在远东的制海权。12月26日，中英正式签订了《中英共同防御滇缅路协定》，正式建立了军事同盟关系。与此同时，在重庆召开的"东亚军事联合会议"上亦通过了《远东联合行动初步计划》。至此，中英美等反法西斯同盟国在亚太地区的联合作战正式开始。"中国已经同维护美国和欧洲的整个亚洲和太平洋据点的战略联系了起来"。[32]

1942年3月，中国战区参谋长美国陆军中将约瑟夫·W·史迪威抵达重庆。他同时还兼任远东战场美军代表与援华租借物资督导人，其任务是"指挥分派给他的中国军队"，"帮助提高中国军队的战斗力，提高美国对中国政府的援助的效用，以把战争打下去"，[33]并保障滇缅路之畅通。

史迪威抵达重庆后，蒋介石立即委以中国入缅远征军总指挥之重任，并派赴缅甸前线指挥作战。

这时的缅甸已笼罩在战火之中。1月间，日军第十五军团4个师团8万余人在司令官饭田祥二郎率领下已发动了侵缅战争。日军一路由仰光海口登陆，一路由泰国向缅甸南部土凡和毛淡棉进攻。此时驻防缅甸的英军力量相对薄弱，仅有英缅军第一师，英印军第十七师、英澳军第十三旅等部，总兵力不足5万，根本无法有效地抗御日军。更为严重的是，2月15日防守新加坡的英军、澳大利亚军及印度军8万余人在日军猛烈攻击下，竟宣布无条件投降。这是英国历史上最惨重的不战而降。新岛的失守使英国丧失了在远东最大的海军基地。28日，英、印、荷、澳联合舰队在爪哇海战中又告战败，日本海军夺取了南亚次大陆与东印度群岛的制海权。3月21日，缅甸英军皇家空军基地马格威又遭到日军轰炸，全遭毁灭。日军已完全夺取了缅甸战场的制海制空权，缅甸守军陷于孤立奋战之境地。2月底，突入缅境之日军在占领毛淡棉地区后，又突破萨尔温江，一举冲垮了英军在米邻与锡唐河的防线，英国守军第十七师丢盔弃甲逃往同古（亦称东瓜）。仰光岌岌可危。至此，英国人才彻底放弃了幻想与“自尊”，改变了素以自傲的“绅士风度”，不仅不再拒绝中国军队入缅抗日，反而向中国政府急急求援，希望中国政府急速派兵入缅援英抗日。

应英国方面的请求，中国政府立即派出了中国远征军第一路军入缅参战。该军以卫立煌、杜聿明为正副司令（卫未到任由杜兼代司令职），下辖3个军，即杜聿明的第五军（辖第二〇〇、九十六及新廿二师），甘丽初的第六军（辖第四十九、九十三、五十五师），及张轸的第六十六军（辖新卅八、卅九、廿八师），共约10万多人。

3月8日，日军占领仰光。英军司令亚历山大率部撤向缅甸中部。日军6个师团分兵三路紧追英军。此时，中国远征军已先后入缅，第五军二〇〇师已赶抵距仰光仅50公里的同古，第六军控制了腊戌和滇缅公路，与日军已形成对峙局面。史迪威命令远征军集中3个师的兵力在同古与日军展开会战，但遭到蒋介石的反对。蒋介石认为3个师的兵力只相当于日军的一个师团，如此孤军深入必遭灭顶之灾，何况仰光既失，滇缅路已断，中国军队用不着为掩护英国人的撤退而与日军拼命。但史迪威坚持原议。不得已蒋介石只得密令杜聿明等放慢行动、消极抵抗。

3月20日，日军猛攻同古。我远征军第二〇〇师戴安澜部立誓与同古共存亡，他们以集束手榴弹、汽油瓶等与日军坦克展开大战，日军连续猛攻一周而不能克。26日，日军增援了第五十六师团，并向城内施放毒气。我军因久战伤亡过重又不得补充，遂遵令于29日放弃同古突围。同古之役给入缅日军以沉重打击，日军承认这是南洋开战后的第一次受挫。一位阵亡日军在日记中这样记载道："南进以来，从未遭受若是之劲敌，劲敌为谁？即支那军也。"[34]

1942年三四月间蒋介石曾两次亲赴腊戍，部署远征军在平满纳与曼德勒地区的战备，以求争取时间，让盟军重新部署。但4月1日，日军已突破英军防线，并将英缅军一个师及英第七装甲旅共7000余人连同亚历山大司令一同包围在仁安羌，英军陷入绝望境地。我远征军新三十八师孙立人部星夜兼程前往救援，经两昼夜激战，击溃了日军主力，救出了被围的全部英军官兵，以及被俘之英军、美国传教士、记者共500余人，日军弃尸1200余具南逃。此役充分显示了中国军队之战斗力，捷报一时轰动英伦三岛，英国政府为此给孙立人等颁发勋章以示奖励。

英军左翼防线的全部溃败，使东线中国军队的侧面完全暴露。在日军的增兵猛攻下，我远征军不得不放弃曼德勒会战计划而后撤。4月底，日军攻占腊戍，再次切断滇缅路。接着分兵攻占密支那，进逼怒江西岸，威胁我国云南。我云南守军炸毁怒江大桥，在东岸部署重兵防范，与日军隔江对峙。至此，缅甸守卫战以盟军失败而告结束。

密支那失守后，中英军队分三路撤退，左路为亚历山大率领的英军残部以及由史迪威、罗卓英带领的远征军第五军新二十二师、第六十六军新三十八师等，向西穿过缅北丛林撤退到印度英帕尔基地。这支中国军队以后改组为中国驻印军。中路杜聿明率领的第五军，他们转战于荒野密林之中，一边要与日军作战，一边要与穷山恶水蚊虫疾病作斗争。历经千难万险，部队伤亡过半，最后终于回到祖国。右路军由甘丽初率领沿滇缅路撤向怒江以东回国。

此役我远征军损失极大，10万人出征，战后仅余4万余人。数万中华儿女为世界反法西斯事业捐躯异乡，其中包括曾在台儿庄、昆仑关等战役中为国立功的第二〇〇师师长戴安澜、第九十六师副师长胡义宾等。历史将铭记他们的功绩。

缅甸保卫战失败的根本原因是，中、美、英三方在战前的计划和准备、战役的指导、联络与配合上都存在较为严重的矛盾分歧。

首先，从战略角度看，中国与美英方面在有关全球反法西斯战略目标上存在分歧，它使得缅甸保卫战中的中英两军在作战目的上产生差异，这是导致缅甸守卫战失败的最根本的原因。

英美的全球战略是“先欧后亚”，在他们的战略计划中亚太战场是欧洲战场的陪衬。就亚太战场而言，英美认为应以太平洋上海空军为作战主体，主要目的是阻遏日本对英美的直接侵犯。美国陆军部长史汀生曾说过：“在英美总战略中，对德作战居第一位，位居第二的是横跨太平洋对日本岛国的大规模海陆空行动。中印缅战区处于可怜的第三位。”[35]但是，印缅的地理位置又决定了它一旦为日本占有，将对盟国全球战略产生关键性的破坏作用，为了防范这一潜在的威胁，英美又不得不计划保卫缅印。然而，受自身力量的限制，英美才想到了他们的穷伙伴——中国，要求中国在印缅战场承担较大的义务。而中国方面则与此相反，从抗战开始，蒋介石就确立了“运用英美力解决对日问题”[36]的原则。因此，蒋氏总想把英美推向前台，利用他们雄厚的经济与军事力量打败日本，在印缅战场当然亦如此。这种分歧在缅甸保卫战上也得到了充分体现。也因为产生了这种分歧，才导致了中国与英美在守卫缅甸问题上各有其不同的战略意图。

美国虽然对印缅战场之重要性有一定认识，但是为了保证欧战胜利，“在制定战略和分配援助物资方面是可以牺牲中国的”，其“抽调给中国战场的，既不是华盛顿最优秀的人才和充裕的物资，也不是大批的军队”。[37]在缅甸战场上，美国只派遣了部分军事指挥官、工程技术人员、少数突击队及空军力量，始终没有投入正规陆军。因而，美国在此地可谓心有余而力不足。

英国由于正在与纳粹德国发生激烈的空战，加之国力衰弱，当然无暇顾及远东。英国虽然舍不得放弃印缅殖民地，但面对强大的德国，丘吉尔也不得不决定“英国的唯一目标是把欧战打赢”。即使在远东，英国也只把战略前哨新加坡和最大的殖民地印度作为战略守卫重点。丘吉尔曾直言不讳地宣称：“我们无法保卫我们在黄海的利益和财产，以防止日本的袭击，如果日本参战，我们所能保卫的最后一点将为新加坡要塞。”[38]对于“防守缅甸和维护对华物资供应均未置于重要地位”。[39]此时英国在缅甸的兵力，除了一个由招募士兵组成且训练、装备都很低下的英缅师外，还有一个从中东调来的英军第七装甲旅。这个旅本来是准备用于开赴新加坡的。因途中闻新失守，这才改赴仰光。这与强大的侵缅日军相比，兵力明显处于劣势。

另外，英国人在缅甸作战的战略目的并不在保卫缅甸而在于保卫印度。“如果可能的话，用它作为保卫印度的最后一道屏障”。[40]“其所取政策似为可能保护则保护，如不能亦不必尽最大之努力，以免因此消耗可留以用于另一重要战区之军队”。[41]因此，在缅甸作战时，英军初战失利，即马上后撤。而在日军刚刚完成对仰光之合围尚未开始攻击时，英军统帅亚历山大就已决定放弃仰光北撤，甚至他不愿留下一兵一卒作撤退掩护，反而急切要求中国派出远征军来抵抗日本，掩护他们逃逸。

与英美完全不同，中国政府对缅甸守卫战一直寄予很大的希望。蒋介石要求英美改变“先欧后亚”的战略，在缅甸投入重兵，并尽可能地给予中国更多的支援，守住滇缅路及中国西南大门。1942年4月16日蒋介石曾致函英国首相丘吉尔说：“缅甸战区不应被视为次要的战场，因为它是指挥整个远东战争的基础。如果缅甸丧失，就为日本威胁印度扫清了道路；通往中国的运输线和交通线就会被切断，这块对日作战的基地就会丧失。”然而，尽管蒋介石费尽心机多方努力，但仍然改变不了英美的计划。为了保护自己的运输线，抢救堆积在仰光的成千上万吨的援华物资，蒋介石不得不准备出兵缅甸。太平洋战争爆发后，重庆政府就成立了军事委员会驻滇参谋团，调集部队进入云南边境地区。1942年3月，正式成立了“中国远征军第一路军司令部”，下辖3个军11个师的兵力。这支部队受到了国民政府的特殊优待，装备了野战炮、反坦克炮等当时先进的武器装备，配给了充足的运输联络工具。其中，第五军第二〇〇师是中国军队中第一个机械摩托化师，真可谓是中国军队的精锐。

缅战开始后，英国人仍然拒绝中方立即进兵缅甸，直至仰光撤守，英军急于逃命时，这才火速请求中方出兵。而当中国远征军急速开抵同古前线时，英军却已放弃仰光，滇缅路被切断，致中国失去入缅作战的基本目的。蒋介石立即觉察到英国人是在利用中国军队，他“对英国人的后退和冷淡不胜厌烦，对他们的动机和意图也极端怀疑”。[42]他拒绝将远征军交给英方指挥，并对史迪威说与其同意由英国人指挥，不如把军队撤出缅甸，他不允许亚历山大元帅插手他的军队。蒋氏曾告诫史迪威，远征军第五、第六军是他的精锐之师，不能用来为英国人冒险，不要用于为英国人协防。蒋介石说：“只有英国人战斗，才能指望中国人战斗，如果英国人撤退，中国人也要撤退。”在具体战斗指挥方法上，蒋介石也有自己的打算，他要求史迪威采用稳扎稳打的战术，打有把握之战，“要有三倍于日军的兵力才能打防御战；要有五倍的兵力才能打进攻战”。战术上要采取纵深防御术，各师间要拉开50英里距离，以免被敌人集中围歼。蒋介石曾将这些要求通过史迪威、罗斯福转告了丘吉尔。

中英间的上述分歧导致了战争中各自为战，缺乏主动配合，结果被日人利用，各个击破，最后缅甸失守。

另外，中、美、英之间还有更深一层的分歧与矛盾。英国是个老牌殖民主义国家，在亚洲有着广大的殖民地，它对日作战的目的就在于试图保住其既得的殖民利益。为此，英国人不仅要对付战争的日本，而且还要防范战后的美国和中国。美国是后起的帝国主义国家，他在亚太地区没有英国那么多的既得利益。他的目的是利用亚太各国的民族独立运动将名存实亡的大英帝国势力逐出亚洲，然后以经济、政治等各种手段在平等与互惠合作的幌子下，逐步建立起一个符合美国利益的世界新秩序。因此，美国人对亚洲民族运动深表“同情”，并一再敦促英国人以现实的态度来解决其在亚太地区的殖民地问题。罗斯福总统曾在给丘吉尔的私信中明白表示了美国的这一立场，他劝告丘吉尔应“采取果断的行动”。但是“丘吉尔对罗斯福要牺牲英国利益来推行他的理想主义甚为恼火。在英国人看来，这是美国人对英国的粗暴干涉，是蓄意要破坏英国的殖民统治”。[43]英国当然不能接受。

在对华政策问题上，美英间也存在较大分歧。美国的对华政策是要把中国扶持为盟国中的一支有生力量，以便在战后塑造一个对他感恩戴德、唯命是从并受其保护的中国伙伴，维护美国人在远东的利益。[44]因此，他援华抗日的态度是积极的。恰恰相反，英国人则唯恐中国在战争中“坐大”，而在战后争夺其在亚洲的利益，因此，极力诋毁、贬低中国人在战争中的价值与作用。丘吉尔说过：“中国在美国人心目中异乎寻常，甚至处于顶峰的重要地位是不可思议地不相称。”[45]“至于中国，我不能把重庆政府看作是代表一个世界大国。”[46]英国人看不起中国的抗日军队，甚至在其外交部文件中声称“不能过高地估计中国军队可能给予英国的帮助，中国不可能承担比游击战更多的义务”。[47]正因为这样，英国人在战前一再拒绝中方出兵缅甸的要求。1941年底，蒋介石曾向来渝访问的英美荷澳军总司令韦维尔表达过中国愿意出兵缅甸的意图，但却遭到韦维尔的冷落。韦维尔说：“英国在中国的威信已经够低的了，如果承认没有中国的帮助就守不住缅甸，那么英国的地位将进一步下降。”[48]他还认为：“大英帝国的一个属国与其让外国来保卫，不如让帝国部队保卫。”[49]所以只有等待英国驻印军来援助缅甸。他甚至以诬蔑的口吻说过“不想肮脏的中国人来缅甸”。[50]事实也正是这样，缅甸开战后，英国先是向澳大利亚求援，要求调派由中东回国的澳大利亚军队来仰光救援，被澳方拒绝了，但他却一直未向中国求援，因为英国人害怕中国军队一旦进入缅甸就会赖着不走，他们一直认为：“中国隐晦地宣称自己对缅甸拥有主权，而且从来没有放弃过这种要求。”[51]

中、美、英上述纠葛与矛盾正是导致缅甸初战失利的最主要的原因。

其次，从战术角度看，受上述矛盾的影响，中英之间在缅甸保卫战中不能互相协同支援、中美之间就指挥权问题发生矛盾，则是导致战役失败的直接原因。

当英缅军被日军打得溃不成军以后，英国在不得已的情况下才同意中国出兵。中方对于缅甸防卫战其实早已有所规划。1941年1月，中国曾根据中英间协议组织了“中国缅印马军事考察团”，对缅甸、印度、马来亚考察了三个月之久，并拟订了具体的防御方案。中方认为，一旦开战，日军必将首先占领马来及缅甸，通过占领缅甸，切断滇缅路，这样既打击了英国又封锁了中国。因此，缅甸的防御方针应该是集中兵力于缅泰边境的毛淡棉地区、登劳山脉以及景东以南地区，在此构筑阵地，重点守卫毛淡棉。事实证明中方的预料是正确的。但英方对此并不重视，“他们说英国有雄厚的力量，日本不敢轻易向他们进攻挑衅，如果日寇要截断滇缅路，必然从中缅或中老（老挝）边境，而不会经过缅甸”。[52]因而一再拖延中国援军入缅布防。从1941年11月至1942年2月间，中国军队曾三次动员又三次停止待命，痛失良机。仰光失守后，英方又要求中国入缅军第六军协防景东，第五军为救仰光赶抵同古，“于是第五、第六两军之间发生甚大之隔离，尔后在事实上，我遂不得不随情况之演变，使第六军向西延伸与第五军相毗连，以保障我主力决战之安全。……敌直冲腊戍，既隔断我第五六军之联系，复截断我主力军之退路，使我不能在缅继续作战，而截止失败为止”。“此项过失……推其原始实由英方最初只请中国军协助景东方面，而后复仅于需兵之际逐次请兵，逐步安排所以致之。[53]正如中国陆军参谋长何应钦所指出的那样：“集中战场时机过晚，无法发挥全力，自始至终呈被动之态势，虽官兵奋勇用命，率难挽救危局。”[54]这是英国人给中方造成的战术错误。

英国不听中国的劝告，但他们自己也没有制定缅甸防卫计划，更没有打算怎样与中国军队配合协同作战。对于敌方的进攻，中英双方都不知其兵力部署与战斗意图，而英国人更不愿与中方互通情报，甚至“拒绝我方派联络参谋于其师旅司令部”。[55]英方对中国军队抱着歧视态度，其行动计划非到万不得已决不通报中方，结果在战斗中常常造成英军单方撤离阵地，而中国人仍在原地与日军苦战，陷入日军包围，损失惨重，失败也就是必然的了。

中美之间关于战役指挥权限的矛盾也是造成盟军失败因素。这一矛盾集中表现在蒋介石与史迪威之间的权力之争。

史迪威上任初期，蒋介石对他还是很信任的。在他奔赴缅甸前线时，蒋氏曾亲口对他说：“我今天上午已经颁布命令，要第五军、第六军听你指挥”，并已通知中国远征军各主要将领“绝对听从你的命令。”[56]1942年4月间蒋介石在腊戌还向远征军将士宣布史迪威有指挥这支部队的全权。对此史迪威深感满意。他曾在日记中写道：“蒋对他的部下讲话，用明确的话告诉他们，我是头头，他们要接受我的命令，不得提出异议。我将对付英国人，我有全权提升、罢免和处罚远征军的任何官员。”[57]但实际情况并非如此。蒋介石的治军特点之一是控制基层，他对于高级将领喜用唯命是从者，对于战役指挥喜欢直接控制，他的电话往往打到前沿阵地，造成战役指挥上的混乱。他对自己的亲信爱将都是如此，何况史迪威这样一个外国人呢。史迪威不了解蒋氏的这点“中国特色”，被蒋氏一点表面文章给糊弄住了。但他不久就发现，他手中既没有美军一兵一卒可供指挥，又与英军司令亚历山大关系不佳，至于指挥中国军队实际上也是徒有虚名而已。

仰光失守后，滇缅路被阻断，中方作战目的已不存在。史迪威此时还闭门造车地准备命令中国远征军组织“同古会战”，自然不能得到蒋介石的同意。以后曼德勒与平满纳两地的会战计划也被放弃。对史迪威，蒋介石“虽付在缅领军之责任，但已觉其作战经验尚嫌缺乏，不顾军事原则或蹈轻敌冒进之危”。[58]他指示往后凡史迪威所下达的一切命令必须通过远征军副司令杜聿明电呈蒋介石批准后方可执行。蒋氏在千里之外直接遥控着远征军，甚至团一级部队的调遣都要请示蒋介石。

在撤往印度后，史迪威曾去拜访英印总督并自我介绍说是中国驻缅军指挥官，总督对一个美国人担任此职颇为吃惊。然而不久，杜聿明也以同样身份前来拜访，总督更为吃惊。他问杜聿明为什么同一职务有两个人担任？杜笑答："噢，阁下，那位美国将军只当是让他指挥军队，其实并非如此。您知道，我们中国认为，让美国人继续参战的唯一办法是给他一些名义上的指挥权。"[59]一语道破天机。

对蒋氏这一手史迪威十分恼火。他曾非常不满地写道："中国军队不能有效地作战，根本原因在于蒋介石的干涉。他的经常干涉和写信所造成的后果是使我微小的权力全然无效。"[60]而蒋介石却辩解说："伊谓我对前方将领发指示系干涉伊之职掌，但我指示，皆只供给意见，伊为前线指挥长官，除关于全盘战略以外，皆有全权，且我之去电，皆曾饬令前线将领，并无隐加掣肘之意。"[61]

事后，史迪威亦曾说过："公平地说，要让他们把几个军交给一位他们不解，也不怎么信任的十足的外国人指挥，那是一种奢望。"[62]"中国指挥官自然感到急于取悦蒋介石。如果我的提议或命令违反他们认为也想要做的事，他们就不断地提出异议。"[63]

蒋介石架空史迪威的直接后果是影响了战役指挥的准确性。战场指挥官不能有效地统帅指挥部队，不能根据战事需要运用兵力，而远在千里之外的遥控是从战略角度出发，不明战场实际情况，焉有不败之理。在这一点上蒋介石负有不可推卸的责任。

由此可见，缅甸守卫战的失败有其根本的战略原因与直接的战术原因。它充分暴露中美英三国间的矛盾与分歧，而其中中英间的矛盾更为尖锐。作为缅甸保卫战的主要一方，英国人过于自私，因而它应负主要责任。

第三节　再战计划中的矛盾

缅甸的沦陷，使亚太战场的局势发生了不利于盟国的变化，而其中受害最深的是中英两国。英国不仅丢失了缅甸殖民地，而且其在远东之战略基地、被称为大英帝国皇冠上的明珠的印度大陆亦暴露在日本人面前。由于英军在欧洲及北非战场处处吃紧，无法抽调大批援军赴印，只好对印缅战局听之任之，暂且吞下这颗苦果。而缅甸丢失，对中国影响更大。其一，中国接受盟国军援的唯一通道滇缅路被截断，此后中国获取外援的途径只有依靠“驼峰”空运线了，即由盟军飞机经印度阿萨姆基地，飞越高耸的喜马拉雅山脉，再到中国的昆明或重庆。但是空运成本高、数量有限，对于中国巨大的抗战物资需求来说只是杯水车薪，无济于事。其二，日军侵占缅甸和怒江以西地区后，从侧面直接威胁到中国的抗战基地昆明与重庆。1942 年 5 月前后，日军又在浙江等地发起进攻，造成两面夹击之态势。重庆政府内部笼罩着一片失败主义的气氛。蒋介石对中国这种局势极为担忧，他曾在给罗斯福总统的信中这样说，中国局势已发展到了“我过去从未经历的危急阶段”。[64]

缅甸失守对美国人的全球战略也造成了威胁。美国人十分担心日本占领缅甸后的下一步行动，它急切希望尽快反攻缅甸收复失地，以巩固反法西斯阵线。1942年7月18日，史迪威代表美方提出了反攻缅甸的计划，其要旨是以12个中国师从云南向缅北进攻，以1个美国师、3个英国师和两个中国驻印师从曼尼普尔邦前进，而后在曼德勒会师，进攻缅甸南部并到达印度支那海岸。美国人制定这一战斗计划是出于两点考虑：其一，中国仍然是美国全球战略的重要组成部分和亚太战略的主体。美国人曾设想以中国大陆为抵抗日本的主战场，因此愿意在各方面扶持中国。缅甸失守后，通往中国的陆路被截断，美国不得不把这一打算搁置一边。但其仍想利用中国的空军基地作为空袭日本的据点，并且以中国大陆沿海地区作为最后攻击日本本土之跳板。中国对于美国仍具战略意义。为此就必须维持中国的对日作战，继续给中国政府输血打气，而“驼峰”空运远远达不到有效补给中国的目的。为了防止中国抗战因弹尽粮绝而失败，也因为蒋介石重庆政府屡屡暗示如果美国抛弃中国，他就要与日本单独媾和，所以美国必须夺回缅甸，重新打通滇缅路。其二，印缅战场的存在有利于美国全球战略的实施。马歇尔曾经说过：“我们重视打通滇缅路，并非完全为提高中国士气，打击日本海上运输线。我们的目的在于配合欧亚非各地作战。……如收复缅甸的方案不立即实施，有朝一日美国将被迫退出欧洲。”[65]这说明，东方战场是世界反法西斯战场的重要组成部分，只有东西方战场互相协调作战，才能收相互呼应支援之效，如果东方战线崩溃，盟军在欧洲亦将孤掌难鸣陷入困境。但是，美国的这一战略计划仍然是从属于“先欧后亚”大战略的，即亚太战场的从属地位不可能因此而改变，直率地说就是美国人不可能派军队来缅甸作战。罗斯福总统曾批评要求将战略重点转移到太平洋的意见，他说：“我反对在太平洋为了尽速将日本打败而由美国发动对它的全力进攻。极其重要的一点是，我们应该充分认识到打败日本并不等于打败了德国”，而“打败德国就是打败日本，而且可能不发一弹，不损一兵”。[66]说明白了，美国军队只能用于欧洲战场。

对于史迪威收复缅甸的作战计划，美国政府只想动员中国出兵缅甸，欲再次利用中国军队负担其对日作战之责任，同时劝说英国在反攻中承担义务。

然而，此时史迪威与蒋介石之间的矛盾已渐尖锐。为了支持史迪威的计划，彻底解决史蒋的矛盾，美国当局曾一度准备使用特殊手段，来使中国人按照他们的意志办事。1943年12月，史迪威随蒋介石前往埃及，参加“开罗会议”。在会上，史向罗斯福总统汇报了他与蒋的矛盾分歧，罗斯福竟然对他说：“你如果无法与蒋相处，又无法换掉他，那就一劳永逸地把他干掉算了。”总统还表示他希望看到中国“出现一位真正具有民主精神和合作态度的新的政治领袖”。史迪威回到中国后，便积极策划，命令其副手多恩将军破坏蒋的座机和救生伞，欲乘蒋将赴印向中国驻军训话之机，制造空难事故，使这位不听话的中国领袖魂归喜马拉雅山，而后代之以他们的亲信人物。但由于此时日军在中国又发动豫湘桂新攻势，而太平洋战局亦很快有了发展，罗斯福认为目前能“使中国团结一致的唯一人物”还是蒋介石，故下令史迪威停止了这一阴谋。[67]

与美方的积极态度形成鲜明的对比，英国人对于收复缅甸的计划与守卫缅甸时的态度一样地消极。

虽然缅甸失守给英国造成了威胁，但是英国人对他们的军队能成功地从缅甸逃到印度表示满意。丘吉尔曾对亚历山大的撤退表示肯定说："通向印度的路封闭了。"[68]他认为缅甸的丢失并未给亚太战场带来多大影响。他认为以后只要能确保印度的安全，则英国对"在缅甸北部进行一场吃力而无实际利益的战役不感兴趣"。[69]"英国人只关心保卫他们具有战略意义的殖民地，而且只有在战局符合帝国更大的战略需要时才这样做"。[70]这就是说，英国对夺回新加坡的期望比夺回仰光要迫切得多，因为他们认为新加坡的战略地位远远高于缅甸。从新加坡不仅可以直达日本海域，直接对日本发动进攻，而且可以降低中国战场的战略价值，从而削弱战后中国之影响，还可以直接从海上抢回香港以防中国人先入为主，显然这是极为有利于恢复英国在远东的殖民利益的。缅甸虽然也是英国的殖民地，但他除了通往中国之外不能通往别处，这对英国来说并没有什么实际价值，所以缅甸尽可等待胜利后从谈判桌上去收回，不必花费太多气力。更进一步分析，丘吉尔还认为支持作战与扶助中国将对战后的英国非常不利，"英国认为中国并非战时必不可缺之伙伴"，它更担心"中国战后之强盛或即大英帝国远东厄运之开始"。[71]因此"英国人不想为中国和缅甸的作战作出努力，也不想贡献出其他地方极为需要的物资。他们并不太对那里的战争努力可能土崩瓦解或这种政治后果感到焦虑不安"。[72]为此，英国人不仅不欢迎中国军队进入缅甸或印度，他们担心大批的中国军队开往印度会对那里的民族独立运动产生推动作用，而且极力贬低中国的价值与作用。

但是，由于英国仍然离不开美国的援助，因而他们对美国人的反攻缅甸计划不得不强作姿态，对中国驻印军和远征军不得不表示欢迎，同时也答应参加联合作战。他们设想对美对华可以"搞成伙伴关系，然后加以控制，以使我们和他们的政策和行动一致起来"。[73]然而，这些表面文章并不能掩盖英国人抵制反攻缅甸的实质，在承担义务与责任方面，英国一味推卸，借口北非战事失利，不肯派出海空军入缅作战。

中国对于反攻缅甸则抱着积极的态度。

中国政府认为："（1）规复缅甸可建立反攻日本之基地，使盟国尔后攻势作战容易；（2）可巩固印度，彻底击破轴心国会师中东之企图；（3）打通中印交通，使美国援华物资大量输入以便及早完成中国总反攻之准备；（4）牵制日本陆海军使之不得再行增辟战场（如对苏、对澳或袭击美国）”。[74]鉴于此，蒋介石曾以中国战区司令的身份批准了史迪威的反攻计划，并同时转报给了盟国领导人。作为中国支援收复缅甸行动的回报，美国人答应帮助国民政府训练和装备30个机械化师。这对中国来说是十分具有诱惑力的，因为“能够得到美械装备，和美国佬打交道，当时所有的国民党军队都垂涎三尺，争欲染指”。[75]

1942年10月，国民政府军事委员会军令部制定了《中英美联合反攻缅甸方案大纲》[76]作为中国方面反攻作战之指导原则。这份方案主要设计了对缅北实施反攻作战方案，决定以印度列多作为反攻基地，积集军队及物资，并立即着手开辟由列多经野人山区、胡康河谷、密支那、八莫、南坎与滇缅路连接之“中印公路”（亦称列多公路或史迪威公路），以为反攻之准备。次年1月，在新三十八师一一四团的掩护下，中美各派出两个工兵团外加印度工人，开始了艰难的筑路工程。为阻止这一工程的实施，日军于3月间由缅北向我军展开了猛烈攻击，我护路部队顽强反击，给日军以重大杀伤，创造了敌我伤亡比例20：1的战绩。[77]

与此同时，在史迪威指导下，中国军队进行了紧张而艰苦的集训工作。1942年8月在印度兰姆珈设立了中国军队训练营，尽管英印当局不予合作，但美方与中方对此仍抱着积极态度。10月，蒋介石又令新三十师由昆明空运印度兰姆珈加入整训。至年底，受训完毕并全部换置美式装备的中国军队已达3.2万人。以后两年内总共训练了5.3万余人。这支部队先改编为中国驻印军，由史迪威任总指挥，罗卓英为副。次年3月，因史罗矛盾，罗卓英奉调回国，驻印军扩编为新一军和新六军。与此同时，在国内驻昆明、大理的远征军余部也由美方负责训练和重新武装。蒋介石下令在楚雄设立“中国远征军司令长官部”（后迁保山），由陈诚任司令长官（卫立煌暂代）。到1944年底共计训练中国将士1万余人，编成第十一、二十两个集团军，称“滇西远征军”。同时在昆明还设立了轮训各级军官的训练中心。

经过中美双方的共同努力，中国远征军终于以全新的面貌重新组建起来，为反攻缅甸创造了良好的先决条件。对于这支军队，连日酋东条英机也公开承认：“惟目下集中东印度阿萨密的中国驻印军，是一支有训练的劲敌，吾人应密切注视。”[78]

但是在怎样使用这支军队的问题上，中、美、英之间又发生了争执。缅甸守卫战的失败，使蒋介石对英国的自私与美国的“先欧后亚”战略非常失望，他坚决不同意拿这支部队再次去冒险。在中美关系问题上，蒋介石对美国的做法大为失望。美国虽然将中国当作一个大国，但“只是当作大国来对待”，[79]充其量不过是美国人眼里的一个“礼节性的成员”。当时，中国在国际关系中仍然受到不平等的待遇。作为盟国主要成员之一，中国却不能参加盟国军队“参谋长联席会议”，许多战略会议中国代表不得一闻；中国不能参与军火分配委员会，不能拥有租借物资的支配权。当中东战局与中国战场同时吃紧之时，美国却下令将原定飞往中国的重型轰炸机及空运队改变航向飞往中东与英国。这一切都使蒋介石十分恼火。他曾质问美英当局，“要求他们明确回答是否认为中国是盟军战区之一”。[80]蒋介石曾公开指出：“缅甸战争失败的主因是在于作战方针上为人转移，不能自主，此明知其为不可为而为情势所趋，不能不对美国有所迁就，然牺牲价值也颇大也。”[81]将缅甸战败归罪于美方的控制与干预。因此，在使用中国远征军执行史迪威计划的问题上，蒋介石明确提出了三个先决条件：（1）美国至少有一个师的兵力参加作战；（2）美国必须大量增加空军与空运力量（3）陆军开始行动时，英国海空军必须在孟加拉湾安达曼岛开始进攻，并在仰光登陆。[82]蒋介石还说：“如果海空实力不能充分准备，则我不愿令一兵一卒参加此次战役，因吾人不能再受第二次之挫败。”[83]在收复缅甸的任何战役中，“英国都应首当其冲”。[84]

在具体执行史迪威计划问题上，英国态度不坚决，反复无常，尤其是在要求其派遣海空军配合作战和在缅甸南部登陆问题上更是一变再变。1943年

1月，英美首脑在西北非摩洛哥的卡萨布兰卡举行会议。此时北非战局和苏德战场局势已大为好转，英美将眼光转向东亚，开始商讨收复缅甸战略计划的实施问题。美国军方认为，重新打通联结中国的道路，可以对于盟军的下一个战略目标日本产生一系列打击与压制作用，而目前这种作用越发显得重要，这是一项比在地中海采取任何行动更为迫切的任务。[85]为此，美国人极力劝说英国抽调海空军到孟加拉湾参加登陆缅甸作战。马歇尔在会上对英国人说："除非收复全缅作战计划得到实施"，否则"太平洋上随时都可能出现一种局势迫使美国不得不遗憾地撤销在欧洲战场上承担的义务。"[86]英方在此压力之下终于让步。会上制定了"安纳吉姆（Anakim）方案"，计划最迟在本年11月实施，并由罗斯福与史迪威联名向蒋介石作了通报。这方案的基本内容是：英国陆海军在缅甸南部进行两栖登陆作战，收复仰光港，美国负责从太平洋抽调必要的舰只与登陆艇补给英方；[87]中国出兵缅北，收复失地重新打通滇缅路，美国派出地面部队配合中方行动。

2月，中英美三方高级官员在印度加尔各答召开会议，商讨"安纳吉姆"方案的具体实施问题。会上，中方代表何应钦一再强调必须由英美动用海空军，从南北两面实行海陆夹击才能奏效。并表示中国方面准备1个师由滇西向密支那进攻，两个师由印度列多前进，最后在曼德勒会师。蒋介石对这一方案表示满意并立即调动第二军、第七十一军向滇西集结，准备进入缅北作战。

但是，在1至5月间，英军在孟加拉湾对阿恰布（若开港）的进攻遭到了日军的猛烈抗击，英军被迫撤回。作为反攻缅甸序幕的战役彻底失败，"安纳吉姆"方案不得不暂缓执行。

1943年5月，中英美三国在华盛顿举行了"三叉戟会议"，再次讨论收复缅甸问题。英国人提出由于反攻作战失利，在近期内肃清缅甸日军已经不"现实"，英国将把主要力量用于地中海西西里登陆，在亚太战场则准备放弃缅甸而转攻新加坡。美国人虽仍坚持在缅甸作战，但由于英方的退缩，美国又不可能同时承担东西双方的战争义务，两全之计只有缩小缅战规模，放弃缅南作战而只图收复缅北，这样同样可以起到减轻欧战压力和牵制日军的作用。于是英美双方准备据此制定新的战斗计划。蒋介石得知英美改变计划后非常不满，他立即电告中方代表宋子文，要其向罗斯福总统提议维持原案。他指出："倘反攻以占取缅北至曼德勒为止，不特无补中国战场，且徒牺牲士兵，中国决不再蹈去岁覆辙。"[88]对此就连史迪威也承认，如果按此案实施，连准备云南部队使用于缅北攻势也是不可能的。[89]宋子文向美方表达了中国将不单独出兵缅甸北部之意思，罗斯福表示美方并未放弃利用空海军配合进攻南缅之计划，他将再向丘吉尔交涉攻缅方案。

1943年8月，罗斯福与丘吉尔在加拿大魁北克举行会议。就攻缅问题，英美双方在会上进行了激烈的争辩，最后仍摆脱不了"三叉戟会议"的方案。会议决定反攻缅甸以攻占缅北为主，以中国驻印军及云南远征军为主，以英印军协助，由于缺乏力量不能实行南缅登陆作战，只好以游击战在缅南骚扰日军，以配合缅北盟军作战。[90]为补偿中国对缅作战的贡献，会议还决定采取一系列措施加紧援华，例如加强中印间"驼峰"空运，在1944年6月前达成每月空运两万吨的目标；铺设从加尔各答至昆明的输油管道；加紧修筑列多公路，在1945年前达成每月3万吨的运输能力，等等。"凡此工程，皆颇浩大，而美国皆不惜工本，毅然为之"。[91]此外，为了协调盟军在东南亚的指挥系统，会议还决定新设东南亚战区，以英国海军中将蒙巴顿为东南亚盟军总司令。

1943年10月，蒙巴顿等赴重庆与蒋介石会商"魁北克会议"攻缅案，蒋介石仍然不同意单独出兵缅北，蒙氏只好答应尽量争取早日实施南缅作战。

1943年11月，中美英三国首脑开罗会晤，再一次讨论了收复缅甸问题。蒙巴顿代表英方提出了一项方案，准备在原拟动用中国军队收复缅北的基础上，英军由英帕尔派出英印军第一方面军向更得宛河西岸前进，目标是攻向密支那与中国驻印军出击部队会师；另外以英印军第二方面军由吉大港向日军进攻，但攻击目标只限于布提当，并不展开大规模纵深攻击。这一方案的要点仍然是要中国人承担收复缅甸之主要任务，因而当然遭到了中方的拒绝。中国军事代表杜建时一针见血地指出："蒙巴顿议案的主要目的是为了确保印度安全而非反攻缅甸，但给予中国远征军之任务则甚繁重。""腊戍、曼德勒是敌主力所在地，如中国远征军向腊戍、卡萨进攻，吸引敌人主力，则在更得宛河以西之英军，不致遭受强大阻力。""蒙巴顿议案只限于北缅作战。未提及海上控制孟加拉湾，从南北缅水陆同时夹攻的计划。"[92]蒋介石也坚持原议，要美英水陆同时参战，否则中国决不出兵。

中英分歧使美国十分为难。按照美方的战略计划，在1943年内必须扫除缅甸境内的全部日军，恢复与中国陆路联系。现在无论如何必须在1944年内达成这一计划。因此，罗斯福再次与丘吉尔面谈，希望他能同意两栖作战方案。丘吉尔考虑到眼下盟军已将在欧洲开辟第二战场，往后英国依赖于美国之处甚多，不便为缅甸问题开罪于美，而且中国方面早已作好入缅作战的一切准备，中国驻印军三十八师也已在胡康谷地与日军作战，最后他勉强同意在次年5月间抽调海军去孟加拉湾登陆。罗斯福随后向蒋介石做了南北共同作战之口头保证。对罗斯福的保证蒋介石表示满意。随后，中国军队立即作了动员，制定了详细的作战方案，计划在1944年2月底前完成入缅作战的一切准备。[93]

不料一星期之后，在美英苏三国首脑举行的"德黑兰会议"上这一反攻缅甸的方案被根本推翻。"德黑兰会议"上，苏联统帅斯大林答应在打败德国后立即转入对日作战。苏方的这一承诺使英国人找到了否决缅案的借口。丘吉尔认为，一旦苏联加入对日战争，世界反法西斯战局将发生根本变化，"不但中国基地已不重要，即中国是否对日作战，亦不必顾虑"，"东南亚战区已失去重要性"。[94]同时，为了设法抢在苏联人之前占领德国，英美必须以全力筹备在法国的登陆作战，开辟欧洲第二战场，因而海军力量不可能再行东调。美国虽然不完全赞同取消缅甸作战计划，但是由于英方坚持己见，不久苏联又将对日作战，另外再加上美军在太平洋上的攻势连连得手，长程航空母舰及 B29 远程轰炸机的问世又使美军具备了从海上直接攻击日本本土的条件，因此，中国大陆的战略跳板作用已不重要。因而美国也不惜违背诺言，决定背弃中国。正如马歇尔所说："自魁北克会议后，攻日战略'已有不必经由中国'之决定，故今后打败日本，不必在亚洲大陆作战。"[95]

从此，中国战场在英美全球战略中的地位便从亚太地区抗日主战场下降为太平洋战场之辅助战场，而收复缅甸的战役在美国人心目中也失去了最基本的理由。但纵观在收复缅甸问题上中英美三国商讨争执的全部过程，我们可以发现，反攻缅甸之役迟迟不能实行，其责任主要是在英国方面。

第四节　远征军顶有面子

1943年10月，雨季终止，史迪威决定率领中国驻印军开始实行反攻缅北局部作战。10月29日，驻印军新三十八师攻克新平洋。两个月后，再克于邦。[96]此时中印公路亦通车至新平洋，为我军的增援补给创造了条件。新二十二师增援部队也已抵达前线，到次年2月底，逐步完成对胡康河谷心脏地区孟关的包围。新三十八师主力在美军突击队第五三〇七混成团的协助下，切断孟关守敌之退路，随后我军发起总攻，于3月5日一举攻克孟关，日军第十八师团主力遗尸1400余具仓惶逃窜。[97]此后，我军节节追击前进，于6月16日攻克卡盟，25日再克孟拱，毙敌铃木大队长以下2000余人，生俘35人。至此，中国驻印军已完成了收复缅北的全面准备，从山地转入平原作战，"造成缅北作战之转折点"。[98]

与此同时，为了加强缅甸防卫，给中、英、美以同等打击，日军3月7日发动了进攻印度英帕尔的战争。日军自占据缅甸后，一直在计划攻击英印英帕尔平原与阿萨姆地区，以图彻底摧毁英国人赖以喘息之基地。但因力量所限，一时不能实施。进入1943年后，日本发现盟国有反攻缅甸的迹象，即英印军、中国驻印军及滇西远征军已从三方面对缅甸实行了包围，而且，经过年余整训，这些部队战斗力都已有了较大提高。对于日本来说，"美军在太平洋的海洋攻势及中美英联军在缅甸大陆的攻势最可重视"。[99]他们特别关注“缅甸如果失守，在政略上不仅将使重庆的物质与精神的战斗力得到恢复，而且会促使政情不稳的泰国国民军等我占领下的各地民心发生动摇，在战略上必然导致我西南方面阵线的崩溃”。[100]而如果日军先发制人，打入英帕尔，则对盟军战线会造成严重威胁，这对确保日占缅甸之安全具有重大作用。因此，日军大本营南方军总司令寺内寿一于1944年1月7日下达如下作战命令：“为防卫缅甸起见，得适时击破当面的敌人，占领并确保印坊（英帕尔）附近的东北部印度要域，截断援华的航空路线”。[101]同时亦可孤立史迪威领导的美军与中国驻印军，给予英中美三方同等的打击。日军决心不惜代价孤注一掷发动这一战役。

3月7日，日军驻缅第十五军团牟田口部队冒险渡江，以背水一战的勇气，仅带20天粮草，攻入英帕尔以北的科希马。4月8日日军切断了通往英帕尔的公路，控制了英帕尔南北制高点，使6万名英印军被围困在圆形地域内。在这种危急情形下，英国人同当初撤守仰光一样，不得不再一次向一贯被他们瞧不起的中国人求援。丘吉尔收到蒙巴顿的报告后，立即会同罗斯福，亲自向蒋介石发出呼吁，要求他派遣滇西远征军立即发动缅北战役，迫使日本人分兵后退，以解英军之围，他甚至不惜以停止租借物资供应相要挟。

蒋介石鉴于英帕尔局势严重，而英国人一旦崩溃，对我驻印军及远征军都将造成不利，且目前又无法摆脱对美援之依赖，思虑再三，决定以大局为重，在没有英美海空军配合的情况下，命令滇西远征军渡过萨尔温江，发动收复缅北的反攻战役。

这样，反攻缅甸战役便从三条战线上打响了。

在胡康河战线，史迪威率领中国驻印军和少数英美突击队克服雨季带来的恶劣气候，跋山涉水继续南进，进逼重镇密支那。5月17日“一举夺取密支那机场”，[102]而后掩护空运部队着陆。8月5日，发动对密支那总攻，歼敌3000余人，击毙日军指挥官水上源藏少将，收复全城，使缅北要点全部克复，为收复缅北全境提供了有力保障。

由于蒋介石的一再请求，为解决蒋史矛盾，10月29日，美方将史迪威调回国内，由索尔登中将继任驻印军总指挥。驻印军在密支那进行改编，战斗力得到增强。12月17日再克八莫，次年1月15日收复南坎，20日占领畹町，27日驻印军新三十八师将残敌肃清，沿公路直下芒友，与滇西远征军胜利会师。至此，中印公路全线贯通并与滇缅路连接通车。

滇西战线上，在卫立煌指挥下，以二十集团军为攻击主力，以十一集团军任防守部队，分别渡江向日军第三十三军及十五军发起攻击，中国军队一路浴血奋战，于6月底迫近腾冲。因敌据濠固守，双方相持两月余。9月远征军在加入3个师的增援部队后，在盟军飞机协助下，炸开城墙，冒着敌人强大火力奋勇冲入市区，展开激烈巷战，“山川震眩，声折江河，势如雷电，尸填街巷，血满城沿”，[103]最后终于将守敌肃清，9月14日收复腾冲。其左翼第十一集团军也于6月4日攻占腊猛，10日克复龙陵，并在此与日军增援部队开展拉锯战，11月3日在龙陵将敌守军第五十六师团及援军歼灭大半，残敌仅余400余人，逃向芒市，远征军所向披靡，次年1月完成“会师芒友”之预定计划。

而后，驻印军与远征军会同继续追击日军，于2月13日攻克贵街，20日续克新维，敌五十六师团残部退守腊戌，3月8日中国军队围歼守敌，收复腊戌。而后沿腊曼公路西进，于3月30日与英军会师于乔梅。至此，中国驻印军与滇西远征军终于完成了反攻缅北的艰巨任务，并于4月间胜利回师祖国。反攻缅甸作战，是中国军队在抗战时期少有的几次成功的战例，中国将士为此付出了重大牺牲。

反攻缅甸的第三条战线是英帕尔战线，这是英军因遭到日军的攻击而不得不起来抵抗而发动的战役。由于中国驻印军与远征军在缅北与日军激战，连连得手，牵制了缅甸日军主力；又由于英军利用了空中优势，一方面对缺少粮弹的日军大肆轰炸，另一方面给被围于英帕尔地区的英印军空投补给并派出援军，给反攻作战创造了有利条件。4月10日，英军第十四集团军开始反攻科希马获得成功。然后英军以12万兵力由南北两方面夹击英帕尔日军。至7月中旬，摧毁了日军阵线，英帕尔战役胜利结束。

不久，盟军制订了反攻缅甸中北部地区的“首都作战计划”以及由海上登陆收复仰光与缅南的“吸血鬼作战计划”。由于中国军队已逐渐收复缅北，使拥有空中优势与装甲优势的英军顺利完成了攻入缅甸曼德勒西北瑞波平原的“首都作战”计划。12月中旬，英军见日军并未能组织有效抵抗，便一鼓作气越过伊洛瓦底江将曼德勒地区日军包围。日军放弃守城夺路南逃，3月20日，英军进入曼德勒。5月1日，“吸血鬼作战计划”开始实施，英军两栖部队在仰光河口两岸强行登陆，同时大量伞兵在仰光迫降，2日全部占领仰光。6日，英军南下部队抵达仰光。日军残余部分向马来西亚及泰国逃跑。至此盟军完成了收复缅甸全境的作战任务。

英军两项作战计划之所以能较为顺利地付诸实施，主要得益于侵缅日军陆军主力已在缅北战场上被中国军队打垮，以及美军在太平洋上的迅猛攻势对日军海军力量的摧毁与牵制。

两次缅甸战役的重任是中英美三国共同完成的。据资料统计，战争中盟军总计投入陆军兵力30万人，飞机2000余架，坦克3400多辆。战争中盟军伤亡被俘数达15万人，而歼灭日军达12.5万人。[104]这一数目是日军在整个太平洋战场损失数31万人的2/5。[105]这充分说明了中缅印战场在整个太平洋战场中的重要性。

而在两次缅甸战役中，牺牲最大、贡献最多、担负了主要作战任务的则是中国驻印军及中国远征军。据中国第二历史档案馆馆藏档案记载：两次缅甸战役，中国军队投入兵力共计307281人，马匹15073匹。[106]在第一次缅甸战役中，中国远征军伤亡总数达6.1万余人。在第二次反攻战役中，驻印军伤亡12729人，[107]远征军伤亡4万余人。[108]在付出如此惨重代价的同时，中国军队亦取得了辉煌的战果。仅就中国驻印军而言，从1943年11月至1945年3月底，中国驻印军两个师的兵力连续击破日军6个师的兵力，在7万余公里战线上克复大小城镇50个，击毙日军27699人，击伤42760人，俘虏395人，[109]创下了抗战时期中国军队胜利的新纪录。

中国军队入缅作战，不仅利于国内抗日战争，而且利于国际反法西斯战场的全盘战局，其作用与影响集中表现在以下几点：第一，在很大程度上提高了中国抗日作战正面战场的战斗力，有力地支援了盟国在亚太战场上的对日作战，并在客观上加速了日本法西斯的崩溃。第二，中国军队构成了中印缅战区盟军的主力，对打败日军起到了至关重要的作用。第三，中国军队在缅甸的两次作战直接确保了印度的安全，阻止了日本南进的步伐，粉碎了德日意法西斯会师中东的迷梦，间接地援助了欧洲战场。这是中国人民对反法西斯第二次世界大战所做出的最伟大的贡献。

纵观整个中印缅战场，我们发现，国家利益是决定中英美三国在印缅战场作战指导方针的根本出发点。而在中英美的矛盾争执中，最后以大局为重作出让步的往往又都是中国人。为了抵抗日军侵缅、掩护英军撤退、救援被围英军以及最后收复缅北失地，中国远征军捐弃前嫌，顾全大局，英勇战斗，牺牲惨重，战果累累，中国人民为争取缅甸抗日的最后胜利确实尽到了自己的全部力量。由于大量精锐部队及先进装备投入缅甸战场，两年多时间内国内其他武装很少得到补给，致使中国抗日正面战场各战线之作战不同程度地受到了影响。“缅北之胜利，远不足以抵国内东战场之损失”。[110]由此可见，中国对缅战之贡献已经是超负荷的，事实上中国是为了世界反法西斯事业而牺牲了本国的利益。

相比之下，美国对于印缅战场的态度也是比较积极的。美国在战略计划及指导、物资军备之供应、士兵之训练等方面做出不少贡献，对缅战是起到有益作用的。其间，美国与中国虽然也有矛盾，但并未影响大局，其主要是反映在控制与反控制的问题上，美国以盟主自居，希望中国军队为美国利益而战，而不顾及中国的得失，而当美国利益与世界利益一致时，这种矛盾也就被掩盖了。

英国人由于历史的与现实的原因，出于维持老牌殖民主义既得利益的需要与有限的自卫能力因素，在印缅战场上处处表现得自私自利、唯我是重，严重缺乏合作精神，这是导致印缅战场几次失利的主要原因。虽然最后英方被迫对日作战并对印缅战场的最后胜利做出了贡献，但这并不能掩盖其在印缅战场上的错误和缺陷。

历史最终将对中国人民在中印缅战场上对世界反法西斯事业所做出的伟大贡献作出公正的评价。

【注】

[1] 〔日〕服部卓四郎：《大东亚战争全史》，第二册，第472—473页，商务印书馆，1984年版。

[2] 转引自李华甫：《亚太战场的两条重要运输线》载《世界知识》1985年第18期。

[3] 《中华民国史料丛稿》,《缅甸作战》(上)，第17页，中华书局1978年版。

[4] 〔英〕F.C. 琼斯等：《1942—1946年的远东》，第227页，上海译文出版社1972年2月版。

[5] 中国第二历史档案馆编：《中国现代政治史资料汇编》，第三辑，第41册。

[6] 在1937年、1938年和1939年三年中，每年1—8月间美日军品贸易额占全部贸易额比例分别为53.66%、64.6%和71.28%。详见《民国档案》1992年第一期第70页。

[7] BradfordA · Lee（李）:《英国与中日战争19371939第155页，伦敦1973年版。

[8] 《中国近代对外关系史资料选辑1840—1949年，第二分册，第143—144上海人民出版社1977年版。

[9] ［英］温斯顿 · S · 丘吉尔：《第二次世界大战回忆录》，第四卷上，第一分册，第79—80页；第五卷下，第四分册，第845页；第四卷上，第一分册，第227页；第四卷上，第一分册，第235页。商务印书馆1974—1975年版。

[10] ［英］温斯顿 · S · 丘吉尔：《第二次世界大战回忆录》，第四卷上，第一分册，第79—80页；第五卷下，第四分册，第845页；第四卷上，第一分册，第227页；第四卷上，第一分册，第235页。商务印书馆1974—1975年版。

[11] ［英］温斯顿 · S · 丘吉尔：《第二次世界大战回忆录》，第四卷上，第一分册，第79—80页；第五卷下，第四分册，第845页；第四卷上，第一分册，第227页；第四卷上，第一分册，第235页。商务印书馆1974—1975年版。

[12] ［英］温斯顿 · S · 丘吉尔：《第二次世界大战回忆录》，第四卷上，第一分册，第79—80页；第五卷下，第四分册，第845页；第四卷上，第一分册，第227页；第四卷上，第一分册，第235页。商务印书馆1974—1975年版。

[13] ［美］伊里奥 · 罗斯福：《罗斯福见闻秘录》，第49页，新群出版社1950年版。

[14] ［美］F · 戴维斯、E · K · 林德赛：《战争是怎样到来的，从法国沦陷到珍珠港——美国的白

皮书》，第 157 页，纽约 1942 年版。
[15] ［美］劳伦斯·H·肖普、威廉·明特:《帝国智囊团，对外关系委员会和美国外交政策》，第 1 页，上海译文出版社。
[16] ［美］巴巴拉·塔奇曼 :《史迪威与美国在华经验》（上），商务印书馆 1984 年版，第 338 页。
[17] ［英］P·哈格:《英国进退两难 1931—1941 年英帝国对日本的防御》，第 8 页，牛津 1981 年版。
[18] ［美］F·戴维斯、E·K·林德赛 :《战争是怎样到来的，从法国沦陷到珍珠港——美国的白皮书》，第 157 页。
[19] ［美］累顿、冠克利 :《全球的后勤防务与战略 1940—1943 年》，第 33 页，华盛顿 1955 年版。
[20] 《毛泽东选集》合订本，第 869 页，人民出版社 1964 年版。
[21] 《中国外交资料选辑》，第三册，第 227 页，外交学院出版社 1985 年版。
[22] 转引自（台）梁敬錞 :《史迪威事件》，第 209 页，商务印书馆 1973 年版。
[23] ［美］迈克尔·沙勒 :《美国十字军在中国 1938—1945，第 9192 页，商务印书馆 1982 年版。
[24] ［美］邹镜 :《美国在中国的失败》，第 33 页，芝加哥大学出版社，1963 年版。
[25] ［英］丘吉尔 :《第二次世界大战回忆录》，第二卷下，第三分册，第 645 页。
[26] ［英］洛:《大不列颠与太平洋战争的起源 1937—1941 年英国东亚政策的研究》，第 149—151 页，牛津 1977 年版。
[27] ［日］重光葵 :《重光葵外交回忆录》，知识出版社 1982 年版，第 177 页。
[28] 《中国外交史资料选辑》第三册，第 228 页。
[29] 《抗日战争时期国民党正面战场重要战役介绍》，第 106 页，四川人民出版社 1985 年版。
[30] ［英］洛:《大不列颠与太平洋战争的起源 1937—1941 年英国东亚政策的研究》，第 214—215 页。
[31] （台）秦孝仪 :《中华民国重要史料初编——对日抗战时期》，绪编（二），第 65 页，台北 1981 年版。
[32] 迈克尔·沙勒 :《美国字军在中国 1938—1945》，第 92 页。
[33] 巴巴·拉塔奇曼 :《史迪威与美国在华经验》，第 347 页。
[34] 《抗日战争时期国民党正面战场要战役介绍》，第 107 页。
[35] ［美］赫伯特·菲斯 :《中国的纠葛》第 16 页，北京大学出版社 1989 版。
[36] （台）张其昀 :《党史概要》，第三册，第 973 页，台北中央文物供应社 1979 年版。
[37] 迈克尔·沙勒 :《美国十字军在中国 1938—1945 年》，第 92—94 页。
[38] 丘吉尔 :《第二次世界大战回忆录》，第一卷下，第三分册，第 616 页。
[39] 迈克尔·沙勒 :《美国十字军在中国 1938—1945 年》，第 103 页。
[40] 巴巴拉·塔奇曼 :《史迪威与美国在华经验》，第 501 页。
[41] 《缅甸战役作战经过及失败原因与各部优劣评判报告书》，二史馆馆藏档案七八七。

[42] 赫伯特·菲斯 :《中国的纠葛》, 第 34—35 页。

[43] ［美］威廉·哈代、麦克尼尔等 :《美国、英国与俄国，他们的合作与冲突 1941—1946 年》第 254 页，海上译文出版社 1979 年版。

[44] ［美］威廉·哈代、麦克尔等《美国、英国与俄国，他们的合作与冲突 1941—1946 年》第 154、155 页，上海译文出版社 1979 年版。

[45] 赫伯特·菲斯 :《中国的纠葛》, 第 12 页。

[46] ［美］威廉·哈代、麦克尼尔等《美国、英国与俄国，他们的合作与冲突，1941—1946 年》，第 155 页。

[47] 伍德沃德 :《第二次世界大战时的英国外交政策》, 第二卷，第 16 页，伦敦 1971 年版。

[48] 琼斯 :《1941—1964 年的远东》, 第 240 页。

[49] 巴巴拉·塔奇曼 :《史迪威与美国在华经验》, 第 332 页。

[50] 《史迪威文件》, 1942 年 1 月 24 日记事，载于赫伯特·菲斯 :《中国的纠葛》第 30 页。

[51] 巴巴拉·塔奇曼 :《史迪威与美国在华经验》, 第 332 页。

[52] 同上。

[53] 二史馆馆藏档案七八七。

[54] 何应钦 :《八年抗战之经过》, 第 117 页，见台湾《近代中国史料丛刊》第 79 辑。

[55] 林蔚 :《缅甸战役报告书》1942 年，二史馆馆藏档案七八七，载二史馆编《中国现代政治史资料汇编》第三辑第 41 册。

[56] 巴巴拉·塔奇曼 :《史迪威与美国在华经验》, 第 380 页。

[57] 《史迪威资料》(中华民国史料丛稿·译稿)，第 22—23 页，中华书局 1978 年版。

[58] 梁敬錞《 : 史迪威事件》, 第 39—40 页，商务印书馆 1973 年版。

[59] 巴巴拉·塔奇曼 :《史迪威与美国在华经验》, 第 382 页。

[60] 《史迪威资料》, 第 21 页。

[61] 梁敬錞 :《史迪威件》, 第 87 页。

[62] 巴巴拉·塔奇《史迪威与美国在华经验》, 第 397 页。

[63] 《史迪威资料》, 第 22 页。

[64] 巴巴拉·塔奇曼 :《史迪威与美国在华经验》, 第 435 页。

[65] ［美］查尔斯·F·罗马纳斯、赖利·森德兰:《史迪威在华使命》, 第 270 页，华盛顿 1953 年版。

[66] ［美］舍伍德 :《罗斯福与霍甫金斯》(上)，第 605 页，商务印书馆 1980 年版。

[67] 曾任美驻台军事顾问的多恩在《和史迪威从缅甸出走》中有所披露。又见李桂权《罗斯福打算干掉蒋介石》, 载《文史知识》1988 年第 5 期。

[68] 丘吉尔 :《第二次世界大战回忆录》, 第四卷，第 171 页。

[69] 丘吉尔 :《第二次世界大战回忆录》，第五卷，336 页。
[70] 迈克尔·沙勒 :《美国十字军在中国 1938—1945 年》，第 105 页。
[71] 梁敬錞《史迪威事件》，第 153 页。
[72] 赫伯特·菲斯 :《中国的纠葛》，第 76 页。
[73] 巴巴拉·塔奇曼 :《史迪威与美国在华经验》，第 551 页。
[74] 宋希濂 :《远征军在滇西的整训和反攻》，载《文史资料选辑》第 8 辑。
[75] 杨伯涛 :《陈诚军事集团发展史纪要》，载《文史资料选辑》第 57 辑。
[76] 二史馆馆藏档案七八七 11549。
[77] 引自《第二次世界大战画史》,《中国远征军入缅作战》部分，二史馆馆藏。
[78]《抗日战争时期国民党正面战场重要战役介绍》，第 111 页。
[79] 巴巴拉·塔奇曼 :《史迪威与美国在华经验》，第 336 页。
[80] 同上。
[81] 张其昀 :《党史概要》，第 973 页。
[82] 梁敬錞 :《史迪威事件》，第 93 页。
[83]《同盟国联合作战 : 反攻缅甸》，转引自《史迪威事件》第 32—34 页。
[84] 麦克尼尔等 :《美国、英国与俄国，他们的合作与冲突，1941—1946》，第 250 页。
[85] 同上，第 409 页。
[86] 巴巴拉·塔奇曼 :《史迪威与美国在华经验》，第 510 页。
[87] [美] 柯伟林 :《反对日本的战争》，第二卷，第 236-238 页，伦敦 1957 年版。
[88] 梁敬錞 :《史迪威事件》，第 54 页。
[89]《史迪威资料》，第 21—22 页。
[90] 杜建时 :《抗日战争时期蒋美勾结与矛盾》，载《文史资料选辑》第 57 辑。
[91] 梁敬錞 :《史迪威事件》，第 156 页。
[92] 杜建时 :《抗日战争时期蒋美勾结与矛盾》，见《文史资料选辑》第 57 辑。
[93]《中国现代政治史资料汇编》，第三辑，第 41 册，军令部训令 : “反攻缅甸”。
[94] 梁敬錞 :《史迪威事件》，第 185 页。
[95] 梁敬錞 :《史迪威事件》，第 185 页。
[96]《新编第一军战况概述》，二史馆馆藏档案七八七。
[97]《新编第一军战况概述》，二史馆馆藏档案七八七。
[98]《第二次世界大战画史》，二史馆馆藏。
[99] 服部卓四郎 :《大东亚战争全史》，第二册，第 139、749 页，商务印书馆 1984 年版。
[100] 服部卓四郎 :《大东亚战争全史》，第二册，第 139、749 页，商务印书馆 1984 年版。

[101] 服部卓四郎：《大东亚战争全史》，第二册，第 154 页。

[102]《抗日战争正面战场》（中华民国史档案资料丛刊），第 146 页，江苏古籍出版社 1985 年版。

[103]《抗日战争正面战场》（中华民国史档案资料丛刊），第 1509—1520 页，江苏古籍出版社 1985 年版。

[104] 另据日本厚生省救援局的调查统计，日本在缅甸投入的兵力为 303501 人，而损失兵力（不含空军）则为 185149 人。见《中华民国史资料丛稿》:《缅甸作战》（上），第 216—217 页，中华书局 1978 年版。

[105] 日本历史研究会编：《太平洋战争史》，第四卷，第 208 页统计表，商务印书馆 1965 年版。

[106]《缅甸作战对盟国之贡献》，二史馆馆藏档案七八七。

[107]《中国驻印军反攻侵缅日军作战经过史料》附表三。载《历史档案》1985 年第二期。

[108] 宋希濂：《远征军在滇西的整训与反攻》，载《文史资料选辑》第 8 辑。

[109]《中国驻印军战果统计》，二史馆馆藏档案七八七。

[110] 杜建时：《抗日战争时期蒋美勾结与矛盾》，见《文史资料选辑》第 57 辑。

溃退与“跟进” | 第八章

第一节　也曾想过要反攻

抗战爆发后，国民政府统帅部确立以“持久消耗战略”为我国抗战“最高战略思想”，并认为这一战略之实施包括了前后两个阶段。蒋介石曾就这一问题阐述道：“这次抗战，依照预定的战略政略来划分，可以说只有两个时期。”[1]“自广州失守、武汉撤退以前是第一期。武汉退出以后是第二期。第一期的任务，在于尽量消耗敌人的力量，掩护我们后方的准备工作，确立长期抗战的基础，完成我们第二期抗战战略与政略的一切布置。第二期的任务，就是要承接前期奋斗的成绩，实现我们第一期中所布置的一切计划，发挥我们抗战的力，转败为胜的时期”。[2]也就是说，我国的抗战，在经过防御及退却之后，即可很快直接转变到战略反攻时期，“转败为胜”，其间不需要经过一个“战略相持”的阶段。然而，由于国民政府匆忙投入抗战，缺乏对整个战争过程的理论研究与探讨，虽然战前和战时政府当局所制定的“国防计划”也曾提出并实施过一些正确的战略指导设想，如沿长江一线节节抵抗，以西南为抗战基地，以图“持久抗日”等等，但其“国防计划”基本上是脱离战争实际的，加上从战争一开始，当局便把最后结束战争之希望寄托于国际力量的干预和参战，故而对于如何依靠自身力量进行“战略反攻”，根本未来得及作任何设想，因而最高当局始终未曾拿出过一份像样的“战略反攻”计划。

与此相反，中共领袖毛泽东于1938年5月发表了著名的《论持久战》，对抗日战争的发展阶段做了科学的解释。他认为我国抗战必然经过战略防御、战略相持而达成战略反攻三个阶段，而其中又以改变敌我力量对比的战略相持阶段为整个战争的最困难亦是最重要阶段，它是第三阶段“反攻收复失地阶段”的前提与基础。《论持久战》发表后在社会上引起了广泛反响，周恩来还把其基本精神向国民党上层人物作了介绍，“白崇禧深为赞赏，认为这是克敌制胜的最高战略方针，后来白崇禧又把它向蒋介石转述，蒋也十分赞成。在蒋介石的支持下，白崇禧把《论持久战》的精神归纳成两句话：‘积小胜为大胜，以空间换时间’。”[3]但是，国民党最高统治者并没有真正完全接受毛泽东的“三阶段”持久抗战理论。

武汉失守后，抗战进入相持阶段，随着正面战场战事的相对减弱，蒋介石重新调整了战略，把精力转向对付共产党，而把击败日本的希望寄托在英美诸国身上，自己则实行“保存实力、静观时局、待机而动”的“等待主义”方针，并未真正致力于积蓄力量准备反攻的工作。虽然在太平洋战争爆发后，重庆政府曾一度以较高的热情，准最联合反日同盟各国快速反攻，但在遭到盟方冷遇之后，这种热情便很快冷却下来，并且彻底放弃了依靠自己力量反攻的打算，进入了“消极抗战”的阶段。其后，中国政府所关心的只是如何从美国人那里获得更多的援助，增强自己的实力，等最后胜利后再与共产党争天下，对于正面战场则尽量维持现状。在这种消极战略指导下，便形成了我军自抗战以来少有的大被动，最终造成了正面战场上空前规模的豫湘桂大溃败。

然而，就在豫湘桂战役发生前夕，随着国际反法西斯战局的不断好转，重庆当局也看到了日本的失败已成定局，为了在最后胜利到来之时不致十分被动，便也不得不强振精神，开始筹划未来的“反攻”。1944年2月，国民政府统帅部召开了由第三、四、六、七、九等战区主要将领参加的第四次南岳军事会议。会上蒋介石首次提出了有关抗日战场战略反攻的初步构想，他说：“我们的抗战，经过这整整五年的奋斗牺牲，到今天已经到了一个新的转折点，就是第二期抗战已将结束，我军向敌反攻决战的阶段——第三期抗战开始的时候到了。”[4]他论述说：“敌人在我国境内的不过六个军，而我们用以抗战的有一百二十个军，以二十个军来对付敌人一个军”，[5]在数量上我方占有绝对优势。从战场态势来看，“以现在敌军正面之广，空隙之大，兵力之弱与士气之衰落，我们真的要打它那一点，就可以打它那一点”。所以，“今后的战局，敌我的形势已经完全转换过来了，在我们是处于主动的地位，处处要采取攻势，而敌寇则是处处受敌，被迫退守”。[6]举行战略反攻的条件已经具备了。他说：“在今年五六月的时候，我们第一、三、四、五、六、七、九各战区一定要实行反攻。”由于“可能遭遇两种不同的情况”，所以，反攻作战“必须准备两种不同的方案”，一是准备抵挡日军可能发动的先行攻势，二是我方主动发起反攻。蒋介石提出，如果日军先发动攻击，则我军除以主力部队作正面抵抗外，每个战区都要抽调两个精锐的军按照预定目标，主动侧击敌后各大城市，作为战略反攻之先声，同时破坏敌人的攻势，使之首尾难顾。按照预定计划，第九战区将反攻武昌，第六战区反攻宜昌，第五战区反攻汉口。如果“敌不先来进犯，而我们到了五六月之间，准备完成之后，必须堂堂正正的实行反攻”。[7]

蒋介石在第四次南岳军事会议上提出的“战略反攻”设计，是国民党最高当局关于抗日“战略反攻”计划的最明白最具体的阐述，当然具有积极意义。但是，如果就当时中国战场敌我几百万大军相对阵之实际而言，这寥寥数语的“反攻计划”未免显得过于空泛和单薄，它既不是一国统帅关于反攻战略的直接命令，也不是全军指挥关于反攻作战的完整计划，而仅仅是一种政治的与军事的号召和表态。蒋介石之所以要作出这种表态，与其说是出于军事目的，不如说是为了政治上的需要。一个足可引以为证的事实是，蒋氏实际上从未对战略反攻进行过具体的研究、准备和部署，国民政府军事委员会也从未制定过任何一个有关反攻的详细作战计划。

蒋介石之所以要不惜时日地大谈“反攻”，是出于国际政治与外交上的需要。正如前文所述，在国际反法西斯同盟的世界战略方面，英美与中国就先打德国还是先打日本的问题，一直存在严重的分歧，并由此引发了盟国间的其他许多矛盾，在一定程度上影响了盟国间的协调作战关系。从太平洋开战之日起，蒋介石就一直在劝说、告诫英美先打日本，希望他们“速将太平洋上主动之战略，包括自印度、澳洲、中太平洋、北太平洋，以及至苏联在东方对日之战备，在各国陆海空军方面，即有一最高战略明确的决定，速取主动之攻击，则太平洋形势，即可大定，不待欧陆、北非战局揭晓，而日本必由主动而降为被动，由被动而趋于消灭”。[8] 即是说，蒋介石希望美英诸国用先解决日本以击破东西法西斯“轴心国”联盟的方法，来改变二次大战之格局。他指示中国驻美军事代表团团长熊式辉向盟国华盛顿“太平洋作战会议”提出他的这一主张，要求盟方“接纳我方建议，迅速改变‘先解决德国后解决日本’之战略”，“乘此时机，运用优势之海、空军，先击破日本”。[9]

对于蒋介石的这种战略主张，史家历来评论颇多。大陆学者大多认为这是蒋氏缺乏国际政治眼光的表现，在对德、对日两种矛盾同时出现时，盟国应该首先集中力量，解决主要矛盾，即对德矛盾，而后才能解决对日矛盾，这个道理十分简单明确。但是，如果我们从中国抗日的切身利益来看，恐怕没有一个中国人不希望早日打败日本，夺取抗战的最后胜利。当时，中国最凶恶的敌人是日本法西斯，此时此刻，日本法西斯仍在蹂躏我们的国土；而纳粹德国距我们遥远，并未对我形成直接威胁。与英美等国出于自身利益要求中国人单独出兵抵抗牵制日本，以利于他们解决德国保全自己一样，作为中国政府首脑及盟军中国战区司令的蒋介石，呼吁美英重视亚太地区，分兵抵抗日本，这也是极其自然的。问题的关键不在于蒋介石的“先亚后欧”与“欧亚平分”的主张是否合理，而在于其立足点之所在。即其是立足于利用自己的力量去与日本作最后一搏，还是借用英美的力量来打败日本。蒋氏错就错在他选择的不是前者而是后者，尤其是在1943年冬之后，随着欧洲战局的日趋明朗化，德意败局已定情况下，蒋氏的这种错误愈发明显。蒋介石“以为欧洲解决，美英可以腾出手来替他们打日本了”，他“叫英美不要在欧洲闹什么第二、第三战场，而把主力搬到东方先把日本打垮”。“国民党人起初大嚷‘先亚后欧’论，后来又嚷‘欧亚平分论’，就是为了这个不可告人的目的”。[10]

为了达到这一目的，蒋介石提出了“战略反攻”的口号。

蒋介石关于“战略反攻”计划的基本特色，可概括为“保存自己，利用盟军，消灭敌人”12个字，即仍然是“消极抗日”。为了解决“不肯出力又要求胜”的矛盾，蒋介石只好在他的“反攻战略计划”上大做文章，即准备动用少量的部队（每战区两个军），在大范围内（第一、三、四、五、六、七、九战区），攻击几个重点城市（武汉、宜昌等）。由此可见，蒋介石的“反攻”既无主攻方向，亦无战略配合，一切举措，在于全面开花式地“造声势”、“造影响”。况且，当时日本在中国大陆及东亚地区还有陆军200万兵力，其中中国派遣军尚有130万兵力、1000架飞机以及千余艘战车战舰，这些部队并未遭受到任何形式的沉重打击，仍然具有较强的战斗力，按照蒋介石“反攻讲话”的布置，根本不可能轻而易举地取得最后胜利。所以说，蒋氏的“反攻”充其量只是一种姿态，其“反攻计划”在战略上是极其不成熟的。

国民政府在“反攻”作战战术设计上，由于受其战略指导思想的限制，亦显得十分被动与消极。其反攻作战战术是以“跟进”为基本形式，即计划通过攻击几个敌方据点或在盟军发动主攻之后，迫使日军撤退，而后我军沿着敌军退却路线“跟进”追击，逐次收复失地，并未准备以大规模运动战来歼灭敌方有生力量，夺取最后胜利。十分可笑的是，他们还企望日军内部在盟方打击之下产生分裂内乱，以创造机会为我所用，从此结束中日战争。

有趣的还有，蒋介石在陈纳德“飞虎队”的启发下，曾一度对“空中反攻”很感兴趣。苏德开战以后，苏联政府停止了对华的空军支援，日本空军在中国战场上以绝对优势夺取了制空权，给我军地面作战造成了极大困难。美日开战后，由于日军大量空军部队调往太平洋上空与美军作战，在华空军力量空虚，以陈纳德为首的美国空军志愿队来华参战，扶助中国空军夺回了中国战场制空权，有力地支援了正面战场作战。1943年1月9日，蒋介石在致罗斯福总统的信中说，“一支规模小、供应不足的空军已显示出在华空中进攻之可观潜力。本人相信，由于此间特殊战况，在华空军及早攻击实属可行，”“在华空军之反攻将直接为我们盼望之总攻铺平道路。”[11]到1944年初，日本在华空军已处于劣势，我军已形成空中“反攻”势态。由于这种“反攻”完全符合蒋介石“利用美援，保存实力”的原则，因此倍受其推崇。蒋氏急于想将其“扩大化”。但是，空中炸弹并不能炸败日军，日军

“一号攻势”的事实证明，中方即使有了优势空军的配合，仍然没能挡住日军的攻势，更谈不上什么“反攻”作战了。恰恰相反，这种“等待”战略还造成我军的涣散、麻痹、动摇以及投机取胜之心理，反而造成更大损失。

据此，我们认为，蒋介石及其政府在抗日正面战场“反攻”问题上的态度是不正确的。严格地说，国民政府只提出了“反攻”的战略号召，并无切实可行的“反攻”战略计划与行动。至于在1945年春夏之际我军在广西、广东地区发动的局部反攻作战，那只不过是在日军实施“战略收缩”行动之后，我军相应的“跟进”作战，并不具备真正意义上的“反攻”性质，故不能视为正面战场的“战略反攻”行动。

第二节　趁溃退而跟进

1943年是第二次世界大战的重大转折年。在欧洲战场，苏联红军击破了德国法西斯主力，转入反攻阶段；英美联军结束了北非战役，在意大利西西里岛登陆，墨索里尼法西斯政权垮台。在太平洋战场，日本逐步丧失了海空军优势，不得不转攻为守，美军已在所罗门群岛及新几内亚等地开展反攻作战，目标直指日本本土。日军在南洋一带50万大军陷入孤立无援、坐以待毙的境地。在中国战场，中美空军频频出击，猛烈轰炸台湾日军机场及各地重要目标，拦截日军舰船，给日军重大威胁。正面战场战事虽然总体处于对峙状态，但战局之发展已对日军明显不利。

日本大本营为了使南洋守军与中国派遣军建立直接联系，保持亚太战场之整体性，摆脱被动扭转战局，决心孤注一掷，动用中国派遣军主力，开展一次空前规模的攻势作战。日军计划一举突破中国军队的防线，沿平汉、粤汉、湘桂铁路线向前推进，彻底打通中国大陆通往东南亚半岛的交通线。此次战役，日方称之为“一号作战”。其战略目的有三：其一，建立一条日本——朝鲜——中国东北——中国华北——中国华中——中国华南——越南——泰国——新加坡的“大陆交通线”，恢复同东南亚日本守军的联系，并继续掠夺当地丰富的资源，维持“大东亚圣战”战局。其二，彻底摧毁盟军在中国西南地区遂川、衡阳、桂林、柳州、南宁等地的空军基地，保证日本本土及交通线的安全，支持日军在中国战场的作战。其三，通过对中国军队的全力打击，进一步摧毁其继续抗战的意志，希望在中国战场收到意外之效果。

为完成“一号作战”计划，日本再次在国内进行了总动员，向中国战场增调了14个独立步兵旅团和8个野战补充队，停止了从中国战场调兵南洋的计划。1944年1月，日本中国派遣军总部拟定了“一号作战”计划大纲，动员总兵力达50多万人，日军由华北第十二军开展平汉路作战，华中第十一军及华南第二十三军实施湘桂作战，并立即付诸行动。

中国方面根据这一战役作战地域特点，称之为“豫湘桂战役”。当时正面战场上的中国军队总兵力达650万人，编制上有340多个步骑兵师。但这支部队经过长期与敌对峙，指导思想上消极避战，养成了散漫、腐朽之习气，其战斗力已较抗战初期大为下降，结果在整个豫湘桂战役中我军连连失败。这是进入相持阶段后期，国民政府政治、军事、经济腐败日趋严重化而结出的恶果。

整个豫湘桂战役由豫中、长衡、桂柳三次会战组成，其简要战况如后：

豫中会战　1944年3月，日军完成发动进攻之先期准备，修复了黄河大桥。4月17日，日第十二军第三十七、六十二、一〇一师团及战车第三师团等部14.8万余人在冈村宁次大将的指挥下，发动了向豫中地区的进攻。其目的是打通平汉路，占领洛阳等西北重镇。

当时，我河南守军为蒋氏嫡系汤恩伯部，其部兵力达40余万人。但汤部驻扎河南已久，抗日不足，扰民有余，被当地百姓列为与“水、旱、蝗”并列的“四灾”之一。他们虽然早已侦知日军将发动攻势，但却认为只是一般性的骚扰，没有认真进行应战准备。战事一开，装备精良的汤部一触即溃，望风而逃。真正起而抵抗的只是少数非嫡系的部队，如孙蔚如、马法五等部。

4月18日，日军渡过黄河，并派出300余人的挺进队直袭郑州。我守城部队猝不及防，纷纷后撤，20日下午，位于平汉、陇海两线交叉地的重镇郑州失守。日军随即占领尉氏、郑县、长葛、荥阳等地，23日又占领密县，完成了第一期会战计划。[12]

25 日后，日军继续南侵，30 日起围攻许昌。我守军新二十九师与敌顽强作战，团以下军官伤亡达 2/3 以上，师长吕公良亦在突围时阵亡。汤恩伯电告蒋介石，准备在禹县布置兵力与敌决战，等到蒋氏批准电到达，日军已攻下许昌。[13]5 月 4 日禹县又告失守。日军再攻洛阳龙门。蒋介石亲自下令给第四集团军总司令孙蔚如，要其与洛阳城共存亡。当时中国军队在洛阳一带还集结了撤退下来的 4 个军 6 个师的兵力，虽然未受重创，但自己在溃退中却减员不少。中方指挥官原计划在洛阳一带夹击日军，却因山西日军亦渡过黄河增援，反将中方军队包围，我军主力在慌乱中向北退去，洛阳成了一座孤城。19 日，日军猛攻洛阳，守军依托牢固工事顽强抵抗，激战一周，双方死伤惨重，最后日军以坦克部队作先锋攻入城内，25 日占领洛阳。豫中会战结束。

总计该战役进行30余日，中方以40万大军抵抗5万余日军，竟然丧师20余万，失城38座，河南全省陷敌，包括我第三十六集团军总司令李家钰在内的多名将领亦战死殉国，日军不仅打通了平汉线，还控制了豫境陇海线，完成了预定作战计划。河南人民对此深恶痛绝，省参议会派代表赴重庆请愿，控诉汤集团“官比兵跑得快，兵比日本人跑得快”的恶劣行为。[14]豫中的惨败，完全是汤恩伯“将失军心、军失民心”的结果。

长衡会战　日军打下河南后，第十二军主力按原计划南下配属武汉方面第十一军指挥，又开始了湘桂作战。日本中国派遣军司令畑俊六大将由南京亲赴武汉前进指挥所，部署湖南作战。本来日军华中第十一军拥有兵力 36.2 万余人（海空军不在内），是日本中国派遣军实力最强的一支部队，但为了稳操胜券，日军又增援了 10 万余兵力，发动了自称为七七事变以后最大的一次军事行动。其作战规模只有 1904 年日俄战争可以相比。为此，日方特别选择了 1905 年日军获胜的纪念日——5 月 27 日作为发动进攻的日期，试图重演历史。

此战役由日军第十一军军长横山勇亲自指挥。战前日军派出二线兵力3个师团专门用于阻止中国第六战区等各部增援部队。我第九战区薛岳部根据前三次长沙战役经验，依然准备从正面节节抵抗日军的攻势，然后后退决战。但是，日军这次动员了空前数量的兵力，在100余里宽的正面战线上分三路齐头并进，无形中已将中方“侧翼迂回”的计划彻底打破。尽管我第九战区亦有10个军30个师近40万兵力，装备也不错，但在日军强大攻势面前，很快便陷入混乱。平江一战，我守军几遭全歼。日军一路推进，我军被动应战，连连后退。日军左翼于6月14日攻下浏阳，右翼于16日占领宁乡，完成了对长沙的两翼包围。蒋介石电令九战区“准备于长沙附近与南犯之敌决战”。[15]但长沙已陷于异常紧急状况之中，决战计划无从部署执行。17日，日军猛攻长沙，守军第四军张德能部慌忙后退，秩序大乱，“坠江溺毙者，不下千余”。18日，长沙失陷。

接着，日军继续南侵。25日，蒋介石电令确保衡阳，夹击深入之敌，并命令方先觉部第十军“死守衡阳”。[16]此时方部所辖的第三、一九〇、预十师和炮兵部队及配属的新十九师、暂五十四师，兵力虽不强大，但准备比较充足，修筑了要塞工事，储备了充足的粮弹。6月23日，日军第六十八师团以施放毒气进攻拉开了衡阳之战序幕。双方激战至28日，我军放弃湘江东岸阵地，集中兵力守城。激战中我炮兵击中了日军六十八师团指挥部，其师团长佐久间中将被炸毙，参谋长等多名指挥官身受重伤。久战疲惫之日军在我坚固工事面前竟一筹莫展，进攻张家山高地的一个联队日军仅余一名军官生还。我守军也付出了高昂代价。双方反复拉锯，“日军被歼灭甚多，阵前遗尸八百余具”。[17]到7月1日，“围衡之敌，攻势已颓，四出掠粮，炮兵停射，空乏之象毕露”，[18]因此不得不停止进攻，等待增援。至20日，日军得到补充后，向衡阳发起第二阶段猛攻。日军频频使用毒气、燃烧弹。衡阳城内一片火海，但守军依然不退，迫使敌军举步维艰。此时天公助战，下起瓢泼大雨，日军一步一滑，进攻速度更慢，整个战事呈现胶着状态。

重庆政府频频给衡阳守军打气壮胆，并命令我军各部“加强外围兵力，速解衡阳之围”。蒋介石意识到日军将以持久战之术，将我守军困死，故严令“变更衡阳外围援军部署”，“命衡阳援军积极突击”。27日，他又电令方先觉“死守以待外援之接应”。[19]但当他的增援令传达下去时，日本大批援军也已开到衡阳。28日，日军发起了第三次总攻。双方在极端恶劣的环境下激战空前。日军第五十七旅团长志摩原吉少将被我军击毙，日军一〇九联队第一大队在20余天中连换的三任大队长均战死前沿，全大队官兵最后仅剩下7人。大批日军连伙食都无法保证，只好食用田间未成熟稻米，以咸盐下饭，敌军总指挥横山勇腹泻病倒不支。中方情况亦复如此，各部战病饥饿减员很多，预七师三十团第一营450人战至仅剩20余人生还。方先觉向蒋介石急电报告了前线“不忍详述”的惨状和战线危急情形，蒋复电勉其“不成功便成仁”。7日，日军突入城内，守军展开激烈巷战，方先觉电蒋表示“职等誓以一死报党国，勉尽军人天职”。蒋复电：“援军明日必到衡阳城，决不延误”，并于当夜“三度向上帝祷告”。[20]8日，衡阳终于失陷，守将方先觉违背誓言率部向日军无条件投降。

持续47天的衡阳保卫战是“豫湘桂战役”中的一场硬仗，双方均受重创。此役我第十军共伤亡1.5万余人，其中阵亡7600余，残存伤病员2600余人，被俘后遭日寇虐杀者甚多；日方自称伤亡19380人，其中各级将领战死390人、负伤520人。

当时集结在衡阳外围的中国军队共有8个军，总兵力10万以上，蒋介石虽严令其增援，副总参谋长白崇禧还曾亲赴桂林协调指挥，但各部仍畏缩不前。其中，只有六十二军战斗出色，打到衡阳南郊及西站，但在日军重兵攻击下，援军孤路作战，损失惨重，很快败归。此后衡阳便未得任何外援，这是造成衡阳战事最后失败的关键原因，也是此时期正面战场上国民党军战斗素质急剧下降的明显标志。

至于第六十二军军长方先觉在率部激战后的失节投降，虽然原因复杂，但毕竟是一件很不光彩的事情，应该受到谴责与追究。事后在军统组织营救下，方先觉潜回到重庆。蒋介石为了粉饰一败涂地的战事，为了在众多的逃兵逃将中树立勇将形象，重振士气，竟不惜颠倒黑白地把降将方先觉吹为英雄，这足以表明最高当局领导无方，也显示了临近胜利前夕中国政治之黑暗程度。

衡阳守军的投降使整个战局发生了突变，我方集结部队来不及应变，整个战事陷入混乱局面。日军则乘胜南侵，并改调华北方面冈村宁次大将继任第六方面军司令官，指挥第十一、二十三、三十四军等部沿湘桂路向广西进击。战火燃近广西。

桂柳会战　9月14日，日军在未遇我军任何有效抵抗的情况下仅用半个月时间即攻占了广西重镇全州。我军储备于此的军需物资遭受重大损失。与此同时，广东和雷州半岛的日军也分别向西向北进攻，三路包围了桂林。桂林是广西重要交通枢纽与战略要地，但守桂各部却以“避免态势不利”为由先期纷纷撤走，[21]只剩下两个装备较差的师。此时城内已聚集了五六十万难民，疏散十分困难，敌军未到，城内已陷入一片混乱。

10月27日，日军对桂林发起总攻，我守军兵力单薄，11月10日，桂林失陷。翌日，柳州失守。24日，日军进攻南宁，我军整营整团的部队包括全部美式装备的四十六军等部纷纷丢弃各类物资，裹同大批难民盲目溃退，日军不费一枪一弹占领了南宁。12月10日，由南宁南下与由越南北上的日军在绥渌会师。这样，日军“一号作战”计划顺利完成，我“豫湘桂战役”以惨败而告结束。

11月28日，日军第三师团占领南丹，进入贵州。我独山守军早已逃之夭夭，12月3日日军不战而占独山。接着日军继续北上追击我军，一直追到距贵阳城50公里处方罢兵。日军之深入贵州腹地，极大地震撼了国民政府，直接威胁到重庆的安全。当时我军精锐远在滇西缅北，附近除了溃军已无可用之兵，蒋介石惊呼：“战况危急，不仅西南各省人心动摇，而英美亦有要求撤侨之事，益造成社会之惶惑不安，八年抗战之险恶未有如今日之甚者也。”[22]连美籍中国战区参谋长史迪威也向蒋建议：“应有再迁都之准备。”[23]美军出动飞机空运中国军队帮助保卫黔川，各地中国军队纷纷开拔赶赴贵阳以南救援。

实际上经历了半年多连续作战重大消耗的日军已成强弩之末，不仅给养断绝，兵源不足，而且士兵仍着单薄夏服，军靴早已破烂不堪，加上中美空军不断轰炸，战斗力已难以为继。12月4日起，日军在对独山、六寨等地进行彻底破坏之后，开始后撤。濒危之战局，趋于缓解，重庆政府终于松了一口气。

接着，趁日军撤退之机，何应钦与汤恩伯等人齐集贵阳，指挥各部跟进收复失地，12月中旬收复南丹，沿河池一线与敌对峙。至此，“桂柳会战”亦告结束。

总计豫湘桂战役，共打了8个月，我方损兵五六十万，“放弃了河南、湖南、广西、广东等省的大部份和贵州、福建省的一部份领土，总计面积约20万平方公里，丢掉了大小城市有146座，6000余万人沦陷在日军奴役之下”，[24]国家人民的生命财产遭到了空前严重的损失。这是日本帝国主义向中国人民欠下的又一笔血债。

这场空前溃败，也充分暴露了国民政府的政治腐败、战略错误、指挥无方。可是，蒋介石却故意文过饰非，说战役之惨败情形“不足为奇”，“不能算为严重”，“战局根本绝无危险”。他甚至把战败的原因统统归罪于史迪威在缅北过多地动用了中国精兵，使国内战场无兵可用，和盟方对华接济太少，他甚至说“华东几均沦陷，史将军（迪威）不能不负此重大责任”。[25]

豫湘桂战役大溃败，从战略上讲有两个原因：

一是国民政府的“防共重于抗日”的思想所致。在战役开始阶段，我们看到的北方情形是，一方面我军在河南战场一败涂地，而另一方面几十万国军却用于围困陕甘宁边区。胡宗南及所部是蒋介石用来专门围剿陕甘宁共军的，蒋曾给胡16个字战略方针：“东御日寇，北制共匪，西防苏俄，内慑回马。”为此在豫中会战的关键时刻，还从河南抽调部队去加强反共力量。这足以证明“东御日寇”是假，专门反共是真。对此连胡宗南自己也有一定看法，他曾要求参加对日作战，但遭到蒋介石拒绝。1943年前后，中共曾从大局出发邀请胡宗南访问延安，周恩来还曾亲自致函对他表示：“兄以剿共成名，私心则以兄尚未成民族英雄为憾。”胡宗南见信很感慨。他想去延安与中共协调关系，但蒋却命令他闪击边区，胡宗南权衡利害终于未办。[26]南方情形亦然。“长衡战役”开始时，蒋介石指示薛岳“防范共匪窜扰更不容一刻忽视”。为“免被共据湘南”，他让薛岳率主力放弃长沙南下防共，还派八十四军一八九师进攻武汉东北的新四军李先念部，这样内讧，抗日作战焉有不败之理。

二是抗战后期消极抗日造成的国民党军队素质下降、内部矛盾激化，各种腐败现象增长所致。在整个战役中，我军各部间私自保存实力，敌军未至即闻风而逃。豫中会战，汤恩伯部行动迟缓，致使包围日军之部队反被日军包围击溃；衡阳一战，“围绕在附近各县我军”为数颇众，“却没有什么部队热心去救”，[27]甚至连蒋的手令也无人肯听，无奈之下蒋只好祈求上帝佑助，这是对在衡阳城内浴血苦战的军队的一种不负责任的荒唐行为。战役后期，我军兵败如山倒，败将败兵连同未及上阵之部队一齐溃退；当官的只知强占卡车，带上家眷财物仓惶逃窜，当兵的甚至在敌人进攻时“还有人在隐蔽部中赌牌”，[28]结果致使日军在黔桂线上如入无人之境。

在战术指挥上，此役也有严重过失。如我军仍沿用老套，只图“正面防御”与日军打阵地仗，对敌军攻势意图、兵力准备等普遍缺少基本的分析与估计；另外战线设置正面过广，没有作战重点，很少或根本没有预备队的逐次增援而遭到各个击破；指挥者迟疑动摇，情报不实，等等。

总之，豫湘桂战役所反映的是，不是敌人太强大，而是国民政府太腐败了。

正当国内战事一溃千里之时，我远征军在缅北战场取得了辉煌的战绩，打出了中国军队的威风。远征军身处异域，接受了良好的训练与装备，又摆脱了国内腐朽政治所带来的多种弊端，中国人吃苦耐劳的精神及其聪明才智得到充分体现。缅北战事摧枯拉朽，日军处处挨打被歼，到1945年1月，中国远征军与驻印军会师芒友，收复缅北全境。然后，在英美盟军的配合下，解放了缅甸全境。3月间，中印公路全线贯通，大批美援军械又可源源不断地送入中国境内，这无疑给濒于垂危的重庆政府注射了一针有力的强心剂。

美国答应给国民党军35个师的新式装备，为此，蒋介石立即在昆明设立了中国陆军总司令部，并积极抽调各级军官接受美式训练，试图一举改变其军队的落后状况，为夺取抗日的最后胜利和反共内战作准备。然而，历史在这一时刻发生了重大转折。

大陆交通线的打通，并未能挽救日军必然失败的命运。此时，一方面美军在太平洋战场连连得手、迅速挺进，美军完全控制了太平洋上的制空权，美重型轰炸机频繁空袭日本本土，已经进入日本的防卫内圈。另一方面中美空军已掌握了中国战场的制空权，日军打下的大陆交通线，在盟军飞机攻击下，“实际上这条红线上天天在冒火光”，大批桥梁、车站、机车甚至铁路机修厂都被炸烂，“大陆交通线”已没有实际价值。另外，美军B-25重型轰炸机，每天还从中国湖北老河口、湘西芷江等机场起飞，对日军各据点要地实施攻击，压得日军抬不起头。日军实际已面临全线崩溃之境地。

为了作最后的挣扎，日军统帅部决定改变原来的战略，集中兵力加紧防守日本本土、朝鲜及中国沿海核心地区。为此，必须立即着手从中国西南收缩战线，把战略重心转向以日本本土为中心的“最后防卫圈”，布置“大陆决战”。

1945年4月，日本中国派遣军决定立即从西南、华南撤军，将广西南宁地区的第十一军3个师团调往宁沪沿海地区，将湖南长沙第二十军调往华北，将第三十四军部分由武汉调往东北和朝鲜，将二十三军由广东、江西调往华东地区，目的是集中力量准备抵抗中国军队的反攻和防备美军在中国沿海的登陆作战。

在收缩兵力的同时，日本中国派遣军总司令冈村宁次还决定于1945年春夏之际开展局部攻势，发动豫西鄂北战役和湘西战役（芷江战役），以摧毁豫西、湘西我空军基地为作战目的。

3月21日，日军调动7万兵力分途向豫西南阳及鄂北老河口等地侵犯，我第五战区抗击不力，南阳、老河口于4月初先后陷敌，后经中方反击始行收复。

4月9日起，日军又以同等力量分三路向湘西芷江发动进攻。我军在王耀武司令的指挥下，后退诱敌。日军以数月前“一号作战”的经验，以为中国军不堪一击，故而不顾地形之不利重犯冒险深入之错误。而这时他们面对的是已经用美式装备重新武装起来的中国军队，双方战斗力之对比已经发生了重大变化。5月初，中国军队在给予日军顽强抵抗后转入反攻，将日军主力第一一六师团分割围歼。日军在我空陆部队猛烈打击之下，死伤惨重，师团长命令各部抛弃一切行装拼死抵抗，准备全军“玉碎”。大本营派出的援军亦被我军包围。双方血战至5月20日，残余日军侥幸突出逃窜。6月初战事停止。

总计此役，我军投入部队6个军11个师计20万人，伤亡1.9万余人，歼敌2万余。[29]重庆《大公报》曾转引《纽约日报》的评论说，这场战役“为一九三七年亚洲战争发生以来，华军首次以其与敌同等之武器在国内与日军作战。在空军密切掩护下，具有优良装备之华军，现已粉碎日军进犯重庆东南二百五十英里芷江美军基地之企图。此一佳音，可视为中日战争转折点之暗示”。[30]实际上，按双方装备比较计，此时我方1个军已经可以对抗日军1个师团。可是此役我军出动了6个军才围歼了对方1个师团大部，其残部还逃脱了，这是很不应该的。

湘西战役是日本投降前发生在中国正面战场上的最后一战，以我军全胜而告结束，敌军连芷江机场都没看见便大败而归。从此，日军结束了在中国战场上的全部战略进攻。

重庆政府鉴于“湘西会战我军胜算在握，广西敌军抽调，遂提前发动反攻桂柳作战”，“决定提前攻略桂柳，与湘西方面相策应，开拓总反攻之机运，遂令陆军总部，以第二方面军夺取南宁，第三方面军一部沿黔桂铁路直取柳州，主力沿桂穗路攻略桂林，将桂境之敌各个包围而歼灭之”。[31]5月初我第二方面军开始行动，26日收复南宁，7月3日占领龙州、凭祥，将日军驱出国境。第三方面军也于5月20日占领河池，6月14日克服宜山，29日又收复柳州，然后沿桂柳铁路前进，7月28日收复桂林。这便是所谓的“桂柳反攻”战役。但明眼人一看就清楚，此役虽然光复了桂、柳、南宁等重要城市，但都未捕捉到敌军主力，也未发生什么大战斗，歼敌甚少。连重庆统帅部人士亦承认“反攻桂柳各部队……虽有绝对优势之步兵，并未能遇敌归路，捕捉歼灭之，历次战斗皆然”。[32]可见，其实质上是趁日军收缩战线之机的“跟进”，严格来说还算不上是“反攻”。这种“跟进”式的“反攻”充分反映了国民政府消极抗日的战略姿态。

盟军在亚太战场上的节节胜利，使中国战场的战略大反攻已成必然。在盟国的压力下，重庆政府于1945年7月责成中国陆军总司令部制定了反攻广州的作战计划，即“以打通广州海口之目的，先以有力部队攻略桂林，夺取雷州半岛，再分别攻击衡阳、曲江，并牵制越北之敌，以主力沿西江流域攻略广州”。[33]反攻时限定在1945年下半年。而全国其他战区则在一个时期内保持现有态势。

然而，还没等到此一计划付诸实施，在盟军的强大攻势下，日本已于8月14日宣布投降，抗日战争宣告最后结束。正因为此，在抗日正面战场上，国民政府的对日战略反攻作战最终未能成为现实。

第三节　最后的光荣

抗日战争的胜利，是中华民族近百年反侵略斗争历史上以巨大的牺牲换来的首次胜利，为中日间跨世纪的反复较量划上了句号。

在这场中日殊死战争中，中国人民不畏牺牲，浴血奋战，打垮了疯狂嚣张的日本军阀，将日本陆军主力拖陷消耗于中国战场，为世界反法西斯战争做出了巨大的贡献，最后在盟军的支援帮助之下，取得了最终胜利。这是一次来之不易的胜利，它洗雪了日本军阀给中国人民带来的痛苦与耻辱，使正义得到伸张，暴虐得到惩罚，它以铁的事实向全世界宣告，中国人民不可辱，中华民族不可欺。

对全中国人民来说，抗日战争的胜利是以2000余万中华儿女的鲜血和生命以及几百亿美金的财产损失来换取的，是一次空前而悲惨壮烈的胜利。中华民族在这场战争中得到了洗礼，变得一步步成熟壮大起来。

对于执政的国民党政府来说，抗日战争的胜利是其在饱尝了日本的欺辱压迫之后，费尽心机竭尽其能，在正面战场上与日本侵略军鏖战周旋八载之后取得的一次惨烈的胜利。在这场战争中，国民政府军队与日军进行了22次大会战，较大规模战役1117次，小战斗38931次；我军共损失了467万军队（其中阵亡132.43万余人，伤亡321.56万余人，失踪了130126人），非战斗人员伤亡则达842万以上；[34]国力资财遭受了313亿多美元（按1937年美金币值计算）的直接损失。最后，在同盟国家的补给援助之下，终于拖垮了凶恶的对手，取得了企盼已久的胜利，洗刷了自1927年建府以来由日本侵略带来的种种屈辱。这场战争耗尽了国民政府的精力与财力，使之付出了超负荷的代价，有鉴于此，我们可以说，抗日战争的胜利，对国民政府来说，的确是一场超能力的发挥，其胜利也不免带有几分惨烈的色彩。

在以往的二战史研究中，许多西方学者出于各自不同的原因与目的，有意或无意识地忽略、贬低了中国抗日战场的历史作用，过分地强调了英美苏诸国的作用。在此笔者想从四个方面来阐述这一问题，让事实讲话，还历史以本来面貌：

其一，我国抗战损失多少？

根据战后1946年10月国民政府行政院的不完全统计，在八年抗战中，我国军民死伤1040万，公私财产直接损失达313亿美元。如果把因战争带来的其它因素诸如疾病、灾荒、停产、迁徙、浪费等等计算在内，那么中国在抗战中直接与间接死伤人数可达2000万左右，财产损失亦近千亿美金。这笔损失是空前的、巨大的，对当时积贫积弱的中国来说简直是一场无法承担的灾难。但中国人民咬紧牙关挺了过来，并夺取了抗战的最后胜利。这是一场虽惨尤烈的伟大胜利。中华民族为打败日本法西斯，承担了比英美诸国大得多的牺牲与损失。

其二，我国抗战得到了多少外援？

太平洋战争爆发之前，只有苏联政府援助了中国的抗战，而英美诸国却隔岸观火，甚至趁中日战争之机大发不义之财。出于防范日本北进的战略需要，苏联政府对中国人民的抗日战争进行了及时有效的支援。自1937年9月4日至1941年10月28日，苏联援华军火及作战物资共20批，有案可稽的对华借款计3笔，用以购买这些军火物资。到苏德战争爆发止，中国实际共动用苏联援华贷款173175810.36美元。[35]此外，中国还以农矿产品等向苏联换取了价值969.7万美元的军火，此“纯属买卖性质”。[36]这些支援与帮助对于正处于极端困难时期的中国“不能不有雪里送炭之感”。

太平洋战争爆发后，中国的抗日与世界反法西斯战场连在了一起，中国开始得到了美援。在二次世界大战中，美国为盟方主要对外援助国，其外援物资总数达460亿美元。但是，援助中国的只有6.3亿美元，到1944年6月底，运抵中国的物资价值仅有1.5亿美元。而同时期英国得到的援助则达303亿美元（占总数69%），苏联得到的援助则为110亿美元（占总数25%）。这对于当时国力最弱、参战时间最长的中国来说是不公平的。对此连美国人自己也承认：“我们对中国的援助是极少的。”[37]而为了获取这些援助，八年抗战期间，中国人民是做出了巨大牺牲的，我们向各盟国输出了大量自己也急需的战略原料及产品，其中给苏联各种原料物资达10万余吨，给美国者价值7.48亿美金，给英国者价值1.148亿英镑。[38]当时，尽管我国军队也严重缺乏皮衣毛毯御寒，但却义无反顾地将羊毛、皮革出口，这种行动已不仅仅等同于美国式的“租借物资”的出口贸易性质了。

其三，中国抗战消耗了多少日军力量？

据日本方面的统计，从1931年到1945年的14年间，日本在对外侵略战争中因伤病战死亡人数共287.4万人，其中在太平洋及南洋等地被盟军击毙及伤病死亡者为89万余人，其余198.4万人则死在中国战场上。即是说中国人民消灭的日军法西斯数量比其他近20个国家共同消灭的日军总数还要多1.2

倍多。[39]太平洋战争爆发前，全世界只有中国在对日本法西斯作战。英美对日开战后，虽然日军从中国战场上抽调了部队开赴太平洋和南洋，但其陆军主力依然留在中国战场。中国的抗战不仅减轻了盟军在太平洋及东南亚战场上的压力，而且还有效地阻止了日军北上侵苏的行为。到1945年8月日本正式投降时，其陆军总数共168个师团，在中国战场者仍为57个师团，占总数的34%；在东南亚及太平洋战区为44个师团，占总数的26%。[40]由此可见，中国战场自始至终是抵抗日军的主要战场。当然，我们并不否认美国的原子弹及苏军出兵东北对于打败日军的作用，但是，如果没有中国的抵抗，苏军又怎能在打败希特勒之后再从容出兵东北呢？如果日军尚有近60个师团的机动兵力对美英作战，他又怎么能向盟国轻易认输呢？这是一个十分简单易懂的道理。历史将证明，中国是打败日本法西斯的主要力量，中国战场是世界反法西斯战争主要战场之一。

其四，中国战场对世界反法西斯战争贡献多少？

这一问题可以从这样两方面论证。第一，中国抗日战争对苏联打败德国法西斯做出了巨大贡献。众所周知，北上进攻苏联一直是日本军阀的主要目标，日军直至1936年在其《国防国策大纲》中仍把“首先倾注全力迫使苏联屈服”作为争霸世界的基本手段之一。从1932年起，日军统帅部每年都要制定进攻苏联的作战计划。1941年6月苏德战争爆发后，形势愈加对日本进攻苏联有利。该年7月至9月日本关东军的“特别大演习”，实际上是侵苏的临战准备。可以想见，如果日本趁德国在侵苏中连连得手之际而发动侵苏战争，苏联局势将不堪设想。可是这种可怕的情况一直没有出现，其原因就是中国的抗日拖住了日本陆军总数的69%兵力。正如当时日军参谋总长说的那样，“日本的大部分兵力现在正用于中国”，对苏开战“实际办不到”。[41]这是苏联卫国战争胜利的一个不可缺少的条件，也是世界反法西斯战争取得最终胜利的关键因素。

第二，中国抗战对盟国夺取亚太战场的最终胜利也做出了重要贡献。太平洋战争爆发之初，中国战场仍消耗着日军总兵力的55%、陆军总兵力的

62%，使130万日军在中国战场疲于奔命，此时日军能够调往太平洋东南亚战场的总兵力仅有40万人。这种状况一直延续到战争结束。不仅如此，中国还派兵协助盟国出击东南亚，联合英美在缅甸对日作战。因此，我们完全可以说中国战场是亚太陆战的基本战场。如果没有中国的抵抗，日本百万大军将开赴太平洋及东南亚，英美遭受的将是更沉重的、甚至是致命的打击。那样，日军将攻占澳洲，夺取太平洋上一切战略要地，太平洋战局也将一片黑暗，那时美国是不可能靠乱扔原子弹来夺取最后胜利的。因此我们认为，中国的抗战不仅在太平洋开战前拨慢了日本“南进”的时钟，而且在开战后成为亚太抗日陆上主战场，其历史作用是不言自明的。

总之，我们不能因为当时的中国落后、贫穷，当时的中国政府腐败、低能，而贬低中国抗日战争在反法西斯第二次世界大战中的地位和作用。抗日战争的胜利是中国人民用自己的鲜血和生命换取的，是中国人民对人类进步事业的巨大贡献。它将永垂青史。

第四节　并非多余的话

第二次中日战争过去已近50年了，然而这场战争给中国人民留下的创痛仍记忆犹新。每当你漫步在当年饱受屠杀蹂躏的南京城内、拜访那些年逾花甲的老人时，只要一提起50年前的那场灾难和那些凶残的“日本鬼子”，他们那埋藏在心底的仇恨就会不可遏制地爆发出来。然而，中国人民是善良而富有同情心的，即使在两国交战的日子里，中国人民也没有忘记那些对华友好的日本友人，甚至在胜利后，当那些被日本政府、军队遗弃的“娃娃兵”们在南京街道上流浪时，劫后余生的中国人依然以一腔仁慈之心资助以衣食，这些都是流传在民间的真实故事。

战后，国民政府在蒋介石的指示下，为了借助日伪力量准备内战的需要，竟致民族利益于不顾，对双手沾满中国人民鲜血的“日本鬼子”采取了

“宽大”处理的方针，甚至庇护对中国人民犯下严重罪行的日酋冈村宁次等日本战犯。在战后对日索赔问题上也连连让步，甚至全部放弃。然而，蒋介石及其政府的这种“仁慈”与“宽大”，是否就换来了日本当局的醒悟与反悔呢?

战后50年来，日本国内在回顾与总结这场战争时一直都存在着激烈的争执与分歧。一部分右翼势力至今仍在否认日本的“侵略”，为其军国主义的历史丑行进行辩护。虽然这只是中日友好长河中的一股逆流，但却造成了恶劣影响，引起了中国人民、朝鲜人民以及东南亚各国人民的愤慨与警惕，也是对广大爱好和平的日本人民的一种欺骗与威胁。为还历史以本来面目，使日本人民“日中不再战”的祈望得到历史的保证，在此笔者还想附上几段并非多余的话：战争责任到底应该由谁来负?

一、战后几届日本政府首脑对战争性质持的是什么态度?

1972年，日本田中荣角内阁恢复了与新中国的邦交，但其在复交《联合声明》中却不肯写入“日本对华发动侵略”的字样。后来的中曾根首相、竹下登首相亦多模糊战争的性质。中曾根还曾亲自前往参拜供奉包括侵略罪犯牌位在内的“靖国神社”，表示了他的立场与态度。这些举措遭到日本国内舆论以及亚洲各国人民的揭露与抨击。在各方压力下，最近几届日本内阁首相如宇野宗佑、海部俊树、宫泽喜一等人都正式表示承认中日战争是“日本军国主义者发动的侵略战争”，1992年10月23日，日本明仁天皇在访华的当日即在国宴上表示“他为日本在二战期间使中国人民遭受的‘深重苦难’深感痛心”。美联社记者评论说：“这番期待已久的话是迄今为止明仁天皇对战争表示悔过之意的最强烈措辞，而且比他父亲——已故裕仁天皇——的措辞更明确。”[42]这说明不论是作为“日本民族整体象征”的天皇还是近年来历届日本首相都承认日本是那场战争的发动者，而中国等被侵略国人民是战争的受害者。但是，在怎样解释发动战争的“日本军国主义者”的内含意义时，一些日本舆论仍认为侵华战争是日本陆军单独挑起的，日本政府是被陆军拖入战争的，而“天皇”则始终是反对战争的。这就是被日本史学界称之为“独走论”者的观点，试图将“军国主义者”局限于日本“军部”甚至“关东军”中一部分人。

二、天皇难道没有战争责任吗?

关于裕仁天皇在战争中的责任问题，经过中日双方及世界各国史学工作者的广泛论证，1975年日本著名史学家井上清教授还特地写过《天皇的战争责任》一书，对之作出了确信无疑的回答。但直到1992年春季，日本国内某些人仍趁裕仁天皇去世之机，再次为天皇开脱战争责任。

在战前及战争中日本天皇始终是日本最高领导者与决策者，如果没有得到他的认可，任何对外军事行动都将无法施行，即使偶然爆发冲突亦不会持续下去。所以他的战争责任是非常明确的。然而，战后日本天皇之所以顺利逃脱遭受惩戒，其根本原因在于美国占领军想利用“天皇”来“稳定”日本，以与东方“共产主义的威胁”相抗衡。这当然得到了蒋介石的支持。因而1946年5月东京审判战犯法庭便接受了日本政府币原内阁精心炮制的为天皇开脱一切罪责的《战争责任件》，宣布了不起诉裕仁的声明。但时隔不到一年，1947年12月，日本前首相东条英机就发表了“日本国民不可能违反天皇陛下的意志，做这样、那样的事情”的讲话，彻底揭穿了其中的秘密。正如井上清教授在《天皇的战争责任》一书的结束语中所说的那样：“天皇裕仁的战争责任昭然若揭。”[43]

三、日本究竟是不是“无条件投降”？

1945年春，日本当局已知战局无法挽回。7月26日，盟国发表了《波茨坦公告》，敦促日本当局投降。日方看了公告，认为盟方所提条件比他们原先想象的要宽大得多，不禁喜出望外。当晚8时，日本各报刊奉命可以转载公告内容。28日，铃木首相在接见新闻界人士时说：日方对《波茨坦公告》的态度是采取“默杀”的政策。其原意是要表示内阁对此事“暂不评论”，实际是含有“默认”的意思，并进一步明确暗示“某项重大事件即将发生，即日本准备宣布接受公告条件，向盟方投降。但同盟通讯社译员在翻译这一新闻时将“默杀”一词错译为“不予理睬”。于是，盟方在听到消息后认为日本拒绝投降。8月6日，美军在广岛投下了原子弹。事情发生后，日本内阁对铃木的讲话用词不确以及同盟社错译深为恼火，但事实已经造成，挽回已来不及。[44]这是在日本投降前夕出现的一次改变历史的“灾难性差错”。

1945年8月15日，日本天皇向全国广播，接受波茨坦宣言，向盟国“无条件”投降。同时，铃木内阁总辞职，陆相阿南惟幾自杀。9月9日，日本中国派遣军最高指挥官冈村宁次在盟军中国战区受降仪式上签署了降书，其中第一条内容即为：“日本帝国政府及日本帝国大本营已向联合国最高统帅无条件投降。”[45]日本法西斯对中国长达14年之久的军事侵略终于以无条件投降而告结束。但是战后日本在受到美国多方面的庇护下，竟变成了“有条件”投降的事实。[46]首先，战后日本保留了“天皇”制，宽赦了在战争中负有重大责任的天皇。其次，日本保持了领土完整和国家的统一，日本虽然一度被美军占领，但这比较其在战争中给亚洲各国带来的灾难与损失毕竟要小得多。最后，日本在很大程度上逃脱了支付战争赔偿的责任。所以，虽然同样是战败国，战后的日本比战后的德国情形要好得多。特别是战后日本能在短时间内一跃而成为世界经济大国不能不与这有密切的关系。但其在客观上却减弱了战败给日本当局带来的教训。所以，日本朝野始终存在着一种不认输、不认罪的情绪，而这种情绪对于促进日本对那场战争的彻底反省是极其有害的。

1987年7月在日本东京与京都分别举行了纪念“七七事变”50周年“日中战争与日中关系”学术交流恳谈会。会上许多日本学者都对日本国内存在的几种为侵略战争辩护的观点进行了批判，诸如“正当防卫论”，即把侵华战争说成是由中方抗日所致；“历史必然论”，即把对落后国的侵略说成是日本建国的必然途径；“多国侵略论”，即认为“西方列强可以侵华为什么日本不能侵华”；以及“大东亚解放战争肯定论”和“日本败于美国未败于中国论”等等。这一方面说明日本爱好和平人士的坦诚，另一方面也说明了至今为止在日本竟然还存在如此之多的谬论，这难道不应引起各国人民的高度重视与警觉吗？研究历史是为了展望未来，“为了中日人民世世代代友好下去”，必须对过去中日战争的历史有一个正确的认识与总结，从这个意义上说，研究中日战争已不仅仅局限于学术的范围而更具有了非常的现实意义。

四、日本是怎样逃避战争赔偿的？

在中日甲午战争中，日本是战胜者，它不仅强占了中国的台湾、澎湖列岛及辽东半岛，而且还向中国勒索了2亿两白银的军费赔偿。50年后，在第二次中日战争中，中国是胜利者，日本却施展各种手段逃避了对华的战争赔偿。

“七七”事变后，由于日本侵华战争，给中国造成了公私财产直接损失313亿美元，间接损失204亿美元以上，我国军民直接因战争死伤者达1040万之巨。其中还不包括东北、台湾、海外华侨的损失，以及从1931年“九一八”到1937年“七七”这6年多时间内我国的抗战损失。战争结束后，我国理应得到应有的赔偿。

国民政府在开始阶段十分重视对日索赔问题。从1939年起便着手调查抗战损失，准备为战后索赔提供依据；1944年3月起草了《战后对日媾和条件纲要》，提出了对日索赔问题的几项原则条款；1945年11月13日，国民政府外交部通过了《关于索取赔偿与归还劫物之基本原则及进行办法》，“决定视日本当时的赔偿能力”，“对我赔偿以实物为主”。实际上当时国民政府得到的赔偿只有如下几笔：经过与美苏英洽商，决定抽签分配日本海军剩余舰只，中方获得24艘，总吨位不足5万吨；[47]中方还在收复后的东北接收了日方遗留资产的1/5，其它悉数为苏军所获。总计中国获得日本在华资产价值约3.5亿美元。到1947年3月，中国共从日本运回拆充赔偿的工业设备三批，只占盟方远东委员会在《日本赔偿先期交付案》中答应给予中国的先期赔偿总数15%中的很小一部分。可见所谓的赔偿只是象征性的。

战后，由于苏美两国的“冷战”迅速升级，为利用日本抵抗苏联，美国改变了对日政策，不仅不追究日本的战争责任，反而打算扶助日本，以使之成为“防御今后远东方面的新的共产主义威胁的堡垒”。为此，美国同意废除拆赔日本重工业3/4的计划，停止了拆赔工作。而国民政府因“战后我国需要美国援助之处甚多”，不得不尾随美国。甚至在其他受侵略国向日方提出货币索赔数额时，中方亦始终未能提出。

新中国成立后，国民党政府退往台湾，置身孤岛，态度更加软弱。1951年5月，英国承认中华人民共和国并邀请其参加对日和约，而美国仍支持台湾当局，这就造成了当时中国在对日索赔问题上的“一国两方”。日本当局不失时机地利用了这一有利时机。1951年6月间，蒋介石为摆脱孤立、争取主动，决定“可酌情核减或全部放弃”对日索赔。9月间，美国等国在中国国共双方均未与会的情况下，在旧金山通过了《对日和约》，表示盟国对日本“放弃一切赔偿要求”。当时中华人民共和国发表了严正声明，对美国的这一行为表示谴责和抗议；台湾当局亦对未能参加和约而表示不满，但均未提及赔偿问题。

由于中国未参加《对日和约》，日本还要与中国单独签定和约。日本政府一面与中华人民共和国政府开始接触谈判，一方面又借机要挟台湾当局在放弃一切赔偿要求的基础上与日订约。台方为勾结日本反共，阻止日本与大陆接触，表示“和约吃些亏是不足议论的”。1952年2月，日台开始会谈，日方稍加坚持，台方便放弃了一切要求，在“和约”议定书第一款内写上了“中华民国自动放弃旧金山和约第14条甲项第一款日本国所应供应之服务之利益”[48]的字样。台湾当局此举极大地伤害了全中国人民的感情和利益。

在这种情况下，“1972年中华人民共和国与日本建交时，也未要求赔款”。[49]

旧金山和约后，东南亚的菲律宾、印尼、缅甸、南越等都曾表示保留要求日本赔偿的权力。在以后20年中，日本亦陆续向这些国家付出了16亿美金的战争赔偿费（其中菲律宾5.5亿、缅甸3.4亿、印尼2.33亿、南越3.9亿）。[50]相比之下，受日本祸害最深重的中国却没有得到一分钱的赔偿，闻之令人愤慨！“况且，对民间的赔偿，也是无权答应豁免的，答应了也无效”！[51]

战争赔偿不仅仅是纯粹的经济问题，它还包括作为战败国的日本应当负起的政治与道义的责任。特别是在战后的东西德在深刻进行战争反省、并充分赔偿受害犹太人损失的行为之后，日本当局对此更应有正确的表示。尤其令人不可理喻的是，当年日方和谈代表曾在台湾公然表示：以日人在华“巨额资产作为贵国之赔偿已属难能”，“在国际惯例上尚属创举”。[52]言下之意，日方已“慷慨过度”，中国人应向他们示感谢才对！岂不知不仅日本在华“巨额”资产绝大多数都是从中国掠夺而来的，更何况与中国的巨大战争损失相比，这点“补偿”又怎能称之为“巨额”！

蒋介石对日本“以德报怨”的政策是失败的，因为他并没有使日本某些右翼势力得到足够的历史教训，从而认真地反悔自省。战后的日本在战争性质、战争责任以及战争赔偿等问题上的许多错误言行应当引起世界人民，特别是亚太各国人民的严重关注。这一问题不能再拖延下去，必须有一个妥善的解决，以正视历史，面向未来。

中国人民一向对日本人民怀有友好的感情。回忆历史、正视历史正是为了中日世世代代友好下去。我们对那些致力于中日友好事业的日本人士，以及那些敢于仗义执言、尊重历史的日本学者们始终充满敬意。希望度尽劫波来之不易的中日友好事业世代传扬下去，使“中日不再战”永远铭刻在两国人民心中。

【注】

[1] 蒋介石：《第一次南岳军事会议开会训词》，见（台）《蒋总统集》，第 1058 页。

[2] 蒋介石：《以事实证明敌国必败及我国必胜—在国民党五届五中全会上的演说》，见（台）《蒋总统集》，第 1090 页。

[3] 程思远：《政坛回忆》，第 119 页。

[4] 蒋介石：《第四次南岳军事会议训词》，（台）《蒋总统集》，第 1484—1485 页。

[5] 同上，第 1485 页。

[6] 同上，第 1485 页。

[7] 蒋介石：《第四次南岳军事会议训词》，（台）《蒋总统集》，第 1485 页。

[8] 《蒋介石致宋子文转驻美军事代表团团长熊式辉电》，载台湾《近代中国》第 43 期。

[9] 同上。

[10] 毛泽东:《评国民党十一中全会和三届二次国民参政会》,载《毛泽东选集》一卷本,第 918 页,人民出版社。
[11] 《史迪威资料》,第 435–437 页。
[12] 《第二十八集团军中原会战战斗详报》,二史馆馆藏档案七八七。
[13] 《蒋介石致汤恩伯电》,二史馆馆藏档案七八七。
[14] 张震中 :《豫西十日记》,二史馆馆藏档案七八七。
[15] 《第九战区长衡阻击战战斗详报》,二史馆馆藏档案七八七。
[16] 《湖南会战战斗要报》,二史馆馆藏档案七八七。
[17] 《湖南会战战斗要报》,二史馆馆藏档案七八七。
[18] 同上。
[19] 《蒋介石日记》1944 年 7 月 25 日,载《蒋总统秘录》第 13 册。
[20] 秦效仪:《中华民国重要史料初编——对日抗战时期》,第二编《作战经过》(二),第 651 页。
[21] 《桂柳会战战斗要报》,二史馆馆藏档案七八七。
[22] (台)吴相湘 :《第二次中日战争史》(下),第 1062 页。
[23] 同上。
[24] 鸿鸣 :《蒋家王朝》,第 200 页,香港中原出版社 1988 年版。
[25] 《中华民国重要史料初编——对日抗战时期》,《战时外交》(三),第 686 页。
[26] 参见熊向晖回忆录《地下十二年与周恩来》,台湾《传记文学》第 58 期,第 22—23 页。
[27] (台)黎东方 :《蒋介石序传》,第 422 页,台北 1976 年版。
[28] 《蒋介石序传》,第 422 页。
[29] 《湘西会战王耀武之文电》,二史馆馆藏档案七八七。
[30] 重庆《大公报》1945 年 5 月 15 日。
[31] (台)张秉均 :《桂柳反攻作战》,载《中国现代历次重要战役之研究抗日战役述评》第三册,第 79—81 页。
[32] (台)张秉均 :《桂柳反攻作战》,第 91 页。
[33] 何应钦 :《八年抗战之经过》,第 186 页。
[34] 据何应钦 :《八年抗战之经过》以及二史馆馆藏国民政府军令部档案(七六九)之统计数。
[35] 李嘉谷 :《关于抗日战争时期苏联援华贷款问题》,载《近代史研究》1992 年第 3 期。
[36] 《行政院对外易货委员会关于偿还苏联贷款的节略》(1944 年 10 月 25 日),二史馆馆藏档案二。
[37] 〔美〕威廉 · 李海 :《我在现场》第 127 页,华夏出版社 1988 年译本。
[38] 《中国近代经济史》(下),第 56—58 页,人民出版社 1979 年版。
[39] 〔日〕井上清等 :《日本近代史》(下),第 716 页。

[40] 李惠等编 :《侵华日军序列沿革》，第 271 页。

[41] 〔日〕服部卓四郎 :《大东亚战争全史》第一册，第 153 页。

[42] 《明仁天皇就访华答随行记者问》，见《参考消息》1992 年 10 月 29 日第 1 版。

[43] 〔日〕井上清 :《天皇的战争责任》，日本现代评论社 1975 年版，商务印书馆 1983 年译本。

[44] 《新闻出版报》，1992 年 2 月 12 日。

[45] 《日本政府向中国政府投降书》，二史馆馆藏档案一。

[46] 据《抗日战争史研究通讯》1992 年第 3 期记载 : 1945 年 8 月 13 日凌晨 2 时半，日本驻瑞典大使冈本复电日外务省报告:对于东乡外相8月10日上午致盟方美英中苏四国关于日本在“不包含有损于天皇陛下作为最高统治者之权的要求”条件下日本接受《波茨坦公告》的议案,“经过美英苏的交涉折中，实质上已承认了日本方面的条件”。于是天皇这才于 8 月 14 日上午召集御前会议，决定向盟方投降。这证明日本投降的确是有条件的。

[47] 《桂永清呈蒋主席告我方分得日舰艇概况电》，载（台）《中华民国重要史料初编——对日抗战时期》，第二编,《作战经过》，第 130 页。

[48] （台）余河青 :《中日和约研究》，第 48 页，台北 1972 年版。

[49] 王俯民 :《蒋介石传》，第 228 页。

[50] 戴志先 :《战后世界史》，第 179 页，湖南大学出版社 1985 年版。

[51] 孟国祥 :《关于国民党政权向日本索赔问题》，载《近代史研究》1991 年第 2 期第 267 页。

[52] 《中日和会第七次非正式会谈纪录》1952 年 3 月 17 日，载（台）外交问题研究会编印《中日外交史料丛编（九）1966 年 9 月版。

附　录

大事记

1931年

9月18日　日本发动九一八事变，强占我国东三省。

22日　蒋介石在南京国民党党员大会上演讲，表示对日暂取逆来顺受态度，以待国际公判。

10月5日　宁粤双方协商和平，蒋介石请粤方派代表赴沪参加和平统一会议。

1932年

1月11日　蒋介石发表《东北问题与对日方针》之演讲，以中国没有“国防实力”为理由，表示不能对日开战，而应之以“不绝交、不宣战、不讲和、不定约”的“四不方针”，确定为“今后我国外交唯一之途径”。

28日　上海“一·二八战役”开始，十九路军抗令反击日军侵略。

2月14日　蒋介石应张治中所请，同意其率第五路军赶赴上海增援，目的在于不让非嫡系的十九路军独占抗日之誉。

23日　蒋介石下令要十九路军“趁此收手，避免再战，……从速转入外交途径”。

3月1日　国民党在洛阳召开四届二中全会，通过成立军事委员会案，由蒋介石任委员长，会议决议以洛阳为“行都”，准备退守西北，但因环境险恶，不久迁回南京。

26日　蒋介石与汪精卫会谈。汪氏发表《关于中日问题之负责谈话》，表示对日“不和不战两俱可虞”，决心以“跳火坑”的精神复任行政院长，与蒋“共赴国难”。

4月7日　国民政府在洛阳召开“国难会议”，决定“救灾、绥靖、御侮”三方针并行。

12日　蒋介石在南昌“军事整理会议”上提出“对于日本只有一个法子——就是作长期不断的抵抗”。

5月5日　中日签订《上海停战协定》。

6月9日　蒋介石在庐山召集“剿共会议”，宣布“攘外必先安内”方针。

8月20日　日军大举侵犯热河。

11月29日　国民政府参谋本部成立“国防设计委员会”，筹划对日抗战方略。

1933年

3月10日　宋哲元率部在长城一线抗击日军进攻。
24日　蒋介石到北平与何应钦商讨华北对日妥协方案。
26日　蒋汪南京会谈，决定“全力剿共”。
30日　日本关东军间岛辎重队队员伊田助男，以汽车运送10万发子弹给中国抗日游击队后，自杀身死。
5月27日　蒋汪庐山会议商讨华北对日停战问题。
28日　冯玉祥发表宣言出任民众抗日同盟军总司令，决心武装保卫察哈尔省。
31日　中日签订《塘沽停战协定》。
6月17日　国民政府公布《兵役法》。
7月18日　蒋介石在庐山开办“军官训练团”。
23日　庐山军事会议决定将华北驻军大部南调参加江西第五次“剿共”作战。
11月20日　李济深等成立福建“中华共和国人民政府”，号召抗日反蒋。

1934年

1月25日　国民党四届四中全会发表宣言，号召各方和平合作以“集中国力”，并通过《确立今后物质建设方针案》，提出了国防建设的全盘设想。
3月18日　蒋介石写成《今后改进的政治路线》一文，表示“中国目前国防方针在于自保，进而立于不败之地，为了在未来世界大战中战胜日本，等待与拖延实行‘持久战’是唯一选择”。
4月17日　日本发表独占中国之《天羽声明》。
7月15日　中共苏维埃政府发表《北上抗日宣言》，准备撤离苏区。11月国民党军占领瑞金。
12月10日　国民党四届五中全会宣言，表示“攘外必先安内，雪耻端在自强，救亡图存之工作，当以充实国力修明政治为先务”。

1935年

1月18日　日本关东军发表文告，宣称要“断然扫荡”察省宋哲元部。
26日　“全国军事整理会议”在南京召开，准备整训陆军60个师，从内战型向国防型转变，并于3月1日成立“陆军整理处”。
2月1日　蒋介石发表讲话，表示欢迎日本外相广田关于“中日亲善”、“经济提携”之演说。国民政府随即下令取缔排日。
10日　南京政府辖下“四川省政府”在重庆成立，国民党势力渗入四川。
21日　王宠惠受蒋介石委托在东京访问日方要人，表示“中国并无依赖欧美排斥日本之意”。

4月间　国民政府军事委员会设立“资源委员会”，负责开发建设国防工业事宜。蒋介石派员主持“武汉城防整理委员会”，开始在武汉城内外秘密营建抗战设施。

5月17日　中日互相发表外交使节由公使升级为大使。

6月4日　中日开始《何梅协定》之谈判，9日以通信方式加以认可，国民党军政势力撤出河北。

5日　宋哲元被日方逼迫辞去察省主席职，随后率部乘隙开入河北抢占平津。

27日　中日签订《秦土协定》，中国军队撤出察东。

7月4日　蒋介石著文阐明中国抗日方策在于“向西南求出路”。

17日　关东军召开驻华武官会议，决定侵略华北方针。

8月20日　德国军事总顾问法肯豪森在《关于应付时局对策之建议》中向蒋介石提出中国抗日应以四川为基地，以长江一线为主战场。

8月28日　南京政府任命宋哲元为平津卫戍司令。

10月间　宋哲元拒绝日方提出的《华北高度自治方案》。

11月12日　蒋介石在国民党五全大会上宣示“和平未到绝望时期绝不放弃和平，牺牲未到最后关头亦不轻言牺牲”，并解释“最后关头”之含义，表示对日不再作进一步之退让。

26日　“冀察政务委员会”成立，以宋哲元为委员长。

12月7日　国民党召开五届一中全会，蒋介石出任行政院长，并清洗汪派势力。

1936年

1月22日　国民政府发表谈话，不同意“广田三原则”。

2月23日　蒋介石下令调中央军30万入晋堵击东征红军并乘机渗入山西。

6月2日　“两广事变”发生。

7月10日　国民党五届二中全会决定成立“国防会议”。

13日　南京政府挫败“两广事变”。

△　国共代表在上海开始秘密谈判。

8月25日　中共中央致书国民党中央，提出一致对外，实行合作，抵抗日本侵略。

9月13日　中日南京外交谈判未能取得进展而结束。

10月1日　宋哲元与日方订立《华北经济开发协定》，南京中央不予批准。

7日　蒋介石会见日本大使表示应“整个解决中日纠纷”，“本绝对平等互尊领土主权与行政完整原则……从长协商”。

11月24日　傅作义率部抗击日伪进犯，取得“百灵庙大捷”。

12月4日　蒋介石赴西安督促张杨剿共。
12日　“西安事变”发生。
24日　蒋介石被迫答应张杨抗日条件，停止内战一致对外。

1937年

1月间　参谋本部完成旨在抗日之《民国廿六年度国防作战计划》甲乙两案。
2月　国民党五届三中全会通过《中国经济建设方案》，决定加速国防交通线建设，同时，江浙区对日国防工事建设大部完成。
5月3日　国民政府特使孔祥熙启程出访英、德、美等国寻求对抗日之支持。
28日　国民党中央考察团抵达陕北考察。
7月7日　“七七”卢沟桥事变发生，驻扎丰台的日军牟田口联队第八中队，以遭到中方守军“非法射击”为借口，向中国驻军挑起战事。中国守军奋而还击，正面战场抗日战事由此开始。

第一阶段：抗日战争的初战阶段：从“七七事变”到徐州失守

（1937年7月7日—1938年5月）

7月9日　蒋介石在庐山召集国内名流举行谈话会，表示准备抵抗日本之侵略，并下令向华北增派援军。
11日　冀察当局与日方商议停战办法，中日双方代表张自忠与松井太久郎草签解决卢事条约。宋哲元自山东回到天津。
△　日内阁紧急会议“决定采取必要的措施，立即增兵华北”。香月清司出任日华北驻屯军司令。
△　南京国民政府军事首脑召开联席会议，具体商讨抗战方略。
17日　蒋介石发表庐山谈话，对日提出解决卢事的四项强硬条件，决心维护领土主权不受侵犯。
19日　宋哲元回到北平，下令拆除城防，对日表示“和解善意”。
22日　蒋介石电宋，严厉批评其放弃备战，令其赴保定指挥抗日。
26日　日军完成增兵计划，开始向宋部二十九军进攻。
27日　日本内阁紧急会议决定扩大战事，声明“决心建设亚洲新秩序”。
△　平津地区中日两军开展激战，南苑失守，佟麟阁、赵登禹等大批将士阵亡。
29日　冀东伪自治政府驻通县等地保安队反正，打死日军数百人。

△	宋哲元在北平召开最后一次军政会议，随后率部撤往保定，留委张自忠与日方“交涉和平”。
30日	北平、天津失陷，平津之役结束。
△	山东省主席韩复榘赴京参加国防会议，表示决心抗日。8月2日回到济南，又对南京政府的抗战决心表示怀疑。
8月6日	阎锡山在南京发表“抵抗日本侵略”之谈话。
9日	上海发生“虹桥机场事件”，中国保安队击毙肇事日兵。
13日	上海“八一三”淞沪战役开始，蒋介石下令淞沪我军发起围歼上海日军攻势。
14日	中国政府发表《自卫抗战声明书》。
△	中国空军在杭州笕桥上空击落日机6架，我方无一伤亡，创造中国空战光荣历史。
18日	蒋介石在听取陈诚、熊式辉上海战况报告之后，决定增派援军扩大沪战，吸引华北日军南下。
20日	国民政府军事委员会发布《战争指导方案》。
23日	日本从国内、朝鲜、华北等地抽调大批援军抵达上海增援。
25日	南口要地失守，日军打开通往山西之路。
26日	上海战事重心移至吴淞罗店一带。
△	张家口失守。
9月9日	淞沪战场我军姚子青营死守保山，全部战死殉国。
13日	中国政府代表顾维钧赴日内瓦向国联申诉日本侵略中国。
△	大同失陷。
17日	淞沪战场我军全线后撤，继续作“韧强之抵抗”。
22日	蒋介石发表《对中国共产党宣言的谈话》，承认中共合法地位，抗日民族统一战线正式形成。
24日	日军占领保定，守将刘峙率部南逃。
25日	八路军一一五师在平型关设伏，歼灭日军第五师团1000余人。
10月1日	日本内阁会议制定《处理中国事变纲要》，决定进一步扩大侵华战争。
3日	阎锡山下令枪决不战而逃之六十一军军长李服膺。
13日	山西战场“忻口战役”开始。我军顽强作战20余日，抵抗住日军精锐板垣师团屡次猛攻，守住了阵地。
14日	淞沪战场我军全线反攻，遭到日军猛烈抵抗。
19日	八路军袭击山西代县阳明堡日军机场，炸毁敌机24架。
26日	日军绕袭晋东要冲娘子关，破坏我军保卫忻口之作战。
11月5日	淞沪日军在杭州湾登陆，袭击我守军侧背。
△	德国驻华大使陶德曼会见蒋介石，表示德国愿意调解中日战事，并转

达日方七项议和条件。蒋表示感谢,并希望日本能答应“恢复战前状态”。

7日 日军参谋本部下令组编日军华中方面军，以松井石根为司令官。

8日 太原失守，华北战场抗日作战结束。

△ 我军统帅部决定淞沪守军全线转移，退守吴福国防线。蒋介石电令前线指挥官“联络部队制止混乱”。

12日 上海失陷。

24日 唐生智自荐出任南京城防司令官，组织“南京保卫战”。

25日 我军在日军追击之下弃守锡澄线国防工事后退。日军占领无锡，日参谋本部下令废除限制作战地域令，继续追击我军。“八一三”战役结束。

28日 我五战区司令长官李宗仁视察济南，对韩复榘部准备避战后撤提出严厉批评。

12月2日 蒋介石再见陶德曼，表示愿以日方七项条件作为和平谈判之基础。

6日 汪精卫在汉口主持最高国防会议，决定接受日方条件，请德方调停中日战争。

7日 南京外围保卫战开始。

12日 日军从中华门攻入南京城内。守将唐生智率亲信逃往江北。次日，南京失陷。日军在城内外开始惨绝人寰的大屠杀。

21日 日本内阁会议通过《为日华和平谈判事项给德国驻日大使之复文》，决定全面提高对华停战条件。蒋介石对此表示“极其惊讶”，难以接受。

25日 日军占领济南，韩复榘率部不战而逃。

1938年

1月5日 韩复榘放弃济宁。

△ 苏联志愿空军百余人抵达武汉，加入中国空军作战。

11日 日本阁御前会议通过《处理中国事变的根本方针》，决定对华继续用兵。

△ 蒋介石在开封主持召开北方各军事长官会议,决定实行“军政合一”制，并宣布将抗令后撤弃守山东之韩复榘逮捕法办，24日枪决于武汉。

16日 日本近卫首相声明“不以国民政府为对手”。

18日 国民政府发表《维护领土主权与行政完整之声明》，表示继续抵抗日本侵略。同日，中日双方互相召回驻对方大使。

△ 华中日军开始渡过淮河北上打通津浦线之作战。

20日 川军首脑刘湘因联合韩复榘“和日反蒋”阴谋败露，惊病交迫死于汉口医院。

22日 张群出任四川省政府主席。

2月16日　日本御前会议通过《中国事变陆军作战指导纲要》，决定本年度内作战方针为确保占领区，不再扩大作战。

18日　武汉首次空战，中方击落日机12架。

△　中国军队炸毁平汉路黄河大桥。

20日　我第五十九军张自忠部夺回小蚌埠，歼灭淮河北岸日军，粉碎华中日军北上作战计划，为台儿庄战役胜利创造了条件。

3月10日　日军猛攻临沂，五战区急调第五十九军北上增援，阻止日军攻势。

17日　川军王铭章师死守滕县，全师殉国。

23日　日军攻击鲁南要地台儿庄，受到我军猛烈抵抗反击，激战至29日，我援军汤恩伯部加入战斗，完成对庄内日军的包围。

24日　蒋介石令白崇禧组织参谋团驻节徐州，协助李宗仁指挥作战。

29日　国民党临时全国代表大会在武汉召开，会议通过《抗战建国纲领》，选举蒋介石为国民党总裁，汪精卫为副。

4月6日　我军在台儿庄围歼敌军万余人，取得“台儿庄大捷”，对正面战场造成良好影响。外电评论“这是日本建立现代化军队以来遭受的第一场引人注目的大惨败”。

24日　日本华中派遣军修正《华中派遣军徐州会战计划》，从各地抽调精兵30万赶赴徐州，欲与中方开展决战。

5月18日　李宗仁率领五战区我军主力安全突出日军重围，徐州失守。抗战第一阶段战事结束。

21日　德国政府召回在华军事顾问。

26日　日本内阁改组，新外相宇垣宣布取消“不以国民政府为对手”之声明，对蒋实行诱降。

第二阶段：武汉保卫战阶段：从“花园口决堤”到武汉保卫战结束

（1938年6月—1938年10月）

6月1日　蒋介石在武汉主持最高军事会议，决定在豫东作战略撤退，同时掘开黄河大堤，阻止日军前进，令商震二十集团军负责实施。

6日　开封陷落。

11日　新编第八师蒋在珍部在花园口掘开黄河大堤，豫皖苏三省20余县尽成泽国，人民死伤、财产损失无算，日军北线作战亦因此被遏止。

13日　日本内阁御前会议决定进攻武汉，逼迫中国政府投降或使之逃往重庆。

14日　蒋介石下令组编第九战区，负责江南作战任务，任命陈诚为司令长官兼武汉卫戍司令，与江北第五战区李宗仁合作，开展保卫武汉之役。

26日　江防马当要塞失守。

7月4日　日军占领湖口。

26日　九江失守。

8月4日　黄梅失守，日军攻入鄂东，武汉暴露于敌军面前。

15日　李宗仁部攻克蒙城，日军败守宿迁。

22日　日本大本营命令进攻武汉。

9月6日　广济失守。

8日　我军反攻广济，歼敌3000余人。

14日　江防要塞马头镇失守。

18日　商城、武穴失守。

20日　鄂东田家镇敌我开展激战，

29日　陷落，长江门户洞开，武汉失去屏障。

10月10日　我第九战区在万家岭地区围歼日军4个联队，取得较大胜利，时称“万家岭大捷”。

12日　日军占领信阳，完成江北作战计划。另一部日军3万余人在广州大鹏湾登陆，21日广州失守。

27日　日军占领武汉。

31日　蒋介石在南岳发表《武汉撤退告全国军民书》，表示继续抵抗之决心。

第三阶段：抗战进入战略相持阶段：从武汉失守到第一次长沙会战结束

（1938年10月—1939年10月）

11月3日　日近卫首相发表第二次对华声明。

12日　日军攻占岳阳。

13日　“长沙大火”，当局自焚长沙城，民众死伤2万余人，烧毁房屋5万余栋。

17日　李宗仁率部收复六安、合肥。

20日　蒋介石下令枪决“长沙大火”渎职犯长沙警备司令酆悌等3人。

25日　蒋介石在衡阳南岳主持召开“第一次南岳军政联席会议”，商讨调整抗战战略问题，宣称抗战第二阶段已经到来。

12月19日　国民党副总裁汪精卫叛国投日逃往河内。
22日　日近卫首相发表第三次对华声明，受到汪精卫的欢迎。
26日　蒋介石发表痛斥近卫声明之讲话。
29日　汪精卫在河内发表“艳电”，要求国民政府接受日本“和平条件”。

1939年

1月1日　国民党中常会决定永远开除汪精卫党籍，罢免其本兼各职。
21日　国民党五届五中全会在重庆开幕，30日闭幕，会议决定设置国防最高委员会，由蒋介石任委员长，并决定其政治方针由抗日向反共转移，随后颁布《限制异党活动办法》。
25日　日军进攻晋南中条山被我守军击退。
2月26日　日军6万余进犯晋西北被八路军击退。
3月23日　阎锡山在宜川县秋林召开军政民高级干部会议，决定开始反共。
27日　日军占领南昌。
31日　日本宣布占有中国南沙群岛。
△　华北日军开始“治安肃正”作战，意在剿灭共产党领导的我敌后武装。
4月5日　日陆相板垣在师团长会议上宣称华北攻到兰州、华南攻到南宁可以结束战争。
30日　冈村宁次率日第十一军主力向我五战区随县、枣阳地区大举进犯，“随枣会战”开始，激战至5月23日，我军击退日军，恢复原战线。
5月3日　日机轰炸重庆，死伤数千人，城市繁华区被毁。
6月6日　日本五相会议通过“新中央政府树立方针”，准备扶持汪伪成立“中央政府”。
7月7日　军政部长何应钦在重庆纪念抗战两周年大会上公布：抗战两年来敌军伤亡总数为917800余人，俘日伪军8555人，击毁敌机716架，击沉击伤敌舰644艘。
9月4日　日本内阁就欧战爆发发表声明：“当此欧战爆发之际，日本帝国将专致力于‘中国事变’之解决而不介入欧战。”
9日　日军设立“支那派遣军总司令部”，由西尾寿造大将任总司令，板垣征四郎中将为参谋长，多田骏中将任华北方面军司令长官，统一指挥华中、华北、华南各军，主作战地域仍在华中地区，作战目的在于扶汪打蒋，为此立即准备在湖南发动新攻势。
13日　何应钦报告，日军占据我国12省的521县。
18日　日军为配合进攻长沙之役在赣北高安发动辅攻，意图牵制我第九战区主力，遭我守军罗卓英部激烈抵抗。

23日　日军主力强渡新墙河，开始第一次进攻长沙战役，激战至30日，我军在民众配合下成功地阻止了敌军攻势。日军力竭，下令撤兵原防。

24日　日军二十七师团进攻中条山。

第四阶段：国民政府抗战趋向消极阶段：从第一次长沙会战结束到太平洋战争爆发

（1939年10月—1941年12月）

10月2日　我空军轰炸汉口日军机场，毁日机50余架。

10日　国民政府军委会军令部制定《国军冬季攻势作战计划》，准备以二、三、五战区为主，对日军发动全面反攻。11月至1940年1月间，各战区普遍开始了对日军“冬季攻势”作战。

14日　湖南日军退回原防线，“第一次长沙战役”结束。我方宣布歼敌4万余人，誉为“湘北大捷”。

29日　蒋介石主持召开“第二次南岳会议”，决定派正规部队深入敌后开展游击作战，并在正面战场上开展“有限度的攻势与反击，以牵制消耗敌人”。军事委员会随即制定了《第二期作战指导方针》。

11月15日　日军第五师团等部在钦州湾登陆与我守军展开“桂南会战”。24日，日军占领南宁。

12月31日　南宁前线我军反攻昆仑关，击溃日军主力，其旅团长中村正雄被击毙。次年2月间，日军败退。

1940年

1月29日　日军自包头等地出发，进攻五原、临河、陕镇等地，至4月2日，傅作义率部击退日军进攻收复五原，击毙日军绥西警备总司令水川信夫及日伪军3000余人，将日军赶出后套地区。史称“绥西会战”。

2月26日　我守军在豫南信阳对日军进攻，开展激战。

3月15日　日首相米内发表谈话，表示“全力支持”汪精卫成立“新政府”。29日，汪伪政府在南京出台。

5月1日　华中日军为反击中方“冬季攻势”，调集十一军等主力部队再次分三路进攻我五战区枣阳地区，欲歼灭我主力部队，“枣宜之战”开始，激战至月底，我军击退日军攻势，取得胜利。

16日　我第三十三集团军总司令张自忠在枣阳与日军作战牺牲。

6月1日　日军进攻襄阳、樊城。

7日　日军2万人对晋西北进行“夏季大扫荡”，月余后其攻势被粉碎。

13日　日军占领宜昌。

21日　国民政府外交部声明，抗议法国封锁滇越路。

7月7日　八路军总部宣布：八路军正规部队总已由三年前4万人发展为近50万人，抗击日军数达40万，占侵华日军总数之58%。抗击了全部伪军。

17日　英国迫于日本淫威宣布封锁滇缅公路，至10月14日在中美压力下重予开放。

9月27日　德意日签订《军事同盟条约》。

10月4日　日军对苏南浙江一带发动“七月攻势”结果均告失败。

11月23日　鄂北日军进犯襄河，“鄂北战役”开始，我军不久击破日军攻势。

1941年

1月25日　日军发动“豫南战役”，企图打通平汉线南段。次月，我守军汤恩伯部调整反攻，收复部分失地。

3月15日　日军在赣北发动“鄱阳湖扫荡战”，企图攻占高安、上高，史称“上高会战”18日日军占领高安，激战至31日，我军收复高安，形成围歼日军之势。4月9日结束战斗，击退日军。

4月17日　日军一部在浙东登陆，占领镇海、温州等地，19日占领福州。

5月7日　日军5万分三路围攻我中条山基地，我守军疏于防备，陷入重围，至27日战役结束，日军完成占领中条山计划。我损失惨重，余部突围。史称“中条山会战”。

9月7日　湘北日军第六师团进攻大云山地区，以为发动第二次“长沙战役”之序战。

18日　日军第十一军主力发动“第二次长沙战役”，意图打击重庆政府，贯彻对华逼降方针，在“年内解决中国事变”。我第九战区仓促应战，27日长沙失陷。10月1日，日军认为作战目的已达，加之后援困难，我六战区猛攻宜昌，为解后方之危，遂自动撤兵。

30日　我六战区为支援九战区，对宜昌之敌发起猛烈攻势，激战至10月11日，因敌援兵到达，未克而返。是为“宜昌战役”。

10月31日　日军退出郑州。

12月8日　日军发动太平洋战争，向英美开战。

9日　国民政府正式向日德意宣战。

23日　“东亚联合军事会议”在重庆召开。

24日　日军为配合攻占香港之役，发动“第三次长沙会战”，我军后退诱敌，并增调援军参战，激战至1942年1月4日，成功粉碎日军攻势，保住长沙，日军损失惨重狼狈撤退，我军奋勇追击，歼敌5万余人，大获全胜。至15日，恢复原战线。

26日　中英签订《中英共同防御滇缅路协定》。

第五阶段：正面战场抗日进入“外紧内松”阶段：从中国汇入世界反法西斯阵营到“豫湘桂战役”结束

（1942年1月—1944年底）

1942年

1月1日　26个国家在华盛顿发表《联合国家宣言》，保证共同对德日意作战到底，世界反法西斯战线建立。

3日　蒋介石出任盟国陆空军中国战区最高司令，随即电请罗斯福总统选派中国战区参谋长，29日美方派史迪威出任此职。

2月23日　国民政府特派第五、六两军进入缅甸，协助英军抵抗日军进攻。由卫立煌任缅甸远征军总司令。

3月4日　史迪威抵达重庆。

20日　缅甸日军猛攻同古，我远征军与之激战，给敌军重大杀伤，29日同古弃守。

4月16日　中国远征军克复仁安羌，击破日军包围，救出英军7000余人。

5月3日　侵入缅甸日军攻入我云南西部畹町等地，缅甸失守，我远征军分别撤回国内及撤往印度整理。

15日　日军发动“浙赣战役”，企图打通浙赣路，扫荡我三战区盟军机场，阻止盟方飞机轰炸日本本土。双方战斗至7月底，日军大部实现作战目的而退兵。8月，我军收复失地恢复原战线。

6月2日　中美签订《中美抵抗侵略互助协定》。

29日　史迪威出任驻印军司令长官，以罗卓英为副。

8月15日　华北日本士兵反战同盟在延安成立，并召开团体代表大会。

12月19日　日军在大别山南麓对我守军实施“扫荡战”，占领大片地区。

1943年

1月11日　美英首脑在摩洛哥卡萨布兰卡举行会议，通过了反攻缅甸之“安纳吉姆”Anakim）作战计划，2月6日，蒋介石亦批准了此项计划。

2月21日　日军占领广州湾。

4月10日　蒋介石要求罗斯福免去史迪威职务，改派陈纳德指挥中国战区美军。

15日　日本“劝降大使”吴开先抵达重庆。

5月12日　华盛顿会议（又称“三叉戟会议”）召开，14日结束，会议再次讨论盟国收复缅甸作战计划。

8月22日　罗斯福与丘吉尔在加拿大魁北克举行“四分仪会议”，我国外交部长宋子文与会。会议决定成立盟军东南亚司令部，加强对日作战，并决定收复缅甸之役以攻克缅北为主要作战目的，以中国远征军为主力。为此，英美承诺加强对华物资援助。

9月3日　意大利法西斯向盟国投降。

16日　史迪威向蒋介石建议给共产党军队分配美援武器，共同打击日军，被蒋拒绝。

30日　日本御前会议通过《今后应采取的战争指导大纲》，决定缩小“应确保的重要地区”，加强“对重庆政治工作”，“迅速设法解决中国问题”。

10月16日　盟军东南亚最高司令官蒙巴顿访问重庆，蒋介石对其表示不同意单独承担反攻缅甸任务，并要求撤换史迪威，蒙巴顿未允。

29日　史迪威率领中国驻印军开始反攻缅北之战。

11月2日　日军为消灭我六战区主力，重兵围攻常德，守军七十四军五十七师坚守不退，双方开展激战，次月3日，常德失守，但我军已完成包围敌军之势，9日，重新收复常德，日军兵败而归。是为“常德会战”。

22日　美英中三国首脑在开罗举行会议，再次讨论收复缅甸作战计划及联合对日作战问题。

28日　美英苏首脑在德黑兰举行会议，因苏联答应加入对日作战，“中国基地已不重要”，于是美英决定取消收复缅甸作战方案，把精力转向欧洲战场。

1944年

2月10日　蒋介石主持召开第四次南岳会议，提出关于抗日反攻战略之构想。

3月5日　中国驻印军攻占孟关。

8日　中美军于瓦拉本会师。10日中国军再克肚卡等地，与美军会师于缅北胡康区。

4月17日　日军统帅部为打通大陆交通线命令中国派遣军发动“一号作战”总攻势。是日，冈村宁次指挥日军进攻豫中地区，“豫中会战”开始。双方战斗至5月25日，日军占领洛阳，战役结束。

5月17日　中美盟军占领缅甸密支那机场。

27日　日军“一号作战”第二阶段战役“长衡会战”开始。湘北日军发动南下攻势。

6月18日　日军占领长沙。蒋介石下令死守衡阳。6月23日至8月8日，守军与日军大战月余，终因后援不继，衡阳失陷，守将方先觉投降。日军乘胜进攻，继续南侵。

6月26日　中英军攻占缅甸孟拱。

9月8日　日军攻占全州。“一号作战”第三阶段“桂柳会战”开始。

14日　滇西我军收复腾冲。

19日　罗斯福致电蒋介石，要求其增派部队入缅加强攻势，并授予史迪威“不受限制地”指挥中国所有军队的权力。

23日　日军占领梧州。

10月8日　福州沦陷。

11日　柳州失守。

14日　重庆发动“十万知识青年从军运动”。

29日　在蒋介石25日致罗斯福备忘录的强烈要求下，美方召回史迪威，改派魏德迈任中国战区参谋长，索尔登任中国驻印军总指挥。

11月3日　滇西我军收复龙陵，歼灭守敌大半，余部南逃。

10日　桂林失守。

△　冈村宁次继畑俊六出任中国派遣军总司令。

24日　我军弃守南宁溃退，12月10日由南宁南下与由越南北上之日军在绥渌会师，日军完成“一号作战”计划。

28日　日军占领南丹，进入贵州。

12月3日　日军占领独山，重庆为之震撼。次日日军因力竭不支而撤退。

9日　重庆政府宣布将在美国援助下重新训练装备35个师。

17日　中国驻印军再克八莫。

第六阶段：“跟进反攻”最后胜利阶段：国民政府军队以局部“跟进反攻”迎来抗战最后胜利

(1945年1月—1945年8月)

1945年

1月15日　中国驻印军收复南坎，20日占领畹町。

17日　日军占领广东惠州。

25日　盟军飞机轰炸北平、南京日军机场及东京。

27日　中国驻印军与中国滇西远征军在芒友胜利会师，中印公路与滇缅路连接贯通。

2月4日　“雅尔塔会议”召开。

△　盟军飞机轰炸神户。美军在昆明成立“中国第二空运大队”。

3月8日　中国军队收复缅甸腊戍。
11日　盟军飞机轰炸名古屋。
21日　日军进攻豫西南阳及鄂北老河口。
30日　中英军在乔梅胜利会师，反攻缅北任务完成。4月，中国军队胜利回国。
4月9日　日军发动“芷江战役”，意图破坏芷江机场，围歼我军。双方激战至5月20日，我军将日军包围歼灭大半，取得抗战正面战场最后一役之胜利。
25日　联合国大会在旧金山开幕，会议签署《联合国宪章》。
4月间　日军统帅部鉴于全球战局变化，决定在中国战场收缩兵力，以确保“核心地区”。
5月8日　德国法西斯无条件投降。
25日　美机再炸东京。
26日　日军开始自广西后撤，我军“跟进”收复南宁，
29日　收复柳州。
7月3日　我军收复龙州、凭祥，将残敌赶出国境。
10日　美机继续轰炸东京。
17日　苏美英三国首脑举行“波茨坦会议”，26日发表促令日本无条件投降之《波茨坦公告》。
28日　我军“跟进”收复桂林，是为“桂柳反攻”之役。
29日　日本最高作战会议开会讨论《波茨坦公告》条款，决定对之采取“默杀”对策（意为“暂不理会”）。
7月　中国陆军总司令部在盟国催促下匆忙制定反攻广州作战计划，预定时限为1945年下半年完成。
8月6日　美军在日本广岛投下原子弹，9日又在长崎二次投弹。
8日　苏联对日宣战，次日出兵中国东北。
15日　日本政府向同盟国宣布接受《波茨坦公告》，“无条件”投降。
9月3日　中国抗日战争胜利纪念日。

主要参考文献

一、档案

中国第二历史档案馆馆藏：国民党中央执行委员会秘书处档案、国民政府史政局和战史编纂委员会档案、行政院档案、军事委员会暨委员长侍从室档案、参谋本部暨国防设计委员会档案、军事委员会政治部、军令部档案、军政部城塞局、军粮总局档案、兵工署、兵役署档案、中国陆军总司令部、重庆卫戍总司令部档案、陆军各部队档案汇集以及国家总动员会议、战时生产局档案等多种档案全宗中的有关卷宗。

二、资料及专著

（一）国内大陆地区：

[1] 中国第二历史档案馆编：《抗日战争正面战场》，南京：江苏古籍出版社，1985年版。

[2] 中国第二历史档案馆编：《中国现代政治史资料汇编》、《中国现代史大事月表》。

[3] 中共中央党校党史室编：《中国国民党文献汇编》。

[4] 中国社科院近代史所编：《中华民国史资料丛稿》：《大事记》、《台儿庄战役资料》、《缅甸作战》等分卷，北京：中华书局。

[5] 耿成宽等编：《抗日战争时期的侵华日军》，北京：北京春秋出版社，1987年版。

[6] 李惠等编：《侵华日军序列沿革》，北京：解放军出版社，1987年版。

[7] 王俯民著：《蒋介石传》，北京：经济日报出版社，1989年版。

[8] 张春祥主编：《卢沟桥事变与八年抗战》，北京：北京出版社，1990 年版。
[9] 袁旭编：《第二次中日战争纪事》，北京：档案出版社，1988 年版。
[10] 石柏林著：《从长沙大火到衡阳失陷》，长沙：湖南人民出版社，1989 年版。
[11] 毛磊著：《武汉抗战史要》，武汉：湖北人民出版社，1985 年版
[12] 黄美真等编：《汪精卫集团投敌》，上海：上海人民出版社，1984 年版。
[13] 张宪文主编：《抗日战争的正面战场》，郑州：河南人民出版社，1987 年版。
[14] 蒋顺兴等主编：《山西王阎锡山》，郑州：河南人民出版社，1990 年版。
[15] 张同新著：《蒋汪合作的国民政府》，黑龙江：黑龙江人民出版社，1988 年版。
[16] 徐蓝著：《英国与中日战争 1931—1941》，北京：北京师范学院出版社，1991 年版。
[17] 武月星等编：《卢沟桥事变风云篇》，北京：中国人民大学出版社，1987 年版。
[18] 陈世松主编：《宋哲元研究》，成都：四川省社科院出版社，1987 年版。
[19] 复旦大学历史系编：《日本帝国主义对外侵略史料选编（1931—1945）》，上海：上海人民出版社，1975 年版。
[20] 武汉市政协等编印：《抗战中的武汉》，1985 年版。
[21] 郭雄等编：《抗日战争时期国民党正面战场重要战役介绍》》，成都：四川人民出版社，1985 年版。
[22] 马宣伟等著：《川军出川抗战纪事》，成都：四川省社科院出版，1986 年版。
[23] 居亦侨著：《跟随蒋介石十二年》，长沙：湖南人民出版社，1988 年版。
[24]《民国档案与民国史学术讨论会论文集》，北京：档案出版社，1988 年版。
[25] 陶菊隐著：《蒋百里先生传》，北京：中华书局，1984 年版。
[26]《中国近代对外关系史资料选辑》（1840—1949 年），上海：上海人民出版社，1977 年版。
[27]《李宗仁回忆录》（上、下），广西壮族自治区政协印行，1980 年版。
[28]《张治中回忆录》，北京：文史资料出版社，1985 年版。
[29]《顾维钧回忆录》，北京：中华书局，1985—1987 年版
[30] 程思远：《政坛回忆》，南宁：广西人民出版社，1983 年版。

[31] 王德贵等编：《八一五前后的中国政局》，长春：东北师范大学出版社，1985 年版。

[32]（台）梁敬錞：《史迪威事件》，北京：商务印书馆，1973 年版。

[33]《毛泽东书信集》，北京：人民出版社，1983 年版。

[34]《抗日名将张自忠》，北京：中国文史出版社，1987 年版。

[35]《一代枭雄韩复榘》，北京：中国文史出版社，1988 年版。

[36] 此外还有全国政协文史资料编辑委员会编《文史资料选辑》；广西、江苏、山西、上海等地编《文史资料选辑》；《民国档案》、《历史档案》、《近代史研究》、《抗日战争研究》、《近代史资料》等刊物所载有关资料、论著。

（二）台港地区：

[1]（台）国防研究院等编：《蒋总统集》。

[2] 古屋奎二执笔、日本产经新闻社编：《蒋总统秘录》，台北：中央日报社，1976 年版。

[3]（台）罗加伦主编：《革命文献》丛书，台北：中央文物供应社。

[4]（台）“中央研究院”近代史所：《抗战前十年国家建设史研讨会论文集》。

[5] 吴相湘：《第二次中日战争史》（上、下），（台）综合月刊社，1973 年版。

[6] 秦效仪主编:《中华民国重要史料初编——对日抗战时期》绪编（全三册），台北：国民党中央党史会，1981 年版。

[7] 蒋纬国主编：《抗日御侮》，（台）黎明文化事业公司出版；《八年抗战蒋委员长如何战胜日本》1985 年台北版

[8] 张其昀：《党史概要》，（台）中央文物供应社，1979 年版。

[9] 曹聚仁：《蒋百里评传》，香港三育图书文具公司，1963 年版。

[10] 张秉均：《中国现代历次重要战役之研究——抗日战役述评》，（台）国防部史政局编印出版，1978—1981 年。

[11] 董显光：《蒋总统传》，台北中国文化学院出版部，1980 年再版。

[12] 张玉法：《中国现代史》，台北东华书局，1977 年版。

[13] 张瑞德：《抗战时期陆军的人事管理》，（台）中研院近史所印行，1992 年。
[14]《宋故上将哲元将军遗集》，（台）传记文学出版社，1985 年版
[15] 虞奇：《抗日战争简史》（上、下），黎明文化事业公司，1977 年版。
[16] 此外还有《近代中国》、《传记文学》杂志所载有关论文等。

（三）1949 年以前出版物：

[1] 何应钦：《八年抗战之经过》，1946 年版。
[2] 陈诚：《八年抗战经过概要》，1946 年版。
[3] 白崇禧：《抗战八年军事概况》，1946 年版。
[4] 曹聚仁、舒宗侨编著：《抗日战争画史》，联合画报社，1947 年版。
[5]《抗战文献》，独立出版社，1938 年版。
[6]《卢沟桥》，桂林前导书局，1937 年版。
[7] 雷鸣：《汪精卫先生传》，政治月刊出版社，1945 年再版。
[8] 另有《中央日报》、《民国日报》、《救国时报》、《生活周刊》、《大陆月刊》、《新华日报》等报刊有关报道及文章。

（四）外国（译名）：

[1]《今井武夫回忆录》，中国文史出版社，1981 年版译本。
[2] [日] 日本防卫厅防卫研究所战史室编：《中国事变陆军作战史》，北京：中华书局，“中华民国史资料丛稿”。
[3] [日] 江口圭一：《卢沟桥事件》，东京：岩波书店，1988 年版。
[4] [日] 上村彦一：《日本外交史》，东京，1973 年版。
[5] [日] 秦郁彦：《日中战争史》，东京，1972 年版。
[6] [日] 重光葵:《日本侵华内幕》（即《昭和的动乱》），北京:解放军出版社，1987 年版译本《现代史资料月报》。
[7] [日] 服部卓四郎:《大东亚战争全史》，北京：商务印书馆，1984 年版译本。
[8]《重光葵外交回忆录》，北京：知识出版社，1982 年版译本。

[9] 日本历史学研究会：《太平洋战争史》，北京：商务印书馆，1965年版译本

[10] [美] 巴巴拉·塔奇曼：《史迪威与美国在华经验》，北京：商务印书馆1984年版译本。

[11] [美] 伊里奥·罗斯福：《罗斯福见闻秘录》，新群出版社，1950年版译本。

[12] [美] 戴维斯和林德赛：《战争是怎样到来的，从法国沦陷到珍珠港——美国的白皮书》，纽约，1942年版。

[13] [美] 易劳逸：《蒋介石与蒋经国》（即《毁灭的种子》），北京：中国青年出版社，1989年版译本。

[14] [美]《流产的革命——1927—1937年国民党统治下的中国》，北京：中国青年出版社，1992年版译本。

[15] [美]《史迪威资料》：北京：中华书局，1978年版译本。

[16] [美] 柯伟林：《反对日本的战争》，伦敦，1957年版。

[17] [美] 查尔斯·F·罗马纳斯、赖利·森德兰：《史迪威在华使命》，华盛顿，1953年版。

[18] [美] 威廉·哈代、麦克尼尔等：《美国、英国与俄国，他们的合作与冲突1941—1946》，上海：上海译文出版社，1979年版。

[19] [美] 邹镜:《美国在中国的失败》，芝加哥:芝加哥大学出版社，1963年版。

[20] [美] 迈克尔·沙勒：《美国十字军在中国1938—1945》，纽约：纽约哥伦比亚大学出版社，1979年版，北京：商务印书馆，1982年版译本。

[21] [英] W•S•丘吉尔:《第二次世界大战回忆录》（1—6卷），北京:商务印书馆，1974—1975年版。

[22] [英] F·C·琼斯等：《1942—1946年的远东》，上海：上海译文出版社，1972年版。

[23] [英] 伍德沃德:《第二次世界大战时期的英国外交政策》，伦敦，1971年版。

[24] [英] P. 哈格:《英国进退两难1931—1941年英帝国对日本的防御》，牛津，1981年版。

[25] [英] P·洛：《大不列颠与太平洋战争的起源——1937—1941年英国东亚

政策的研究》，牛津，1977 年版。
[26] [英] B·A·李：《英国与中日战争 1937—1939》，伦敦，1973 年版。